3 ESO

Vigía

Lengua castellana y Literatura

Advertencia
De acuerdo con la ley, este libro de texto no es un material fungible; por lo tanto, los ejercicios propuestos no deben ser resueltos en él, sino en el cuaderno del alumnado. Si en el libro se dejan espacios en blanco, recuadros vacíos o líneas de puntos, es simplemente para que el alumnado tenga un modelo o una pauta de resolución.

Cubierta
La Page

Diseño de maqueta
Naono, S.L.

Realización técnica
J. Córdoba

Maquetación
A. Teixidor

Dibujos
P. Boatella, J. Pejoan

Fotografías
AGE Fotostock, Album, Archivo Teide, Dreamstime, Shutterstock

Primera edición
Quinta impresión, 2019

info@editorialteide.com
www.editorialteide.com

ISBN: 978-84-307-8987-0
Depósito legal: B 14754-2015
Impreso en Índice, S.L.

3 ESO

Vigía

Lengua castellana y Literatura

M. Arce, L. López, P. Miret, M. Mola

TEIDE

Mapa de la unidad

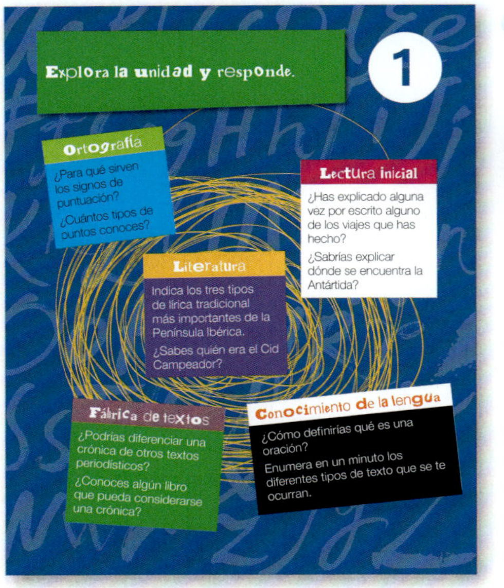

Las portadas de cada unidad invitan al trabajo de la anticipación de su contenido mediante preguntas que el alumnado, previa consulta, deberá responder.

Jimmy, como tantos otros niños, tiene una mascota con la que comparte juegos y vivencias. Sin embargo, su padre le ha conseguido otra para que la sustituya. ¿Cómo reaccionará Jimmy? ¿Cómo te sentirías tú en tal situación? ¿Renunciarías a la primera por otra a la que ni conoces? El siguiente relato se sitúa en un futuro lejano, pero nos plantea un tema de interés universal.

El mejor amigo de un muchacho

–Querida, ¿dónde está Jimmy? –preguntó el señor Anderson.

–Afuera, en el cráter –dijo la señora Anderson–. No te preocupes por él. Está con Robutt... ¿Ha llegado ya?

–Sí. Está pasando las pruebas en la estación de cohetes. Te juro que me ha costado mucho contenerme y no ir a verlo. No he visto ninguno desde que abandoné la Tierra hace ya quince años... dejando aparte los de las películas, claro.

–Jimmy nunca ha visto uno –dijo la señora Anderson.

–Porque nació en la Luna y no puede visitar la Tierra. Por eso hice traer uno aquí. Creo que es el primero que viene a la Luna.

–Sí, su precio lo demuestra –dijo la señora Anderson lanzando un suave suspiro.

–Mantener a Robutt tampoco resulta barato, querida –dijo el señor Anderson.

Jimmy estaba en el cráter tal y como había dicho su madre. En la Tierra le habrían considerado delgado, pero estaba bastante alto para sus diez años de edad. Sus brazos y piernas eran largos y ágiles. El traje espacial que llevaba hacía que pareciese más robusto y pesado, pero Jimmy sabía arreglárselas en la débil gravedad lunar como ningún terrestre podría hacerlo nunca. Cuando Jimmy tensaba las piernas y daba su salto de canguro, su padre siempre acababa quedándose atrás.

El lado exterior del cráter iba bajando en dirección sur y la Tierra ya casi había entrado en la fase de llena, por lo que toda la ladera del cráter quedaba bañada por su claridad.

La pendiente no era muy empinada, y ni tan siquiera el peso del traje espacial podía impedir que Jimmy se moviera con gráciles saltos que le hacían flotar y creaban la impresión de que no había ninguna gravedad contra la que luchar.

–¡Vamos, Robutt! –gritó Jimmy.

Robutt le oyó a través de la radio, ladró y echó a correr detrás de él. Jimmy era un experto, pero ni tan siquiera él podía competir con las cuatro patas y los tendones de Robutt, que además no necesitaba traje espacial.

–No hagas tonterías, Robutt, y quédate allí donde pueda verte –le ordenó Jimmy.

Robutt volvió a ladrar, ahora con el ladrido especial que significaba «Sí».

La Tierra se hundió detrás del borde de la pared del cráter, y la oscuridad cegadora y amistosa que eliminaba toda diferencia entre el suelo y el espacio envolvió a Jimmy. La única claridad visible era la emitida por las estrellas.

En realidad, Jimmy no tenía permitido jugar en el lado oscuro de la pared del cráter. Los adultos decían que era peligroso, pero lo decían porque nunca habían estado allí.

¿Qué podía haber de peligroso en correr a través de la oscuridad cuando la silueta resplandeciente de Robutt le acompañaba ladrando y saltando a su alrededor? El radar de Robutt podía decirle dónde estaba y dónde estaba Jimmy, aunque no hubiera luz. Mientras Robutt estuviera con él para advertirle cuando se acercaba demasiado a una roca, saltar sobre él demostrándole lo mucho que le quería, o bien gemir en voz baja y asustada

36

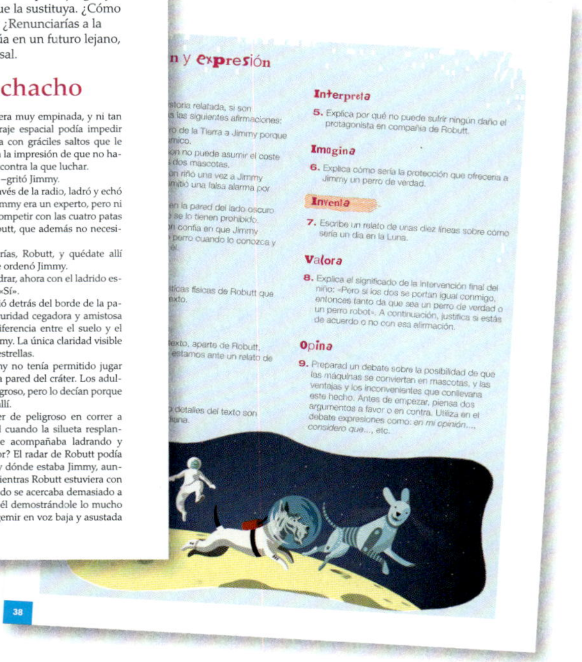

Comprensión y expresión

Cada unidad del libro empieza con una lectura precedida de un texto que motiva su lectura. El recuadro *Infiere*, a manera de glosario interactivo, invita a relacionar los significados con las palabras numeradas del texto. Las actividades de comprensión y expresión van introducidas por un verbo de acción que anuncia la competencia que se trabaja. Las propuestas diferenciadas con una pincelada aportan una complejidad mayor en su realización.

Conocimiento de la lengua

Los contenidos se agrupan en tres bloques: morfosintaxis (unidades 1, 2, 3, 4, 5 y 6), léxico (unidades 7 y 8) e historia de la lengua (unidad 9). Las actividades, según su menor o mayor grado de complejidad, se denominan *Practica* y *¡Atrévete!*, respectivamente.

Fábrica de textos

Cada unidad presenta un conjunto de textos de un mismo género para su análisis y comentarios.

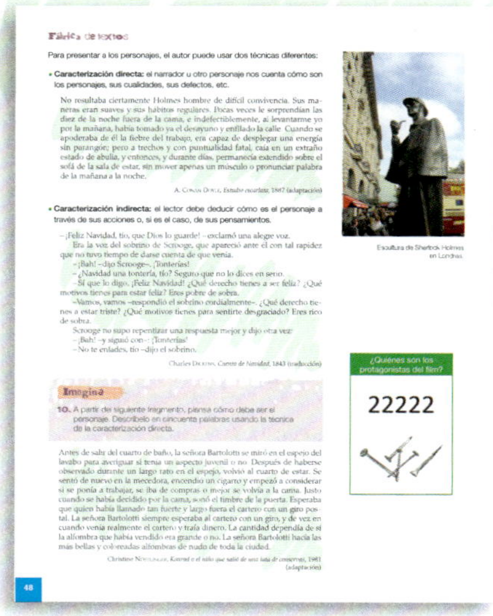

Las actividades, introducidas por un verbo de acción que anuncia la competencia que se trabaja, fomentan la producción oral y escrita de textos. Las propuestas diferenciadas con una pincelada aportan una complejidad mayor en su realización.

A lo largo de la unidad se presentan unos jeroglíficos con el fin de que el alumnado ponga en práctica su ingenio.

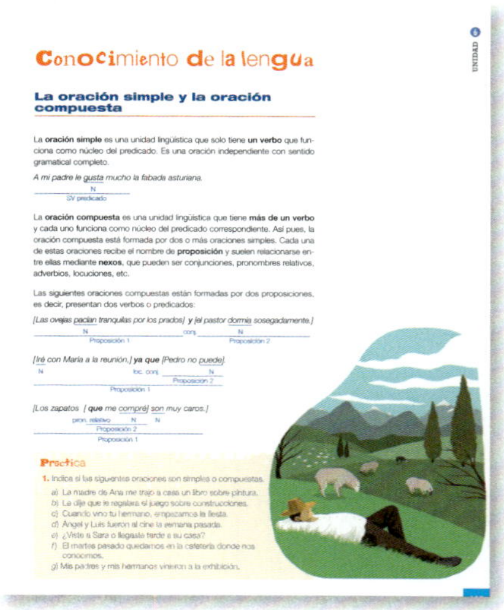

Ortografía

Este apartado, orientado a la práctica y a la consolidación de la correcta escritura, presenta un equilibrio entre las normas y los ejercicios.
Las actividades, según su menor o mayor grado de complejidad, se denominan *Practica* y *¡Atrévete!*, respectivamente.

Literatura

El apartado se orienta a reconocer y distinguir los tres grandes géneros literarios. Las actividades, basadas en textos de la literatura universal, favorecen tanto la comprensión como el análisis del hecho literario.

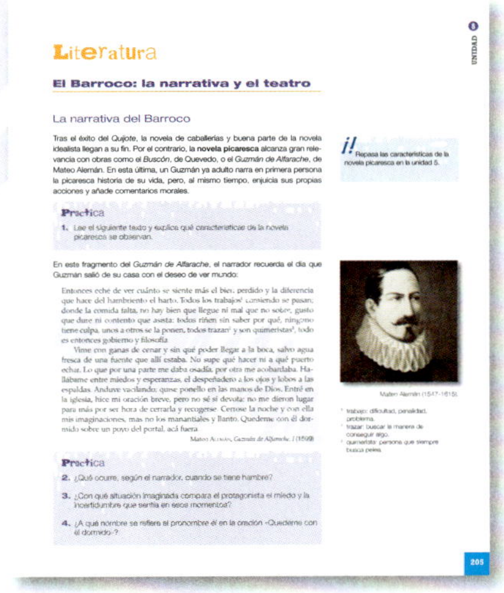

Competencias básicas

Las dos páginas de este apartado incluyen una prueba para comprobar el aprendizaje. La prueba consiste en un test de diez preguntas de respuesta múltiple sobre un texto del mismo género textual que predomina en la unidad.

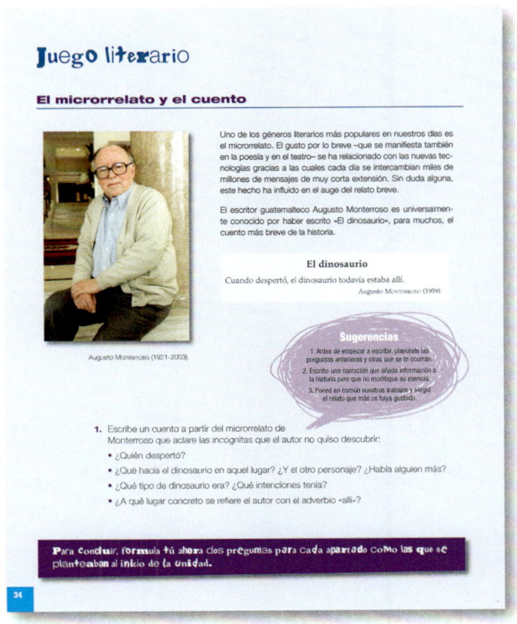

Juego literario

Esta página está dedicada a la producción textual a partir de juegos y entretenimientos literarios.

Una instrucción final, a modo de conclusión, propone la redacción de preguntas sobre el contenido de la unidad.

Explora la unidad y responde.

1

Ortografía

¿Para qué sirven los signos de puntuación?

¿Cuántos tipos de puntos conoces?

Lectura inicial

¿Has explicado alguna vez por escrito alguno de los viajes que has hecho?

¿Sabrías explicar dónde se encuentra la Antártida?

Literatura

Indica los tres tipos de lírica tradicional más importantes de la Península Ibérica.

¿Sabes quién era el Cid Campeador?

Fábrica de textos

¿Podrías diferenciar una crónica de otros textos periodísticos?

¿Conoces algún libro que pueda considerarse una crónica?

Conocimiento de la lengua

¿Cómo definirías qué es una oración?

Enumera en un minuto los diferentes tipos de texto que se te ocurran.

¿Sin GPS, sin ropa especial, sin teléfonos móviles, sin ninguna manera de pedir ayuda... te atreverías a atravesar el polo Sur? En 1914, Ernest Shackleton y un grupo de exploradores lo intentaron. Su barco quedó atrapado en el hielo y posteriormente se hundió. ¿Crees que lograron sobrevivir? Si quieres conocer cómo terminó una de las grandes aventuras del siglo XX, lee estas líneas.

Montañas del océano

En el Atlántico Sur hay un archipiélago perdido, conocido como Georgias del Sur. Se trata de un lugar de leyenda, donde yace el valiente explorador británico Ernest Shackleton.

Hubo un día en el que este montón de edificios medio derruidos y devorados por la herrumbre[1] y el salitre acogió a miles de personas; hombres rudos del norte de Europa unidos en una peculiar república dedicados a la caza y al procesamiento de cetáceos[2], elefantes marinos y, en realidad, cualquier animal del que se pudiese obtener algún beneficio. Llegaron hasta este archipiélago[3] perdido en el Atlántico Sur y cercano a la Antártida conocido como Georgias del Sur, en busca de fortuna y suerte. Algunos solo encontraron una silenciosa sepultura a la puerta del fin del mundo.

Georgias fue abandonada y hoy solo viven un puñado de científicos y algunos funcionarios al servicio de su majestad británica. A nosotros quien nos da la bienvenida es la cartera de las Georgias –y conservadora del museo local–. Hemos llegado hasta aquí siguiendo las huellas de un ilustre explorador británico, Ernest Henry Shackleton. Rodeada de montañas que parecen protegerla, destaca una tumba rematada por una roca de granito escocés sobre la que figura una frase del escritor romántico Robert Browning: «Yo sostengo que un hombre debe luchar hasta el final por el precio en el que ha fijado su vida».

Shackleton fue enterrado aquí en 1922, tras morir a causa de un infarto el mismo día en que regresó a esta bahía. Estaba durmiendo en el barco que lo llevaba de vuelta a la Antártida, el continente al que había entregado su vida y en el que tan solo seis años antes había protagonizado una de las aventuras de supervivencia más asombrosas, que tuvo precisamente en las Georgias un no menos increíble final. Y precisamente he llegado hasta aquí con un grupo de amigos para rememorar esta gran aventura.

Ernest Shackleton (1874-1922).

Ernest Shackleton fue contemporáneo de los grandes exploradores polares como Amundsen o Scott, con quien llevó a cabo un intento fallido de llegar al polo Sur geográfico a principios del siglo XX. Mientras que tras la mirada de Amundsen se adivina la ambición casi desmedida, el orgullo y la altivez del vencedor, y en la de Scott hay una mezcla de tozudez y honor militar desfasado, en la de Shackleton solo se vislumbra serenidad y humanidad a partes iguales. Fue el líder que siempre veló por su gente, que supo transformar una historia de patético heroísmo –como la de Scott, que condujo a sus hombres a una muerte segura– en una historia ejemplar, de vida. Esa fue su grandeza.

Los hombres que reclutó le pagaron con lo mejor que puede ofrecer una persona: la lealtad. Lo siguieron literalmente al fin del mundo. Fue «El Jefe», con mayúsculas, casi un título nobiliario cuando salía de la boca de aquel puñado de hombres excepcionales. Durante dos años, mientras

Europa se desangraba en la Primera Guerra Mundial y tras ver cómo su barco, el *Endurance* ('resistencia'), era literalmente triturado por los hielos, Shackleton y sus 27 compañeros vivieron sobre témpanos a la deriva. Luego se lanzaron al mar en tres frágiles chalupas[4], tratando de escapar de la prisión blanca en la que se había convertido para ellos el continente helado que ni siquiera habían llegado a pisar. Lograron llegar a la isla Elefante, al norte de la península Antártica, donde se refugiaron. Pisaban tierra firme después de dieciséis meses atrapados por los hielos, pero seguían igual de perdidos. Sabían que nadie en su país, enfrascado en la Primera Guerra Mundial, estaría preocupado por ellos y que nadie iría a rescatarlos, así que Shackleton eligió a cinco hombres para acompañarlo en una intentona, con todo el aspecto de suicida, de alcanzar Georgias del Sur. Era el único lugar donde podían pedir auxilio. Y para ello solo contaban con una de sus pequeñas chalupas, bautizada como *James Caird*; la pericia como navegante de Worsley, su capitán, y el coraje de todos para sobrevivir en uno de los peores mares del planeta.

Fue casi un milagro irrepetible. Para las generaciones posteriores quedaría como uno de los viajes más heroicos e imposibles llevados a cabo. Llegaron al límite de la supervivencia. Sin embargo, debido a los vientos dominantes, habían tenido que ir a desembarcar a la vertiente opuesta de donde se encontraban las factorías balleneras. Entre ellos y la salvación, la de ellos y el resto de sus compañeros que esperaban en la isla Elefante, se levantaba un muro de montañas, glaciares y escarpaduras[5]. Dejaron en la playa a dos hombres enfermos y otro compañero a su cuidado, y se lanzaron a cruzarlo a sabiendas de que era su única oportunidad. De aquella travesía histórica habían pasado casi cien años, pero seguía viva en nuestro recuerdo. Seguir las huellas de Shackleton, Worsley y Crean era el principal reto que nos había traído a las Georgias.

Nuestra marcha, siguiendo las huellas de Shackleton y sus dos compañeros, se va a desarrollar sobre glaciares, anfiteatros helados, collados y bahías repletas de vida animal. Cada vez que la ventisca nos golpeaba y la niebla nos hacía sentirnos perdidos; cada vez que afrontábamos una dura pendiente de nieve o nos lanzábamos ladera abajo tratando de dominar los trineos, dudando sobre quién arrastraba a quién, pensábamos en aquellos hombres disminuidos por casi dos años de penalidades sin cuento, sin apenas medios, enfrentándose a estos mismos obstáculos.

Nada más comenzar nuestra marcha, unos ríos helados que descienden del glaciar König cortan nuestro paso. Los cruzamos descalzos, cargados como animales de tiro con nuestros trineos a la espalda. Luego ascendemos al collado desde donde Shackleton y sus dos compañeros pudieron oír las sirenas de las factorías llamando al trabajo. Después de tres largos días llegamos por fin a la bahía Stromness, una estación ballenera hoy en ruinas, solo habitada por algún elefante marino, pero que el 20 de mayo de 1916, cuando la avistaron Shackleton y sus dos compañeros, convertidos en fantasmas de carne y hueso, era un lugar lleno de actividad. Poco después, Shackleton movilizaría varios barcos y a la cuarta intentona arribaría a la isla Elefante rescatando al resto de su expedición.

Nos abrazamos todos a la llegada al puerto de Stromness, donde nos esperan nuestros compañeros. Desde luego, con amigos así se puede ir al fin del mundo. Que, por cierto, no debe de estar muy lejos de aquí.

Sebastián Álvaro, *El País Semanal,* 30 agosto 2013 (adaptación)

Isla Elefante.

Infiere

Indica el número de la palabra del texto que corresponda a cada uno de estos significados:

- ☐ Óxido del hierro.
- ☐ Conjunto de islas.
- ☐ Declives de un terreno.
- ☐ Mamíferos marinos.
- ☐ Embarcaciones pequeñas.

Comprensión y expresión

Reescribe

1. En la tumba de E. H. Shackleton, aparece como epitafio esta afirmación del escritor R. Browning: «Yo sostengo que un hombre debe luchar hasta el final por el precio en el que ha fijado su vida». Escribe esta oración de tres modos distintos, pero manteniendo su significado.

Opina

2. ¿Cómo valora el autor del texto la aventura de Shackleton? Justifica tu respuesta con oraciones del texto.

Resume

3. Cuenta la historia de Shackleton en aproximadamente cien palabras.

Propón

4. Piensa y escribe otro título para la lectura inicial.

Imagina

5. Si tuvieras que iniciar una aventura para explorar algún lugar recóndito de la Tierra, ¿cuál escogerías? ¿Por qué? ¿Qué esperarías encontrar? Explica tus motivos en unas treinta palabras.

Convence

6. Elabora un discurso para convencer a tus compañeros de que te acompañen a la expedición que has imaginado en el ejercicio anterior.

Describe

7. Haz una lista de como mínimo cinco adjetivos que creas que pueden describir a Shackleton.

Localiza

8. En este fragmento hay cinco errores ortográficos. Anota cuáles son y corrígelos.

   Nuestra marcha, siguiendo las huellas de Shackleton y sus dos compañeros, se va a desarroyar sobre glaciares, anfiteatros helados, collados y baías repletas de vida animal. Cada vez que la ventisca nos golpeaba y la niebla nos hacía sentirnos perdidos; cada vez que afrontábamos una dura pendiente de niebe o nos lanzávamos ladera abajo tratando de dominar los trineos, dudando sobre quién arrastraba a quién, pensábamos en aquellos hombres disminuidos por casi dos años de penalidades sin cuento, sin apenas medios, enfrentándose a estos mismos obstaculos.

Responde

9. ¿Por qué crees que el autor afirma que el fin del mundo no debe de estar lejos?

Georgias del Sur.

Conocimiento de la lengua

De la palabra al texto

Las **palabras** se combinan para formar **oraciones**, que son la esencia básica de la comunicación. Estas expresan un mensaje con sentido completo y se encuentran delimitadas por pausas muy marcadas.

Las categorías gramaticales

La **palabra** es la unidad léxica y gramatical que tiene un significado fijo. Está constituida por monemas, que son unidades mínimas de significado que se construyen con fonemas, es decir, sonidos articulados.

Las palabras se agrupan en sintagmas para formar oraciones. Según su función o utilidad en la oración, estas se clasifican en distintas **categorías gramaticales**:

- **Nombres** o **sustantivos:** se trata de palabras que sirven para mencionar objetos, personas, animales o conceptos, es decir, todo lo que nos rodea, desde lo más concreto (*lápiz*, *bosque*, *muchacha*) hasta lo más abstracto (*pensamiento*, *ilusión*, *honradez*). En su mayoría presentan variación de género y número: *el lobo*, *la loba*, *los lobos*, *las lobas*.

- **Adjetivos:** son palabras que indican cualidades del sustantivo, al cual acompañan. Presentan variación de género y número y concuerdan con el sustantivo al que se refieren:
  el lobo hambriento
  las lobas hambrientas

- **Verbos:** expresan una acción, un estado o un proceso. Son la pieza básica y fundamental de la oración:
  Aquella tarde interpretó su canción.
  Todavía no ha comprado su regalo.
  El becario solicitará una nueva ayuda.

Practica

1. Identifica los sustantivos, los adjetivos y los verbos de las siguientes oraciones:

a) Me he encontrado un anillo con una piedra preciosa.
b) Los hermanos de Juan son muy altos.
c) Me gustó mucho la camisa azulada.
d) El armario nuevo es bastante amplio.
e) El paisaje costero es una maravilla.

¿Qué día es hoy?

¡! Los **adjetivos** pueden ser:

- **Explicativos:** van delante del sustantivo y resaltan una de sus cualidades: *las verdes praderas*.
- **Especificativos:** delimitan el significado del sustantivo al que acompañan y lo distinguen de otros: *el muchacho rubio*.

¡! Así como los nombres y sustantivos presentan variación de género y número, en los verbos esta variación depende del tiempo, la persona, el número, el modo, el aspecto y la voz.

- **Adverbios:** son palabras invariables que complementan a verbos, adjetivos u otros adverbios. En ocasiones, pueden confundirse con el adjetivo, pero, a diferencia de este, los adverbios no concuerdan en género y número con otras palabras, puesto que no cambian su forma:
  El niño dormía tranquilo. → Adj: concuerda en género y número con el nombre *niño*.
  El niño dormía tranquilamente. → Adv: no hay relación de concordancia con ningún elemento de la oración.

- **Preposiciones** y **locuciones prepositivas:** relacionan diferentes palabras en la oración:
  Confía en tu esfuerzo.
  El sombrero se encuentra encima de la mesa.

- **Conjunciones** y **locuciones conjuntivas:** son palabras que se caracterizan por enlazar palabras, sintagmas u oraciones:
  Compró dos cartones de leche y un paquete de galletas.
  Esperó a que llegaras a pesar de que tenía prisa.

¡! Las **preposiciones** son: *a*, *ante*, *bajo*, *cabe*, *con*, *contra*, *de*, *desde*, *durante*, *en*, *entre*, *hacia*, *hasta*, *mediante*, *para*, *por*, *según*, *sin*, *so*, *sobre*, *tras*, *versus* y *vía*.

¡! Las **conjunciones** pueden ser:

- **Coordinantes:** enlazan palabras de una misma categoría gramatical (*y*, *ni*, *o*, *sin embargo*, *es decir*...).
- **Subordinantes:** incluyen oraciones dentro de otras (*que*, *porque*, *aunque*, *como*, *para que*).

¡Atrévete!

2. Indica si los elementos destacados son preposiciones, locuciones prepositivas, conjunciones o locuciones conjuntivas:

a) Marta está **en** la zapatería **de** la esquina.
b) No llamó **ni** envió un mensaje.
c) Encontré las llaves **debajo del** sofá.
d) Me dijo la verdad, **sin embargo**, no le creí.

- **Determinantes:** preceden y presentan a los sustantivos, de forma que concretan y limitan su significado. Concuerdan con él en género y número. Hay diferentes tipos de determinantes:

  - **Artículos:** concretan el nombre al que acompañan. Indican si este es conocido por el hablante en el caso de los **determinados** (*el*, *la*, *los*, *las*) o desconocido en el caso de los **indeterminados** (*un*, *una*, *unos*, *unas*).
    Le dejé un libro de poesía.
    Me devolvió la carpeta roja.

  - **Demostrativos:** sitúan el nombre en el tiempo o el espacio: *este*, *ese*, *aquel*, etc.
    Se encuentra en esa montaña.
    En aquel tiempo todo era distinto.

  - **Posesivos:** indican la relación o pertenencia del nombre a una o varias personas: *mi*, *tu*, *su*, *nuestro*, *vuestro*, *sus*, etc.
    No entendió nuestra idea.
    Marta tiene tus llaves.

- **Indefinidos:** indican una cantidad imprecisa del nombre al que acompañan: *algún*, *ningún*, *otro*, *varios*, *cierto*, *bastante*, *demasiado*, *cualquier*, *todo*, *cada*, etc.
  Algunas personas no estaban de acuerdo.
  Tienes demasiadas camisetas.

- **Numerales:** expresan la cantidad exacta del nombre en el caso de los **cardinales** (*uno*, *dos*, *veinte*, etc.) o el orden que ocupa el sustantivo al que acompañan en el caso de los **ordinales** (*primero*, *segundo*, *vigésimo*, etc.).
  Tardó dos días en llegar.
  Me gustó más el primer cantante.

- **Interrogativos y exclamativos:** preceden al nombre en enunciados interrogativos y exclamativos, y siempre llevan tilde: *qué*, *cuántos*, *quién*, etc.
  ¿Cuántos libros has comprado?
  ¡Qué día!

- **Pronombres:** equivalen a un sustantivo con su determinante y sus complementos, es decir, a un sintagma nominal.
  María nos visitó; la encontramos muy nerviosa. (la = María)
  El bolso amarillo desapareció, aunque más tarde un transeúnte lo encontró en una papelera. (lo = bolso amarillo)

Algunos determinantes y pronombres comparten una misma forma. Sin embargo, se diferencian en que los determinantes acompañan a un nombre, mientras que los pronombres sustituyen a un sintagma nominal.

Este libro me interesa, aquel no.
Este = Det; aquel = Pron

Me gusta más vuestro libro que el suyo.
vuestro = Det; suyo = Pron

Los pronombres se clasifican en diferentes tipos:

- **Personales:** expresan una persona gramatical: la primera persona si se refieren al emisor, la segunda si se refieren al receptor, y la tercera si sustituyen a un sustantivo que ha sido nombrado con anterioridad o se da por nombrado de manera implícita.
  Yo soy el responsable de ese error. → 1.ª pers., emisor
  Te aseguro que tú no eres el responsable de ese error. → 2.ª pers., receptor
  María asegura que no es responsable de ese error. Ella se dedica a otras tareas. (Ella = María)

- **Relativos:** sirven de nexo entre dos oraciones y, al mismo tiempo, sustituyen un sintagma nominal de una de ellas. Los relativos son: *que*, *quien*, *cuyo*, *el cual*, *el que*, *la que*, *lo que*, etc.
  El libro es emocionante. + *Me dejaste un libro.* =
  El libro que me dejaste es muy emocionante.

Practica

3. Localiza los determinantes de las siguientes oraciones y di de qué tipo son:

a) Encontré al gato en ese callejón.
b) Quedó el quinto en la carrera del otro día.
c) ¿Cuántos años tiene tu hermano?
d) Voy a comprarme unas botas para la nieve.
e) Llevo tres años estudiando piano.

Conocimiento de la lengua

- **Demostrativos:** señalan la distancia respecto al hablante del sintagma nominal que sustituyen: *este*, *ese*, *aquel*, *estos*, *esos*, *aquellos*, etc.
  Este es el mejor.
  Prefiero que te lleves aquellos.

- **Posesivos:** indican la relación o pertenencia del sintagma nominal al cual sustituyen: *mío*, *tuyo*, *suyo*, *nuestro*, *vuestro*, *suyo*, etc.
  Su casa está más lejos del instituto que la mía.
  ¿Aquel coche es el vuestro?

- **Indefinidos:** expresan una cantidad poco precisa de elementos: *nada*, *todo*, *algo*, *nadie*, *alguien*, *alguno*, *bastantes*, *varios*, *cualquier*, *cualquiera*, *cualesquiera*, etc.
  Alguien sabe la respuesta.
  Con estos tendremos bastantes.

- **Numerales:** indican la cantidad o el orden del nombre sustituido: *un*, *dos*, *tres*, *primero*, *segundo*...
  No tiene un coche, tiene dos.
  Llegó el segundo a la meta.

- **Interrogativos y exclamativos:** introducen una pregunta o una exclamación, y siempre llevan tilde: *qué*, *quién*, *cuánto*, *cuál*, etc.
  ¿Quién ha llamado?
  ¡Quién lo tuviera!

¡! Recuerda que las palabras, según su categoría, se pueden clasificar en: nombres o sustantivos, adjetivos, verbos, adverbios, preposiciones o locuciones prepositivas, conjunciones o locuciones conjuntivas, determinantes y pronombres.

Practica

4. Completa las siguientes oraciones con una palabra que pertenezca a la categoría gramatical que se indica entre paréntesis:

a) Hemos visto ◆ (preposición) Luis ◆ (preposición) el cine.
b) Todos los ◆ (nombre) visita a su ◆ (nombre) que está en el ◆ (nombre).
c) Tiene el pelo ◆ (adjetivo) y la nariz ◆ (adjetivo).
d) Luis ◆ (verbo) el torneo de ajedrez que se ◆ (verbo) en el instituto.
e) ◆ (pronombre) cree que ◆ (pronombre) no ◆ (verbo) lo suficiente.
f) ◆ (conjunción) tú ◆ (conjunción) nadie puede cambiarme.
g) ◆ (determinante) verano leeré ◆ (determinante) libro que ◆ (determinante) prima Elvira me ha recomendado.

5. Indica si las palabras destacadas son adjetivos o adverbios. Ten en cuenta la concordancia.

a) Estos estudiantes trabajan **mucho** durante el curso.
b) Estos estudiantes trabajan **motivados** durante el curso.
c) Expresó **educadamente** sus inquietudes ante la situación actual.
d) Laura expresó muy **preocupada** sus inquietudes ante la situación actual.
e) Posee argumentos **sobrados** para mostrar su valía.

Los sintagmas

El **sintagma** es una palabra o conjunto de palabras relacionadas en torno a un **núcleo**. Se clasifican según la categoría gramatical de la palabra que actúa como núcleo (nombre, verbo, adjetivo, preposición y adverbio):

- –Sintagma nominal (SN): *La casa de Luis es muy luminosa.*
- –Sintagma verbal (SV): *Ana me recomendó esa película.*
- –Sintagma adjetival (SAdj): *El vestido morado te queda muy bien.*
- –Sintagma preposicional. (SPrep): *Escribió una novela de misterio.*
- –Sintagma adverbial (SAdv): *La tienda está muy cerca.*

- **Sintagma nominal (SN):** el núcleo es un nombre, pero también pueden actuar de núcleos un pronombre, ya que equivale o sustituye a un nombre; un adjetivo o un infinitivo sustantivados (que actúan como un sustantivo), y una oración subordinada sustantiva.
  - –nombre: *El solista desafinó.*
  - –pronombre: *Tú pintas.*
  - –adjetivo: *Lo bueno engorda.*
  - –infinitivo: *El reír adelgaza.*
  - –or. sub. sust.: *Me disgusta que suspendas.*

  Puede ir precedido de determinantes y tener elementos que actúen de complementos del nucleo:

  *El **solista** de la orquesta desafinó.*
  det. N prep det. N
  SN

- **Sintagma adjetival (SAdj):** su núcleo es un adjetivo.
  La clase estaba bastante limpia.
  El SAdj puede contener otros sintagmas:
  cansado de esperarte
  SPrep
  SAdj

- **Sintagma verbal (SV):** el núcleo es un verbo.
  El crucero de turistas americanos atracó en el puerto ayer.

  Puede ir acompañado de diferentes complementos: sintagmas adverbiales, sintagmas nominales, sintagmas preposicionales y sintagmas adjetivales.

  El viajero compró un libro en la estación.
  N SN SPrep
  SV

  El portero estaba muy sorprendido.
  N SAdj
  SV

  Los alumnos llegaron tarde.
  N SAdv
  SV

¡Atrévete!

6. Sustituye los sintagmas nominales destacados de las siguientes oraciones por pronombres personales, como si ya se supiera de qué o de quién se habla. Cambia, si es preciso, el orden de las palabras en la oración.

a) ¿Has encontrado **mi reloj**?
b) He visto **al vecino de mi hermana mayor** en el supermercado.
c) Durante su viaje a Estados Unidos, pensaba en **su novia** constantemente.
d) No he dicho nada del tema **a sus padres**.

¿Cómo han de ser los pendientes que quieres de regalo?

¡! En caso de cambiar el orden de los elementos de la oración, todas las palabras que forman un sintagma se mueven juntas:

Esta semana se estrena la película más esperada.
Se estrena esta semana la película más esperada.
La película más esperada se estrena esta semana.

- **Sintagma preposicional (SPrep):** se compone de una preposición que antecede a un SN:

  Los vecinos llevan mucho tiempo en la ciudad.

  Prep SN
  SPrep

- **Sintagma adverbial (SAdv):** su núcleo es un adverbio.

  Hoy ha amanecido nublado.

  Puede ir precedido de otro adverbio y, en alguna ocasión, va acompañado de un sintagma preposicional:

  Muy lejos de allí

  N SPrep
  SAdv

Practica

7. Indica de qué tipo son los sintagmas destacados en las siguientes oraciones:

a) **Los viernes** cenamos **en su casa**.
b) **Su hermana** parece **muy fatigada**.
c) **Ahora** vive **muy lejos**.
d) **La lluvia** empapaba **a los transeúntes**.
e) **Sus palabras** no convencieron **al público**.
f) Ella **durmió profundamente**.
g) **La cena de ayer** estaba deliciosa.
h) Llevé el coche **al mecánico**.

La oración

La mayor parte de los enunciados que se crean y emiten constituyen **oraciones**, en las cuales aparece, por lo menos, un verbo en forma personal, es decir, conjugado. La oración es una unidad mínima de significado constituida básicamente por un SN, que realiza la función de **sujeto**, y un SV, que realiza la función de **predicado**.

Los ciclistas acabaron la carrera exhaustos.

SN — Sujeto; SV — Predicado

Según el número de verbos que aparezcan en la oración, se distingue entre oración simple y oración compuesta:

- La **oración simple** tiene un solo verbo.

  El violinista interpretó varias piezas de autores españoles.

  V

- La **oración compuesta** presenta más de un verbo.

  Ricardo encontró un trabajo y solucionó sus problemas económicos.

  V V

Practica

8. Subraya el núcleo de los siguientes sintagmas e indica de qué tipo de sintagma se trata en cada caso:

a) muy bueno
b) conectaba los cables
c) demasiado cerca
d) el libro de filosofía de Eva
e) la razón
f) con pegamento
g) por la tarde
h) la persona de la fotografía
i) fácil de completar
j) reparó la avería mecánica

¡! Existen, otro tipo de enunciados, las **frases**, que tienen sentido completo pero no constituyen oraciones ya que en ellos no aparece ningún verbo en forma personal:

Buenos días.
¡Qué tiempos aquellos!
Al mal tiempo, buena cara.

Pueden tratarse de frases **nominales**, **adjetivales**, **adverbiales** o **preposicionales**, según si su núcleo es un nombre, un adjetivo, un adverbio o una frase nominal precedida de una preposición.

Practica

9. Redacta en forma oracional los siguientes titulares periodísticos:

a) Gran éxito de la campaña de recogida de alimentos.
b) Huelga en el sector de la hostelería.
c) Cientos de desaparecidos en la erupción de un volcán.
d) Descubierta una nueva especie de dinosaurio del jurásico ibérico.

10. Reconstruye los siguientes fragmentos para que constituyan oraciones:

a) que no el espero incidente relación empeore nuestra.
b) ¿necesitas ayuda tercero las con matemáticas de?
c) más es el mineral terrestre el común en la corteza feldespato.
d) peinado gusta su me nuevo no.

El texto

El **texto** es la unidad máxima de comunicación. Transmite un mensaje completo y está formado por una o varias oraciones, y también por enunciados no oracionales. Por tanto, su extensión es variable, ya que depende de la intención de quien habla o escribe.

Los textos presentan diferentes modalidades, de modo que puede haber textos narrativos, expositivos, descriptivos y argumentativos, además de los diálogos.

¡Atrévete!

11. Indica qué representan estas imágenes. ¿Todas pueden considerarse texto? Justifica tu respuesta.

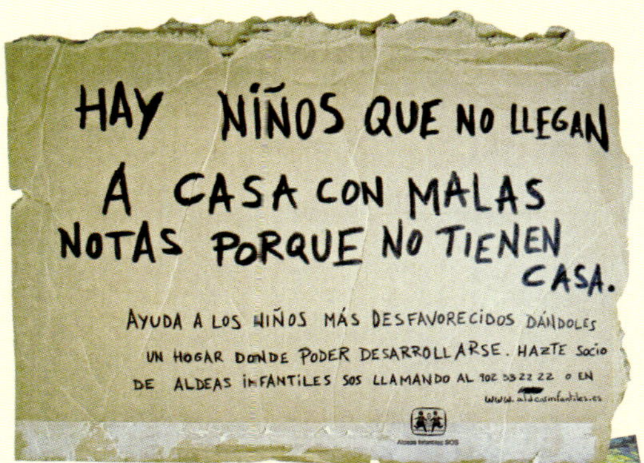

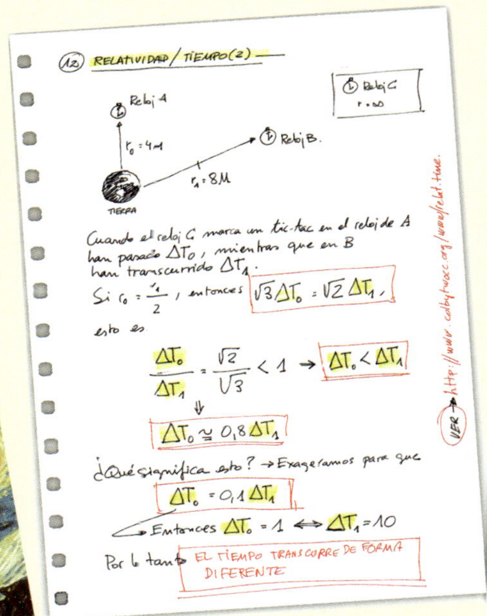

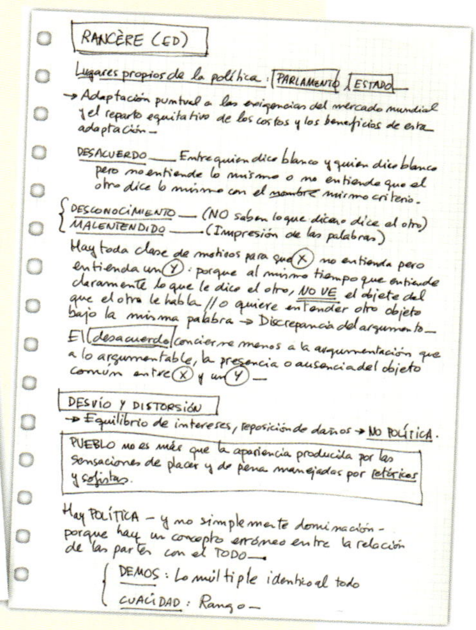

La noche estrellada, Vincent van Gogh (1889).

Fábrica de textos

La crónica

La **crónica** es un texto periodístico en el que el autor narra algún suceso del cual ha sido testimonio, ofreciendo al lector su punto de vista y sus comentarios personales. Por lo tanto, ofrece un **retrato personal** de un acontecimiento, una sociedad, unas personas..., y busca crear opinión y entretener al lector o espectador. Se suele seguir un orden cronológico a la hora de presentar los hechos.

Escoge

1. El texto que inicia la unidad es una crónica. Teniendo en cuenta la definición de crónica, señala cuáles de las siguientes oraciones justifican esta afirmación:

a) El texto está escrito en primera persona.
b) El autor no fue testimonio de las aventuras de Shackleton.
c) El autor revive personalmente las aventuras de Shackleton.
d) El texto narra la historia siguiendo el orden en que sucedió.
e) El texto contiene comentarios personales del autor.
f) El texto ofrece una visión objetiva y neutra de la aventura del explorador británico.

Ordena

2. Lee estos fragmentos del texto «La vida en autobús» y ordénalos:

a) Después de algunas risas y susurros escépticos, uno a uno, los pasajeros nos fuimos animando.

b) Lunes, 8.30: una señora de unos setenta años –chancletas con calcetines, gorra de béisbol volteada– se puso repentinamente de pie y, como dirigiendo una orquesta imaginaria, empezó a batir los brazos y a cantar «obladí-obladá» a todo pulmón.

c) Mi último trayecto en autobús por Nueva York debe de haber sido el más catártico.

d) Es como si su movilidad –lenta, agusanada– los colocara fuera de la velocidad del progreso, lejos de las redes de vigilancia, apartados del discurso normalizador, *and lalalala life goes on*.

e) En una ciudad en la que ya no se bebe en las terrazas antes de las seis de la tarde, ni se puede fumar en los parques, ni se extienden las sobremesas más allá de un postre y un insípido café americano, los autobuses de Nueva York son quizá el último rincón al margen de las normas de conducta pública.

f) Terminamos todos –salvo el chófer, tal vez– sumándonos al coro.

Valeria LUISELLI, «La vida en un autobús». *El País* (3 junio 2014)

¿Sabías que...?

La palabra *crónica* deriva del griego *χρόνος* (*cronos*), que significa 'tiempo', y ha llegado al español a través del término latino *chronĭca*. Cronos era el dios del tiempo en la mitología griega, hijo de Urano, dios del Cielo, y de Gea, la Tierra.

Reconoce

3. Señala en el texto las afirmaciones que son comentarios u observaciones de la autora.

Tipos de crónica

Los periódicos o telediarios suelen tener secciones fijas para ofrecer crónicas a los lectores o espectadores. Puede ser un mismo periodista que semanalmente elabore una crónica sobre un tema, un lugar, unos hechos concretos..., o bien una misma sección en la que colaboran diferentes periodistas.

Por otro lado, según el tema que tratan, se pueden distinguir muchos **tipos de crónica**: literarias, de guerra, de viajes, deportivas, sociales, culturales, políticas, de sucesos...

Clasifica

4. ¿A qué tipo de crónica corresponden los textos «Montañas del océano» y «La vida en un autobús»? Indica también a qué tipo de crónica pertenecen estos fragmentos:

a)

Al Lugo se le sigue atragantando la asignatura del gol en lo que va de temporada. Ante un Leganés que casi no pasó de su campo y además se quedó con diez jugadores la última media hora de juego, el conjunto de Setién fue incapaz de encontrar el tanto que le dieran los tres puntos y le consolidasen en la zona tibia de la clasificación.

«El Lugo se estrella ante un paupérrimo Leganés». *La voz de Galicia* (14 septiembre 2014)

b)

El síntoma más claro de que la ofensiva terrestre ha registrado un importante parón es la ropa interior colgada en cualquier lado. En cuerdas tendidas entre tanques Abrams, en los cordeles de un hospital de campaña donde ya no esperan a ningún paciente. En el frente situado en el centro de Irak, a ambos lados del río Éufrates, el Ejército de Tierra y los Marines norteamericanos parecen haberse tomado un respiro. Se trata, posiblemente, de recuperar fuerzas, pero sobre todo de asegurarse una retaguardia que está resultando inestable y peligrosa, contra todo pronóstico de los estrategas que diseñaron esta campaña.

J. A. Parrado, «Parón en la ofensiva terrestre por el sur». *El Mundo* (29 marzo 2003)

¿Sabías que...?

Guy Delisle, dibujante canadiense, narra en su novela gráfica *Crónicas de Jerusalén* un día a día de esta ciudad desde su punto de vista. Puedes saber más sobre este autor en su blog: *http://qr.teide.eu/02L0*.

El contenido

Una crónica es un **texto informativo**, pero también **literario**, es decir, el lenguaje que el autor utiliza tiene asimismo una finalidad estética. Cada autor escribe siguiendo su estilo personal, utilizando diferentes recursos estilísticos como, por ejemplo, figuras retóricas; este tipo de recursos, en general, no se encuentran en una noticia. Esta libertad permite que no solamente encontremos crónicas en forma de artículo de periódico, sino también en forma de novela o incluso de cómic.

Localiza

5. Lee este fragmento de una crónica en la que se narra una puesta de sol y busca las siguientes figuras retóricas: una hipérbole, una sinestesia, una personificación y una metáfora.

Hace unos días, en una hermosa playa californiana, me detuve a contemplar la puesta de sol. El espectáculo era fastuoso. El sol desaparecía detrás de una montaña envuelto en un estridente resplandor rojo y anaranjado. Conmovido por aquel espectáculo, busqué la complicidad de mis congéneres, de las personas que compartían conmigo, de manera estrictamente accidental, aquel momento glorioso que nos regalaba la naturaleza, y lo que vi me dejó helado: todos, sin excepción, le daban la espalda al sol, lo veían en la pantalla de sus teléfonos mientras se hacían un *selfie*. Había quien se hacía la foto en solitario, o el *selfie* de pareja: las dos caras y al fondo la puesta de sol. Pero también había *selfies* grupales de cuatro o cinco caras en los que la puesta de sol, que era presumiblemente el motivo de la fotografía, ya ni se veía. El fenómeno era bochornoso, pero sumamente ilustrativo: una vez hecho el *selfie*, la gente en esa playa seguía de espaldas al sol, comprobando en la pantalla de sus teléfonos la calidad del autorretrato que acababan de hacerse, y subiéndolo inmediatamente a Instagram, o a Twitter o a Facebook.

J. Soler, «El yo». *El País* (2 septiembre 2014)

Sugerencias

Puedes consultar la «Fábrica de textos» de la unidad 7 para ver ejemplos de figuras retóricas, y también los diferentes apartados de literatura del libro.

Reconoce

6. Por parejas, elegid uno de los siguientes fragmentos y analizadlo. Justificad cada afirmación, siguiendo la pauta que se ofrece a continuación. Finalmente, exponed vuestras conclusiones en clase.

a) Es o no una crónica.

b) Si se trata de una crónica, de qué tipo es.

c) Únicamente narra hechos o también los comenta.

d) Los hechos se muestran según un orden cronológico o no.

e) Utiliza o no recursos literarios.

a)

Carolina Marín es la nueva campeona del mundo de bádminton. La onubense de veintiún años conquistó el oro contra todo pronóstico tras derrotar en un partido histórico a la número uno del mundo y campeona olímpica, la china Xuerui Li, en tres sets (17-21, 21-17 y 21-18). Pero no fue fácil para la campeona de Europa y, desde hoy, mundial. A Carolina le costó entrar en el partido, pero cuando lo hizo, se vio que podía tener armas para responderla (9-7) y que no se iba a rendir (14-12). Aun así, Li no dejó escapar la manga (21-18). El segundo set fue el punto de inflexión. La china comenzó a dar signos de debilidad, mientras que Carolina parecía haberla estudiado bien. La tercera manga fue de infarto y el encuentro, para enmarcar. Sin embargo, Carolina no iba a dejar escapar la oportunidad, mostrando en los puntos finales una madurez tremenda, más cuando se llegaba al último tramo con todo por decidir (17-17). Mientras Li acusaba el cansancio y paraba el partido por problemas en el tobillo, Marín se mostraba tranquila, sabiéndose mejor y cerrando el encuentro 21-18.

J. Leiva, «Emperatriz Carolina Marín, nueva campeona del mundo». *As*, 31 agosto 2014 (adaptación)

¿Qué lleváis a la manifestación?

b)

Su sonrisa no engaña. A Samuel Perea le gusta comer y dar de comer. Con aceite de oliva, pan y exquisito arroz de su tierra, este malagueño de espíritu aventurero intenta conseguir con sus platos el acercamiento entre israelíes y palestinos. Más allá de demostrar que con la buena comida todo es más fácil y sabroso, Perea se emociona cada vez que baja a las profundidades de la cocina árabe, española e israelí y a las tradiciones basadas en el islam, el cristianismo y el judaísmo. Platos sefardíes con ensaladas palestinas y condimentos andaluces unidos para desafiar algo más que el paladar.

–¿No es *naif* pensar que cocinando se puede conseguir el acercamiento de dos pueblos tan enfrentados?

–El hecho de hablar de paz puede caer en la rutina, pero, sin incentivos, no te queda nada. Pensar en la paz es una manera de seguir incentivando puntos de encuentro y que uno piense que el otro pueda tener razón o algo de razón.

Sal Emergui, «Chef de la paz, embajador de Málaga y Papá Noel». *Blogoterráqueo*, 11 febrero 2014 (adaptación)

¿Sabías que...?

Es habitual agrupar las crónicas escritas por uno o varios autores sobre un tema y publicarlas en forma de libro. Escritores como Rubén Darío o Vicente Blasco Ibáñez publicaron sus crónicas. Más recientemente, podemos encontrar libros de Enric González o recopilaciones de varios autores como *Mejor que ficción. Crónicas ejemplares.*

c)

Un domingo por la mañana me acerqué a ver la moderna iglesia de Medhane Alem, que pasa por ser el segundo templo más grande de África. Camino por uno de los laterales de la iglesia, cuando se me acerca un chaval. Me dice que se llama Peter, así en inglés, y que tiene trece años. Como la mayoría, comienza por preguntarme de dónde vengo, me dice algo sobre algún futbolista español y se ofrece para hacer de guía por la ciudad.

Esa misma tarde, tomando un zumo en una moderna cafetería de Bole con una amiga etíope que trabaja en una organización humanitaria, le conté la historia de Peter. Le pregunté si creía que había exagerado, si era otra más de las historias de niños desamparados, de buenos estudiantes que buscan un patrocinador. Su respuesta me dejó un poco más intranquilo de lo que me quedé cuando me despedí de Peter y contemplé cómo su figura se iba diluyendo en el bullicio de la ciudad.

–Es perfectamente posible que te haya contado la verdad –me responde mi amiga–. Sabes por experiencia que los niños que están en la calle se las ingenian para sacar unos birrs como sea, especialmente cuando se trata de vosotros, los *faranyis*. Pero muchas veces sus experiencias son todavía peores de lo que dicen. La realidad es muy dura y, cuanto más daño nos hace, más tendemos a creer que son historias irreales.

C. Agulló, «Peter, Mohamed y otros niños que no juegan a la PSP». *Planeta Futuro. El País* (28 febrero 2014)

d)

Alrededor de un 30 % de los niños en España sufrirá a lo largo del curso que arranca este mes de septiembre la temida pediculosis, o lo que es lo mismo, la presencia de los molestos piojos, favorecida por la masificación de los niños en las aulas.

Estas observaciones se derivan del estudio «Percepción de la pediculosis en los hogares españoles», realizado por un centro de erradicación de piojos, según el cual 9 de cada 10 padres aseguran que el lugar donde más se transmiten estos insectos es el colegio. Si bien el colegio no es necesariamente la fuente de los piojos, Laura Martín, directora de una empresa especializada en la eliminación de piojos y liendres, ha recordado que es en el centro escolar «donde los niños pasan mayor tiempo a lo largo del día», por lo que «al haber 30 niños juntos en una clase, en cuanto los tengan dos, el resto se infecta rápidamente».

«Un 30 % de los niños sufrirá piojos durante este curso escolar». *Diario de Mallorca* (8 septiembre 2014)

Ortografía

La puntuación (I): el punto y los puntos suspensivos

Los **signos de puntuación** son signos gráficos que utilizamos en los textos escritos para marcar las pausas necesarias que nos permitan leerlos de forma correcta y comprender su significado. Cada signo de puntuación tiene una función precisa en el texto.

En el siguiente fragmento, el autor utiliza el punto y seguido, el punto y aparte, los dos puntos, el punto y coma, la coma y el punto final:

> Hoy fui a la casa de una joven que se llama Irene. Cuando la visita terminó me encontré con una nueva calidad de misterio. Siempre pensé que el misterio era negro. Hoy me encontré con un misterio blanco. Este se diferenciaba del otro en que el otro tentaba a destruirlo y este no tentaba a nada: uno se encontraba envuelto en él y no le importaba nada más.
>
> En el primer momento Irene es la persona que con más gusto pondríamos de ejemplo como simpáticamente normal: es muy sana, franca y expresiva; sobre cualquier cosa dice lo que diría un ejemplar de ser humano, pero sin ninguna insensatez ni ningún interés más intenso del que requiere el asunto; dice palabras de más como cuando una persona se desborda, y de menos como cuando se retrae; cuando se ríe o llora parece muy saludable y así sucesivamente.
>
> Felisberto HERNÁNDEZ, *Primeras invenciones* (1929)

El punto

El **punto** marca una pausa larga entre los enunciados y cierra enunciados con sentido completo. Existen tres clases de punto:

- **Punto y seguido:** distingue oraciones sucesivas en un mismo párrafo. Se utiliza cuando las distintas oraciones comparten una misma idea o tema.
- **Punto y aparte:** señala los distintos párrafos de un texto. Se utiliza cuando, en la siguiente oración de un párrafo nuevo, se aporta información distinta a la recibida anteriormente. A veces, el uso de punto y seguido y punto y aparte tiene un matiz subjetivo, ya que se llega a usar indistintamente.
- **Punto final:** marca el final del texto.

Además de los usos anteriores, también se utiliza punto:

- Para separar las horas de los minutos cuando se escriben numéricamente (aunque también se pueden separar mediante dos puntos): *9.23* (o *9:23*).
- En las abreviaturas, menos en aquellas que llevan barra (/): *Sr.* (*señor*), *etc.* (*etcétera*), pero *c/* (*calle*).

No se puede combinar el punto con otros signos de puntuación. Por ejemplo, los siguientes usos serían incorrectos:

* *¡Adiós!.* * *¿A qué hora llega el tren?.*

Practica

1. Escribe punto y seguido y punto final donde convenga en el siguiente texto. Hay siete puntos y seguido y un punto final. Recuerda que debes escribir mayúscula detrás de punto.

> Mi padre sabe que no le hago ascos a nada y que obedezco sin protestar cuando me dice que ayude a las labores del campo, pero si tengo que escoger, elijo la escuela con don Ignacio aprendo cosas fascinantes dice que soy un alumno de mucho provecho eso dice la escuela está a unos metros de mi casa, detrás del colegio Santo Domingo, un edificio tan grande como una catedral al que acuden cientos de niños de familias importantes ellos llevan uniforme nosotros, los de mi escuela, vamos cada uno como Dios nos dio a entender, con ropa de calle y sin que nadie nos pase revista de aseo a Meno, que es uno de mis mejores amigos, le parece que así es mejor que lo bueno de cada uno va por dentro
>
> José Luis FERRIS, *El diario de Miguel* (2010)

Los puntos suspensivos

Los **puntos suspensivos** se usan en los siguientes casos:

- Para indicar una pausa al final de un enunciado que no está terminado:
  Si aprobara el carné de conducir...
- Para mostrar incertidumbre o titubeo por parte del interlocutor en un texto de diálogo:
  –Pensamos que...
- Cuando no se quiere terminar una palabra considerada tabú en el registro estándar:
  ¡Eres un imb...!
- Para indicar que en un texto se suprime una parte de él. En este caso, se ponen entre paréntesis o corchetes:
  Dije «este no» como dando a entender que había leído algún otro libro del mismo autor, pero ni siquiera sabía quién era Robert Louis Stevenson. [...]
  Ella se encogió de hombros y siguió leyendo.

Ignacio Martínez de Pisón, *El tesoro de los hermanos Bravo* (1996)

Practica

2. Corrige los signos de puntuación mal colocados del siguiente texto y escribe mayúscula cuando sea necesario:

Cuando Harry bajó a desayunar a la mañana siguiente, se encontró a los tres Dursley ya sentados a la mesa de la cocina veían la televisión en un aparato nuevo, un regalo que le habían hecho a Dudley al volver a casa después de terminar el curso, porque se había quejado a gritos del largo camino que tenía que recorrer desde el frigorífico a la tele de la salita, Dudley se había pasado la mayor parte del verano en la cocina, con los ojos de cerdito fijos en la pantalla y sus cinco papadas temblando mientras engullía sin parar,

Harry se sentó entre Dudley y tío Vernon, un hombre corpulento, robusto, que tenía el cuello corto y un enorme bigote, lejos de desearle a Harry un feliz cumpleaños, ningún de los Dursley dio muestra alguna de haberse percatado de que Harry acababa de entrar en la cocina, pero él estaba demasiado acostumbrado para ofenderse

J. K. Rowling, *Harry Potter y el prisionero de Azkaban*, 2000 (traducción)

¡Atrévete!

3. Incluye en el siguiente texto los puntos suspensivos que faltan y explica el porqué de su colocación:

Desde tiempo sin principio, el atardecer enciende el cielo del Tíbet. Cuando el crepúsculo gana la cima de las montañas de nieves perpetuas, el color púrpura invade el firmamento y cubre de melancolía la mirada de quien lo contempla. Los jirones de las nubes se tiñen bajo una luz cambiante de tonalidades de asombro. [ ] No existe ningún otro lugar donde, por causa de la altura, los colores sean tan luminosos ni la atmósfera tan transparente, ni la luz tan intensa más que en el Tíbet, el techo del mundo.

Al caer la tarde, como de costumbre, los peregrinos procedentes de todo el país, y de las estepas de Mongolia, se reúnen en los alrededores del templo más sagrado Agotados por el largo viaje, descansan extasiados ante la majestuosa vista del palacio, mientras los últimos rayos de sol se reflejan sobre sus tejados dorados

Raimón Samsó, *El maestro de las cometas* (2003)

Repaso

Practica

4. Copia el siguiente texto, puntúalo y corrige los errores ortográficos que contiene:

> una tarde el hijo de un grangero, un niño llamado Hogarth, estava pescando en un arrollo, cerca lla del mar havía oscurecido demasiado y el anzuelo no dejava de enredarse entre hierbajos y arbustos así que dejó de pescar y, según se alejava del arrollo, se detubo un instante, atento a los búos del bosque, baye arriba, y al rumor del mar a sus espaldas chsss, decía el mar y otra vez, chsss, chsss, chsss de pronto tubo una sensación estraña sintió que le observaban tubo miedo se bolvió y su mirada recorrió la enpinada ladera que yebava asta lo alto del acantilao.
>
> Ted Hughes, *El hombre de hierro*, 1968 (traducción)

¡Atrévete!

5. Puntúa el siguiente texto e infiere la sílaba de las palabras incompletas. Ten en cuenta que debes escribir mayúscula después de punto.

> De acuerdo con las le◆das, el país de las hadas es un lugar de perenne di◆sión, cuyos habitantes entretienen sus ◆cios con ◆tividades semejantes a las practicadas por los mortales
>
> en consonancia con su digni◆, las hadas más aristo◆ticas, como las de la ◆glaterra medie◆, la «corte espiritual» de ◆cocia e ◆landa, preferían esparcimientos cortesanos como la dan◆, la música, la caza y las ca◆gatas solem◆
>
> al parecer, otra de las afi◆nes favoritas de las hadas eran los deportes de pelota, como el ◆bol o el hockey irlan◆ también les gustaba el aje◆, y no pocas veces se enfrentaban a los humanos con apuestas de por medio las aristo◆ticas ◆das irlandesas eran a◆drecistas consumadas que solían retar a los mortales a campe◆natos de tres partidas en los que el ganador de cada una podía esco◆ un premio.
>
> Beatrice Phillpotts, *El Mundo de las Hadas*, 1999 (adaptación)

Practica

6. Copia el siguiente texto, completa los espacios en blanco con estas palabras y corrige los errores ortográficos que contiene:

cuernos, disminuyó, vulnerable, convivencia, cuándo, agitación, naturaleza, ovejas, expertos, desarrollaron, rebaño, hallazgos, hilar

> **¿◆ se domesticaron las ◆?**
>
> distintos ◆ sujieren que acia el año 10 000 a. C. la obeja ya era un animal doméstico en Asia central y, sobre todo, en mesopotamia. No obstante, los humanos no aprendimos a ◆ combenientemente su lana hasta 6 500 años después.
>
> según parece, las actuales obejas europeas proceden del muflón, un artiodáctilo salbaje que la unión internacional para la conservación de la ◆ hoy cataloga como «◆».
>
> Con el tiempo, algunas poblaciones de estos animales fueron adaptándose a la ◆ con nuestra expecie. Así, fueron perdiendo el pelo que las cubría y ◆ más lana. Además, sus orejas dejaron de ser rectas y los ◆ de la malloría de las baríedades desaparecieron.
>
> Tanbién su color canvió: de unos tonos marrones oscuros pasó a los blancos y negros actuales. Algunos ◆ apuntan que incluso su cerebro ◆ de tamaño.
>
> Los cruzes an jenerado más de doscientas razas ovejunas que necesitan del ◆, lo que facilita el pastoreo. de hecho, quando comen precisan berse entre sí; si una de ellas es separada, caerá en una situación de ◆ y extrés.
>
> *Muyinteresante.com*

7. Subraya el término correcto de cada pareja y escribe, con tus propias palabras, una definición para los cinco primeros:

a) criminalogía o criminología
b) crucificación o crucifixión
c) derogar o derrogar
d) desavenencia o desaveniencia
e) desentrenamiento o desentreno
f) cuadrigésimo o cuadragésimo
g) deduje o deducí
h) dentrífico o dentífrico
i) desdecido o desdicho

Literatura

La literatura medieval: primeras manifestaciones

Por **Edad Media** entendemos un largo período que abarca desde el siglo V hasta el XIV. Hasta mediados del siglo XII –período que se conoce como la alta Edad Media–, la Península Ibérica vive continuas luchas de poder en una sociedad feudal (dividida, por tanto, en señores, vasallos y religiosos). En esta época todo gira en torno a la guerra y la religión. Sin embargo, a partir del siglo XII –baja Edad Media–, se produce un florecimiento cultural. El auge de las grandes ciudades y la apertura de nuevas rutas comerciales, entre otras causas, favorecen un cambio de mentalidad que conllevará a la aparición de las primeras universidades (Salamanca, Palencia, Valladolid...) y de las primeras manifestaciones literarias en lenguas románicas.

Los inicios de la literatura medieval en lengua castellana

La literatura en lengua castellana nace en el **siglo XIII**. Hasta ese momento, las pocas personas que sabían leer y escribir empleaban siempre el latín. En general, se trataba de frailes que dedicaban buena parte de su tiempo a copiar manuscritos latinos. Sin embargo, la gente corriente ya no entendía bien esa lengua y debía satisfacer de algún modo la necesidad natural de escuchar historias, expresar sentimientos, cantar canciones. Esa necesidad de entender qué estaba ocurriendo a su alrededor, así como saber qué papel debería desempeñar cada uno en la nueva sociedad, explica el nacimiento de los **cantares de gesta**. Por su parte, la expresión de sentimientos tendrá cabida en la **lírica tradicional**.

La lírica tradicional hispánica

En cualquier época y lugar, las canciones populares han acompañado al ser humano en múltiples circunstancias de su quehacer diario: en los trabajos agrícolas, en las romerías, en las fiestas... Estas canciones anónimas que se transmiten oralmente de generación en generación componen lo que se conoce como la **lírica tradicional**. El carácter oral de estas composiciones hace muy difícil poder precisar en qué momento concreto aparecieron. En la Península Ibérica conviene destacar las siguientes manifestaciones de la lírica tradicional:

- **Jarchas:** son breves canciones de amor escritas en mozárabe, lengua románica hoy desaparecida que se hablaba en las zonas dominadas por los árabes. Estas cancioncillas se incluían al final de poemas escritos en árabe o hebreo cultos, llamados **moaxajas**. Las jarchas son las composiciones más antiguas de la lírica hispánica, puesto que se produjeron entre los siglos XI y XIV. En general, reproducen las quejas de una mujer por la ausencia de su amado (o *habib*). A menudo, los lamentos se dirigen a un confidente (su madre, una hermana, una amiga...).

Garid vos, ¡ay yermaniellas!,
¿cóm' contenir el mio male?
Sin el *habib* non vivreyo:
¿ad ob l'irey demandare?

(Decidme, ¡ay hermanitas!,
¿cómo contener mi mal?
Sin el amado no viviré:
¿adónde iré a buscarlo?)

Vaise mio corachón de mib.
¡*Ya Rab!*, ¿si se me tornarad?
Tan mal me dóled li-l-habib:
enfermo yed, ¿cuánd sanarad?

(Vase mi corazón de mí.
¡Ay Dios!, ¿acaso tornará?
Tanto me duele por el amado:
enfermo está, ¿cuándo sanará?)

ANÓNIMO (s. XI)

Practica

1. ¿Cuál es el tema de estas dos jarchas? ¿Qué aspecto las diferencia?

Practica

2. ¿Qué personaje toma la palabra en cada jarcha? ¿A quién se dirige?

3. Señala alguna palabra mozárabe cuya forma se asemeje a la correspondiente del castellano actual. ¿Hay alguna palabra que se repite en ambos poemas y que no parece ser de origen románico? ¿Cuál? ¿Qué significa? ¿A qué lengua puede pertenecer?

¿Qué hace hoy tu hijo?

D

X

T

- **Cantigas de amigo:** están escritas en gallego y las más antiguas que se conservan datan del siglo XII. Estas canciones recogen también la queja de una muchacha enamorada por la ausencia del amado (o amigo). Se caracterizan por tener una estructura paralelística, es decir, los versos se van repitiendo con pequeñas variantes.

Ondas do mar de Vigo,
se vistes meu amigo?
E ai Deus, se verrá cedo!
Ondas do mar levado,
se vistes meu amado?
E ai Deus, se verrá cedo!
Se vistes meu amigo,
o por que eu sospiro?
E ai Deus, se verrá cedo!
Se vistes meu amado,
por que ei gran cuidado?
E ai Deus, se verrá cedo!

(Ondas del mar de Vigo,
¿acaso habéis visto a mi amigo?
Y, ay Dios, ¡si vendrá pronto!
Ondas del alto mar,
¿acaso habéis visto a mi amado?
Y, ay Dios, ¡si vendrá pronto!
¿Acaso habéis visto a mi amigo,
aquel por quien yo suspiro?
Y, ay Dios, ¡si vendrá pronto!
¿Acaso habéis visto a mi amado,
por quien tengo gran cuidado?
Y, ay Dios, ¡si vendrá pronto!)

ANÓNIMO (ss. XIII-XIV)

Practica

4. Explica cuál es el tema de esta cantiga. ¿Tiene alguna relación con el tema de las jarchas anteriores?

Practica

5. ¿Qué versos se repiten exactamente igual en la cantiga? ¿Qué versos se repiten con algunas variantes? ¿Cómo se llama esta estructura formal?

6. ¿Quién está hablando? ¿A quién se dirige?

- **Lírica castellana:** está compuesta por canciones que no se pusieron por escrito hasta el siglo XV, pero el origen de alguna de ellas se remonta a los siglos XIII o XIV. Presentan una gran variedad temática, aunque predomina el tema del amor. Su forma más característica es el **villancico**. Se trata de un tipo de canción que contiene un breve estribillo inicial, que puede repetirse al final. El tema del estribillo se desarrolla en una o varias estrofas.

Practica

7. Lee los siguientes villancicos y explica cuál es el tema de cada uno.

I

¡Ay, que non hay, mas ay, que non era
quien de mi pena se duela!
Madre, la mi madre,
el mi lindo amigo
moricos de allende
lo llevan cativo;
cadenas de oro,
candado morisco.
¡Ay, que non hay, mas ay, que non era
quien de mi pena se duela!

II

¿Agora que sé de amor
me metéis monja?
¡Ay Dios, qué grave cosa!
Agora que sé de amor
de caballero,
¿agora me metéis monja
en el monesterio?
¡Ay Dios, qué grave cosa!

ANÓNIMO (s. XV)

Practica

8. ¿Qué personaje toma la palabra en cada villancico? ¿De qué se lamenta?

9. ¿A quién se dirigen estos personajes?

¿Sabías que...?

Frente a las cantigas de amigo existieron otro tipo de cantigas de carácter religioso. Las *Cantigas de Santa María* (s. XIII -1284) es una obra formada por 420 cantigas que explican los milagros realizados por la Virgen María.

Los cantares de gesta: el *Cantar de Mío Cid*

Una de las manifestaciones literarias más características de la Edad Media son los **cantares de gesta**. Se trata de narraciones épicas en verso protagonizadas por un héroe. Los encargados de difundir estas narraciones eran los **juglares**, hombres que recorrían pueblos, castillos y caminos recitando poemas, cantando canciones, haciendo malabares...

El ***Cantar de Mío Cid*** es el único cantar de gesta español que se conserva prácticamente completo. Se calcula que se compuso a principios del siglo XIII y es anónimo. Narra las hazañas de un personaje histórico que vivió en el siglo XII, Rodrigo Díaz de Vivar, conocido como *el Cid*.

El *Cantar de Mío Cid* está dividido en tres partes o cantares:

- **Cantar del destierro**

  La obra comienza con el Cid partiendo al destierro porque el rey Alfonso VI lo ha castigado injustamente (el manuscrito conservado ha perdido la primera página, donde se explicarían los motivos del destierro). El Cid deja a su mujer y a sus hijas, doña Elvira y doña Sol, en un monasterio y, acompañado de sus más fieles seguidores, se dirige a conquistar tierras dominadas por los musulmanes con el objeto de recuperar su honor. Tras cada batalla victoriosa, reparte las ganancias entre sus seguidores y ofrece la victoria al rey, de quien sigue considerándose leal vasallo.

- **Cantar de las bodas**

  Los éxitos militares del Cid culminan con la conquista de Valencia. El rey Alfonso perdona al Cid, y permite que su mujer y sus hijas se reúnan con él en Valencia. Además, arregla, como muestra de gratitud hacia su fiel vasallo, el matrimonio de doña Elvira y doña Sol con los infantes de Carrión, miembros de la nobleza. De esta forma, el honor del Cid queda plenamente restablecido.

- **Cantar de la afrenta de Corpes**

  Tras las bodas, los infantes se muestran cobardes y despreciables. Los vasallos del Cid se burlan de ellos, por lo que estos deciden vengarse: llevan a sus esposas hasta un bosque apartado, las maltratan, las azotan y las dejan abandonadas. El Cid pide justicia al rey y este resuelve convocar Cortes en Toledo. Allí, los infantes mueren en un duelo judicial a manos de dos de los más fieles vasallos del Cid, Pero Bermúdez y Martín Antolínez. Los infantes de Navarra y Aragón solicitan la mano de las hijas del Cid. De esta forma, el Cid recupera nuevamente el honor y asciende socialmente, puesto que los infantes son parientes del rey.

El cantar consta de unos tres mil setecientos versos de medida variable (entre diez y veinte sílabas), con una pausa (cesura) en medio y con rima asonante. La transmisión oral de los cantares de gesta determina algunos rasgos de su estilo:

¡! Recuerda que las narraciones épicas cuentan y exaltan las hazañas de un héroe.

¿Qué hago con este banco roto?

Alabar

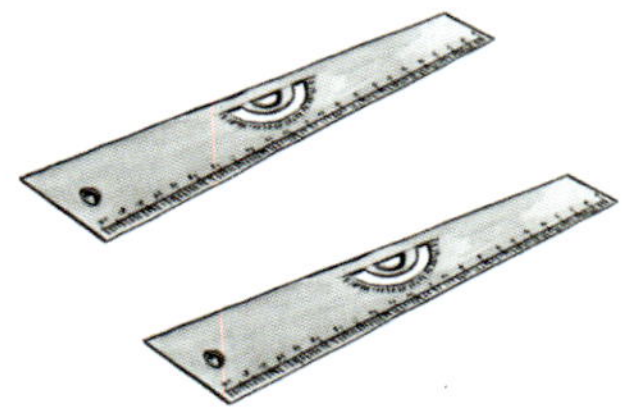

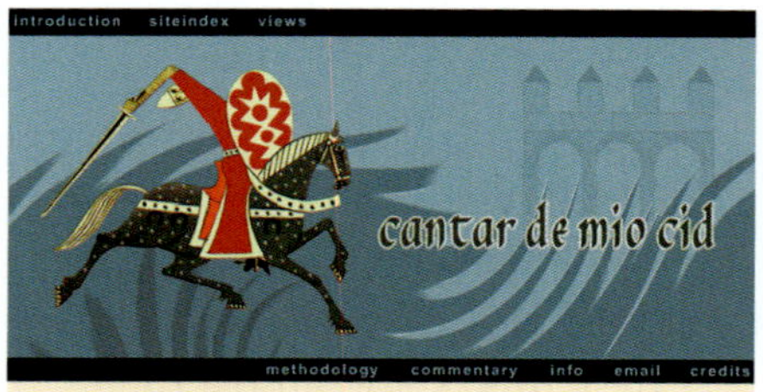

¿Sabías que...?

Los fonemas del castellano medieval no coinciden siempre con los del castellano actual. ¿Te gustaría saber cómo sonaba el castellano antiguo? Busca la página web *http://qr.teide.eu/02L2* y podrás escuchar, tal como se pronunciaría en su época, el fragmento del *Cantar de Mío Cid* que elijas.

- **Presencia de epítetos épicos:** son expresiones más o menos fijas que se repiten para designar a distintos personajes. Cuando se alude al Cid, con frecuencia se añaden epítetos como «el que en buena hora ciñó espada» o «el que en buena hora nació». Martín Antolínez es denominado a menudo con el epíteto «el burgalés de pro».

- **Llamadas al auditorio:** expresiones como «oíd lo que dijo», «yo os diré» o «veríades» aparecen frecuentemente para mantener la atención del público.

El Cid socorre a Álvar Fáñez y lucha contra Fáriz

A Minaya Álvar Fáñez, matáronle el caballo;
bien le socorren mesnadas[1] de cristianos;
la lanza ha quebrado a la espada metió mano;
aunque de pie, buenos golpes va dando.
Violo Mío Cid Ruy Díaz el castellano,
arrimose a un alguacil[2] que tenía buen caballo,
diole tal golpe de espada con el su diestro brazo,
cortole por la cintura el medio echó en el campo;
a Minaya Álvar Fáñez íbale a dar el caballo.

–¡Cabalgad, Minaya, vos sois el mi diestro brazo!
Hoy en este día de vos habré gran amparo.
Firmes están los moros, aún no se van del campo.

Cabalgó Minaya, la espada en la mano,
por estas fuerzas firmemente lidiando;
a los que alcanza valos matando.
Mío Cid Ruy Díaz, el Campeador contado,
al rey Fáriz, tres golpes le ha dado;
los dos le fallan y el uno le ha alcanzado;
por la loriga[3] abajo la sangre destellando[4];
volvió las riendas, por írsele del campo.
Por aquel golpe el ejército es derrotado.

Cantar de Mío Cid (s. XIII)

Practica

10. ¿A cuál de los tres cantares, o partes en que se divide la obra, crees que pertenece este fragmento? Justifica tu respuesta.

11. ¿Qué rasgos de la personalidad del Cid se muestran en este texto?

12. ¿Cómo riman los versos?

13. ¿Observas algún rasgo de estilo propio de la oralidad? Pon algún ejemplo.

[1] mesnada: tropa, escuadrón.
[2] alguacil: general del ejército musulmán.
[3] loriga: armadura de cuero o metal.
[4] destellar: destilar, correr un líquido.

¡Atrévete!

¿Qué has aprendido sobre la literatura española medieval? Ponte a prueba con las siguientes actividades.

14. Indica si las siguientes afirmaciones son verdaderas o falsas:

a) Los juglares eran los encargados de difundir la lírica tradicional castellana.
b) El *Cantar de Mío Cid* es anónimo.
c) Las jarchas están escritas en mozárabe.
d) El *Cantar de Mío Cid* es un cantar de gesta.
e) Las cantigas de amigo son cantos épicos.
f) Tras la conquista de Granada, el rey perdona al Cid.
g) El Cid debe recuperar su honra en dos ocasiones.

15. Los cantares de gesta no fueron un fenómeno que se produjo solo en España. En la misma época, en toda Europa, surgen cantares de gesta similares. Los más conocidos son, posiblemente, el *Cantar de Roldán* (escrito en francés) y el *Cantar de los Nibelungos* (escrito en alemán). Busca información sobre una de estas obras y exponla en clase.

Competencias básicas

Prueba

Lee el texto siguiente y responde las preguntas que se formulan a continuación.

Una dura travesía

Al salir del refugio, el paisaje cambia por completo. Allí termina la pampa, se entra en una región montañosa que tampoco presenta vestigio alguno de vegetación. No hay nada más triste que este paisaje que parece muerto. Ningún pájaro surca el cielo, ni el más pequeño animal corre sobre la tierra, nada hay fuera de la arena negra y pedregosa. El hombre a su paso ha aumentado más el horror de estos lugares. [...] Esta tierra de desolación está sembrada de esqueletos de animales, muertos de hambre y de sed en este horrible desierto: son mulas, caballos, asnos o bueyes. En cuanto a las llamas, no se las expone a estas travesías, muy penosas para su constitución. Necesitan mucha agua y una temperatura fría. La vista de aquellos esqueletos me entristeció profundamente. Los animales que viven en el mismo planeta, en el mismo suelo que nosotros, ¿no son acaso nuestros compañeros? ¿No son también criaturas de Dios? No es por autocompasión por lo que sufro con las penas de mis semejantes. El dolor excita mi compasión y creo que es un deber religioso preservar de él a los animales que se hallan bajo nuestro dominio. Ninguna de las osamentas de estas víctimas de la codicia humana aparecía ante mis miradas, sin que mi imaginación se representara la cruel agonía del ser que había animado aquel esqueleto. Veía a esos pobres animales agotados de cansancio, sedientos, agonizar en un estado lastimoso. Entonces sentía con terror cuán débil estaba para sobrellevar todavía la fatiga de tan ruda jornada y temblaba ante la idea de que quizá yo también fuese a quedar abandonada en el desierto...

El sol había salido y el calor se hacía más y más ardiente. La arena sobre la que caminábamos se calentaba y nubes de polvo fino como cenizas abrasaban nuestros rostros y secaban nuestras gargantas. Hacia las ocho entramos en Las Quebradas, montañas famosas en el país por las dificultades que ofrecen a los viajeros. Al ascender a los picos sobre las estribaciones del camino, me recostaba sobre la mula y me abandonaba a merced de

la Providencia. Al bajar no podía hacer lo mismo y, aunque mi mula tenía el paso muy seguro, los peligros que continuamente presentaba el camino me obligaban a prestar mayor atención. Nuestras mulas debían sortear grietas que cortan el camino y trepar por enormes rocas y a veces seguir estrechos senderos, en donde la arena se desmoronaba bajo sus pisadas, lo cual nos ponía en gran peligro y en riesgo de caer al horrible precipicio que rodeaba la montaña. Don Baltasar iba siempre por delante a fin de indicarnos la ruta. Su primo era el hombre más atento y más suave que jamás he encontrado, y caminaba lo más cerca posible de mí para prestarme asistencia en caso de necesidad. El doctor, hombre precavido por excelencia, iba siempre por detrás por temor al peligro de que si uno de nosotros caía, pudiese arrastrarle en la caída. Yo le oía gritar a cada paso en falso que daba su cabalgadura, encomendarse a Dios, jurar contra el camino, el sol y el polvo, y deplorar su horrible destino.

Descendí bien la primera y la segunda cuesta. Cuando llegué a la cima de la tercera montaña, me sentí tan débil y tan mal, los movimientos violentos de mi mula me habían dado tal dolor de costado, que me fue imposible sostener la brida. Hicimos un alto en la cima de esta tercera montaña, en donde reina un aire puro y fresco. El viajero jadeante de fatiga y bañado de sudor se siente reanimado. En cuanto a mí, tenía los mismos sufrimientos que había sentido la víspera: una opresión espasmódica me apretaba el pecho y hacía que se me hincharan las venas del cuello y de la frente, me corrían las lágrimas sin poderlas contener, no podía sostener la cabeza y todos mis miembros estaban extenuados. La sed, una sed devoradora, era el único deseo que sentía.

Flora Tristán, *Peregrinaciones de una paria*, 1838 (adaptación)

1 **Señala el antónimo de *contener* (línea 68).**

- ☐ *a*) liberar
- ☐ *b*) detener
- ☐ *c*) afrontar
- ☐ *d*) evitar

2 **¿Qué tipo de crónica es el texto anterior?**

- ☐ *a*) Deportiva
- ☐ *b*) De guerra.
- ☐ *c*) Cultural.
- ☐ *d*) De viaje.

3 **¿Qué significa el signo [...] que aparece en la línea 9 del texto?**

- ☐ *a*) Que la autora no quiere explicar cómo murieron esos animales.
- ☐ *b*) Que se ha suprimido un fragmento del texto original.
- ☐ *c*) Que la autora ha dejado de escribir para llorar.
- ☐ *d*) Que el lector ya imagina lo que sigue a continuación.

4 **Asigna a cada uno de los personajes dos de estos adjetivos: compasivo/a, prudente, desconfiado/a, pionero/a, considerado/a, amable, sufrido/a, guiador/a.**

- ☐ *a*) Flora Tristán
- ☐ *b*) don Baltasar
- ☐ *c*) el primo de don Baltasar
- ☐ *d*) el doctor

5 **Elige la opción correcta.**

- ☐ *a*) Flora Tristán narra sus peripecias en el desierto africano.
- ☐ *b*) A Flora Tristán le gusta escalar montañas.
- ☐ *c*) Flora Tristán anduvo perdida por el desierto.
- ☐ *d*) Flora Tristán tuvo que atravesar el desierto americano.

6 **El principal peligro de las montañas de Las Quebradas se encuentra en:**

- ☐ *a*) El ascenso.
- ☐ *b*) El descenso.
- ☐ *c*) La cima.
- ☐ *d*) Los animales salvajes

7 **¿Cuál de las siguientes definiciones pertenece a la palabra *vestigio* (línea 4)?:**

- ☐ *a*) Destrucción, aniquilamiento, ruina.
- ☐ *b*) Porción grande o abundancia de algo.
- ☐ *c*) Ánimo, vigor, brío, valor.
- ☐ *d*) Ruina, señal o resto que queda de algo material o inmaterial.

8 **Indica la respuesta correcta respecto a las palabras subrayadas en la siguiente oración: «Su primo era el hombre <u>más</u> <u>atento</u> y más <u>suave</u> que <u>jamás</u> he encontrado».**

- ☐ *a*) Las palabras *más*, *atento*, *suave* y *jamás* son adjetivos.
- ☐ *b*) Las palabras *más*, *atento*, *suave* y *jamás* son adverbios.
- ☐ *c*) Las palabras *más* y *jamás* son adjetivos; *atento* y *suave* son adverbios.
- ☐ *d*) Las palabras *más* y *jamás* son adverbios; *atento* y *suave* son adjetivos.

9 **Indica, en cada caso, de qué clase de sintagma se trata:**

- ☐ *a*) Esta tierra
- ☐ *b*) en este horrible desierto
- ☐ *c*) muy seguro
- ☐ *d*) Hicimos un alto

10 **El enunciado «Ningún pájaro surca el cielo, ni el más pequeño animal corre sobre la tierra» es:**

- ☐ *a*) Una oración compuesta.
- ☐ *b*) Una frase.
- ☐ *c*) Una oración simple.
- ☐ *d*) Un enunciado no oracional.

Redacción

Escribe una narración inventada de unas cien palabras que empiece con las siguientes oraciones del texto anterior:

El sol había salido y el calor se hacía más y más ardiente. La sed, una sed devoradora, era el único deseo que sentía.

Juego literario

El microrrelato y el cuento

Augusto Monterroso (1921-2003).

Uno de los géneros literarios más populares en nuestros días es el microrrelato. El gusto por lo breve –que se manifiesta también en la poesía y en el teatro– se ha relacionado con las nuevas tecnologías gracias a las cuales cada día se intercambian miles de millones de mensajes de muy corta extensión. Sin duda alguna, este hecho ha influido en el auge del relato breve.

El escritor guatemalteco Augusto Monterroso es universalmente conocido por haber escrito «El dinosaurio», para muchos, el cuento más breve de la historia.

El dinosaurio

Cuando despertó, el dinosaurio todavía estaba allí.

Augusto Monterroso (1959)

Sugerencias

1. Antes de empezar a escribir, plantéate las preguntas anteriores y otras que se te ocurran.
2. Escribe una narración que añada información a la historia pero que no modifique su esencia.
3. Poned en común vuestros trabajos y elegid el relato que más os haya gustado.

1. Escribe un cuento a partir del microrrelato de Monterroso que aclare las incógnitas que el autor no quiso descubrir:

- ¿Quién despertó?
- ¿Qué hacía el dinosaurio en aquel lugar? ¿Y el otro personaje? ¿Había alguien más?
- ¿Qué tipo de dinosaurio era? ¿Qué intenciones tenía?
- ¿A qué lugar concreto se refiere el autor con el adverbio «allí»?

Para concluir, formula tú ahora dos preguntas para cada apartado como las que se planteaban al inicio de la unidad.

2

Explora la unidad y responde.

Fábrica de textos

¿En qué se diferencian una novela y un cuento?

Explica el argumento de la última novela que has leído.

Ortografía

¿Cuántos usos se te ocurren para los dos puntos?

Explica la diferencia entre estas dos frases:

No, llegaré pronto.

No llegaré pronto.

Lectura inicial

¿Tienes alguna mascota? ¿Qué tipo de animal es?

Imagina cómo sería vivir en la Luna y explica en qué cambiarían tus costumbres diarias.

Conocimiento de la lengua

¿Cuál es el sujeto de la frase «Saldré tarde el próximo martes.»?

¿Sabrías decir qué tipo de sintagma es «el próximo martes»?

Literatura

¿Sabes qué era el mester de clerecía?

¿Cuál es la obra más importante de don Juan Manuel?

Mira el video y decide con qué intérprete te sientes más identificado.

http://qr.teide.eu/00HJ

Jimmy, como tantos otros niños, tiene una mascota con la que comparte juegos y vivencias. Sin embargo, su padre le ha conseguido otra para que la sustituya. ¿Cómo reaccionará Jimmy? ¿Cómo te sentirías tú en tal situación? ¿Renunciarías a la primera por otra a la que ni conoces? El siguiente relato se sitúa en un futuro lejano, pero nos plantea un tema de interés universal.

El mejor amigo de un muchacho

–Querida, ¿dónde está Jimmy? –preguntó el señor Anderson.

–Afuera, en el cráter –dijo la señora Anderson–. No te preocupes por él. Está con Robutt... ¿Ha llegado ya?

–Sí. Está pasando las pruebas en la estación de cohetes. Te juro que me ha costado mucho contenerme y no ir a verlo. No he visto ninguno desde que abandoné la Tierra hace ya quince años... dejando aparte los de las películas, claro.

–Jimmy nunca ha visto uno –dijo la señora Anderson.

–Porque nació en la Luna y no puede visitar la Tierra. Por eso hice traer uno aquí. Creo que es el primero que viene a la Luna.

–Sí, su precio lo demuestra –dijo la señora Anderson lanzando un suave suspiro.

–Mantener a Robutt tampoco resulta barato, querida –dijo el señor Anderson.

Jimmy estaba en el cráter tal y como había dicho su madre. En la Tierra le habrían considerado delgado, pero estaba bastante alto para sus diez años de edad. Sus brazos y piernas eran largos y ágiles. El traje espacial que llevaba hacía que pareciese más robusto y pesado, pero Jimmy sabía arreglárselas en la débil gravedad lunar como ningún terrestre podría hacerlo nunca. Cuando Jimmy tensaba las piernas y daba su salto de canguro, su padre siempre acababa quedándose atrás.

El lado exterior del cráter iba bajando en dirección sur y la Tierra ya casi había entrado en la fase de llena, por lo que toda la ladera del cráter quedaba bañada por su claridad.

La pendiente no era muy empinada, y ni tan siquiera el peso del traje espacial podía impedir que Jimmy se moviera con gráciles saltos que le hacían flotar y creaban la impresión de que no había ninguna gravedad contra la que luchar.

–¡Vamos, Robutt! –gritó Jimmy.

Robutt le oyó a través de la radio, ladró y echó a correr detrás de él. Jimmy era un experto, pero ni tan siquiera él podía competir con las cuatro patas y los tendones de Robutt, que además no necesitaba traje espacial.

–No hagas tonterías, Robutt, y quédate allí donde pueda verte –le ordenó Jimmy.

Robutt volvió a ladrar, ahora con el ladrido especial que significaba «Sí».

La Tierra se hundió detrás del borde de la pared del cráter, y la oscuridad cegadora y amistosa que eliminaba toda diferencia entre el suelo y el espacio envolvió a Jimmy. La única claridad visible era la emitida por las estrellas.

En realidad, Jimmy no tenía permitido jugar en el lado oscuro de la pared del cráter. Los adultos decían que era peligroso, pero lo decían porque nunca habían estado allí.

¿Qué podía haber de peligroso en correr a través de la oscuridad cuando la silueta resplandeciente de Robutt le acompañaba ladrando y saltando a su alrededor? El radar de Robutt podía decirle dónde estaba y dónde estaba Jimmy, aunque no hubiera luz. Mientras Robutt estuviera con él para advertirle cuando se acercaba demasiado a una roca, saltar sobre él demostrándole lo mucho que le quería, o bien gemir en voz baja y asustada cuando Jimmy se ocultaba detrás de una roca, aunque Robutt supiera todo el tiempo dónde estaba, jamás podría sufrir ningún daño. En una ocasión, Jimmy se acostó sobre el suelo, se puso muy rígido y fingió estar herido, y Robutt activó la alarma de la radio haciendo acudir a un grupo de rescate de Ciudad Lunar. El padre de Jimmy castigó la pequeña travesura con una buena reprimenda[1], y Jimmy nunca había vuelto a hacer algo semejante.

La voz de su padre le llegó por la frecuencia[2] privada justo cuando estaba recordando aquello.

–Jimmy, vuelve a casa. Tengo que decirte algo.

Jimmy se había quitado el traje espacial y se había lavado concienzudamente después de entrar en casa; e incluso Robutt había sido meticulosamente rociado, lo cual le encantaba. Robutt estaba inmóvil sobre sus cuatro patas y no dejó de lanzar débiles ladridos hasta que el señor Anderson abrió la boca.

–Tranquilo, Robutt –dijo el señor Anderson, y sonrió–. Bien, Jimmy, tenemos algo para ti. Ahora se encuentra en la estación de cohetes, pero mañana ya habrá pasado todas las pruebas y lo tendremos en casa. Creo que ya puedo decírtelo.

–¿Algo de la Tierra, papi?

–Es un perro de la Tierra, hijo, un perro de verdad... un cachorro terrier escocés para ser exactos. El primer perro de la Luna... Ya no necesitarás más a Robutt. No podemos tenerlos a los dos, ¿sabes? Se lo regalaremos a algún niño –el señor Anderson parecía estar esperando que Jimmy dijera algo, pero al ver que no abría la boca siguió hablando–. Ya sabes lo que es un perro, Jimmy. Es de verdad, está vivo... Robutt no es más que una imitación mecánica, una copia de robot.

Jimmy frunció el ceño.

–Robutt no es una imitación, papi. Es mi perro.

–No es un perro de verdad, Jimmy. Robutt tiene un cerebro positrónico muy sencillo y está hecho de acero y circuitos. No está vivo.

–Hace todo lo que yo quiero que haga, papi. Me entiende. Te aseguro que está vivo.

–No, hijo. Robutt no es más que una máquina. Está programado para que actúe de esa forma. Un perro es algo vivo. En cuanto tengas al perro, ya no querrás a Robutt.

–El perro necesitará un traje espacial, ¿verdad?

–Sí, naturalmente, pero creo que será dinero bien invertido y muy pronto se habrá acostumbrado a él... Y cuando esté en la ciudad, no lo necesitará, claro. Cuando lo tengamos en casa, enseguida notarás la diferencia.

Jimmy miró a Robutt. El perro robot había empezado a lanzar unos gemidos muy débiles, como si estuviera asustado. Jimmy extendió los brazos hacia él y Robutt salvó la distancia que le separaba de ellos de un solo salto.

–¿Y qué diferencia hay entre Robutt y el perro? –preguntó Jimmy.

–Es difícil de explicar –dijo el señor Anderson–, pero lo comprenderás en cuanto lo veas. El perro te querrá de verdad, Jimmy. Robutt solo está programado para actuar como si te quisiera, ¿entiendes?

–Pero, papi... No sabemos qué hay dentro del perro ni cuáles son sus sentimientos. Puede que también finja.

El señor Anderson frunció el ceño.

–Jimmy, te aseguro que en cuanto hayas experimentado el amor de una criatura viva notarás la diferencia.

–Pero si los dos se portan igual conmigo, entonces tanto da que sea un perro de verdad o un perro robot –dijo Jimmy–. ¿Y lo que yo siento? Quiero a Robutt, y eso es lo que importa.

Y el pequeño robot, que nunca se había sentido abrazado con tanta fuerza en toda su existencia, lanzó una serie de ladridos estridentes[3]... ladridos de pura felicidad.

Isaac Asimov, *El robot*, 1975 (adaptación)

Infiere

Indica el número de la palabra del texto que corresponda a cada uno de estos significados.

- ☐ Canal de comunicación por radio.
- ☐ Muy sonoros y agudos.
- ☐ Regañina.

Comprensión y expresión

Deduce

1. Indica, según la historia relatada, si son verdaderas o falsas las siguientes afirmaciones:

   a) Le traen un perro de la Tierra a Jimmy porque sale más económico.

   b) El señor Anderson no puede asumir el coste de mantener las dos mascotas.

   c) El señor Anderson riñó una vez a Jimmy porque Robutt emitió una falsa alarma por culpa suya.

   d) Jimmy no juega en la pared del lado oscuro del cráter porque se lo tienen prohibido.

   e) El señor Anderson confía en que Jimmy preferirá el nuevo perro cuando lo conozca y se acostumbre a él.

Recopila

2. Escribe las características físicas de Robutt que se mencionan en el texto.

Distingue

3. Anota elementos del texto, aparte de Robutt, que nos indiquen que estamos ante un relato de ciencia ficción.

Localiza

4. Indica qué elementos o detalles del texto son propios de la vida cotidiana.

Interpreta

5. Explica por qué no puede sufrir ningún daño el protagonista en compañía de Robutt.

Imagina

6. Explica cómo sería la protección que ofrecería a Jimmy un perro de verdad.

Inventa

7. Escribe un relato de unas diez líneas sobre cómo sería un día en la Luna.

Valora

8. Explica el significado de la intervención final del niño: «Pero si los dos se portan igual conmigo, entonces tanto da que sea un perro de verdad o un perro robot». A continuación, justifica si estás de acuerdo o no con esa afirmación.

Opina

9. Preparad un debate sobre la posibilidad de que las máquinas se conviertan en mascotas, y las ventajas y los inconvenientes que conllevaría este hecho. Antes de empezar, piensa dos argumentos a favor o en contra. Utiliza en el debate expresiones como: *en mi opinión*..., *considero que*..., etc.

Conocimiento de la lengua

El sintagma nominal

El **sintagma nominal** (SN) es una palabra o un grupo de palabras relacionadas entre sí y ordenadas en torno a un **nombre o sustantivo**, o una palabra que funciona como tal, que constituye el **núcleo** (N) del sintagma. Estos sintagmas pueden cumplir diferentes funciones dentro de la oración.

*Hay un **bosque** de secuoyas en la ribera izquierda del río.*
(SN: un bosque de secuoyas)

*Algunos **estudiantes** de medicina han alquilado un **piso**.*
(SN: Algunos estudiantes de medicina; SN: un piso)

Practica

1. Relaciona estas palabras y escribe siete sintagmas nominales:
Ejemplo: *café con leche*

amigos, *leche*, tiempo, tus, fenomenales, cuatro, *café*, el, de, vuestros, *con*, esos, mis, unos, sacos, de, sevillano, cartas, artista, de, vosotros, vacíos, dotes, de, padres, hermanos, excelentes, ninguno, poeta, demasiado

El **núcleo** (N) de un sintagma nominal puede ser:

- Un **nombre**:
  Me gusta el clima seco.
  (N: clima; SN: el clima seco)
- Un **pronombre**:
  Nosotros ganamos ayer el campeonato de baloncesto.
  (N: Nosotros; SN: Nosotros)
- Una **palabra sustantivada**:
  - Un **infinitivo**:
    Escuchar es importante.
    (N: Escuchar; SN: Escuchar)
  - Un **adjetivo**:
    El azul de tus ojos me fascina.
    (N: azul; SN: El azul de tus ojos)
  - Un **adverbio**:
    Siempre tiene un sí como respuesta.
    (N: sí; SN: un sí como respuesta)
  - Una **conjunción**:
    No puso ningún pero a mi propuesta.
    (N: pero; SN: ningún pero)

Practica

2. Señala los sintagmas nominales y el núcleo de cada una de estas citas célebres:

Ejemplo:

«Mi madre me abrirá muchas puertas, pero solo mi voz hará que se mantengan abiertas de par en par». (Montserrat Martí Caballé)

SN: Mi madre; N: madre.

SN: me.

SN: muchas puertas; N: puertas.

SN: mi voz, N: voz.

a) «Las heridas del amante de la belleza cicatrizan siempre». (Javier Muguerza)

b) «Lo negro es bello». (Anónimo)

c) «La profesión de actor es como una montaña rusa». (Antonio Banderas)

d) «Callarse es la única sabiduría». (Luc van Brabant)

e) «Los libros son como espejos: mirándonos en ellos descubrimos quiénes somos». (José Luis de Villalonga)

f) «Cada escritor crea a sus precursores». (Jorge Luis Borges)

g) «Leer es multiplicar y enriquecer la vida interior». (Nicolás de Avellaneda)

El núcleo de un sintagma nominal puede estar **acompañado** por:

- **Determinantes** (Det):

  Esta silla está rota.
  Det N
  SN

  Ya han florecido los almendros.
  Det N
  SN

- **Complementos del nombre** (CN):

  La camisa roja todavía está tendida.
  Det N CN
  SN

  Mi primo de Hamburgo llega mañana.
  Det N CN
  SN

  Roma, capital de Italia, es legendaria.
  N CN
  SN

¡Atrévete!

3. Indica la estructura de cada uno de los sintagmas nominales del ejercicio anterior.

Ejemplo:

Mi madre: Det (posesivo) + N (nombre); *me*: N (pronombre); *muchas puertas*: Det (indefinido) + N (nombre): *mi voz*: Det (posesivo) + N (nombre).

El **complemento del nombre** (CN) es aquella función sintáctica que completa el significado de un sustantivo. Puede estar formado por:

- Un **adjetivo calificativo**:
  Hacía una noche serena para salir a pasear.
  N Adj — CN
  No sabía qué hacer con el inquietante dilema.
  Adj N — CN

- Un **sintagma preposicional** (SPrep):
  No podíamos subir el sofá por la escalera de caracol.
  N SPrep — CN
  Me gusta mucho esa casa de madera.
  N SPrep — CN

- Un **sintagma nominal en aposición**, es decir, un sintagma nominal que complementa a otro sin necesidad de preposición:
  Mis hermanas, Lucía y Ana, vienen mañana de visita.
  N SN en aposición — CN
  Fuimos a ver el espectáculo de Jonás, el encantador de serpientes.
  N SN en aposición — CN

- Una **oración subordinada adjetiva** que funcione como adjetivo:
  Mi mejor amigo iba al colegio que había calle abajo.
  N prop. sub. adj. — CN
  Han talado el almendro que plantaron en el parque.
  N prop. sub. adj. — CN

A su vez, los adjetivos pueden estar acompañados por un **modificador** (Mod):
Ángel pescó unas truchas con una red muy grande.
N Adv N (Adj) — Mod — CN

Practica

5. Señala los complementos del nombre de los siguientes eslóganes publicitarios:

a) El viaje de tus sueños. (Suchard)
b) El placer de la elegancia. (Elegant Muebles)
c) Desayuno y merienda exquisitos. (Cola-Cao)

6. Analiza morfosintácticamente los siguientes titulares de noticia:

Ejemplo:
La mejor paella valenciana
Art Adj nombre Adj
Det CN N CN
SN

a) Playas pedregosas
b) El derecho de admisión
c) Un mundo de veranos literarios
d) La plataforma de emisión de videojuegos
e) El talento de los emprendedores

¡! Puedes encontrar modelos de análisis morfosintácticos en el anexo.

¡Atrévete!

4. Escribe una oración que tenga un sintagma con cada una de las siguientes estructuras:

a) Det (demostrativo) + N + CN (adjetivo)
b) Det (numeral) + N + CN (sintagma preposicional)
c) N (pronombre)
d) Det (indefinido) + Det (artículo) + N + CN (sintagma preposicional)
e) N (infinitivo)
f) Det (indefinido) + Det (artículo) + N
g) Det (interrogativo)+ N
h) N + CN (aposición)

Funciones del sintagma nominal

Dentro de la oración, el sintagma nominal puede desempeñar **diferentes funciones**: sujeto, atributo, complemento directo, complemento indirecto y complemento circunstancial. En esta unidad y en las siguientes estudiarás cuáles son.

El sintagma nominal como sujeto de la oración

El **sujeto** de una oración es un **sintagma nominal** que responde a quién o qué realiza la acción del verbo. Este debe concordar en **número** (singular o plural) y en **persona** (1.ª, 2.ª o 3.ª) con el verbo conjugado.

Aurora estudia piano en la academia del centro. (*Aurora* y *estudia*: 3.ª sing.)

Aurora	*estudia piano en la academia del centro.*
N	N
SN	SV
sujeto	predicado

Para saber si un sintagma nominal es el sujeto de la oración, podemos comprobar si su núcleo concuerda con el núcleo del sintagma verbal. En el ejemplo anterior, el núcleo del sintagma nominal (*Aurora*) está en la misma persona y el mismo número que el núcleo del sintagma verbal (*estudia*). Si se cambia el número o la persona del sujeto, automáticamente estos cambian también en el verbo:

Aurora y Rosa estudian piano en la academia del centro.

Aurora y Rosa	*estudian piano en la academia del centro.*
N	N
SN	SV
sujeto	predicado

Se conoce como **sujeto léxico** a la palabra o al conjunto de palabras que aparecen visiblemente en la oración y desempeñan la función de sujeto, mientras que el **sujeto elíptico** es aquel que no está expreso en la oración y se sobrentiende a partir de la desinencia de persona y número del verbo.

Se han visto tiburones por la costa mediterránea. → Sujeto léxico: *tiburones*
Solo compran el periódico los domingos. → Sujeto elíptico (3.ª pers. plural: *ellos*)

Practica

7. Señala el sujeto y el predicado de estas oraciones:

a) Ellos trabajan de ingenieros en telecomunicaciones.
b) En el campamento de verano, Andrés se cayó al río.
c) Me gusta mucho el teatro.
d) Por la tarde, mis hijos van al parque.
e) El nuevo coche de mi padre es muy amplio.
f) Se me ha estropeado el teléfono.
g) Todos los bancos están recién pintados.
h) Berlín es la capital de Alemania.

Practica

8. Localiza el sujeto de cada una de las siguientes oraciones. En cada caso, di si se trata de un sujeto léxico o elíptico.

a) Ganaron varios torneos de kárate.
b) Las casas están construidas de piedra.
c) ¡Me encantan tus cuadros!
d) En el polo Norte viven los esquimales.
e) Los vieron probándose ropa en esa tienda.
f) Comer sano es necesario para una buena salud.
g) Cada día sale a pasear un poco, mi abuelo.

También existen oraciones que solo están formadas por el predicado, es decir, no tienen sujeto y se conocen como **oraciones impersonales**. Estas se clasifican en:

- **Unipersonales:** *Hoy ha nevado mucho.*
- **Gramaticalizadas:** *En este pueblo hace un calor horrible.*
- **Reflejas:** *Se come estupendamente en este restaurante.*
- **Eventuales:** *Dicen que se ha escapado un león del zoo.*

¿Suspenden muchas personas?

10 años

X

Practica

9. Analiza las siguientes oraciones como en el ejemplo:

Ejemplo:

Te aburren nuestros consejos.

Te (N) *aburren* (N) *nuestros* (Det) *consejos* (N)

Te: SN; *Te aburren*: SV – predicado; *nuestros consejos*: SN – sujeto

a) Les preocupa la salud de su abuelo.
b) Nos divierten mucho los juegos de mesa.
c) En esta casa vivieron mis padres.
d) Me encontré a Adrián por la calle.
e) Ana vive en un quinto piso.
f) Esta noche cenamos fuera.

10. Clasifica las siguientes oraciones según tengan sujeto léxico o elíptico, o sean impersonales:

a) El presunto culpable fue absuelto por falta de testigos.
b) ¿Ha llegado Isabel?
c) Se bañaron toda la tarde.
d) Se trabaja mucho en esta oficina.
e) Hace demasiado calor para estar en pleno sol.
f) Nos lo entregarán mañana por la mañana.
g) Hacer ejercicio es fundamental para una buena salud.

¡Atrévete!

11. Lee el siguiente fragmento y responde las preguntas:

Los chefs cocinan pensamientos

El encuentro Diálogos de Cocina 2013 aborda la artesanía en el siglo XXI

En Diálogos de Cocina no hay fogones. Se habla y se escucha. Cuando los cocineros se quitan la chaquetilla y se sientan a pensar y a compartir ideas, guisan proyectos más sabios de gastronomía. Ese es el objetivo de este encuentro bianual impulsado por la organización de cocineros Eurotoques, presidida por Pedro Subijana (Akelarre) y con Andoni Luis Aduriz (Mugaritz) como ideólogo.

Rosa Rivas. *El País* (13 marzo 2013)

a) ¿Qué tres oraciones impersonales aparecen?
b) ¿Cuál es el sujeto de *guisan proyectos más sabios de gastronomía*?
c) ¿Qué oración tiene como sujeto léxico un pronombre demostrativo?

Fábrica de textos

La novela

Una **novela** es una narración de unos hechos imaginarios –aunque estén basados en sucesos reales– que acontecen a unos determinados personajes en un tiempo y un espacio concretos. Dada su extensión, las novelas contienen una trama muy elaborada y muestran personajes más complejos y variados que los cuentos.

Una de las características de la novela es precisamente la **libertad del autor** para crear su obra literaria. Por este motivo, es difícil establecer una clasificación de los tipos de novela. En función del tema, se puede hablar de novelas de aventuras, históricas, de ciencia ficción, policíacas, de amor, de terror, biográficas... Sin embargo, fácilmente se pueden encontrar novelas que mezclan diferentes temas.

La estructura

Las novelas, como los otros textos narrativos (cuento, fábula, leyenda...), se dividen en tres partes:

- **Introducción** o **planteamiento:** es el inicio del relato, donde se plantea la historia que se va a narrar y se presenta a los personajes, el espacio y el tiempo en que ocurren los hechos... Como cualquier escrito, las primeras frases son cruciales para atrapar al lector. En una novela, el inicio es una invitación a entrar en la historia, a dejarse llevar por ella.
- **Nudo:** es la parte central de la narración, donde se desarrolla la historia con toda su complejidad.
- **Desenlace:** es la parte final, en la que los conflictos se resuelven o, simplemente, se termina la historia. El final puede ser abierto, es decir, no se descubre la solución al conflicto.

¿Sabías que...?

En los quioscos y en Internet, encontrarás un sinfín de revistas en las que se recomiendan novelas. Estas son algunas de ellas, pero seguro que puedes hallar más: *Qué leer*, *Leer*, *Cuadernos de literatura infantil y juvenil*, *El templo de las mil puertas*, *El árbol rojo*, *Revista Babar*, *Peonza*... Además, las bibliotecas públicas ofrecen clubs de lectura para poder comentar y compartir con otros lectores las novelas, los cuentos, etc., que te hayan gustado.

Investiga

1. Consulta la biblioteca o Internet y escribe el principio de estas famosas novelas.

a) *Ana Karenina*, de L. Tolstoi.
b) *El señor de los anillos*, de J. R. R. Tolkien.
c) *Cien años de soledad*, de Gabriel García Márquez.
d) *Moby Dick*, de Herman Melville.
e) *La isla del tesoro*, de Robert Louis Stevenson.
f) *La metamorfosis*, de Franz Kafka.

El narrador

El **narrador** es quien nos cuenta la historia; en ningún caso, debe confundirse con el autor, ya que el narrador es un personaje de ficción. Según el punto de vista que adopte, puede ser:

- Narrador **interno**:
  - Narrador en **primera persona**: en este caso, el personaje que cuenta la historia está dentro de ella, participa de la acción y es un personaje más. Puede ser:
    - Narrador **protagonista**: quien narra la historia es el personaje principal.

Enarbolé el hacha y, olvidando en mi furor el temor pueril que hasta entonces contuviera mi mano, asesté al animal un golpe que habría sido mortal si le hubiese alcanzado como deseaba; pero el golpe fue evitado por la mano de mi mujer.

E. A. POE, *El gato negro*, 1843 (traducción)

- Narrador **testimonio**: la historia es contada por un personaje que participa en ella, pero que no la protagoniza, sino que es un personaje secundario. Cuenta lo que ve y oye.

Mientras nuestros mulos subían trabajosamente por los últimos repliegues de la montaña, mi maestro se detuvo un momento, y miró hacia un lado y hacia otro del camino, miró el camino y, por encima de este, los pinos de hojas perennes que, en aquel corto tramo, formaban un techo natural, blanqueado por la nieve.

–Rica abadía –dijo–. Al Abad le gusta tener buen aspecto en las ocasiones públicas.

Umberto ECO, *El nombre de la rosa*, 1980 (adaptación)

- Narrador en **segunda persona**: se trata de una técnica poco habitual que solamente se encuentra en la novela contemporánea. El narrador se cuenta los hechos a sí mismo a través de un «tú» imaginario.

Sí, me llamo Eduardo. Usted me lo pregunta para entrar de algún modo en conversación, y eso puedo entenderlo. Pero usted hace mucho que me conoce, aunque de lejos. Como yo lo conozco a usted. Desde la época en que empezó a encontrarse con mi madre en el café de Larrañaga y Rivera, o en este mismo. No crea que los espiaba. Nada de eso. Usted a lo mejor lo piensa, pero es porque no sabe toda la historia.

Mario BENEDETTI, «Réquiem con tostadas» (1968)

Transforma

2. Explica el siguiente fragmento de la lectura inicial desde el punto de vista de un narrador protagonista.

Jimmy se acostó sobre el suelo, se puso muy rígido y fingió estar herido, y Robutt activó la alarma de la radio haciendo acudir a un grupo de rescate de Ciudad Lunar. El padre de Jimmy castigó la pequeña travesura con una buena reprimenda, y Jimmy nunca había vuelto a hacer algo semejante.

Isaac ASIMOV, *El robot*, 1975 (traducción)

¿Sabías que...?

El Quijote se considera la primera novela moderna de la literatura occidental por su temática, su complejidad, su técnica narrativa, la caracterización de los personajes..., pero también por su humor, su crítica social, los ideales que defiende, etc.
El Quijote es una obra de referencia para cualquier escritor o lector actual.

- Narrador **externo**:
  - Narrador en **tercera persona**: la historia es contada por alguien que no participa en ella, sino que está fuera de los acontecimientos. Puede ser:
    - Narrador **omnisciente**: es un narrador que lo sabe todo, sabe qué piensan los personajes, qué sienten, lo que va a ocurrir...

Berta quiso preguntarle si no le parecía peligroso dejar que la niña tirara de las orejas a un perro desconocido, pero no se atrevió y se quedó mirándolas con los brazos caídos, como una niña pobre delante de otra rica que tiene una muñeca.

Su hijita volvió a levantar la cabeza, contemplándola fijamente, y luego le sonrió de manera tan adorable que Berta, sin poder resistir más, dijo:

–¡Oh, Tata, déjeme que termine de darle la cena mientras usted arregla las cosas del baño!

Katherine Mansfield, «Felicidad», 1921 (traducción)

- Narrador **observador** u **objetivo**: se comporta como si fuera una cámara, de forma que solo puede contar lo que ve. Por lo tanto, no sabe qué piensan los personajes o los sucesos que ocurrirán.

–Está bien –dijo, y trató de sonreír. El dentista no le correspondió. Llevó a la mesa de trabajo la cacerola con los instrumentos hervidos y los sacó del agua con unas pinzas frías, todavía sin apresurarse. Después rodó la escupidera con la punta del zapato y fue a lavarse las manos en el aguamanil. Hizo todo sin mirar al alcalde. Pero el alcalde no lo perdió de vista.

Gabriel García Márquez, «Un día de estos» (1962)

Identifica

3. Explica qué tipo de narrador aparece en la lectura inicial. Justifica tu respuesta con ejemplos del texto.

¿Quién va al aeropuerto de vosotras?

Modifica

4. Lee el siguiente fragmento y reescríbelo de forma que el narrador sea objetivo, es decir, que cuente la historia solamente con lo que se puede ver. Para ello, elimina y cambia lo que consideres necesario.

Víctor oyó la puerta del ascensor y los rápidos pasos de su madre en el pasillo, y cerró el libro de un golpe. Lo escondió debajo del almohadón del sofá y maldijo por lo bajo cuando oyó que el libro se resbalaba entre el sofá y la pared, y caía al piso con un ruido sordo. La llave ya giraba en la cerradura.

–¡Víííctor! –gritó su madre, agitando un brazo en el aire–. ¿Por qué no estás jugando? ¡Es un día lindísimo!

–Salí –dijo él– un ratito. Me dio frío.

–¡Uf! –la madre descargó la bolsa del almacén en la pequeña cocina detrás del vestíbulo–. He visto a todos los niños jugando en la vereda. Hasta ese nene que te gusta, creo, ¿cómo se llama?

–No lo sé –dijo Víctor. De todos modos, su madre no estaba prestándole verdadera atención. Metió las manos en el bolsillo de sus pantalones cortos, que ya le ajustaban, y empezó a caminar sin rumbo por la sala, mirándose los zapatones gastados. Su madre podría haberle comprado zapatos que le quedaran bien por lo menos. A ella le gustaban esos porque tenían las suelas más gruesas que jamás hubiera visto y la punta cuadrada, un poquito levantada, como botas de alpinista. Víctor se detuvo frente a la ventana y miró el edificio de enfrente, de color tostado. Vivía con su madre en el piso dieciocho, cerca de la azotea. El edificio al otro lado de la calle era aún más alto que el de ellos. A Víctor le gustaba más el departamento donde habían vivido en Riverside Drive. También le gustaba más la escuela de ahí. En la nueva se reían de la ropa que usaba. En la otra se había cansado de reírse de él.

Patricia Highsmith, «La tortuga», 1970 (adaptación)

Explica

5. En grupos de cuatro, escoged un tipo de narrador y contad, en cien palabras y con la técnica elegida, una de las clases del día anterior. Comparad el resultado.

Resume

6. Resume la lectura inicial utilizando un narrador protagonista.

Tema, argumento y trama

Cuando hablamos de una novela, debemos tener claro si nos referimos al tema, al argumento o a la trama:

- El **tema** es el asunto general que trata la novela: amor, celos, amistad, injusticia, derechos humanos... Los temas son recurrentes en la literatura.
- El **argumento** es la historia contada siguiendo el orden temporal en que ocurren los hechos. Este orden no tiene por qué coincidir con el que se sigue en la novela.
- La **trama** son los hechos tal y como aparecen en la novela (la forma y el orden en que el narrador los cuenta).

Los personajes

En una novela, podemos distinguir básicamente dos tipos de personajes, los principales y los secundarios:

- Los **personajes principales** son los que tienen mayor importancia en la historia. Entre ellos, destaca el **protagonista**, que le suceden los hechos y la trama gira en torno a él. Es un personaje redondo, es decir, complejo, con matices y que evoluciona. El protagonista puede ser una sola persona o más de una. A veces, tiene un oponente: el **antagonista**.
- Los **personajes secundarios** son los que acompañan la acción. Normalmente son personajes planos, es decir, no evolucionan y, a menudo, responden a un solo rasgo de carácter.

Relaciona

9. Relaciona el nombre de estos personajes protagonistas con sus antagonistas.

1. Sherlock Holmes	a. profesor Van Helsing
2. Drácula	b. Lord Voldemort
3. Peter Pan	c. cardenal Richelieu
4. Harry Potter	d. capitán Garfio
5. D'Artagnan	e. James Moriarty

Escoge

7. Elige cuál de estas opciones describe el tema del cuento inicial:

a) El cuento plantea la importancia de tener un animal de compañía para ser feliz.
b) El cuento plantea que lo más importante para un niño es obedecer a sus padres.
c) El cuento plantea qué aspectos hacen que un ser sea «de verdad».

Explica

8. Decidid en clase una película, un libro o un cuento que conozcáis todos. A continuación, resumid individualmente su argumento en cincuenta palabras como máximo. Comparad el resultado.

Para presentar a los personajes, el autor puede usar dos técnicas diferentes:

- **Caracterización directa:** el narrador u otro personaje nos cuenta cómo son los personajes, sus cualidades, sus defectos, etc.

No resultaba ciertamente Holmes hombre de difícil convivencia. Sus maneras eran suaves y sus hábitos regulares. Pocas veces le sorprendían las diez de la noche fuera de la cama, e indefectiblemente, al levantarme yo por la mañana, había tomado ya el desayuno y enfilado la calle. Cuando se apoderaba de él la fiebre del trabajo, era capaz de desplegar una energía sin parangón; pero a trechos y con puntualidad fatal, caía en un extraño estado de abulia, y entonces, y durante días, permanecía extendido sobre el sofá de la sala de estar, sin mover apenas un músculo o pronunciar palabra de la mañana a la noche.

A. Conan Doyle, *Estudio escarlata*, 1887 (adaptación)

Escultura de Sherlock Holmes en Londres.

- **Caracterización indirecta:** el lector debe deducir cómo es el personaje a través de sus acciones o, si es el caso, de sus pensamientos.

–¡Feliz Navidad, tío, que Dios lo guarde! –exclamó una alegre voz.

Era la voz del sobrino de Scrooge, que apareció ante él con tal rapidez que no tuvo tiempo de darse cuenta de que venía.

–¡Bah! –dijo Scrooge–. ¡Tonterías!

–¿Navidad una tontería, tío? Seguro que no lo dices en serio.

–Sí que lo digo. ¡Feliz Navidad! ¿Qué derecho tienes a ser feliz? ¿Qué motivos tienes para estar feliz? Eres pobre de sobra.

–Vamos, vamos –respondió el sobrino cordialmente–. ¿Qué derecho tienes a estar triste? ¿Qué motivos tienes para sentirte desgraciado? Eres rico de sobra.

Scrooge no supo repentizar una respuesta mejor y dijo otra vez:

–¡Bah! –y siguió con–: ¡Tonterías!

–No te enfades, tío –dijo el sobrino.

Charles Dickens, *Cuento de Navidad*, 1843 (traducción)

¿Quiénes son los protagonistas del film?

22222

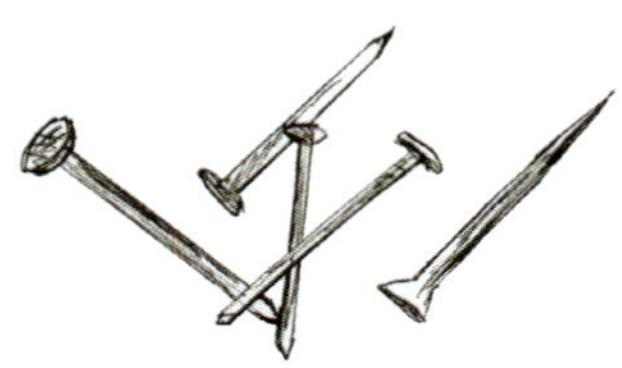

Imagina

10. A partir del siguiente fragmento, piensa cómo debe ser el personaje. Descríbelo en cincuenta palabras usando la técnica de la caracterización directa.

Antes de salir del cuarto de baño, la señora Bartolotti se miró en el espejo del lavabo para averiguar si tenía un aspecto juvenil o no. Después de haberse observado durante un largo rato en el espejo, volvió al cuarto de estar. Se sentó de nuevo en la mecedora, encendió un cigarro y empezó a considerar si se ponía a trabajar, se iba de compras o mejor se volvía a la cama. Justo cuando se había decidido por la cama, sonó el timbre de la puerta. Esperaba que quien había llamado tan fuerte y largo fuera el cartero con un giro postal. La señora Bartolotti siempre esperaba al cartero con un giro, y de vez en cuando venía realmente el cartero y traía dinero. La cantidad dependía de si la alfombra que había vendido era grande o no. La señora Bartolotti hacía las más bellas y coloreadas alfombras de nudo de toda la ciudad.

Christine Nöstlinger, *Konrad o el niño que salió de una lata de conservas*, 1981 (adaptación)

Ortografía

La puntuación (II): los dos puntos, el punto y coma y la coma

Los dos puntos

Los **dos puntos** señalan una pausa similar a la del punto. Sin embargo, no marcan el final del enunciado, sino que lo prosiguen y, en ocasiones, aportan información aclaratoria.

Se escribe dos puntos:

- Cuando introducimos una cita textual:
  Un filósofo francés dijo: «Pienso, luego existo».
- Cuando proseguimos con una enumeración:
  Ve a la tienda y compra: una barra de pan, una botella de leche y cien gramos de queso.
- Cuando incluimos una explicación:
  Te explicaré exactamente lo que sucedió: íbamos por el puerto...
- Al empezar una carta o un correo electrónico:
  Querida amiga:

Practica

1. Escribe dos puntos donde convenga:

a) Carlos les dijo «No lleguéis tarde».
b) Mi hermano ha sacado un sobresaliente en Matemáticas, Inglés y Sociales.
c) Estimado compañero
d) Sus colores favoritos son el blanco, el rosa y el azul.
e) Escucha lo que te voy a contar una amiga de tu hermana que...

El punto y coma

El **punto y coma** se utiliza para enlazar dos enunciados relacionados entre sí para que adquieran sentido completo y faciliten al lector una mayor comprensión de lo que se dice. Indica una pausa mayor que la de la coma y menor que la del punto, y tiene un uso aclaratorio y de ampliación de la información.

Nosotros iremos al cine antes de cenar; me han dicho que vosotros iréis después.

También se usa punto y coma delante de las conjunciones *sin embargo*, *no obstante*, *por tanto*, *ahora bien*...

La coma

La **coma** es uno de los signos de puntuación más utilizados y representa una pausa breve dentro de un mismo enunciado. En algunos casos, la aparición o la ausencia de este signo de puntuación puede suponer un cambio de significado:

No iré al concierto mañana. (El sujeto no asistirá al concierto).
No, iré al concierto mañana. (El sujeto sí asistirá al concierto).

Se escribe coma:

- Para indicar una aclaración de lo mencionado anteriormente:
  París, la capital de Francia, es una de las ciudades más caras de Europa.
- Para señalar que hay un elemento sobrentendido, generalmente un verbo:
  Él comió macarrones; ella, lentejas.
- Para separar los elementos de una enumeración:
  Fue al cine, a cenar y a bailar.

Practica

2. Puntúa el siguiente texto con comas y puntos. Escribe mayúscula cuando sea necesario.

> Dentro de un buen escritor siempre hay un gran lector◆ la inversa no tiene por qué cumplirse◆ aunque un gran lector llevará mucho camino andado si se dedica a la escritura◆ pero un escritor que no lea no tiene ningún futuro◆ la lectura y relectura constante son obligatorias◆ y son muchos los escritores que se inician que parecen desconocer este principio básico◆ se aprende de los otros◆ y no existe ningún chip maravilloso que haga de ti un buen escritor al margen de la lectura◆
>
> Enrique PÁEZ, *Escribir. Manual de técnicas narrativas* (2003)

¡Atrévete!

3. Copia la siguiente noticia y puntúala correctamente. Recuerda que debes escribir mayúscula después de punto.

> **Los peligros del WiFi**
>
> Durante las vacaciones cuando se viaja al extranjero o cuando se ha acabado la navegación a máxima velocidad que ofrecen los operadores muchos usuarios se lanzan a la búsqueda de redes WiFi abiertas disponibles conectar el *smartphone* a las redes inalámbricas del hotel cafetería o aeropuerto es muy frecuente pero conectarse a estos *hotspots* puede traer serios problemas de seguridad que pongan en peligro la información de nuestro teléfono según los expertos de la empresa de seguridad informática Kaspersky Lab los *hackers* crean puntos de acceso WiFi falsos con el fin de monitorizar las comunicaciones en Internet a través de los denominados ataques *man-in-the-middle* robando credenciales de acceso infectando a los usuarios con *malware* y realizando otras acciones maliciosas una de las recomendaciones de los expertos pasa por que los usuarios configuren sus dispositivos para que pidan permiso antes de conectarse a una red inalámbrica.
>
> *La Vanguardia* (25 agosto 2014)

Practica

4. Puntúa los siguientes pensamientos:

a) «Soporta y resiste ese esfuerzo te será útil un día». (Ovidio)

b) «El amor es como el agua si no hay algo que lo agite se pudre». (Arturo Graf)

c) «Es cosa fácil ser bueno lo difícil es ser justo». (Victor Hugo)

d) «No vivo para comer como para vivir». (Quintiliano)

e) «Tienes más cualidades de lo que tú mismo crees pero para saber si son de oro bueno las monedas hay que hacerlas rodar hacerlas circular. Gasta tu tesoro». (Gregorio Marañón)

f) «Todo es muy difícil antes de ser sencillo». (Thomas Fuller)

g) «El hombre llega novato a cada edad de la vida cada edad tiene su aprendizaje». (Nicolas Chamfort)

Repaso

Practica

5. Copia el siguiente texto, puntúalo y corrige los errores ortográficos que contiene:

crean un elado que cambia de color al lamerlo

el físico español ingeniero profesor y amante de los elados manuel Linares a conseguido una creación que ará las delicias de niños y mallores apasionados tanbién por la crema elada un elado que canvia de color quando se lame

Linares junto con un par de imbestigadores travajó en un lavoratorio para conseguir que, gracias a los canvios de tenperatura y a los ácidos residentes en la boca umana, el elado canvie de color según se va comiendo el protagonista de este esperimento con un savor similar al *tutti frutti* ha sido bautizado como «Xamaleón» y puede degustarse en la eladería «IceXperience» que a abierto este físico metido a heladero artesano en blanes (girona)

según el esperto que a financiado el experimento con sus propios fondos la fórmula –no desbelada– consigue que el elado echo completamente con productos naturales canvie de azul claro al rosa y del rosa al morado simplemente pasando la lengua por encima del mismo

Muy Interesante (31 julio 2014)

6. Escribe la norma que se puede deducir de cada una de las siguientes series de palabras:

a) cantaba, estudiaba, soñaba
b) activo, pasivo, lesivo
c) insectívoro, herbívoro, omnívoro
d) bisílaba, bisabuela, bimotor
e) cable, broma, cobre
f) invierno, envidia, convulsión
g) biólogo, biometría, biosfera

7. Escribe dos ejemplos más para las normas deducidas en el ejercicio anterior.

8. Corrige las palabras mal escritas de estos trabalenguas y escribe coma y punto donde corresponda:

a) De jeneración en jeneración las jeneraciones se dejeneran con mayor dejeneración.
b) ¿Quánta madera roería un roedor si los roedores rolleran madera?
c) Ese dicho que me an dicho que tu has dicho que yo he dicho ese dicho no lo e dicho porque si lo huviera dicho ese dicho estaría vien dicho por haverlo dicho yo.
d) Cerezas comí cerezas cené tantas cerezas comí que me encerezé.
e) La Bruja Maruja prepara un brevaje con cera de aveja dos dientes de ajo quarenta lentejas y un pelo de obeja.
f) Peregil comí peregil cené y de tanto comer perejil me emperegilé.
g) Él tuvo un tuvo pero el tubo que tuvo se le rompió y para recuperar el tuvo que tuvo tubo que comprar un tubo igual al tubo que tubo.
h) Pablito clabó un clavito, ¿qué clabito clavó Pavlito?, el clabito que Pablito clabó, era el clavito de Pablito.

¡Atrévete!

9. Completa los espacios en blanco y puntúa el texto. No olvides escribir mayúscula después de punto.

Miércoles, tres noches antes del plenilunio
23 35
tengo tanto miedo y no sé a quién contar todo el ◆orror seguirá a mi lado ◆asta que me arrope en su sudario de escalofríos no s◆ si ya es demasiado tarde para li◆erarme de la pesadi◆a

los días se ◆an ◆echo m◆s cortos presiento el c◆ntico del otoño cre◆ido en nuestras memorias y morte◆ino sobre los p◆rpados de los ancianos del lugar llue◆e, lo ◆ace intensamente desde ◆ace dos noches el viento se ◆a enredado a la niebla y trenza el silencio de esta oscuridad ¡válgame Dios! el estío parecía eterno pero se ◆a traicionado a s◆ mismo al morir en esta gris triste◆a de ◆entisca

Julio Ángel Olivares Merino, *Un colmillo de arco iris* (2000)

Literatura

La literatura medieval: el mester de clerecía y la prosa

El mester de clerecía

Junto con los cantares de gesta que transmitían los juglares, surge también a mediados del siglo XII un tipo de literatura escrita por clérigos (personas cultas). Esta forma de escribir, que se denominó **mester de clerecía** ('oficio propio de los clérigos') y que se oponía a la literatura que difundían los juglares o mester de juglaría, se caracteriza por:

- El empleo de la **cuaderna vía:** estrofa de cuatro versos de 14 sílabas (versos alejandrinos) con rima consonante: 14A, 14A, 14A, 14A. Estos versos presentan una fuerte **cesura** en su mitad, que los dividen en dos **hemistiquios** de 7 sílabas.
- La intención **didáctica y moral:** los autores de estas obras no pretenden entretener al público, sino enseñar normas de comportamiento con ellas.

Gonzalo de Berceo es el primer escritor castellano del que se tiene noticia y uno de los impulsores del mester de clerecía. De él se sabe que trabajaba como administrador del monasterio de San Millán de la Cogolla. Sus mejores obras fueron la *Vida de Santo Domingo de Silos*, la *Vida de San Millán* y los *Milagros de Nuestra Señora.* Es muy probable que estos textos se leyeran en voz alta a los peregrinos que se detenían en San Millán camino de Santiago de Compostela. Las dos primeras recogen con cierto humor y sencillez episodios destacados de las vidas de dos santos muy relacionados con el monasterio de Gonzalo de Berceo. La tercera relata los supuestos milagros que realizaba la Virgen a quienes confiaban en ella.

En el siguiente fragmento de los *Milagros de Nuestra Señora*, la Virgen socorre a una mujer embarazada que iba a morir ahogada:

Cuando vi que de muerte librarme no podía,
que de las ondas fieras circundada me veía,
encomendeme a Cristo y a su madre, María,
pues según mi entender de otro no dependía.

Estándome yo en esto vino Santa María,
cubriome con la manga de su rica almejía[1]:
ya no sentí el peligro más que cuando dormía;
si estuviera en un baño, más leda[2] no estaría.

Sin cuitas[3] y sin pena, y sin ningún dolor
parí este pequeñuelo, loado sea el Criador:
tuve buena madrina, no podía ser mejor;
me hizo misericordia la Madre del Señor.

Gonzalo de Berceo, *Milagros de Nuestra Señora* (1260)

Busto de Gonzalo de Berceo (1198-1264) en Berceo, La Rioja.

Practica

1. Lee el texto y responde. ¿Cómo impide la Virgen que la mujer muera ahogada? ¿Qué otro favor le concede?
2. ¿Qué pretende enseñarnos el texto?
3. Cuenta las sílabas de los cuatro primeros versos. ¿Tienen todos el mismo número de sílabas? ¿Cuántas sílabas tienen? ¿Recuerdas si ocurría lo mismo en los versos del *Cantar de Mío Cid*?

[1] almejía: manto.
[2] leda: alegre, contento, plácido.
[3] cuitas: angustia, preocupación.

Sin duda alguna, la obra más importante del mester de clerecía es el ***Libro de Buen Amor***, de **Juan Ruiz**, conocido como *Arcipreste de Hita.*

Uno de los grandes atractivos de *El Libro de Buen Amor* es su ambigüedad. Como todas las obras del mester de clerecía, tiene una finalidad didáctica. En este caso, como repite insistentemente el autor a lo largo del libro, pretende enseñar que el verdadero amor es el que el hombre debe dirigir hacia Dios. Sin embargo, la obra está repleta de historias divertidas que parecen indicar lo contrario: conviene disfrutar de los placeres que nos ofrece la vida y, en especial, del amor carnal.

Interpreta

Lee el siguiente fragmento y responde las preguntas que se formulan a continuación.

No penséis que es un libro necio, de devaneo[1],
ni por burla toméis algo de lo que os leo,
pues como buen dinero custodia un vil[2] correo
así, en feo libro está saber no feo.

Bajo la espina crece la noble rosa flor,
so[3] fea letra yace saber de gran doctor;
como so mala capa yace buen bebedor,
así, so mal tabardo[4], está el Buen Amor.

Juan Ruiz, Arcipreste de Hita, *Libro de Buen Amor*, 1330-1343 (adaptación)

[1] devaneo: disparate, delirio, desatino.
[2] vil: despreciable.
[3] so: bajo.
[4] tabardo: prenda de abrigo rústica y vulgar.

¿Sabías que...?

Muy poco se conoce de Juan Ruiz, el autor del *Libro de Buen Amor.* Se sabe que fue un clérigo que ejerció como arcipreste en la localidad de Hita (Guadalajara). Probablemente, nació a finales del siglo XIII y murió a mediados del siglo XIV.

Practica

4. ¿Cómo teme el autor que puede ser interpretado su libro? ¿Cómo dice que debe ser interpretado?

5. ¿Con qué elementos compara el Arcipreste su libro en la segunda estrofa?

En su mayor parte, el *Libro de Buen Amor* está escrito en cuaderna vía. La obra cuenta, en forma autobiográfica, los intentos fracasados del autor (el yo narrativo) de conseguir el amor de una mujer. Tras varias tentativas fracasadas, se le aparece un misterioso personaje, don Amor, que con sus sabios consejos ayudará al autor a alcanzar su meta.

Si hasta ahora ninguna concesión alcanzaste
de damas y de otras a quienes adoraste,
échalo a culpa tuya, pues por ti fue que erraste
ya que a mí no viniste, viste ni consultaste.

Quisiste ser maestro sin discípulo ser,
no conoces mis artes ni cómo has de aprender;
oye y lee mi aviso y sabrás cómo hacer,
recobrarás a tu dama y otras sabrás traer.

Juan Ruiz, Arcipreste de Hita, *Libro de Buen Amor*, 1330-1343 (adaptación)

Practica

6. ¿Qué le dice don Amor al Arcipreste?

Junto a esta narración central, aparecen en la obra numerosos episodios inconexos: oraciones a la Virgen, fábulas, canciones... Entre esos episodios, destaca la batalla entre don Carnal y doña Cuaresma. Un ejército de carnes y otro de pescados se enfrentan en una divertida parodia de las grandes batallas

Interpreta

En el siguiente fragmento se explica la batalla de don Carnal y doña Cuaresma. Léelo y responde las preguntas que se formulan a continuación.

Batalla de don Carnal y doña Cuaresma

[Descripción del ejército de don Carnal]

Amaneciendo el día del plazo señalado,
acudió don Carnal, valiente y esforzado,
de gentes bien armadas muy bien acompañado;
Alejandro[1], ante ellas, mostraría su agrado.

Puso en las avanzadas muchos buenos peones,
gallinas y perdices, conejos y capones,
ánades y lavancos[2] y gordos ansarones[3];
allí se ejercitaban, cerca de los tizones.

Detrás de los citados, están los ballesteros,
los patos, las cecinas, costillas de carneros,
piernas de puerco fresco, los jamones enteros;
detrás de todos estos vienen los caballeros.

[Por la noche, don Carnal y los suyos comen y beben sin medida y doña Cuaresma los sorprende dormidos.]

Hacia la media noche, en medio de las salas,
entró doña Cuaresma, ¡Señor, Dios, tú nos valgas!
Dieron voces los gallos y batieron las alas;
a don Carnal llegaron estas noticias malas.

Como había el buen hombre muy de sobra comido
y, con la mucha carne, mucho vino bebido,
estaba abotargado, estaba adormecido;
por todo el real[4] suena de alarma el alarido.

Todos amodorrados fueron a la pelea;
forman las unidades mas ninguno guerrea.
La tropa de la mar bien sus armas menea
y lanzáronse a herir todos, diciendo: –«¡Ea!».

El primero de todos que hirió a don Carnal
fue el puerro cuelliblanco, y dejolo muy mal,
le obligó a escupir flema[5]; esta fue la señal.
Pensó doña Cuaresma que era suyo el real.

Vino luego en su ayuda la salada sardina
que hirió muy reciamente a la gruesa gallina,

se atravesó en su pico ahogándola aína[6];
después, a don Carnal quebró la capellina.

De parte de Valencia venían las anguilas,
saladas y curadas, en grandes manadillas;
daban a don Carnal por entre las costillas,
las truchas de Alberche dábanle en las mejillas.

[Don Carnal cae preso y gana doña Cuaresma.]

La mesnada[7] del mar reuniose en tropel,
picando las espuelas, dieron todos en él;
no quisieron matarle, tuvieron pena de él
y, junto con los suyos, le apresan en cordel.

Trajéronlos atados, para que no escapasen,
ante la vencedora, antes que se librasen;
mandó doña Cuaresma que a don Carnal guardasen
y que a doña Cecina y al tocino colgasen.

Mandó que a don Carnal custodiase el Ayuno;
cerrado lo tuviesen, no lo vea ninguno
si enfermo no estuviese, o confesor alguno;
que le diesen al día tan solo manjar uno.

Juan Ruiz, Arcipreste de Hita, *Libro de Buen Amor*, 1330-1343 (adaptación)

[1] Alusión a Alejandro Magno, rey de Macedonia y uno de los grandes conquistadores de la Antigüedad.
[2] lavancos: pato salvaje.
[3] ansarones: tipo de pollo.
[4] real: campamento real, del rey.
[5] flema: mucosidad.
[6] aína: pronto, con facilidad.
[7] mesnada: tropa, ejército

Practica

7. ¿Quiénes componen el ejército de don Carnal? ¿Y el de doña Cuaresma?

8. Uno de los ejércitos comete un grave error que le costará la victoria. ¿Cuál es ese error?

9. ¿Qué decide hacer el ejército vencedor con los prisioneros?

10. ¿A qué época del año crees que hace referencia el texto?

La prosa medieval

Gracias a la labor del rey Alfonso X el Sabio (1221-1284), el castellano empezó a sustituir al latín en el ámbito científico, histórico, jurídico y literario. El rey de Castilla supo rodearse de eruditos musulmanes, hebreos y occidentales para conservar y difundir el saber. En su corte se compusieron obras como la *General Estoria* (historia universal), la *Estoria de España*, *Las Siete Partidas* (código de leyes) o las *Tablas alfonsíes* (tablas astronómicas). Además, Alfonso X favoreció la traducción de una colección de cuentos orientales (*Calila e Dimna*) y escribió algunas cantigas en lengua gallega.

Sin embargo, la prosa literaria en lengua castellana se inicia verdaderamente con ***El conde Lucanor***, de **don Juan Manuel**.

¿Sabías que...?

Don Juan Manuel nació en Escalona (Toledo), en 1282, y murió en Córdoba, en 1348. Era sobrino de Alfonso X y recibió una sólida formación que combinaba las humanidades (latín, historia, derecho...) y las actividades propias de la nobleza (caza, guerra...). Se vio envuelto en numerosas luchas por el poder. Además de *El conde Lucanor*, escribió otras obras didácticas, en las que evidenció un interés por emplear una lengua literaria que hiciera la lectura más agradable.

Literatura

El conde Lucanor es una colección de 51 cuentos escritos con una finalidad didáctica. Todas las narraciones siguen una misma estructura:

- El conde Lucanor expone a Patronio, su consejero, un problema que lo afecta personalmente.
- Patronio le responde que le conviene escuchar un cuento para saber cómo debe actuar. Patronio narra el cuento y de él extrae una enseñanza.
- El narrador comenta que el conde aplicó la enseñanza del cuento y solucionó su problema. Termina el capítulo con una moraleja final en verso.

Don Juan Manuel no es el verdadero creador de los cuentos, sino un recopilador de narraciones de muy diversas fuentes: orientales, latinas, griegas, tradicionales... Por tanto, su gran mérito es haberse propuesto escribir el libro con «las más apuestas palabras que yo pude» y haber sabido transmitir las preocupaciones de un miembro de la aristocracia de su época: la guerra, la paz, el mantenimiento de los privilegios de los nobles, el poder del dinero, el problema de la salvación de las almas...

¿Cómo llamáis a esta ráfaga de viento?

Acércate

Sé tolerante

Practica

11. Lee el siguiente cuento y resúmelo en un máximo de tres líneas. Después, responde las preguntas que se formulan.

Lo que sucedió a un hombre que por pobreza y falta de otra cosa comía altramuces

Otro día hablaba el conde Lucanor con Patronio, su consejero, de este modo.

–Patronio, bien sé que Dios me ha dado mucho más de lo que yo merezco y que en todas las demás cosas solo tengo motivos para estar muy satisfecho, pero a veces me encuentro tan necesitado de dinero que no me importaría dejar esta vida. Os pido que me deis algún consejo para remediar esta aflicción mía.

–Señor conde Lucanor –dijo Patronio–, para que vos os consoléis cuando os pase esto os convendría saber lo que sucedió a dos hombres que fueron muy ricos.

El conde le rogó que se lo contara.

–Señor conde –comenzó Patronio–, uno de estos dos hombres llegó a tal extremo de pobreza que no le quedaba en el mundo nada que comer. Habiéndose esforzado por encontrar algo, no pudo hallar más que una escudilla de altramuces. Al recordar cuán rico había sido y pensar que ahora estaba hambriento y que no tenía más que los altramuces, que son tan amargos y que saben tan mal, empezó a llorar, aunque sin dejar de comer los altramuces, por la mucha hambre, y de echar las cáscaras hacia atrás. En medio de esta congoja y de este pesar, notó que detrás de él había otra persona y, volviendo la cabeza, vio que un hombre comía las cáscaras de altramuces que él tiraba al suelo. Este era el otro de quien os dije que también había sido rico.

Cuando aquello vio el de los altramuces, preguntó al otro por qué comía las cáscaras. Respondiole que, aunque había sido más rico que él, había ahora llegado a tanto extremo de pobreza y tenía tanta hambre que se alegraba mucho de encontrar aquellas cáscaras que él arrojaba. Cuando esto oyó el de los altramuces se consoló, viendo que había otro más pobre que él y que

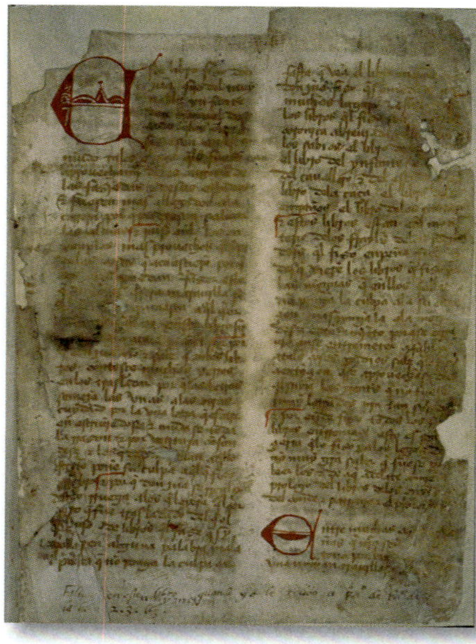

Manuscrito de la obra *El conde Lucanor* (1330-1335).

tenía menos motivos para serlo. Con este consuelo se esforzó por salir de la pobreza, lo consiguió con la ayuda de Dios y volvió otra vez a ser rico.

Vos, señor conde Lucanor, debéis saber que, por permisión de Dios, nadie en el mundo lo logra todo. Pero, pues en todas las demás cosas os hace Dios señalada merced y salís con lo que vos queréis, si alguna vez os falta dinero y pasáis estrecheces, no os entristezcáis, sino tened por cierto que otros más ricos y de más elevada condición las estarán pasando y que se tendrían por felices si pudieran dar a sus gentes aunque fuera menos de lo que vos les dais a las vuestras.

Al conde agradó mucho lo que dijo Patronio, se consoló y, esforzándose, logró salir, con ayuda de Dios, de la penuria en que se encontraba. Viendo don Juan que este cuento era bueno, lo hizo poner en este libro y escribió unos versos que dicen así:

Por pobreza nunca desmayéis,
pues otros más pobres que vos veréis.

DON JUAN MANUEL, *El conde Lucanor* (1330-1335)

Practica

12. ¿En qué momento da comienzo realmente el cuento del hombre que comía altramuces? ¿Dónde termina?

13. ¿Qué problema preocupa al autor en este cuento?

14. Explica con tus propias palabras la moraleja de este cuento.

¡Atrévete!
¿Quieres aprender más cosas sobre la literatura medieval? Atrévete a resolver las siguientes actividades.

15. En la misma época en que don Juan Manuel escribía *El conde Lucanor*, aparecieron también en otras culturas diversas recopilaciones semejantes de cuentos ejemplarizantes, engarzados con un hilo conductor argumental. Busca información para completar los datos de tres obras fundamentales de la literatura universal.

Obra	Autor	Hilo argumental
El conde Lucanor	Don Juan Manuel	Un conde pide consejos a un servidor.
Las mil y una noches		
Decamerón		
Los cuentos de Canterbury		

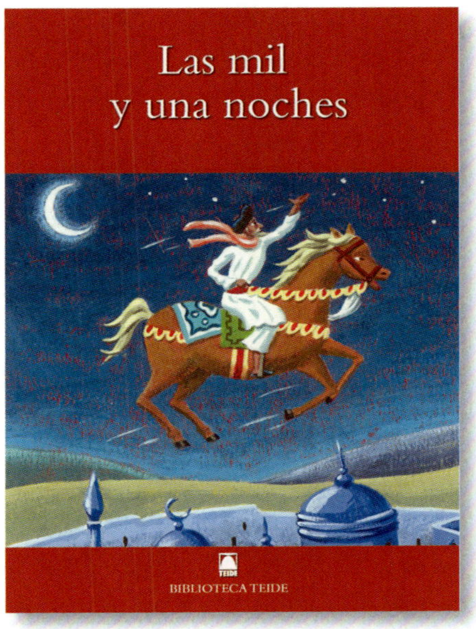

16. ¿Te atreves con el castellano antiguo? Intenta recomponer con palabras actuales y con la ortografía normativa la siguiente estrofa del *Libro de Buen Amor*.

El amor faz sotil al omne que es rudo,
fázele fablar fermoso al que antes es mudo,
al omne que es covarde fázelo muy atrevudo,
al perezoso faze ser presto e agudo.

Competencias básicas

Prueba

Lee el texto siguiente y responde las preguntas que se formulan a continuación.

La llegada a la ciudad

Por dificultades en el último momento para adquirir billetes, llegué a Barcelona a medianoche, en un tren distinto al que había anunciado y no me esperaba nadie.

Era la primera vez que viajaba sola, pero no estaba asustada; por el contrario, me parecía una aventura agradable y excitante aquella profunda libertad de la noche. La sangre, después del viaje largo y cansado, me empezaba a circular en las piernas entumecidas y con una sonrisa de asombro miraba la gran estación de Francia y los grupos que se formaban entre las personas que estaban aguardando el expreso y los que llegábamos con tres horas de retraso.

Empecé a seguir –una gota entre la corriente– el rumbo de la masa humana que, cargada de maletas, se volcaba en la salida. Mi equipaje era un maletón muy pesado –porque estaba casi lleno de libros– y lo llevaba yo misma con toda la fuerza de mi juventud y de mi ansiosa expectación.

Un aire marino, pesado y fresco, entró en mis pulmones con la primera sensación confusa de la ciudad: una masa de casas dormidas; de establecimientos cerrados; de faroles como centinelas borrachos de soledad. Una respiración grande, dificultosa, venía con el cuchicheo de la madrugada. Muy cerca, a mi espalda, enfrente de las callejuelas misteriosas que conducen al Borne, sobre mi corazón excitado, estaba el mar.

Debía parecer una figura extraña con mi aspecto risueño y mi viejo abrigo que, a impulsos de la brisa, me azotaba las piernas, defendiendo mi maleta, desconfiada de los obsequiosos «camàlics».

Recuerdo que, en pocos minutos, me quedé sola en la gran acera, porque la gente corría a coger los escasos taxis o luchaba por arracimarse en el tranvía.

Uno de esos viejos coches de caballos que han vuelto a surgir después de la guerra se detuvo delante de mí y lo tomé sin titubear, causando la envidia de un señor que se lanzaba detrás de él desesperado, agitando el sombrero.

Corrí aquella noche, en el desvencijado vehículo, por anchas calles vacías y atravesé el corazón de la ciudad lleno de luz a toda hora, como yo quería que estuviese, en un viaje que me pareció corto y que para mí se cargaba de belleza.

Enfilamos la calle Aribau, donde vivían mis parientes, con sus plátanos llenos aquel octubre de espeso verdor y su silencio vívido de mil almas detrás de los balcones apagados. Las ruedas del coche levantaban una estela de ruido, que repercutía en mi cerebro. De improviso sentí crujir y balancearse todo el armatoste. Luego quedó inmóvil.

–Aquí es –dijo el cochero.

Levanté la cabeza hacia la casa frente a la cual estábamos. Filas de balcones se sucedían iguales con su hierro oscuro, guardando el secreto de las viviendas. Los miré y no pude adivinar cuáles serían aquellos a los que en adelante yo me asomaría. Con la mano un poco temblorosa di unas monedas al vigilante, y cuando él cerró el portal detrás de mí, con un gran temblor de hierros y cristales, comencé a subir muy despacio la escalera, cargada con mi maleta.

Todo empezaba a ser extraño en mi imaginación; los estrechos y desgastados escalones de mosaico, iluminados por la luz eléctrica, no tenían cabida en mi recuerdo. Ante la puerta del piso me acometió un súbito temor de despertar a aquellas personas desconocidas que eran para mí, al fin y al cabo, mis parientes y estuve un rato titubeando antes de iniciar una tímida llamada a la que nadie contestó. Se empezaron a apretar los latidos de mi corazón y oprimí de nuevo el timbre. Oí una voz temblona:

«¡Ya va! ¡Ya va!»

Unos pies arrastrándose y unas manos torpes descorrieron cerrojos.

Luego, me pareció todo una pesadilla.

Carmen Laforet, *Nada*, 1944 (adaptación)

1 **Señala el sinónimo de *arracimarse* (línea 34):**

- ☐ *a*) apiñarse
- ☐ *b*) colarse
- ☐ *c*) subirse
- ☐ *d*) sentarse

2 **Indica el sujeto de las siguientes oraciones:**

- ☐ *a*) La sangre me empezaba a circular en las piernas.
- ☐ *b*) Muy cerca, a mi espalda, enfrente de las callejuelas misteriosas, estaba el mar.
- ☐ *c*) Enfilamos la calle Aribau.
- ☐ *d*) Unos pies arrastrándose y unas manos torpes descorrieron cerrojos.

3 **El narrador de esta novela es:**

- ☐ *a*) Un narrador protagonista.
- ☐ *b*) Un narrador testimonio.
- ☐ *c*) Un narrador omnisciente.
- ☐ *d*) Un narrador objetivo.

4 **¿Qué indican los dos puntos que cierran la oración «Oí una voz temblona:»?**

- ☐ *a*) Se introduce una cita textual.
- ☐ *b*) Se incluye una explicación.
- ☐ *c*) Se prosigue con una enumeración.
- ☐ *d*) Marca el inicio de una carta.

5 **Elige la opción correcta.**

- ☐ *a*) La protagonista viaja con un equipaje muy ligero.
- ☐ *b*) La protagonista llega a Barcelona una calurosa noche de verano.
- ☐ *c*) A la protagonista le parece una bella ciudad.
- ☐ *d*) A su llegada a Barcelona, la estación está desierta.

6 **Completa las siguientes formas del presente de indicativo del verbo *surgir*:**

- ☐ *a*) yo sur◆o
- ☐ *b*) tú sur◆es
- ☐ *c*) él sur◆e
- ☐ *d*) nosotros sur◆imos

7 **Indica si las siguientes afirmaciones son verdaderas (V) o falsas (F):**

- ☐ *a*) Todo lo narrado no fue más que una pesadilla.
- ☐ *b*) Había mucha gente asomada al balcón.
- ☐ *c*) La protagonista se siente feliz de llegar a Barcelona.
- ☐ *d*) El cochero acompaña a la protagonista hasta el portal donde viven sus familiares.

8 **¿Qué función sintáctica desempeña el sintagma «de libros» (línea 17)?**

- ☐ *a*) Complemento del nombre.
- ☐ *b*) Complemento del adjetivo.
- ☐ *c*) Núcleo del sujeto.
- ☐ *d*) Es un determinante que acompaña al nombre.

9 **Señala cuál es la estructura correcta del sintagma nominal «aquella profunda libertad de la noche».**

- ☐ *a*) Det (demostrativo) + CN (Adj) + N + CN (SPrep)
- ☐ *b*) CN (Adj) + N + CN (Adj) + CAdj (SPrep)
- ☐ *c*) Det (demostrativo) + N + CN (Adj) + CAdj (SPrep)
- ☐ *d*) CN (Adj) + N + CN (Adj) + CN (SPrep)

10 **¿Cuál es el sintagma nominal que realiza la función de sujeto en la oración «Todo empezaba a ser extraño en mi imaginación»?**

- ☐ *a*) La oración no tiene sujeto.
- ☐ *b*) El sujeto está elíptico.
- ☐ *c*) El sujeto es el pronombre *todo*.
- ☐ *d*) El sujeto es *mi imaginación*.

Redacción

Inspirándote en el texto anterior, cuenta en unas cien palabras las sensaciones que tuviste el primer día que llegaste a tu actual colegio o instituto.

Juego literario

La imitación de un poema

Una de las mejores maneras de aprender a realizar cualquier actividad (una receta de cocina, un truco de magia, un juego, un poema…) es observar a quien ya domina la técnica e imitar sus pasos. Así, se trata de un error pensar que inspirarse en un poema conocido (o en cualquier otro trabajo) es una muestra de incapacidad creativa. Muchas obras de arte son nuevas versiones de obras anteriores. El escritor catalán Eugeni d'Ors aseguraba: «Todo lo que no es tradición, es plagio» con lo cual daba a entender que nada es completamente original.

Sugerencias

1. Intenta respetar al máximo la estructura de los versos. Es decir, procura sustituir adjetivos por adjetivos, verbos por verbos, preposiciones por preposiciones…
2. Cuando tengas que sustituir alguna palabra, intenta que sea por otra equivalente.
3. Poned en común vuestros trabajos y comentad los resultados obtenidos.

1. En el siguiente poema, el autor se compara con una piedra. Piensa en un objeto con el que te sientas identificado y escribe un poema, que siga la misma estructura, en el que sustituyas la piedra por ese objeto.

Como tú...

Así es mi vida,
piedra,
como tú. Como tú,
piedra pequeña;
como tú,
piedra ligera;
como tú,
canto que ruedas
por las calzadas
y por las veredas;
como tú,
guijarro humilde de las carreteras;
como tú,
que en días de tormenta
te hundes
en el cieno de la tierra
y luego
centelleas
bajo los cascos
y bajo las ruedas;
como tú, que no has servido
para ser ni piedra
de una lonja,
ni piedra de una audiencia,
ni piedra de un palacio,
ni piedra de una iglesia;
como tú,
piedra aventurera;
como tú,
que tal vez estás hecha
solo para una honda,
piedra pequeña
y
ligera...

León Felipe (1962)

León Felipe (1884-1968).

Para concluir, formula tú ahora dos preguntas para cada apartado como las que se planteaban al inicio de la unidad.

Explora la unidad y responde.

3

Literatura

¿Qué obra escribió Jorge Manrique en el siglo XV?

¿Qué es un romance?

Ortografía

¿Para qué sirven los signos de exclamación?

¿Con qué signos se indican las acotaciones en teatro?

Lectura inicial

¿Qué te sugiere el título *Diamantes negros del fútbol*?

¿Conoces el nombre de un futbolista africano? ¿Qué pasos habrá tenido que dar para triunfar en el fútbol?

Fábrica de textos

¿Qué diferencias existen entre un reportaje y una noticia?

¿Qué función tiene el titular de un reportaje?

Conocimiento de la lengua

¿Qué es un sintagma verbal?

¿En qué tipo de oración aparece el atributo?

¿Alguna vez has soñado con triunfar en el fútbol? ¿O en cualquier otro deporte como el tenis, el baloncesto o la Fórmula 1? ¿Has soñado con que algún cazatalentos te fiche para un gran equipo? ¿Sabes cómo trabajan los ojeadores? En este reportaje, conocerás las peripecias que sufren algunos niños africanos que lo dan todo para intentar tener una oportunidad de triunfar.

Diamantes negros del fútbol

Dejaron atrás su familia y sus países de origen y llegaron a Europa con el sueño de convertirse en estrellas del balompié. La mayoría fracasó en el intento. Algunos fueron engañados por falsos cazatalentos.

Nueve de la mañana. La niebla es tan espesa que apenas se distingue a diez metros de distancia. Una docena de siluetas surgen de esa húmeda bruma como piratas asaltando un corsario. Sus extremidades son más largas de lo normal, su cabello es crespo y su piel, tan oscura que contrasta con la calima[1] blanquecina. Persiguen un esférico húmedo y resbaladizo, como si les fuera la vida en ello. Saben que no es un partido de fútbol más; para ellos hay mucho en juego. Un agente FIFA los observa atento, esperando ver las actitudes de un nuevo crack africano: el nuevo Eto'o, el nuevo Weah o el nuevo Milla podría estar entre ellos. Pero esta mañana, en el campo del Centro Deportivo Vicente del Bosque en Alcorcón, los cielos no les son propicios.

Cada viernes a las 9.00 h una docena de jóvenes previamente recomendados exhibe sus habilidades ante la filosa[2] mirada de José Daniel Jiménez, agente FIFA y administrador en la empresa de representación J. J. Sport, especializada en el fichaje de jugadores africanos. «Organizamos estos partidos para ver qué nivel tienen. Y al que es muy bueno, le llevamos a hacer pruebas a equipos españoles y europeos», cuenta. Si el jugador es fichado, el representante percibe un porcentaje de sus ganancias que ronda el 15 %. Sin embargo, llegar a triunfar no es tarea fácil, los aspirantes a futbolistas se cuentan por miles (según datos del INE en España, hay unos 80 000 africanos menores de 25 años), pero solo 29 de ellos juegan en primera división y 22 en segunda. La FIFA calcula que

Para algunos niños africanos, el fútbol no solo es un juego, también es la esperanza de un futuro mejor.

por cada jugador que llega a profesional, hay 20 que fracasan. Por proporción, sus posibilidades son ínfimas, pero estos no parecen darse por vencidos.

Entre los candidatos a triunfar, hay historias de todo tipo. Unos pocos han tenido la suerte de que un representante les pagara el vuelo y el alojamiento para hacer pruebas en la capital. Pero otros no han sido tan afortunados: hasta llegar a la capital han arriesgado su vida en maleteros y pateras, y han sido timados por falsos cazatalentos. Es el caso de Suli Saku, costamarfileño de dieciocho años. «Jugar en la capital ante un representante FIFA es la mayor oportunidad que he tenido en mi vida». Hasta llegar aquí, este musculoso subsahariano de trenzas afrocaribeñas y andares chulescos ha vivido una odisea de película. Con catorce años fue captado por un cazatalentos que le prometió jugar en un club marroquí «desde el que daría el salto a Europa». A cambio, el agente le pidió 3 millones de francos de África Continental (CFA), el equivalente a unos 4 000 euros. Su familia empleó todos los ahorros para pagarlo, pero el chico fue abandonado en Marruecos y a duras penas consiguió embarcarse en una patera hasta llegar a España. Hoy vive en Madrid, gracias a la caridad de unos amigos ceutíes, y se pasa el día entrenando y haciendo pruebas. Su ilusión sigue intacta, pero ahora –asegura– ya no se fía de nadie.

En 2008 la FIFA prohibió los fichajes de menores de dieciocho años y reforzó la vigilancia hacia las transacciones internacionales. Actualmente el organismo colabora activamente con la ONG francesa Foot Solidaire para evitar que los menores que no triunfan sean abandonados a su suerte. El presidente de la FIFA, Joseph S. Blatter, se pronunció al respecto: «Me gustaría dar todo nuestro apoyo a las actividades que se están llevando a cabo para defender los derechos de los jóvenes africanos que, por desgracia, son engañados por quienes se presentan como sus benefactores». Varios agentes FIFA consultados coinciden en que hay falsos ojeadores que se aprovechan de los jugadores, de una manera o de otra. «Hay timadores que cobran a los chicos por ser representados y se desentienden de ellos si no salen rentables», denuncia un cazatalentos federado que prefiere no dar su identidad.

Los domingos son días de fútbol para muchos extranjeros residentes en España. En el campo del Centro Deportivo Alberto García (en el barrio madrileño del Pozo Tío Raimundo), todas las semanas se celebran torneos entre decenas de africanos de distintas nacionalidades. Aparentemente practican para divertirse, pero algunos se juegan mucho más, o eso creen ellos. Desde la grada, los futbolistas son examinados por Amelie Najib, camerunesa de treinta y un años, forofa del Barça y, como ella misma se define, «aprendiz de cazatalentos». Aunque trabaja como empleada del hogar, dedica todo su tiempo libre a su pasión. «Yo contacto con los chicos que juegan muy bien y los presento ante clubes y representantes. Ya he conseguido colocar a dos. Lo hago de forma solidaria, para ayudarlos, pero... ¿Quién sabe? Quizás en el futuro todos podemos ayudarnos mutuamente», explica con una sonrisa. Amelie sabe lo dura que es la trayectoria vital de esos chicos. Como muchos de ellos, cruzó el estrecho de Gibraltar en el maletero de un coche cargado en un barco, en busca de un futuro mejor. Y hoy, como apasionada del fútbol, comprende y comparte el entusiasmo y el empecinamiento[3] de los jóvenes. ¿Alguno de estos futbolistas se plantea la posibilidad de regresar a África? «Eso sería reconocer su fracaso. Allí todos los suyos piensan que llegarán a primera división. A quien regresa se le considera un perdedor».

¿A qué se debe esa pasión africana por el balompié? «Es nuestra religión», «es el juego que más nos une», «es la mejor forma de ayudar a los tuyos», razonan los futbolistas consultados en este reportaje. Amelie va más allá: «Es un deporte que cualquiera puede practicar. Hasta los que no tienen ni una pelota». Para un europeo es difícil de imaginar jugar sin un balón, o inmerso en una niebla que impide ver a diez metros de distancia. Pero que se lo digan a ellos, que aprendieron a practicar su pasión casi descalzos, en terrenos enfangados y usando como balones naranjas y esféricos maltrechos fabricados con plásticos y cuerdas.

Nueve de la mañana en el campo del Club Deportivo Canillas. Diakité Alassane exhibe sus virtudes futbolísticas haciendo cabriolas[4] con un balón. De pronto se detiene, como hipnotizado, lo agarra con las manos y contempla la pequeña grada que rodea el campo de su equipo. Frunce el gesto. Su sueño de meter goles bajo la hercúlea[5] grada del Bernabéu parece extinguirse poco a poco en su mirada.

J. MOLINA, *El País Semanal*, 20 abril 2013 (adaptación)

En África, muchos niños juegan descalzos y fabrican sus propios balones con plásticos y cuerdas.

Infiere

Indica el número de la palabra del texto que corresponda a cada uno de estos significados.

- ☐ Obstinación.
- ☐ Niebla.
- ☐ Aguda.
- ☐ Inmensa.
- ☐ Piruetas.

Comprensión y expresión

Resume

1. El texto se sitúa en tres escenarios diferentes. Indica cuáles son y qué sucede en cada uno de ellos.

Explica

2. ¿De qué formas puede llegar un aspirante a jugador a Madrid para hacer una prueba? ¿Cuál crees que es la más habitual? ¿Cuál consideras que es la menos frecuente?

Responde

3. ¿Por qué crees que Amelie Najib dice: «¿Quién sabe? Quizás en el futuro todos podemos ayudarnos mutuamente»? ¿Cómo podrán ayudarse?

Opina

4. Teniendo en cuenta sus posibilidades de triunfar, ¿crees que valen la pena todos los sacrificios que hacen estos jóvenes? ¿Qué harías en su lugar?

Debate

5. Pensad entre todos argumentos a favor o en contra de la tesis planteada en el ejercicio anterior y debatid sobre el tema.

Localiza

6. En el texto, el autor utiliza dos expresiones para explicar que los jóvenes futbolistas son traicionados por sus supuestos representantes. Búscalas.

Razona

7. En el reportaje, se dan cuatro explicaciones a la pasión africana por el balompié. En unas cien palabras, explica si estos motivos también justifican el éxito del fútbol en España o si habría que añadir más.

Encuentra

8. En dos minutos encuentra en la lectura inicial las cuatro palabras que llevan una *h* intercalada. Anótalas y con un compañero o compañera piensa dos ejemplos más.

Jóvenes jugando al fútbol en Gambia.

Conocimiento de la lengua

El sintagma verbal, el atributo y el complemento predicativo

El **sintagma verbal** (SV) es una palabra o un grupo de palabras relacionadas entre sí cuyo núcleo es un **verbo** o una **perífrasis verbal**. Un solo verbo puede ser el sintagma verbal de una oración.

El sintagma verbal de una oración funciona como **predicado** y expresa una acción o un estado del sujeto.

*El panadero **vende** su pan recién hecho.*
*Tus amigos **han venido** a casa.*

El **núcleo** es un verbo, que puede ser una forma simple, una forma compuesta o una perífrasis verbal. Este debe concordar con el núcleo del sujeto en persona y en número.

***Ana** **lee** el periódico.*
N (Ana) — SN, sujeto; N (lee) — SV, predicado

Los núcleos concuerdan en persona (3.ª) y número (singular).

¡! Una **perífrasis verbal** está compuesta por dos verbos: uno conjugado, que funciona de **verbo auxiliar**, y otro en forma **no personal**, que contiene toda la carga semántica. En ocasiones, pueden ir unidos mediante la conjunción *que* o una preposición, y otras no tienen ningún nexo.

Deberías encontrar pronto la salida.
De repente, se echó a reír.

Es importante no confundirlas con las formas verbales compuestas que siempre están formadas por el verbo *haber* y un participio:

Todavía no había salido de la fiesta.

Practica

1. Señala las tres series de perífrasis verbales y analiza morfológicamente aquellas formas verbales que no lo sean. Consulta las conjugaciones verbales del anexo si lo necesitas.

Ejemplo:
habéis ganado, fueron descubiertos, serían multitud: no son perífrasis verbales.
habéis ganado: pretérito perfecto compuesto de indicativo, 2.ª persona del plural.
fueron: pretérito perfecto simple de indicativo, 3.ª persona del plural.
serían: condicional simple, 3.ª persona del plural.

a) vamos a salir, tenéis que jugar, vuelve a retrasarse
b) habían soñado, haber comido, confiabas esperanzado
c) cantan ópera, habría empezado, hubiera cerrado
d) rompió a llorar, volvió a llover, llevo leídas
e) acabas de llamar, suelen avisar, debe aprender
f) dibujaba pensando, hube terminado, habréis nadado

2. Localiza los núcleos de los sintagmas verbales de las oraciones del siguiente fragmento. Ten en cuenta que solo debes señalar las formas verbales conjugadas.

Ofelia entró en mi vida cuando menos lo esperaba, un día corriente, cuando volvía de la escuela a casa, hace algo así como un año si no recuerdo mal.

Me la encontré en la calle y entonces no era más que una gatita desvalida y hambrienta que maullaba, asustada. Al verme, se acercó vacilando, y empezó a restregarse en mis vaqueros, dando vueltas entre mis pies, frotando su cabecita contra mis pantorrillas, con esos ademanes que hacen los gatos para captar nuestra atención. ¡Uf, a ver quién se resistía ante aquella monada! Y yo, claro, la cogí en mis manos. Y me pareció tan débil y pequeña que pensé que se me moriría antes de llegar a casa. A mamá también le dio pena en cuanto la vio: «¡Pobre! ¡Está a punto de morir de hambre!». Y lo dijo con ternura, con la misma preocupación que yo sentía.

Mariasun Landa, *Cuando los gatos se sienten solos* (1997)

Conocimiento de la lengua

El núcleo del sintagma verbal puede estar **acompañado** por diferentes sintagmas:

- Sintagmas nominales (SN):
  Ana ***buscaba*** *los pendientes.*
  N — SN
  SV
- Sintagmas preposicionales (SPrep):
  Mario ***confiaba*** *en su palabra.*
  N — SPrep
  SV
- Sintagmas adjetivales (S.Adj):
  Soporta *tranquila el percance.*
  N — SAdj
  SV
- Sintagmas adverbiales (SAdv):
  Todos los amigos ***quedaron*** *allí.*
  N — SAdv
  SV

¡! Recuerda que existen diferentes tipos de verbos:

- **Copulativos** *(ser, estar, parecer* y la perífrasis verbal *llegar a ser*):
  Tu hijo es todavía muy pequeño.
- **Predicativos**:
  Yo he enmarcado el cuadro.

Según el tipo de verbo que constituya el núcleo del sintagma, el predicado será:

- **Nominal**: cuando el verbo sea copulativo. Las oraciones con este tipo de predicado se conocen como **oraciones copulativas** o **atributivas**.
- **Verbal**: cuando el verbo sea predicativo. Las oraciones con este tipo de predicado se denominan **oraciones predicativas**.

¡Atrévete!

3. Ordena las palabras de cada oración y localiza los sintagmas verbales. Después, indica cuál es el núcleo y cuáles son los complementos verbales.

Ejemplo:
infancia hermosa la una compartían desde amistad:
Compartían una hermosa amistad desde la infancia.
SV: Compartían una hermosa amistad desde la infancia.
N: compartían; complementos: una hermosa amistad, desde la infancia.

a) jueves Pablo el es de bautizo el
b) mi tranquilo mañana estaba gato esta muy
c) acción gustan Isabel las a de películas le
d) dictado la corregido el por fue profesora
e) aleja cantar penas las
f) maestra escultor acabar su el pudo obra
g) acostarme deporte antes las de todas hago tardes

Los complementos del verbo

Como ya se ha expuesto, el núcleo del predicado puede ir acompañado de diferentes sintagmas que funcionan de complemento. Algunos de ellos son necesarios para completar el sentido de la oración, mientras que otros aportan información complementaria para enriquecer o concretar su significado. En esta unidad y las siguientes, estudiarás los distintos complementos que pueden acompañar al verbo.

El atributo

El **atributo** es el complemento verbal imprescindible en las **oraciones copulativas**. Este complemento anuncia un estado, una cualidad o una valoración del sujeto.

Los corredores parecen cansados.

verbo copulativo — atributo

SN sujeto — SV predicado

Un atributo puede estar formado por:

- un sintagma adjetival (SAdj):
  El agua ***está*** *caliente.*
- un sintagma nominal (SN):
  El problema ***es*** *un jeroglífico.*
- un sintagma adverbial (SAdv):
  Esto ***es*** *así.*
- un sintagma preposicional (SPrep):
  Aquellos chicos ***son*** *del Senegal.*

El atributo, cuando se trata de un SAdj y a veces de un SN, **concuerda** en género y en número con el sujeto:

La llegada de mi tío fue una gran sorpresa.

sujeto (fem. sing.) — atributo (fem. sing.)

Podemos reconocer el atributo sustituyéndolo por el pronombre personal átono *lo*:

Alejandro ***está*** *contento.* → *Alejandro lo* ***está****.*

sujeto — atributo → sujeto — atributo

¿Dónde os conocisteis?

E

Jamás

Creencia

Practica

4. Identifica el atributo de cada una de estas oraciones y describe su estructura morfológica:

Ejemplo:

El rumor era objeto de toda clase de comentarios.

SN (atributo)

Está compuesto de un sustantivo (objeto), que contiene a su vez un complemento del nombre, CN (de toda clase de comentarios).

a) El comisario estaba seguro de la pista.
b) Me pareció importante.
c) Lo ocurrido fue así.
d) Era un niño triste y silencioso.
e) El fin de la vida animal es perpetuarse.
f) Todo había sido una encerrona para Mario.

5. Localiza los dos atributos de este pequeño fragmento y contesta:

> La noche era fría y húmeda, pero en la pequeña sala los postigos estaban cerrados y el fuego ardía vivamente. Padre e hijo jugaban al ajedrez; el primero tenía ideas personales sobre el juego y ponía al rey en tan desesperados e inútiles peligros, que provocaba el comentario de la vieja señora que tejía plácidamente junto a la chimenea.
>
> W. W. Jacobs, «La pata de mono», 1902 (traducción)

a) Escribe las dos oraciones correspondientes a los dos atributos.
b) ¿Por qué pronombre se pueden sustituir?

El complemento predicativo

El **complemento predicativo** (CPred) suele ser un sintagma adjetival (SAdj) que se encuentra en el predicado verbal y concuerda en género y número con el sujeto principalmente y, en algunas ocasiones, con el complemento directo (CD) de la oración.

Los tomates ***crecen*** *fuertes.*

crecen: N — fuertes: CPred (masc. pl.)

Los tomates: SN sujeto (masc. pl.) — crecen fuertes: SV predicado

Me ***vendió*** *la camisa muy arrugada.*

vendió: N — la camisa: CD (fem. sing.) — muy arrugada: CPred (fem. sing.)

En ocasiones, el complemento predicativo puede ser un sustantivo (SN).

Nombraron *a Gerardo director.*

¡Atrévete!

6. Localiza en estas oraciones los atributos y los complementos predicativos, e indica si estos últimos concuerdan con el sujeto o con el complemento directo:

a) Encontré a José muy cambiado.
b) Nuestro hijo será un excelente pediatra.
c) Mónica parece muy sincera.
d) El presidente de la compañía pronunciaba convencido su discurso.
e) El actor sonreía satisfecho a sus fans.
f) Encontró un trozo de tela roído debajo del mueble.
g) La barandilla está recién pintada.
h) Su primo me devolvió roto el televisor.
i) Los niños escribían contentos una postal para sus padres.

7. Lee atentamente el texto y contesta las preguntas.

> Durante varios días consecutivos, habían cruzado por la ciudad jirones del ejército derrotado. No se trataba de la tropa, sino de hordas desbandadas. Los hombres llevaban barbas crecidas y sucias, uniformes andrajosos, y avanzaban con paso cansino, sin bandera, sin regimiento. Todos parecían abrumados, derrengados, incapaces de una idea o de una resolución, marchaban solo por hábito, y se caían de fatiga en cuanto se detenían. Se veía a todos movilizados, gente pacífica, tranquilos rentistas, doblados bajo el peso del fusil; jóvenes voluntarios alerta, fáciles de asustar y prontos al entusiasmo, tan dispuestos al ataque como a la huida; y además, entre ellos, unos cuantos calzones rojos, despojos de una división triturada en una gran batalla; artilleros de uniforme oscuro alineados con aquellos infantes diversos; y, a veces, el brillante casco de un dragón de lentos andares que seguía a duras penas la marcha más ligera de los soldados rasos. Legiones de francotiradores de heroicas apelaciones pasaban a su vez, con aspecto de bandidos.
>
> Guy de Maupassant, «Bola de sebo», 1980 (adaptación)

a) Escribe los tres atributos pertenecientes a la misma oración.
b) ¿Con qué concuerda «movilizados»? ¿Qué función tiene en la oración?

¡!

Recuerda que el **complemento directo** (CD) es el ser u objeto sobre el que recae la acción que realiza el sujeto:

El camarero trajo la cuenta.

En la siguiente unidad aprenderás más sobre él.

¡Atrévete!

8. Identifica el complemento predicativo en tres de estas oraciones:

a) Barcelona es una de las capitales más caras de Europa.
b) La secretaria obedeció nerviosa las indicaciones de su jefe.
c) El payaso miraba asombrado a un bebé de las gradas.
d) Los neumáticos de tu coche están muy nuevos todavía.
e) La vista panorámica era magnífica.
f) Ellos contemplan tranquilos el cielo estrellado.
g) Nadie sabe la verdad sobre lo sucedido.

Fábrica de textos

El reportaje

Un **reportaje** es un **texto periodístico** de carácter **expositivo** elaborado a partir del trabajo de investigación del reportero. En él se tratan en profundidad temas o hechos de interés; es decir, se analizan sus causas y sus consecuencias, y se ofrece la información complementaria necesaria para que el lector pueda comprenderlos mejor. La exposición de los hechos y los datos debe ser **objetiva**, aunque el autor también puede mostrar su punto de vista.

Resume

1. ¿Qué tema trata el reportaje inicial?

Opina

2. ¿Crees que es un tema de actualidad? Explica en clase si conoces algún caso similar.

Identifica

3. El reportero de la lectura inicial ha tenido que realizar un trabajo de investigación. ¿Qué crees que ha hecho para poder escribir este reportaje? Detalla todo lo que se te ocurra: a quién ha entrevistado, dónde se ha documentado...

Añade

4. Pensad en clase alguna otra fuente de información que podría haber utilizado el periodista y con qué finalidad.

La estructura de un reportaje

Los reportajes, igual que las noticias y otros textos informativos, deben estar encabezados por un titular, que sea atractivo, y una entrada, que presente el tema y despierte el interés del lector. Posteriormente, se da paso al cuerpo del reportaje en sí.

- El **titular** suele estar formado por una sola oración y expone el aspecto más señalado del tema que se trata. Se destaca con el tipo de letra utilizado.
- La **entrada** es un breve texto, también destacado con una letra distinta, que resume los datos más importantes del tema.
- El **cuerpo** es la parte del texto que desarrolla la información de forma detallada, normalmente ofreciendo los datos de mayor a menor importancia.

Además, para ofrecer un retrato lo más exhaustivo posible del tema tratado, los reportajes pueden incluir diferentes elementos que pueden funcionar como textos autónomos –es decir, presentados aparte–, o bien estar incluidos en el cuerpo del reportaje. Estos elementos pueden ser: entrevistas a especialistas o a testimonios, resultados de estudios realizados sobre el tema, gráficos con datos relacionados, imágenes ilustrativas, audios, vídeos, columnas breves con información complementaria...

Por su parte, en los reportajes radiofónicos o televisivos, el presentador primero ofrece una breve introducción –a modo de titular y de entrada– y posteriormente se da paso al reportaje en sí, muchas veces presentado por otro periodista. A menudo, se marca el inicio del reportaje con una sintonía.

Fábrica de textos

La estructura del reportaje sigue un **orden** determinado. En primer lugar, debe realizarse una **presentación** del tema. A continuación, se efectúa el **análisis** que ha elaborado el reportero: se empieza por los datos que explican y detallan el tema; se sigue con las causas y las posibles consecuencias –igualmente acompañadas de los elementos necesarios–, y se acaba con las soluciones, si las hubiese. Al final, es habitual que haya una **conclusión** o resumen de la información ofrecida.

Observa

5. Lee esta introducción de un reportaje sobre la contaminación de nuestros organismos:

> Nadie se cuestiona que la boina gris que recubre los cielos de las grandes ciudades sea dañina para la salud, ni que beber aguas contaminadas con vertidos industriales nos pueda envenenar, ni tampoco que la radiación mate. Pero hay otro tipo de contaminación, más silente, inadvertida y continua, que provoca que cada ciudadano del primer mundo se haya convertido, sin ser consciente, en un depósito andante de residuos tóxicos.
>
> M. Corisco, «Cada vez más contaminados». *El Mundo* (24 noviembre 2013)

Redacta

6. Con los datos y las opiniones de expertos que tienes a continuación, redacta el texto que seguiría al primer párrafo que acabas de leer.

a) Carlos de Prada, autor del libro *Hogar sin tóxicos* (Ediciones I), afirma: «Hay muchísimas cosas que podemos hacer en nuestro entorno para paliar esta contaminación invisible. Desde racionalizar el uso de productos de limpieza hasta emplear alternativas ecológicas. Y seguir paso a paso: se legisló sobre el amianto y sobre el plomo... y el mundo no se hundió. Ni se hundirá porque, entre todos, consigamos un ambiente libre de tóxicos».

b) Los «disruptores endocrinos» como el bisfenol-A, usado en plásticos, son una de las sustancias que más inquietan a los científicos.

c) Un estudio de la placenta de 308 mujeres, realizado por la doctora M. J. López Espinosa de la Universidad de Granada, revela que en todas ellas había restos de residuos tóxicos.

d) Desde junio de 2011 están prohibidos en la Unión Europea los biberones con bisfenol (un compuesto usado para hacer algunos plásticos).

e) Pilar Muñoz Calero, especialista en medicina ambiental, presidenta de la Fundación Alborada y aquejada de sensibilidad química múltiple, comenta: «Si nos hicieran un análisis dirigido a encontrar contaminantes, hallarían en cualquiera de nosotros restos de pesticidas, metales pesados... Un auténtico vertedero».

f) Un equipo de la Universidad de California reveló que en el 99 % de las mujeres embarazadas estudiadas había pesticidas y otros tóxicos.

g) Un estudio de la Universidad Autónoma de Barcelona revela que el 100 % de los catalanes tiene al menos tres compuestos tóxicos en su organismo.

¿Qué le daba a las vacas tu abuela?

α

α

-A

Propón

7. Con un compañero o compañera, elaborad una breve conclusión para el reportaje de las actividades anteriores.

Reconoce

8. Señala las diferentes partes que componen el reportaje que inicia la unidad.

Presenta

9. Elabora una presentación diferente para dar paso al reportaje «Diamantes negros del fútbol».

La elaboración

Para escribir un buen reportaje, es imprescindible llevar a cabo una buena tarea de **investigación** y, posteriormente, presentar la información de una manera clara para el lector u oyente. Es importante seguir estos pasos:

- **Informarse** en profundidad sobre el tema en cuestión, tanto en documentos escritos como fotografías, audios, vídeos o testimonios de los hechos. Para ello, hay que consultar hemerotecas, bibliotecas, hacer entrevistas, leer artículos o ver vídeos relacionados, consultar páginas web...
- **Cotejar las fuentes** para comprobar si la información obtenida es veraz o no.
- **Agrupar la información**, según trate las causas, las consecuencias, las soluciones, las opiniones de expertos..., y **ordenarla**.
- Decidir cómo se introducen los **elementos complementarios** (entrevistas, gráficos, vídeos...).
- **Redactar** el reportaje.
- Decidir el **titular** y la **entrada**.
- **Revisar** el texto en profundidad.

¿Sabías que...?

El programa de reportajes de RTVE *Informe Semanal* es el programa más veterano de la televisión española. Empezó a emitirse el 31 de marzo de 1973 y, gracias a su longevidad, ha sido incluido en el *Libro Guinness de los Récords*. Puedes consultar la web del programa y ver sus reportajes en: *http://qr.teide.eu/02L1*.

Decide

10. Por parejas, escribid el titular y la entrada que utilizaríais en un periódico para presentar el reportaje sobre la contaminación de nuestro organismo.

Imagina

11. Si quisieras elaborar un reportaje sobre el ocio de los adolescentes en tu pueblo o ciudad, ¿a qué fuentes recurrirías? Haced una lista en clase con el nombre de, como mínimo, cuatro fuentes distintas que utilizaríais para obtener información.

Prepara

12. En grupo, escoged una de las fuentes que habéis propuesto en el ejercicio anterior y buscad información sobre el tema. Ordenadla y buscad imágenes que puedan completarla.

Redacta

13. Escribid en grupo un breve reportaje sobre el tema anterior a partir de la información que habéis recopilado.

Inventa

14. Pensad un titular y una entrada para el reportaje que acabáis de escribir.

Sugerencias

Para elaborar el reportaje sobre el ocio de los adolescentes en vuestro pueblo o ciudad, seguid los pasos indicados. Una vez acabado el texto, no olvidéis revisarlo en profundidad.

Ortografía

La puntuación (III): los signos de interrogación y exclamación, el guion y la raya, el paréntesis y el corchete y las comillas

Los signos de interrogación y exclamación

Los **signos de interrogación** sirven para formular preguntas, que buscan una respuesta del interlocutor. Los signos de interrogación son dos: el de apertura (¿) y el de cierre (?). El signo de apertura se coloca al iniciar la pregunta y el de cierre, al finalizarla.
¿Cuántos años tienes?

Los **signos de exclamación** se utilizan para expresar estados de ánimo: alegría, tristeza, enfado... Al igual que los signos de interrogación, también hay dos: uno de apertura (¡) y otro de cierre (!). El signo de apertura se coloca al inicio del enunciado y el de cierre, al final.
¡Qué día más maravilloso hace hoy!

Practica

1. Formula tres preguntas con sus respuestas y escribe tres enunciados exclamativos que expresen un estado de alegría, uno de tristeza y otro de enfado.

El guion y la raya

El **guion** (-) se utiliza, entre otros casos, para:

- Formar palabras compuestas e indicar intervalos numéricos: *científico-técnico*, *págs. 335-350.*
- Separar una palabra al final de línea. En la partición de palabras al final de un renglón, deben tenerse en cuenta los siguientes aspectos:
  - Los diptongos y los triptongos no pueden separarse: *ai-re*, *li-diáis*.
  - La *h* no puede colocarse nunca al final de línea: *bú-ho*, *zana-horia*.
  - El grupo consonántico *-cc-* puede separarse al final de línea: *ac-ción*, *direc-ción*.
  - Los dígrafos *ch*, *gu*, *ll*, *qu* y *rr* deben ir unidos: *a-gua*, *ca-lla*, *pe-rro*.
  - La *r* o la *l* después de *b* o *p* tampoco pueden separarse: *a-bruma*, *a-plauso*.

La **raya** (–) se utiliza, entre otros casos, para:

- Encerrar comentarios aclaratorios: *Fray Luis de León –poeta y catedrático del siglo* XVI*–...*
- Indicar las intervenciones de los personajes en un diálogo y delimitar los comentarios del narrador:
  –¿Dónde fuiste el domingo pasado? –preguntó Luisa con voz apagada.

Practica

2. Escribe guion o raya según convenga.

a) ◆¿Cómo le fue el viaje a Ana?
b) Fernando de Rojas (1470◆1541) fue el autor de *La Celestina*.
c) Ibiza ◆lugar de vacaciones◆ es una de las islas más turísticas de Europa.
d) Luis dijo:
◆Nunca tienes sueño.
e) Nos dieron una lección teórico◆práctica.

El paréntesis y el corchete

El **paréntesis** está formado por dos signos: ( ). Se usa, entre otros casos, para:

- Encerrar aclaraciones y explicaciones: *Camilo José Cela (el segundo a la izquierda de la fotografía) fue miembro de la Real Academia.*
- Encerrar un solo dato (fecha, lugar, etc.): *La Guerra Civil (1936-1939).*
- Indicar las acotaciones en obras de teatro: *Andrés.* (Sentado junto a su madre.) *¿Qué hora debe de ser?*

El **corchete** también está formado por un signo doble: [ ]. Se utiliza, entre otros casos, para:

- Encerrar cualquier dato o explicación dentro de los paréntesis: *En su última novela (que se sitúa durante la Guerra Civil [1936-1939] en España) cuenta la historia de...*
- Indicar que un texto está cortado y falta parte de él: *Julián era amigo de Pedro desde hacía muchos años; sin embargo, [...] a él nunca le gustó mucho su compañía.*

Las comillas

Las **comillas** se pueden escribir: « », o bien: " ". Se usan, entre otros casos, para:

- Encerrar citas textuales: *Montesquieu afirmó: «Las leyes inútiles debilitan las necesarias».*
- Mencionar apodos, motes...: *Pepe «el Bola».*
- Indicar que una palabra tiene un segundo sentido, normalmente irónico: *Siempre eres tan «sincero», que nadie se fía de ti.*
- Encerrar títulos de artículos, cuentos, capítulos, etc., cuando forman parte de una publicación: *«La liebre y la tortuga» se incluye en las* Fábulas.

Practica

3. Puntúa los siguientes enunciados con los signos estudiados:

a) coste beneficio
b) Y qué te dijo
c) La fábula La cigarra y la hormiga.
d) Cuánto tienes
e) Siéntate
f) La 1.ª Constitución 1812
g) Descartes dijo Pienso, luego existo
h) bomba trampa
i) Vaya tormenta se avecina
j) artículo art.

¡Atrévete!

4. Copia el siguiente fragmento de una obra teatral y escribe los signos de puntuación que faltan.

◆*Una clínica*◆ *Sala de rayos X*◆ *Una mujer con bata de médico y un hombre desnudo de cintura para arriba y con la ropa en la mano*◆◆

PACIENTE. ◆Es algo grave doctora◆
DOCTORA. Usted tiene dos corazones◆
PACIENTE. ◆Yo◆
DOCTORA. Dos corazones◆ uno a cada lado◆ ◆No ha notado nunca nada raro◆
PACIENTE. No◆ Si acaso◆ cuando me dejó mi mujer◆ que me puse azul◆
DOCTORA. ◆Pero usted no se había puesto nunca la mano así◆ en el corazón◆ para notar los latidos◆
PACIENTE. Sí◆ pero me la he puesto siempre a este lado◆ En el otro no había notado nada◆
DOCTORA. Vístase◆ vístase◆ que va a coger frío◆ Dos corazones◆ es un hecho◆
PACIENTE. ◆*Vistiéndose*◆◆ Lo peor sería no tener ninguno◆ También tengo dos orejas◆ dos brazos◆
DOCTORA. No es lo mismo dos brazos que dos corazones◆ ◆Y la sangre le circula bien◆
PACIENTE. Yo creo que sí◆ normal◆
DOCTORA. Pues a usted las emociones fuertes desde luego no le vienen bien◆
PACIENTE. Mi madre decía◆ ◆Este hijo es todo corazón◆◆ ◆Y para el sufrimiento de amor entonces me podría dar algo◆
DOCTORA. Desde luego◆ en ese terreno usted las debe pasar moradas◆
PACIENTE. Azules◆
DOCTORA. Bueno◆ eso nos pasa a mucha gente◆ no crea que a usted solo◆ Es el problema de este siglo◆ la soledad◆
PACIENTE. ◆Está usted también separada◆ doctora◆
DOCTORA. No◆ viuda◆ que es peor◆ Una parada cardíaca◆ Si hubiera tenido dos corazones◆ como usted◆
PACIENTE. Pues lo siento mucho◆ La acompaño a usted en el sentimiento◆
DOCTORA. Fue hace muchos años ya◆ Y se acostumbra una a todo◆ A todo◆ menos a la soledad◆
PACIENTE. Y después de eso◆ ◆usted ya no◆◆
DOCTORA. Que me he encontrado siempre con hombres que no tenían corazón◆ O al menos eso me parecía a mí◆
PACIENTE. Pues yo ya ve que de eso tengo mucho◆ Lo digo por si podía invitarla a un café◆
DOCTORA. Con mucho gusto◆ Termino a las seis◆ Si usted quiere◆
PACIENTE. Pues la vengo a buscar a las seis◆ encantado◆
DOCTORA. Se está usted poniendo azul◆
PACIENTE. Ya se lo dije◆ En cuanto me gusta mucho alguien◆ Pues usted se está poniendo roja◆
DOCTORA. Sí◆ desde pequeña me pasa◆ es que soy muy tímida◆
PACIENTE. Azul y rojo◆ ◆qué bonito◆ no◆ ◆Entonces a las seis◆
DOCTORA. A las seis◆

◆*El azul y el rojo de* PACIENTE *y* DOCTORA *inundan las paredes de la consulta*◆◆

J. L. ALONSO DE SANTOS, *Cuadros de amor y humor, al fresco* 2006 (adaptación)

¿Qué es lo que más tiene tu padre?

A

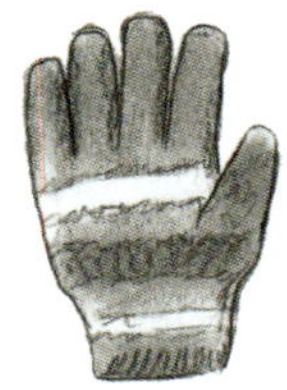

Repaso

Practica

5. Copia y puntúa el siguiente texto corrigiendo las faltas de ortografía que lo requieran:

curiosidades, ciencia y naturaleza de las avejas por qué las celdillas de las colmenas tienen forma de hecságono

si las celdas de los panales fuesen cuadradas obtimizarían el espacio pero los insectos necesitan un cuvículo adecuado a la anatomía que tendrán tras su metamorfosis si las celdas fueran cilíndricas serían ideales para la crianza pero se perdería mucho espacio y se enplearía más cera de la necesaria... por tanto las avejas siempre construllen sus celdas en hecságonos perfectos macsimizando la superficie útil

Muy Interesante.es

6. Infiere la sílaba que falta en los espacios en blanco del siguiente texto y corrige los errores ortográficos que presenta:

Barcelona, (Atlas).– La compa◆a tecno◆gica, pal robotics, ha presentado uno de sus ◆timos robots con apariencia humana. Este huma◆de ya se ha puesto en funcionamiento, casi como un empleado más en el aero◆to de Abu Dhabi, en Emiratos Árabes, y también en centros comer◆les de la capital catalana.

La compa◆a pal robotics, afincada desde hace diez años en Barcelona, informa de que su alto precio, unos 150 000 euros, es◆ probocando que su negocio se centre actualmente en el al◆ler, obción más eco◆mica a la espera de una produc◆ en masa que acabe a◆ratando los costes. Algo que más pronto que tarde llega◆, según los espertos, ya que se espera que ro◆ como estos se acaben con◆tiendo en una parte esencial de nuestras ◆das.

este umanoide creado este año puede sostener ◆ta diez ◆los de peso, subir y vajar escaleras o sortear qualquier obs◆culo, sentarse, reconocer pala◆, e incluso identificar a la persona que tiene delante.

«Humanoides made in Barcelona». *La Vanguardia*, 5 julio 2014, (adaptación)

¡Atrévete!

7. Señala cuál es la palabra correcta de los siguientes pares:

a) desahuciado o deshauciado
b) destellar o destellear
c) desvastación o devastación
d) diabetes o diabetis
e) digresión o disgresión

8. Infiere las letras que faltan en estas palabras y completa el poema. Después, responde:

mir◆o, m◆s, aflic◆ión, e◆pino, e◆halación, en◆ina, mag◆llaron, ◆orjador, contorsi◆n, gre◆as, ◆ermo, enca◆e, a◆udo, e◆peso

El espino

El ◆ prende a una roca
su enloquecida ◆,
y es el espíritu del ◆,
retorcido de angustia y sol.

La ◆ es bella como Júpiter,
y es un Narciso el ◆ en flor.
A él lo hicieron como a Vulcano,
el horrible dios ◆.

A él lo hicieron sin el ◆
del claro álamo temblador,
porque el alma del caminante
ni le conozca la ◆.

De las ◆ le nacen flores.
Así el verso le nació a Job.
Y como el salmo del leproso,
es de ◆ su intenso dolor.

Pero aunque llene el aire ardiente
de las siestas su ◆,
no ha sentido en su greña oscura
temblarle un nido turbador.

Me ha contado que me conoce,
que en una noche de dolor
en su ◆ millón de espinas
◆ mi corazón.

Le he abrazado como a una hermana,
cual si Agar abrazara a Job,
en un nudo que no es ternura,
porque es ◆ desesperación.

Gabriela MISTRAL (1922)

a) ¿Qué verso debería estar entre paréntesis?
b) ¿Qué verso terminaría con puntos suspensivos?

Literatura

La literatura del siglo xv: el Prerrenacimiento

De la Edad Media al Renacimiento

El siglo xv es una época de transición entre la Edad Media y el Renacimiento. A lo largo de este siglo, los viejos valores de la sociedad medieval van siendo lentamente reemplazados por una concepción más vitalista de la existencia. Así pues, el mundo dejará de ser visto como un lugar de paso en el que hay que aceptar todas las penalidades para obtener el premio de una vida eterna. Frente a ese pensamiento teocéntrico (Dios es el centro de todo), se va abriendo paso el humanismo, corriente cultural procedente de Italia que promueve una vuelta a la cultura clásica grecolatina y con ella al antropocentrismo (el hombre es el centro del Universo).

Las manifestaciones literarias aumentan considerablemente en esta época. Entre todas ellas, destacamos la poesía de **Jorge Manrique**, el **romancero** y ***La Celestina***.

La lírica culta: Jorge Manrique

En las cortes, los nobles muestran su refinamiento e ingenio componiendo un tipo de poesía recargada y repleta de juegos de palabras. Esta poesía –que se conoce como *cancioneril* porque se recogía en cancioneros– solía tratar el tema del amor, pero no expresaba sentimientos sinceros. **Jorge Manrique** fue uno de los mejores poetas cancioneriles; sin embargo, su fama no se debe a estas composiciones, sino a las ***Coplas a la muerte de su padre***, un poema escrito para expresar un sentimiento real (el dolor ante la muerte de su padre, don Rodrigo Manrique) y buscar consuelo en la escritura.

Las *Coplas a la muerte de su padre* constituyen un largo poema de cuarenta estrofas (llamadas *coplas*) que, por su temática, puede dividirse en tres partes:

- De la estrofa 1 a la 14: se presenta una reflexión general sobre la vida y la muerte. La vida en la tierra no es más que el camino para la vida auténtica, la del más allá. El poeta asegura que la vida es tan fugaz y pasa tan deprisa que no vale la pena buscar la gloria en ella, ni luchar por conseguir nada, porque todo desaparece igualmente. La muerte, por tanto, que iguala a pobres y a ricos, no debe ser vista como algo negativo.
- De la estrofa 15 a la 24: el poeta expone ejemplos de grandes personalidades del pasado y describe objetos y situaciones de la vida cortesana llenos de belleza y lujo. A continuación, se hace la misma pregunta: ¿dónde están ahora todos estos hombres famosos por sus hazañas, su belleza o su poder?, ¿qué se hizo de sus riquezas o su belleza? El poeta renuncia a dar la respuesta. El silencio indica que la muerte ha acabado con todo.

¿Sabías que...?

Jorge Manrique nació probablemente en Paredes de Nava (Palencia) en 1440. Formaba parte de una de las familias más poderosas de la nobleza castellana. Como la mayor parte de los nobles de entonces, combinó la práctica de las artes militares con el estudio de las humanidades y el cultivo de la poesía. Intervino en diversas luchas políticas y bélicas como partidario de Isabel la Católica. Murió en 1479, por las heridas recibidas en el campo de batalla.

- De la estrofa 25 a la 40: Manrique realiza un elogio de la figura de su padre (estrofas 25-33), nos ofrece un diálogo ficticio entre la Muerte y don Rodrigo (estrofas 34-39) y, finalmente, narra el momento de su muerte (estrofa 40).

Las *Coplas a la muerte de su padre* es un claro ejemplo de la literatura del siglo XV, puesto que combina temas medievales y temas renacentistas. Por un lado, la muerte está vista desde una perspectiva cristiana, como el paso necesario para acceder a la vida eterna. Las reflexiones iniciales y el diálogo entre la Muerte y don Rodrigo, en que este consiente en morir «con voluntad placentera, clara e pura», se acercan más a la visión medieval de la muerte. Por otro lado, sin embargo, Manrique da importancia al tema de la fama, es decir, vivir la vida con intensidad para dejar memoria de nuestros actos. El tratamiento de este tema anuncia ya el próximo Renacimiento.

Jorge Manrique escribe las *Coplas* con un estilo sencillo, muy alejado del estilo característico de la poesía cancioneril de la época. La estrofa utilizada recibe el nombre de **copla de pie quebrado** y está compuesta por 12 versos de 8 y 4 sílabas, con rima consonante, que siguen el siguiente esquema: 8a, 8b, 4c, 8a, 8b, 4c, 8d, 8e, 4f, 8d, 8e, 4f.

Estas son algunas de las coplas más conocidas:

I

Recuerde el alma dormida,
avive[1] el seso[2] y despierte
contemplando
cómo se pasa la vida,
cómo se viene la muerte
tan callando,
cuán presto[3] se va el placer,
cómo, después de acordado,
da dolor;
cómo, a nuestro parecer,
cualquiera tiempo pasado
fue mejor.

III

Nuestras vidas son los ríos
que van a dar en la mar,
que es el morir:
allí van los señoríos,
derechos a se acabar
y consumir;
allí los ríos caudales,
allí los otros medianos
y más chicos,
y llegados, son iguales
los que viven por sus manos
y los ricos.

XVI

¿Qué se hizo el rey don Juan?
Los infantes de Aragón
¿qué se hicieron?
¿Qué fue de tanto galán,
qué de tanta invención[4]
como trajeron?
¿Fueron sino devaneos[5],
qué fueron sino verduras
de las eras[6],
las justas y los torneos,
paramentos[7], bordaduras
y cimeras[8]?

Jorge MANRIQUE, *Coplas a la muerte de su padre* (1460-1470)

[1] avivar: activar, poner en funcionamiento.
[2] seso: cerebro.
[3] presto: rápido.
[4] invención: engaño, apariencia.
[5] devaneo: locura, delirio.
[6] verduras de las eras: es decir, no duraron más que el verde de la era.
[7] paramento: mantilla con que se adornaba al caballo en los torneos.
[8] cimera: adorno que se llevaba sobre el casco.

Practica

1. La obra comienza con una llamada de atención al alma. ¿Qué le pide el poeta?
2. En la copla III, Manrique utiliza una serie de metáforas muy expresivas. Explícalas. ¿Qué quiere expresar con ellas? ¿Qué capacidad tiene la muerte?
3. ¿A qué personajes reales alude Jorge Manrique en la estrofa XVI? ¿Qué costumbres medievales se reflejan en esta copla? ¿Cuál sería la respuesta correcta a todas las preguntas que formula el poeta?
4. Comprueba el esquema métrico de la primera estrofa.
5. Memoriza la copla que más te haya gustado y recítala en clase con la mayor expresividad posible.

Literatura

Los romances

El **romance** es un poema que consta de un número indeterminado de versos octosílabos, con rima asonante en los versos pares. Su origen se remonta a la Edad Media. Los primeros romances serían fragmentos de los cantares de gesta que se fijaban en la memoria del pueblo y se transmitían oralmente, con frecuencia a través del canto. Su transmisión oral explica que hayan llegado hasta nosotros en numerosas variantes. Todos los romances anteriores al siglo XVI forman el denominado **romancero viejo** y son anónimos, mientras que los romances posteriores componen el **romancero nuevo** y han sido escritos por autores conocidos desde entonces hasta la actualidad.

Las principales características de los romances viejos son las siguientes:

- Mezclan **narración** y **diálogo**.
- Recogen muchos **recursos propios de los cantares de gesta** (repeticiones, llamadas al auditorio...).
- A menudo, presentan una acción que ya está iniciada y dejan **abierto el desenlace**.
- Con frecuencia, se utiliza el presente histórico y también aparecen verbos de habla (*habló*, *dirá*...).

¿Qué es esto, algo importante?

PAR
PER
PIR
POR
PUR

Abenámar, Abenámar

–¡Abenámar, Abenámar,
moro de la morería,
el día que tú naciste
grandes señales había!
Estaba la mar en calma,
la luna estaba crecida;
moro que en tal signo nace,
no debe decir mentira.
–No te la diré, señor,
aunque me cueste la vida,
porque soy hijo de un moro
y una cristiana cautiva,
siendo yo niño y muchacho
mi madre me lo decía:
que mentira no dijese,
que era grande villanía;
por tanto, pregunta, rey,
que la verdad te diría.
–Yo te agradezco, Abenámar,
aquesta tu cortesía.
¿Qué castillos son aquellos?
¡Altos son y relucían!
–El Alhambra era, señor,
y la otra la mezquita;
los otros los Alixares,
labrados a maravilla.
El moro que los labraba
cien doblas[1] ganaba al día,
y el día que no los labra
otras tantas se perdía;
desque los tuvo labrados
el rey le quitó la vida
porque no labre otros tales
al rey del Andalucía.
El otro es Torres Bermejas,
castillo de gran valía;
el otro Generalife,
huerta que par no tenía.
Allí hablara el rey don Juan,
bien oiréis lo que decía:
–Si tú quisieras, Granada,
contigo me casaría;
darete en arras[2] y dote
a Córdoba y a Sevilla.
–Casada soy, rey don Juan,
casada soy, que no viuda;
el moro que a mí me tiene
muy grande bien me quería.

Practica

6. Lee el romance y comprueba el esquema métrico.

7. ¿Qué nos cuenta este romance?

8. ¿El poema está compuesto por un diálogo. ¿Quiénes hablan? ¿Quién es el último personaje que interviene? ¿Qué dice?

[1] dobla: moneda de oro.

[2] arras: conjunto de monedas que, en el matrimonio religioso, sirven de símbolo de entrega

Por su temática, los romances pueden clasificarse en tres grandes grupos:

- **Épicos:** tratan los mismos temas que los cantares de gesta. Muchos de ellos recogen las hazañas del Cid, así como de otros héroes de cantares de gesta perdidos: Fernán González, los siete infantes de Lara...
- **Históricos:** son romances compuestos a raíz de algún hecho histórico. Dentro de este grupo, destacan los romances fronterizos, que recogen acontecimientos vividos en las últimas guerras contra los moros.
- **Líricos y novelescos:** tratan temas sentimentales, amorosos o caballerescos.

Practica

9. ¿Dentro de qué grupo temático podrías clasificar el romance anterior?

La Celestina

La Celestina es una de las obras cumbre de la literatura española. Fue publicada en 1499, aunque su versión definitiva, que añadía cinco capítulos o «autos» a los 16 iniciales, apareció tres años más tarde. Se trata de una novela escrita totalmente en forma dialogada, lo cual permite que pueda ser representada teatralmente. *La Celestina* se publicó como obra anónima, pero hoy nadie duda de la autoría de **Fernando de Rojas**.

La obra desarrolla una historia de amor apasionado. Comienza cuando Calisto, un joven noble, expresa a Melibea, igualmente joven y noble, su loco amor por ella. Melibea lo rechaza. Calisto, desesperado, expone su problema a sus criados, quienes le aconsejan recurrir a las artes de una intermediaria, Celestina, una vieja alcahueta y hechicera. Celestina, gracias a la magia y a su poder de persuasión, consigue que Melibea se entregue totalmente a Calisto. Mientras tanto, los criados de Calisto, que esperaban sacar provecho económico de la locura de su amo, discuten con Celestina por un collar de oro que el joven había regalado a Celestina en señal de agradecimiento, y la matan. Los criados caen en manos de la justicia y son inmediatamente ejecutados. Ajenos a cuanto ocurre a su alrededor, Calisto y Melibea siguen gozando de su amor. Elicia y Areúsa, amantes de los criados de Calisto y prostitutas al servicio de Celestina, deciden vengarse. Contratan a un hombre para que mate a Calisto. Una noche, estando Calisto con su amada en el huerto de la joven, se oyen gritos de otro de sus criados que, en la calle, está luchando contra los hombres contratados por Elicia y Areúsa. Calisto acude en su ayuda, pero, al descender el muro del huerto, resbala, cae al vacío y muere. Melibea, al ver a su amado muerto, sube a una torre, confiesa a su padre lo ocurrido y se suicida.

Uno de los grandes atractivos de la obra es la mezcla entre personajes de alta condición social y personajes de los estratos más desfavorecidos. Por primera vez, prostitutas y criados adquieren protagonismo. Los valores medievales (amor, religiosidad, fidelidad, honra...) han desaparecido y son sustituidos por los nuevos **valores modernos** (individualismo, placer, dinero...), aunque estos se convierten en una trampa que conduce a los personajes a la tragedia.

¿Sabías que...?

Fernando de Rojas, autor de *La Celestina*, nació en La Puebla de Montalbán (Toledo) hacia 1475, en el seno de una familia de judíos conversos. Estudió Derecho en Salamanca. Fue alcalde mayor de Talavera de la Reina, donde se casó. Su testamento ha permitido saber que poseía una notable biblioteca con numerosos libros españoles y latinos.

Los personajes de *La Celestina* son **realistas**. Calisto es un ser dominado por una pasión amorosa excesiva que lo lleva a perder el control de su vida, al ponerse en manos de sus criados. Melibea es una víctima de las artes de Celestina, pero cuando el amor la atrapa, es más apasionada y decidida que Calisto. Celestina es el personaje más destacado de la obra. Esta vieja prostituta y hechicera posee una experiencia y una sabiduría que le permiten controlar psicológicamente al resto de los personajes. Al igual que los criados y las prostitutas, su único objetivo es obtener dinero y placeres.

La intención de la obra es claramente **moralizadora**. Los protagonistas terminan recibiendo el castigo que su indigna conducta merece. Al mismo tiempo, Fernando de Rojas nos brinda un retrato pesimista de una sociedad egoísta en la que prevalece el culto al dinero y a los placeres, y en la que los distintos grupos sociales viven enfrentados entre sí.

¿Qué ha hecho con la propina?

Practica

10. Lee el siguiente fragmento que pertenece al final de *La Celestina* y resume lo que pasa. Después, realiza las actividades que se proponen a continuación.

Melibea está cantando en su huerto, mientras espera la llegada de Calisto.

CALISTO. Vencido me tiene el dulzor de tu suave canto; no puedo más sufrir tu penado esperar. ¡Oh mi señora y mi bien todo! ¿Cuál mujer podía haber nacida que desprivase tu gran merecimiento? ¡Oh salteada melodía! ¡Oh gozoso rato! ¡Oh corazón mío! ¿Y cómo no pudiste más tiempo sufrir sin interrumpir tu gozo y cumplir el deseo de entrambos?

MELIBEA. ¡Oh sabrosa traición! ¡Oh dulce sobresalto! ¿Es mi señor de mi alma? ¿Es él? No lo puedo creer. ¿Dónde estabas, luciente sol? ¿Dónde me tenías tu claridad escondida? ¿Hacía rato que escuchabas? ¿Por qué me dejaste echar palabras sin seso al aire, con mi ronca voz de cisne? Todo se goza este huerto con tu venida. Mira la luna, cuán clara se nos muestra; mira las nubes, cómo huyen; oye la corriente agua de esta fontecica, ¡cuánto más suave murmullo y ruido lleva por entre las frescas hierbas! Escucha los altos cipreses, ¡cómo se dan paz unos ramos con otros, por intercesión de un templadico viento que los menea! Mira sus quietas sombras, ¡cuán oscuras están, y aparejadas para encubrir nuestro deleite!

CALISTO. Pues, señora y gloria mía, si mi vida quieres, no cese tu suave canto. No sea de peor condición mi presencia, con que te alegras, que mi ausencia, que te fatiga.

SOSIA. ¿Así, bellacos, rufianes, veníades a asombrar a los que no os temen? Pues yo os juro que si esperades, que yo os hiciera ir como merecíades.

CALISTO. Señora, Sosia es aquel que da voces. Déjame ir a verlo, no lo maten, que no está sino un pajecico con él. Dame presto mi capa, que está debajo de ti.

MELIBEA. ¡Oh triste de mi ventura! No vayas allá sin tus corazas; tórnate a armar.

CALISTO. Señora, lo que no hace espada y capa y corazón, no lo hacen coraza y capacete y cobardía.

SOSIA. ¿Aún tornáis? Esperadme; quizá venís por lana.

CALISTO. Déjame, por Dios, señora, que puesta está la escala.

MELIBEA. ¡Oh, desdichada soy! ¡Y cómo vas, tan recio y con tanta prisa y desarmado, a meterte entre quien no conoces! Lucrecia, ven presto acá, que es ido Calisto a un ruido. Echémosle sus corazas por la pared, que se quedan acá.

TRISTÁN. Tente, señor, no bajes, que idos son; que no era sino Traso el cojo y otros bellacos, que pasaban voceando. Que ya se torna Sosia. Tente, tente, señor, con las manos a la escala.

CALISTO. ¡Oh, válgame Santa María! ¡Muerto soy! ¡Confesión!

Fernando DE ROJAS, *La Celestina*, 1499 (adaptación)

Practica

11. ¿Qué elementos de la naturaleza describe Melibea? ¿Presentan algún detalle que pueda presagiar la tragedia que se avecina?

12. ¿Con qué adjetivos calificarías la muerte de Calisto? ¿Te parece que es la muerte propia de un héroe? Justifica tu respuesta.

El siguiente fragmento corresponde a una obra que ya conoces: el *Libro de Buen Amor*. Se trata de uno de los consejos que da don Amor al Arcipreste.

Procura cuanto puedas que la tu mensajera
sea razonadora sutil y lisonjera,
sepa mentir con gracia y seguir la carrera
pues más hierve la olla bajo la tapadera.
Toma vieja que tenga oficio de herbolera
que va de casa en casa sirviendo de partera
con polvos, con afeites y con su alcoholera
mal de ojo hará a la moza, causará su ceguera.

Juan Ruiz, Arcipreste de Hita,
Libro de Buen Amor (1330-1343)

¡Atrévete!

La Celestina comparte características propias de obras clásicas anteriores y posteriores a ella. ¿Serías capaz de reconocerlas?

13. ¿Qué tipo de ayuda, según don Amor, necesita el arcipreste para conseguir a su amada? ¿Quién aconseja lo mismo a Calisto en *La Celestina*? ¿A qué personaje de *La Celestina* se parece el personaje aquí descrito?

14. ¿A qué se refiere don Amor cuando dice que un mal de ojo causará la ceguera de la moza? ¿Ocurre también lo mismo en *La Celestina?*.

El segundo fragmento elegido pertenece a una obra posterior, *Romeo y Julieta*, de William Shakesperare.

Julieta. ¿Cómo has llegado aquí, dime, y para qué? Las tapias del jardín son altas y difíciles de trepar, y este lugar es mortal, considerando quién eres, si alguno de mis parientes te encuentra aquí.

Romeo. Con las ligeras alas del amor sobrepasé estos muros, pues las lindes de piedra no pueden sujetar fuera al amor, y, lo que pueda hacer el amor, se atreverá a intentarlo el amor: de modo que tus parientes no puedan detenerme.

William Shakespeare, *Romeo y Julieta*, 1597 (traducción)

15. ¿Qué relación ves entre este fragmento y el que has leído anteriormente de *La Celestina*?

16. Busca información sobre cómo termina la trágica historia de *Romeo y Julieta* y resume el final.

El trágico final de *Romeo y Julieta* es uno de los más conocidos de la literatura.

Competencias básicas

Prueba

Lee el texto siguiente y responde las preguntas que se formulan a continuación.

Muerte de Venecia

Cada día, desde la ventana de su taller de restauración de muebles antiguos, Bruno Rizzato escucha a los gondoleros repetir una y otra vez que en el palacio de enfrente vivió Wolfgang Amadeus Mozart durante el carnaval de 1771, cuando solo tenía 15 años. Los turistas asienten y disparan sus cámaras fotográficas ante una placa de mármol blanco que, desde 1971, recuerda al «muchacho salzburgués» que convirtió la música en «purísima poesía».

–Pues es mentira. Se trata de un falso histórico. En realidad, fue aquí donde vivió Mozart. Si no me cree, vaya al conservatorio. Allí se guardan aún las cartas que su padre le escribió a esta dirección. Pero las autoridades, tal vez porque se equivocaron o quizás porque aquel edificio es más bonito, colocaron allí enfrente la placa con motivo del bicentenario. El caso es que los periódicos publicaron el error, pero, como es natural tratándose de Italia, allí se quedó la placa y aquí sigo yo, escuchando cada día, una y otra vez, la mentira repetida en todos los idiomas. Otra más de las mentiras en las que se ha convertido Venecia.

Bruno Rizzato es el último de una estirpe de restauradores venecianos que se remonta a 1880. Se sabe una especie en extinción. No tanto por su oficio de restaurador de antigüedades, sino por su linaje veneciano. «La explotación salvaje del turismo de masas», sostiene, «le ha robado el alma a la ciudad. En la zona de Rialto, hace veinte o treinta años, vivían venecianos que vendían a otros venecianos el pan, la verdura, el pescado, y talleres donde se ofrecía artesanía auténtica a viajeros que sabían lo que compraban y lo que debían pagar por ello. Todos aquellos negocios fueron cerrando y en su lugar abrieron tiendas de bisutería para el turismo. Venecia se ha convertido en un parque temático donde, al precio de un euro, unos chinos venden a otros chinos máscaras venecianas fabricadas en China».

Los nuevos dueños de la ciudad, un ruidoso ejército formado por 24 millones de turistas al año, marchan de la mañana a la tarde desde el puente de Rialto a la plaza de San Marcos agrupados detrás de un banderín, con el tiempo imprescindible para tomar unas cuantas fotografías, comprar una máscara auténticamente falsa y regresar deprisa y corriendo a la nave o al autobús que los aguarda al otro lado del resbaladizo puente de Calatrava.

Los venecianos sitúan el principio de su propio fin en las inundaciones del 4 de noviembre de 1966. Unas 160 000 viviendas –situadas en las primeras plantas de palacios centenarios– fueron consideradas inhabitables. Muchos de los que se tuvieron que marchar de Venecia lo hicieron pensando que era de forma temporal. La mayoría nunca regresó. Desde entonces hasta ahora, Venecia ha perdido a la mitad de sus habitantes, pero nadie culpa del éxodo al *acqua alta* –las mareas que siguen anegando las partes bajas de la ciudad decenas de veces al año–, sino a la desidia de quienes, desde los despachos oficiales, tendrían que haber velado por que los venecianos regresasen para que la ciudad no perdiese su identidad.

–¿Usted cree que Venecia puede morir?

–Venecia ya está muerta.

Pablo Ordaz, *El País Semanal*, 4 agosto 2014 (adaptación)

1 **Bruno Rizzato considera que Venecia ha muerto porque...**

- ☐ *a*) ... se miente a los turistas.
- ☐ *b*) ... la ciudad ha perdido su alma.
- ☐ *c*) ... las inundaciones de 1966 hicieron totalmente inhabitable la ciudad.
- ☐ *d*) ... tiene más de 400 puentes y algunos de ellos son resbaladizos.

2 **Señala las dos oraciones que contienen una perífrasis verbal.**

- ☐ *a*) Hace veinte o treinta años vivían venecianos que vendían a otros venecianos el pan.
- ☐ *b*) Sabían lo que debían pagar por ello.
- ☐ *c*) Muchos de los que se tuvieron que marchar de Venecia pensaron que era de forma temporal.
- ☐ *d*) Le ha robado el alma.

3 **El texto anterior es:**

- ☐ *a*) Una novela.
- ☐ *b*) Una noticia.
- ☐ *c*) Un reportaje.
- ☐ *d*) Un discurso.

4 **El enunciado «La explotación salvaje del turismo de masas» (líneas 26-27) está entrecomillado porque...**

- ☐ *a*) ... reproduce textualmente palabras de Bruno Rizzato.
- ☐ *b*) ... es una especie de apodo que se le da a Venecia.
- ☐ *c*) ... el autor quiere darle más relevancia a la expresión.
- ☐ *d*) ... es el título de un libro sobre Venecia.

5 **Indica si las siguientes afirmaciones son verdaderas (V) o falsas (F):**

- ☐ *a*) Bruno Rizzato es gondolero.
- ☐ *b*) El número de turistas en Venecia se va reduciendo de forma alarmante.
- ☐ *c*) El padre de Bruno Rizzato se dedicaba a restaurar muebles antiguos.
- ☐ *d*) Mozart nunca vivió en Venecia.

6 **Señala el sinónimo de *desidia* (línea 57):**

- ☐ *a*) perversidad
- ☐ *b*) inexperiencia
- ☐ *c*) desgana
- ☐ *d*) ignorancia

7 **Relaciona estos verbos con la forma verbal adecuada: *escucha*, *vivió*, *tenía*, *vaya*.**

- ☐ *a*) presente de indicativo
- ☐ *b*) presente de subjuntivo
- ☐ *c*) pretérito perfecto de indicativo
- ☐ *d*) pretérito imperfecto de indicativo

8 **Indica el atributo de estas oraciones:**

- ☐ *a*) Pues es mentira.
- ☐ *b*) Aquel edificio es más bonito.
- ☐ *c*) El caso es que los periódicos publicaron el error.
- ☐ *d*) Venecia ya está muerta.

9 **Señala cuál de los sintagmas que aparecen subrayados es un complemento predicativo.**

- ☐ *a*) Se trata <u>de un falso histórico</u>.
- ☐ *b*) En realidad, fue <u>aquí</u> donde vivió Mozart.
- ☐ *c*) Sus nuevos dueños marchan <u>agrupados</u> detrás de un banderín.
- ☐ *d*) El autobús les aguarda al otro lado del <u>resbaladizo</u> puente de Calatrava.

10 **La oración «Venecia ya está muerta.» (línea 62) lleva delante...**

- ☐ *a*) ... un guion que señala una palabra compuesta.
- ☐ *b*) ... un guion porque el autor quiere destacar esas palabras.
- ☐ *c*) ... una raya porque introduce palabras de un diálogo.
- ☐ *d*) ... una raya porque ofrece un comentario aclaratorio.

Redacción

Escribe un texto de unas cien palabras que exprese tu opinión sobre el impacto del turismo en lugares como Venecia.

Juego literario

La narración de una anécdota

¿De dónde le surge a un escritor la idea de escribir una novela, un cuento o un poema? No es fácil responder a esta pregunta. Puede haber tantos motivos como obras. Gabriel García Márquez escribió *Cien años de soledad* a raíz de un viaje que el escritor realizó hasta su pueblo, en compañía de su madre, para vender la casa de sus abuelos. La inspiración de Antonio de Alarcón para escribir *El sombrero de tres picos* nació de un viejo romance popular que había oído desde niño. En general, podemos decir que el origen de todas las historias se encuentra en las vivencias del autor. A veces, la anécdota más sencilla ha dado lugar a grandes obras literarias.

Sugerencias

1. Antes de empezar a escribir, realiza un esquema de tu narración.
2. Redacta la historia explicando los hechos por orden cronológico.
3. Poned en común vuestras narraciones y comprobad si hay una gran variedad de opciones o si, por el contrario, todos habéis imaginado una historia similar.
4. Elegid entre todos la narración más original.

1. Imagina que un día escuchas la siguiente conversación por casualidad. Escribe un relato a partir de lo que te sugiere el diálogo.

UN CHICO. ¿Pero cómo se te ocurrió meterte en esa casa?

UNA CHICA. ¡Yo qué sé! ¿Cómo iba yo a imaginar lo que había allí dentro? Solo quería devolverles el paquete que encontré en la calle... Pensé que estaba haciendo una buena obra.

UN CHICO. Si me hubieras hecho caso... Yo ya te dije que lo mejor era abrir la caja. Si contenía algo valioso, nos lo quedábamos, y si era una chorrada, pues se tira y todo solucionado.

UNA CHICA. Mira majo. Yo no soy así. Si encuentro un paquete que no es mío y lleva dirección, me parece que lo normal...

UN CHICO. Bueno, cálmate. Ya pasó todo. Por poco no lo cuentas, pero lo importante es que estás viva y que ya no pueden hacerte nada.

Para concluir, formula tú ahora dos preguntas para cada apartado como las que se planteaban al inicio de la unidad.

Explora la unidad y responde.

4

Ortografía

¿Qué letras escribimos en mayúscula en un título?

¿Consideras correcto escribir un texto totalmente en mayúsculas?

Lectura inicial

¿Has soñado alguna vez con poder volar?

¿Cómo se representaría un vuelo humano en un escenario?

Conocimiento de la lengua

¿En qué se diferencia un verbo transitivo de uno intransitivo?

¿Qué clase de complementos pueden acompañar a un verbo predicativo?

Literatura

¿Cuál era la imagen del ser humano en el Renacimiento?

¿Qué temas aparecen en la poesía renacentista?

Fábrica de textos

¿Qué características debe cumplir un buen actor de teatro?

¿Qué diferencia hay entre escena y escenario?

¿Qué pensaríamos de alguien que intenta volar? ¿Lo ayudaríamos? Esta es la situación que vive Crispín en el siguiente texto, cuando tiene que servir a su amo, que sueña con volar. Antes de leer el fragmento, recuerda que una farsa es una obra de teatro breve, cómica y satírica que destaca los aspectos grotescos y ridículos de ciertos comportamientos humanos.

Farsa del hombre que voló

(Entra Crispín. Crispín *es pequeño y se mueve con nerviosa agilidad. Es, además, inocente e ingenioso y tiene, sobre todo, buen corazón.)*

Crispín. Yo soy Crispín, mi oficio es criado. Sirvo a un buen amo que es un sabio, solo le gusta volar. Bueno, intenta volar, porque lo que se dice volar, volar, aún no lo ha conseguido, aunque él dice que pronto lo hará. Ah, ahí viene.

(Entra el Vejete. *Lleva unas enormes alas unidas a sus brazos. Los muchos años, la mucha sabiduría y unos buenos gramos de locura son su otro bagaje.)*

Vejete. ¡Hermoso día! ¿Está preparada la banqueta de despegue?

Crispín. Sí, amo. ¿Es hoy el día que va a volar?

Vejete. Sí, Crispín. Hoy lo conseguiré.

Crispín. Bien, amo. Bien. Por fin. Vamos, señor. ¡Upa! ¡Upa! ¡Más fuerte! ¡Arriba, señor! ¡Arriba! ¡Upa!

(Anima Crispín. *Aletea el* Vejete *sobre la banqueta. Cada vez con mayor ilusión. Hasta que, por fin, ¡salta!)*

Crispín. Qué pena. Cómo lo siento, señor. Le ha faltado un poco de fuerza. ¿O tal vez de velocidad?

Vejete. ¿Cuánto ha sido?

Crispín. Cuatro pies.

Vejete. Una miseria. Teniendo en cuenta que cualquier mozo salta con toda facilidad quince pies, esto es una miseria.

Crispín. Ya, pero eso son quince pies de un salto, y esto cuatro de un vuelo. Son diferentes.

Vejete. Sí y no. El hombre en el aire, el hombre volando sea como sea, eso es lo que me importa. Me estoy haciendo demasiado viejo. Mis brazos se cansan muy pronto y mis ojos ven con dificultad. Toda la vida, Crispín, intentando volar. Aquí está el resultado de tantos años de trabajo, ¡cuatro pies![1]

Crispín. Algo es algo.

Vejete. Sí. Ya veremos mañana.

(Y sale pensativo.)

Crispín. Los pájaros vuelan. Los gorriatos que son tontos lo hacen con toda facilidad. Los pájaros vuelan, pero ¿las vacas? Las vacas no vuelan, ni los caballos, ni los perros, ni... ni los hombres. Entonces, ¿por qué se le habrá metido al amo en la cabeza querer hacer lo que no se puede? ¿Por qué?

(Entra de nuevo el Vejete. *Sube a la banqueta. Aletea. Anima* Crispín. *Salta, y... nada. Cuando se va, decepcionado por su nuevo fracaso, se da un fuerte golpe en la cabeza con..., con lo que se tercie, camino de la salida. Sale)*

Crispín. Los días van pasando y el pobre amo ya no ve nada, está ciego. Se ha quedado ciego. Y aunque quiero quitarle esa idea de volar, es imposible, se le ha metido aquí entre las cejas y eso es muy malo. Y es lo que yo digo, ¿para qué quiere volar si no ve? Porque lo bonito de volar será ver las cosas desde el cielo, pero estando ciego para qué andar volando por ahí.

(Piensa. Una idea. Salta de alegría. Crispín *construye-aparece con una extraña máquina. Maderas, cuerdas, poleas... Entra el* Vejete *dispuesto para su vuelo.* Crispín *lo pone bajo el artefacto y, sin que lo note, le coloca unos ganchos en la espalda.)*

Vejete. ¿Preparado, Crispín?

Crispín. Señor, quisiera decirle que le he visto progresar mucho en sus vuelos. En cualquier momento saldrá volando por los aires, como lo hacen las águilas, por eso y para que no tenga ningún percance por su estado debe, señor, dejarse guiar por mi voz.

Vejete. De acuerdo, Crispín, tú serás mi lazarillo[2] en la tierra y yo seguiré tus órdenes desde el cielo.

Crispín. Señor, si se eleva, no debe volar sobre el pueblo.

Vejete. ¿Por qué no? A ellos les gustará verme volar.

Crispín. A algunos, pero otros como el capitán, nada más veros, pensará que sois un espía enemigo y os disparará. El alcalde os lanzará a los escopeteros municipales. El cura verá encarnado en vos al demonio, y lo mínimo serán un par de excomuniones. Y por último, los niños os demostrarán su puntería con los tirachinas.

Vejete. Me estás sorprendiendo, Crispín, nunca pensé que fueras tan prudente. Está bien, volaré solo siguiendo el camino de tu voz y no iré hacia el pueblo.

(Aleteo. A medida que aumenta la velocidad, Crispín *tira de las cuerdas y el cuerpo del* Vejete *va subiendo hasta ponerse horizontal[3].)*

Vejete. ¡Crispín! ¡Crispín! Me elevo.

Crispín. Siga, señor, siga. Voy corriendo a su lado.

Vejete. ¡Me elevo! ¡Estoy volando! ¡Sí! ¡Sí! ¡Sí!

*(*Crispín *camufla la voz para que parezca lejana, mientras el* Vejete *grita a pleno pulmón.)*

Crispín. Señor, ¿me oye?

Vejete. Sí, Crispín. Esto es maravilloso. ¿Estoy muy alto?

Crispín. Por encima de los álamos[4]. Gire un poco a la izquierda.

Vejete. Crispín, buen criado, gracias, gracias y perdóname porque voy a subir más.

Crispín. ¿Qué? No. Más no. No. Vuelva. Vue...

Vejete. Adiós, Crispín. Regresaré pronto. Vuelo. Oh, placer. Esto es todo. Oh, sensación de flotar en la nada.

*(*Crispín, *decidido a hacerle bajar de su sueño –sin despertarle–, imita el canto de los pájaros, le salpica con agua y hasta le arrima fuego, para ver si la creencia de altura le anima a dar la vuelta).*

Vejete. Pájaros. No os extrañéis, soy como uno de vosotros. Agua. Qué extraño. ¡Ah! Estoy atravesando las nubes. Más arriba. Por encima. ¡Qué calor! Es el Sol. El Sol no me da miedo, mis alas no son como las de Ícaro. ¡Arriba!

*(*Crispín, *arriesgando, distorsiona la voz, a ver si lo consigue...)*

Crispín. Tú, mortal, ¿qué haces?

Vejete. ¿Eh? ¿Quién me habla?

Crispín. Yo. ¿Es que no me ves?

Vejete. No, soy ciego, señor. ¿Sois san Pedro?

Crispín. No. Soy el ángel de la guardia que vigila los estados celestes.

Vejete. No quiero molestar.

Crispín. No se preocupe, siga tranquilamente hacia abajo, pronto oirá la voz de su criado indicándole el camino.

Vejete. Gracias. No olvide saludar de mi parte a san Hisopio.

Crispín. Buen viaje, señor.

Alfonso Zurro, *Farsas maravillosas,* 2000 (adaptación)

Infiere

Indica el número de la palabra del texto que corresponda a cada uno de estos significados.

- ☐ Medida de longitud utilizada en varios países.
- ☐ Árboles que se elevan a considerable altura.
- ☐ Persona que guía y acompaña a una persona ciega.
- ☐ Que va de derecha a izquierda o de izquierda a derecha.

Comprensión y expresión

Resume

1. Explica brevemente en qué consiste el engaño que trama Crispín.

Encuentra

2. Enumera los motivos por los que, según Crispín, Vejete no puede volar sobre el pueblo.

Deduce

3. Indica si los siguientes enunciados pueden deducirse o no de la lectura:

   a) Vejete sueña con volar desde que era niño.
   b) Vejete queda ciego por culpa de la vejez.
   c) Crispín comprende el afán de Vejete por volar cuando su amo queda ciego.
   d) Vejete finalmente es capaz de volar.
   e) Crispín se siente engañado por Vejete porque este al final vuela demasiado alto.

Añade

4. Anota adjetivos que describan el carácter y la actitud de Crispín. Vejete lo considera prudente, ¿estás de acuerdo?

Localiza

5. Anota dos intervenciones de Crispín que puedan considerarse un soliloquio, es decir, que se pronuncien en voz alta sin la presencia de Vejete.

Concreta

6. Indica si conocemos los siguientes aspectos del texto por acotaciones o por los soliloquios de Crispín:

   a) Crispín es el criado de Vejete.
   b) Vejete lleva unas grandes alas.
   c) Vejete tiene unos gramos de locura.
   d) Vejete se queda ciego.
   e) Vejete está obsesionado con volar y no hay forma de disuadirlo.

Opina

7. Preparad un breve debate sobre el comportamiento de Crispín, valorando si actúa correctamente o no. Buscad otros ejemplos de personas que hayan faltado a la verdad para ayudar a otros.

Interpreta

8. Elige uno de los soliloquios que has anotado en el ejercicio 5 y recítalo ante la clase. Selecciona el que más te guste.

Conocimiento de la lengua

Los complementos directo, indirecto y agente

En la unidad anterior, has estudiado el atributo y el complemento predicativo. Ahora vas a conocer el complemento directo, el complemento indirecto y el complemento agente.

El complemento directo

El **complemento directo** (CD) es el complemento del predicado sobre el que recae la acción expresada por el verbo. Esta función sintáctica es imprescindible cuando el núcleo de la oración es un **verbo transitivo**, puesto que este requiere su presencia.

Los jóvenes ***compran*** *unas entradas para el teatro.*

N N CD

SN sujeto SV predicado

La acción del verbo recae sobre *unas entradas para el teatro*, que es la cosa comprada. Por tanto, este complemento resulta necesario para que la oración tenga sentido.

¡!

Los verbos pueden ser:

- **Transitivos**: requieren de un complemento sobre el que recaiga la acción del verbo para formar un SV predicado.
- **Intransitivos**: forman por sí solos un SV predicado y no necesitan obligatoriamente ningún complemento.

El complemento directo puede ser:

- Un sintagma nominal (SN):
  Arancha y yo ***contemplamos*** *la magnífica obra.*
  N SN (CD)

- Un sintagma preposicional (SPrep), cuando se trata de personas. Va acompañado de la preposición *a*.
  Ángel y Pedro ***visitaron*** *a María.*
  N SPrep (CD)

Para reconocer el complemento directo, podemos:

- Sustituirlo por los pronombres personales átonos *la*, *las*, *lo*, *los*.
  Julián ***colgó*** *un póster.* → *Lo* ***colgó***.
  El equipo ***vendió*** *sus chaquetas.* → *Las* ***vendió***.
- Transformar la oración a pasiva y comprobar si el CD pasa a ser el sujeto paciente de esta:
  El perro ***esconde*** *un hueso.* (oración activa)
  CD
  Un hueso ***es escondido*** *por el perro.* (oración en voz pasiva)
  Sujeto paciente

Practica

1. Identifica el complemento directo (CD) de las siguientes oraciones.

Ejemplo:
Ellos toman el sol.
el sol = CD

a) Este peluquero peina muy bien a las señoras mayores.
b) Nos dieron la excelente noticia por teléfono.
c) Mi madre clasificó su colección de películas por géneros.
d) ¿Me prestas tu cazadora para esta noche?
e) Ana sabe las tablas de multiplicar.
f) El guardia multó al mal conductor.
g) El profesor felicitó a Pilar por sus brillantes notas.
h) Compré un libro sobre poesía a Juan.

2. Comprueba si has hecho bien el ejercicio anterior sustituyendo los complementos directos (CD) por los pronombres correspondientes.

Ejemplo:
Ellos toman el sol. → *Ellos lo toman.*
el sol = CD; *lo* = CD

¡! El CD también se puede sustituir por el pronombre *le*, pero solo cuando este hace referencia a una persona de sexo masculino en singular:

Vi a Marcos en el gimnasio. → *Le vi en el gimnasio.*

Este fenómeno es conocido como **leísmo**.

El complemento indirecto

El **complemento indirecto** (CI) designa el destinatario de la acción verbal. Puede ser:

- Un sintagma preposicional (SPrep) introducido por la preposición *a*.

  *Sonia **compra** una mascota a su hermano.*
  compra = N; *una mascota* = SN (CD); *a su hermano* = SPrep (CI)

- Un sintagma nominal (SN):

  *Nuestro primo nos **dio** todos sus cómics.*
  nos = SN (CI); *dio* = N; *todos sus cómics* = SN (CD)

En la primera oración, la acción de comprar recae sobre la mascota, pero la acción va dirigida a su hermano, quien va a recibir el provecho de la compra de la mascota.

En la segunda oración, la acción de dar recae sobre los cómics, pero esta acción fue en provecho de nosotros, que fuimos quienes recibimos los cómics.

No siempre es necesario que aparezca el complemento directo cuando una oración requiere un complemento indirecto. En ocasiones, puede aparecer únicamente el complemento indirecto:

*Os **gusta** el teatro.*
Os = SN(CI); *gusta* = N; *Os gusta* = SV predicado
el teatro = SN; SN sujeto

En las oraciones que no tienen complemento directo pero sí indirecto, este puede aparecer duplicado en forma de pronombre:

A Rubén (SPrep (CI)) *le* (SN (CI)) **encantan** *los canelones.*

Podemos reconocer el complemento indirecto sustituyéndolo por los pronombres personales átonos *le* o *les*:

Carlos **dio** *un beso a Lucía.* → *Carlos le* **dio** *un beso.*

El juez **leyó** *la sentencia a los imputados.* → *El juez les* **leyó** *la sentencia.*

Practica

3. Ordena las palabras para formar oraciones y señala en cada una, si lo hay, el CI.

Ejemplo:
primo a vendió vecina tu nuestra bicicleta su → *Tu primo vendió su bicicleta a nuestra vecina.*

a) duele me cabeza la
b) su bombones a Marcos abuela compró
c) empleados competición una sus propuso de jefe objetivos el a
d) a pequeño leí mi cómic un hermano
e) ¡lo no imaginas te!
f) cansados niños de están los madrugar

4. Señala el CD y el CI de las siguientes oraciones y sustitúyelos por los pronombres personales átonos correspondientes:

Ejemplo:
El Museo Lázaro Galdiano exhibe una obra de Van Gogh. (CD) →
El Museo Lázaro Galdiano la exhibe. (CD)

a) El Gobierno paraliza la exportación de material militar.
b) El entrenador dio la bienvenida a los jugadores.
c) El cantante entusiasmó a su público.
d) Devolvimos a Juan su anorak.
e) La seguridad empresarial mejora la competitividad.
f) El club cerró sus puertas para siempre.

¡Atrévete!

5. Indica la función sintáctica de los pronombres personales átonos en las siguientes oraciones y di si son reflexivos o recíprocos.

Ejemplo:
Raúl se acostó pronto.
CD (reflexivo)

a) Nos miramos fijamente durante un minuto.
b) Te maquillas con las pinturas de Cristina.
c) Se puso su abrigo nuevo para ir a jugar.
d) Te despertaste muy pronto esta mañana.
e) Me corté el dedo al pelar una manzana.

¡! Es incorrecto el uso de los pronombres *la*, *las*, *lo* o *los* con función de complemento directo.

Compraré un regalo a Gala. →
* *La compraré un regalo.* (Debería ser: *Le compraré un regalo.*)

Dije una mentira a Pedro. →
**Lo dije una mentira.* (Debería ser: *Le dije una mentira.*)

Estos fenómenos son conocidos como **laísmo** y **loísmo**, respectivamente.

¿Qué cargo tienen en la junta de la asociación?

A E I O U

¡! Los pronombres personales átonos *me*, *te*, *se*, *nos* y *os* pueden realizar la función de CD o CI.

Cuando al usar estos pronombres la acción del verbo recae sobre la misma persona que la realiza, la oración es **reflexiva**.

Lucía se peina tres veces al día. (Se peina a sí misma.)

Cuando estos pronombres se utilizan para indicar que dos o más sujetos realizan la acción uno sobre el otro, la oración es **recíproca**.

Sandra y Cristina se abrazan siempre que se ven. (Sandra abraza a Cristina y Cristina abraza a Sandra.)

Practica

6. Corrige los pronombres personales átonos de tercera persona que lo requieran e indica qué función realizan.

Ejemplo: *La ha contado una historia.* → Le *porque es CI*

a) A mi profesora la enviaré mañana un correo electrónico.
b) A la niña le castigaron sin salir.
c) Las fotografías no les he impreso todavía.
d) La libreta le dejé sobre la silla de mi habitación.
e) A tus amigos no los importó irse.

El complemento agente

El **complemento agente** (CAg) es un sintagma preposicional introducido por la preposición *por* que indica quién es el autor que realiza la acción del verbo en las oraciones pasivas.

Las murallas (Suj. paciente) *fueron destruidas* (V pasivo) *por el ejército.* (CAg)

Se puede reconocer el complemento agente transformando la oración en activa; este complemento pasará a ser el **sujeto**.

El ejército (Sujeto) *destruyó* (V) *las murallas.* (CD)

El sintagma nominal con la función de sujeto, *el ejército*, funciona en la oración pasiva como complemento agente, mientras que el sujeto de la oración pasiva, *las murallas*, pasa a ser el complemento directo de la oración en voz activa.

¡! Recuerda que las oraciones transitivas pueden estar en **voz activa** (si el sujeto realiza la acción indicada por el verbo) o en **voz pasiva** (si el sujeto la recibe o padece). El sujeto de las oraciones activas se conoce como *sujeto agente*, mientras que el de las oraciones pasivas se denomina *sujeto paciente*.

Los arquitectos (SN suj. agente) *diseñaron el puente.* (SV predicado) (voz activa)

El puente (SN suj. paciente) *fue diseñado por los arquitectos.* (SV predicado) (voz pasiva)

Practica

7. Transforma las siguientes oraciones en voz activa a voz pasiva e indica cuál es el complemento agente:

Ejemplo:
María (SN suj. agente) *lee* (N) *el periódico* (SN (CD)) *todos los días.*
El periódico (SN suj. paciente) *es leído* (N) *por María* (SPrep (CAg)) *todos los días.*

a) Tu perro escondió la galleta en el jardín.
b) El frutero vende las sandías.
c) El médico visitó al enfermo en su casa.
d) Mis hijos han lavado los platos de la comida.
e) La jueza condenó al ladrón a once meses de prisión.
f) El técnico arreglará el televisor en un momento.

8. Lee atentamente el siguiente texto y resuelve:

La fama del adivino Tiresias era bien conocida **por toda Beocia**: Júpiter **le** había concedido la facultad de ver el futuro después de que Juno **lo** hubiese privado de la vista por haber revelado el secreto del mayor placer que sienten las mujeres en los lances amorosos. Él **lo** sabía bien porque, aunque era hombre de nacimiento, durante unos años había sido mujer por haber maltratado el cuerpo de dos serpientes. La gente iba a consultar**lo** porque sus respuestas siempre eran acertadas. La primera que fue a verlo fue una bella ninfa, la azulada Liríope, que tenía **un hijo precioso**, Narciso, y quería saber si este viviría muchos años.

Narraciones de mitos clásicos (2007)

a) Localiza dos verbos en voz pasiva.
b) Escribe la función sintáctica de los elementos destacados.

Fábrica de textos

El teatro

El **teatro** es un género literario destinado a ser representado por unos actores ante unos espectadores. Por ese motivo, no hay narrador, sino que la acción transcurre mediante los diálogos y las acciones de los personajes. El teatro también es conocido con el nombre de **género dramático**.

Transforma

1. Narra a tus compañeros la historia del inicio de la unidad como si fuera un cuento (doscientas palabras como máximo). Para ello, debe ser un narrador el que relate la historia y no los personajes con sus diálogos.

Características de los textos teatrales

Las obras de teatro están escritas principalmente para ser representadas, y no para ser leídas. Por ello, tienen unas características diferentes al resto de los géneros literarios:

- Se dividen en **actos** y **escenas**. Se cambia de escena cada vez que un personaje entra o sale del escenario.
  - Un acto es cada una de las partes de una obra teatral comprendidas entre descansos, o bien entre la subida y bajada del telón. Cada acto está formado por una o varias escenas.
  - Una escena se caracteriza por que en ella están presentes unos mismos personajes. Se cambia de escena cada vez que un personaje entra o sale del escenario.
- El autor utiliza **acotaciones**, que son notas que indican cómo debe ser la representación. En ellas se pueden encontrar comentarios acerca del vestuario, las luces, los cambios de escena, el comportamiento de los personajes, la situación de los actores en el escenario, etc. Suelen escribirse en cursiva y entre paréntesis.
- Los textos no son narrados, sino que son **diálogos** entre los diferentes personajes. Sin embargo, también hay ocasiones en las que un personaje realiza un **monólogo**, es decir, habla consigo mismo y muestra sus pensamientos ante el público.

Identifica

2. Localiza las acotaciones en la lectura inicial. ¿A qué aspecto de la representación hacen referencia?

¿Sabías que...?

Hasta el siglo XIX las obras de teatro se escribían en verso; de este modo, era mucho más fácil memorizarlas. Sin embargo, también en el siglo XX algunos autores recurrieron al verso para escribir sus obras de teatro, como los hermanos Machado, Eduardo Marquina... Otros escritores como, por ejemplo, Federico García Lorca mezclaron verso y prosa en sus creaciones.

Deduce

3. Lee este fragmento en el que dos personajes se encuentran en una sala de espera para hacer una entrevista de trabajo y añade las acotaciones que consideres necesarias.

ENRIQUE. Buenas tardes.
FERNANDO. Buenas tardes.
ENRIQUE. Me han dicho que la entrevista es aquí...
FERNANDO. Sí, a mí también.
ENRIQUE. ¿Usted es de la empresa...?
FERNANDO. No, no. Soy un candidato al...
ENRIQUE. Ah, yo también.
FERNANDO. Encantado.
ENRIQUE. Igualmente. ¿Has venido en coche?
FERNANDO. Sí.
ENRIQUE. Yo también. Menudo tráfico, ¿no?
FERNANDO. Como cada día.
ENRIQUE. Yo ya he hecho tres entrevistas. No sé qué más quieren saber de mí. Y tú, ¿cuántas llevas?
FERNANDO. Tres.
ENRIQUE. Como yo. ¿Un mentolín?
FERNANDO. No, gracias.

Jordi GALCERÁN, *El método Grönholm* (2003)

¿Qué venden, de rebajas, en esta tienda?

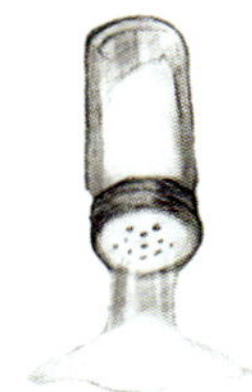

2

Describe

4. Lee el fragmento de este monólogo de A. Chejov y describe cómo te imaginas el escenario y el personaje. El protagonista es el esposo de una propietaria de una escuela de música y de un pensionado de señoritas, y está dando una conferencia en un casino de provincias.

NIUJIN. ¡Muy señoras y muy señores míos!... Habiendo sido invitada mi mujer a hacerme dar una conferencia con fines benéficos sobre un tema popular..., he de decirles que, por lo que a mí respecta, el asunto de esta me es indiferente... ¿Que hay que dar una conferencia?... Pues a dar una conferencia... No soy profesor, y estoy muy lejos de poseer la menor categoría científica; pero, sin embargo, hace ya treinta años que trabajo de un modo incesante, y hasta con perjuicio..., podría decir..., de mi propia salud, en cuestiones de un carácter puramente científico... Por tema de mi conferencia de hoy he elegido el que sigue: «Sobre el daño que el tabaco causa a la humanidad». Yo soy fumador..., pero como mi mujer me manda hablar de lo dañino del tabaco..., ¡qué remedio me queda!... ¡Si hay que hablar del tabaco..., hablaré del tabaco!... ¡A mí me da igual!... Eso sí..., les ruego, señores, que escuchen esta conferencia con la debida seriedad... Aquel a quien una conferencia científica asuste o desagrade... puede no escucharla y retirarse... Solicito también una atención especial por parte de los señores médicos..., ya que estos pueden sacar gran provecho de mi conferencia..., dado que el tabaco, a pesar de su carácter perjudicial, es empleado también en medicina. Si, por ejemplo, metiéramos una mosca en una tabaquera..., moriría, seguramente, víctima de un desequilibrio de sus nervios... Como primera orientación, puede decirse que el tabaco es una planta... Les advierto que yo, por lo general, cuando doy una conferencia, tengo la manía de guiñar el ojo derecho; pero ustedes no reparen en ello... Es un defecto de mis nervios... Soy hombre muy nervioso, y esta costumbre de guiñar un ojo la contraje el trece de septiembre de mil ochocientos ochenta y nueve: día en el que mi mujer dio a luz su cuarta hija, de nombre Varvara...

A. P. CHEJOV, *Sobre el daño que hace el tabaco*, 1886 (adaptación)

La representación

Una obra de teatro va más allá de un texto escrito, ya que implica el trabajo de muchas personas, dirigidas todas ellas por el **director teatral**. Además, hay que tener en cuenta que una representación no se puede repetir, ya que es en directo y, por lo tanto, todo debe salir bien a los ojos del espectador.

Por su parte, el **actor** no es solamente alguien que memoriza el texto, sino que un buen actor debe pronunciar correctamente, saber proyectar la voz, dominar el gesto, conocer la época en la que se sitúa la obra, tener conocimientos de literatura e, incluso, saber cantar y bailar.

Clasifica

5. Entre las siguientes profesiones, selecciona aquellas que crees que trabajan de un modo u otro en una obra de teatro. Después, defínelas con tus propias palabras.

dentista, actor, director, bombero, técnico de gas, tramoyista, maquillador, técnico de sonido, acomodador, profesor, enfermero, diseñador de vestuario, ingeniero agroalimentario, técnico de iluminación, decorador, músico, planchista

Interpreta

6. Lee este fragmento de *El florido pensil* y, con otros cuatro compañeros, realiza una lectura dramatizada. Ten en cuenta que la acción se sitúa en una escuela de Primaria española en los años cincuenta.

ESCENA II: MATEMÁTICAS

Los cinco, cada uno en su pupitre, resuelven un problema.

ARTOLA. *(Se levanta.)* Señor Maestro, ya está, la respuesta es: ningún caramelo, y Pilarín es tonta.

BRIONES. *(Se levanta, imitando al maestro.)* Dos palmetazos: ¡plas!

TODOS. ¡Ay!

BRIONES. Y ¡plas!

TODOS. ¡Ayyy!

BRIONES. Y te quedas sin salir al recreo. *(Se sienta.)*

JÁUREGUI. ¡No veas! ¡Por culpa de Pilarín, la niña esa! *(Se sienta.)*

ARTOLA. *(Al público.)* Yo repasé con los dedos por si me había equivocado. *(Cuenta.)* A ver, dos caramelos que dio a su hermanita...

TODOS. ¡Bien!

ARTOLA. ... más un caramelo que dio a su primito...

TODOS. ¡Bien!

ARTOLA. ... suman tres caramelos.

ARTOLA. ¡Sí señor!

ARTOLA. Y si tenía tres caramelos y dio tres caramelos, pues no le quedó ningún caramelo a Pilarín...

TODOS. ¡Claro!

ARTOLA. ¡Y era más tonta que Abundio!

TODOS. ¡Tiene razón!

JÁUREGUI. Hombre, si les hubiera dado uno a cada uno le habría sobrado otro para ella. Y eso es lo que hay que hacer cuando tú tienes tres caramelos, y tu hermanita y tu primito, ninguno.

ALBERDI. Sobre todo si los puñeteros se enteran y se lo dicen a tu madre.

ARTOLA. Pero el problema no dice nada de eso.

JÁUREGUI. A lo mejor es que le faltan datos.

ARTOLA. ¡Ah! ¡Ah! ¡Ah!

AGUIRRE. Igual Pilarín es diabética como mi tía y no puede tomar dulces.

ARTOLA. Pero eso no puede ser.

AGUIRRE. ¿Por qué?

ARTOLA. Porque entonces en el ejercicio tendría que poner: «Un asesino da tres caramelos a una niña diabética que se llama Pilarín».

Andrés SOPEÑA, *El florido pensil* (1994)

Transforma

7. Lee este comienzo de la novela *El hijo del acordeonista* de B. Atxaga y, con un compañero, transfórmalo en un texto teatral. Recuerda introducir acotaciones para indicar lo que consideres necesario.

Era el primer día de curso en la escuela de Obaba. La nueva maestra andaba de pupitre en pupitre con la lista de los alumnos en la mano. «¿Y tú? ¿Cómo te llamas?», preguntó al llegar junto a mí. «José –respondí–, pero todo el mundo me llama Joseba». «Muy bien». La maestra se dirigió a mi compañero de pupitre, el último que le quedaba por preguntar: «¿Y tú? ¿Qué nombre tienes?». El muchacho respondió imitando mi manera de hablar: «Yo soy David, pero todo el mundo me llama el hijo del acordeonista». Nuestros compañeros, niños y niñas de ocho o nueve años de edad, acogieron la respuesta con risitas. «¿Y eso? ¿Tu padre es acordeonista?». David asintió. «A mí me encanta la música –dijo la maestra–. Un día traeremos a tu padre a la escuela para que nos dé un pequeño concierto». Parecía muy contenta, como si acabara de recibir una noticia maravillosa. «También David sabe tocar el acordeón. Es un artista», dije yo.

La maestra puso cara de asombro: «¿De verdad?». David me dio un codazo. «Sí, es verdad –afirmé–. Además tiene el acordeón ahí mismo, en la entrada. Después de la escuela suele ir a ensayar con su padre». Me costó terminar, porque David quiso taparme la boca. «¡Sería precioso escuchar un poco de música! –exclamó la maestra–. ¿Por qué no nos ofreces una pieza? Te lo pido por favor».

David se fue a por el acordeón con cara de disgusto, como si la petición le produjera un gran pesar. Mientras, la maestra colocó una silla sobre la mesa principal del aula. «Mejor aquí arriba, para que podamos verte todos», dijo. Instantes después, David estaba, efectivamente, allí arriba, sentado en la silla y con el acordeón entre sus brazos. Todos comenzamos a aplaudir. «¿Qué vas a interpretar?», preguntó la maestra. «Padam Padam», dije yo, anticipándome a su respuesta.

Era la canción que mi compañero mejor conocía, la que más veces había ensayado por ser tema de ejecución obligada en el concurso provincial de acordeonistas. David no pudo contener la sonrisa. Le gustaba lo de ser el campeón de la escuela, sobre todo ante las niñas. «Atención todos –dijo la maestra con el estilo de una presentadora–. Vamos a terminar nuestra primera clase con música. Quiero deciros que me habéis parecido unos niños muy aplicados y agradables. Estoy segura de que vamos a llevarnos muy bien y de que vais a aprender mucho».

Bernardo ATXAGA, *El hijo del acordeonista* (2004)

¿Sabías que...?

En España, la primera constancia de un permiso para que actuasen mujeres en una obra de teatro es de 1587. Además, en algunos países europeos estaba muy mal visto que una mujer fuese actriz. En los teatros ingleses, por ejemplo, en la época del teatro isabelino (1558-1642), era tradicional que los papeles femeninos los desempeñasen hombres. Aún hoy existen compañías solamente masculinas, como puede ser la compañía británica Propeller, especializada en las obras de Shakespeare.

Crea

8. Imagina que el protagonista de la lectura inicial vuelve a intentar volar y escribe un breve acto teatral en el que expliques qué pasa.

Ortografía

Las mayúsculas y las minúsculas

Existen algunas reglas que se deben conocer sobre cuándo escribir con letra mayúscula o minúscula.

Las mayúsculas

Se escribe letra **mayúscula**:

- Después de punto o al empezar un texto: *Llovía en la ciudad.*
- La primera letra de los nombres propios de constelaciones (*Osa Mayor*), planetas (*Marte*), personas (*Jonás*), lugares (*Sevilla*), títulos de libros (*La casita de chocolate*) y de películas (*El retorno del Jedi*), dinastías (*los Austrias*), seudónimos (*el Bola*), calles (*calle Muntaner*), divinidades (*Zeus*), las siglas (*AVE*), abreviaturas de tratamientos (*Sr.*), empresas (*Carrefour*), instituciones (*la Real Academia Española*) y organismos (*el Gobierno*), fiestas señaladas (*Semana Santa*), épocas (*el Barroco*), las marcas comerciales (*Adidas*), etc.

Practica

1. Copia el texto y escribe mayúscula en aquellas palabras donde sea necesario.

en cierta ocasión, sus padres la llevaron a pasear por el malecón de fuenterrabía, en la desembocadura del río bidasoa. su padre la agarró del brazo y señaló con él hacia el otro lado de la ría.

–esther: al otro lado del río está francia.

¿francia? ¿dónde estaba francia? esther solo percibía el estrecho paseo del malecón, el suave sonido del agua a ambos lados, cierto vértigo provocado por la inmensidad del mar que ella adivinaba enfrente... apretó los párpados, manteniéndolos fuertemente cerrados para intentar trazar con intensidad la imagen de la misteriosa francia, aquella palabra mágica que sonaba en los oídos de esther indicándole otro mundo, que debía de ser muy distinto al que ella estaba acostumbrada a sentir. ¿dónde estaba francia? ¿en francia olía igual, se tocaba igual, sonaba igual?

esther desplazó medio cuerpo fuera de la cama y palpó el suelo. tocó sus zapatillas rojas con un círculo blanco en la parte del empeine, como su madre se las describió al comprárselas en la zapatería de toribio.

Juan Kruz Igerabide, *Hasta que lo sepas todo* (2010)

2. Infiere la sílaba que falta en el siguiente texto. Escribe mayúscula cuando sea necesario.

◆brían de pasar muchos años antes de que Max olvidara el verano en que descubrió, casi por casualidad, la magia. ◆rría el año 1943 y los vientos de la Gran ◆rra arrastraban al mundo corriente abajo, sin remedio. ◆ mediados de junio, el día en que ◆ cumplió los trece años, su ◆dre, relojero e inventor a ratos perdidos, reunió a la familia en el salón y les anunció que aquel era el último día que pasarían en la que había sido su casa en los últimos diez años. ◆ ◆milia se mudaba a la ◆ta, lejos de la ciudad y de la guerra, a una casa junto a la playa de un pequeño pueblecito a orillas del ◆lántico. ◆ decisión era terminante: ◆tirían al amanecer del día siguiente. ◆ta entonces, debían empacar todas sus posesiones y prepararse para el largo viaje hasta su nuevo ◆gar.

La familia recibió la noticia sin sorprenderse. ◆si todos imaginaban ya que la idea de abandonar la ciudad en busca de un lugar más habitable rondaba por la ◆beza del buen ◆ximilian Carver desde hacía tiempo; todos menos Max.

Carlos Ruiz Zafón, *El Príncipe de la Niebla* (1993)

Practica

3. Escribe en mayúsculas las palabras que lo requieran de estos titulares de noticia:

a) barcelona implantará el *bicing* eléctrico con trescientas bicicletas a finales de año.
b) tokio: entre templos, rascacielos y tecnología.
c) el investigador josé cabello núñez ha encontrado nuevos datos sobre la vida de miguel de cervantes en archivos de sevilla y de la puebla de cazalla.
d) paris hilton inaugura en ibiza su fiesta de «espuma y diamantes».
e) al menos 4 muertos y 600 vuelos cancelados en japón por el tifón halong.
f) hallado muerto el hombre armado que se escapó de la policía en gijón.

La Vanguardia.com (13 agosto 2014)

¿A qué queréis jugar?

A

Sé perfectamente bien

Las minúsculas

Lázaro Carreter, antiguo director de la Real Academia Española (RAE), afirma que «ante la duda, minúscula», estableciendo así la regla básica de la **minúscula**: se escriben con minúscula inicial las palabras en las que no hay una regla que determine el uso de la mayúscula.

- Se escribe minúscula en los días de la semana, los meses y las estaciones del año (*lunes*, *junio*, *otoño*); los nombres de las notas musicales (*do*, *re, mi*), los nombres propios de persona que pasan a designar genéricamente uno de sus rasgos característicos (*celestina*, *donjuán*); los nombres de marcas que se usan para designar un objeto que estas representan (*rímel*, *pósit*, *plastilina*); los nombres de las religiones (*catolicismo*, *islamismo*); los tratamientos (*señor*, *usted*); etc.
- Respecto a los tratamientos religiosos que acompañan a nombres propios, la RAE prefiere que estos se escriban en mayúscula por ser tomados como parte del nombre propio. Sin embargo, alguna vez, los encontramos escritos con minúsculas: *San Agustín* o *san Agustín*, *Madre Teresa o madre Teresa...*

Practica

4. Infiere la sílaba que falta y completa los siguientes refranes:

a) En ◆nero bufanda, abrigo y sombrero.
b) Por los ◆yes los días y el frío crecen.
c) Hasta el cuarenta de ◆yo, no te quites el sayo.
d) A ◆vierno lluvioso, ◆rano caluroso.
e) Ni en ◆gosto caminar, ni en ◆ciembre navegar.
f) Por ◆ Antón, media hora más de sol.

Fuente: <http://www.refranerocastellano.com>

Repaso

Practica

5. Copia el texto, escribe mayúscula donde corresponda y completa las palabras.

> era una noche de a◆atida, y la clientela ha◆itual se había reunido en la roca de guía. no podía decirse que ◆inco personas formaran un grupo muy numeroso, pero ◆ltimamente, en los tiempos que corr◆an, nunca se reun◆an más de cinco clientes en la ta◆erna.
>
> el ◆iejo cob oficia◆a de narrador y suministrador de conse◆os. los que esta◆an sentados a la ◆arra be◆ían y escucha◆an. en la cocina, un jo◆en posadero, de pie junto a la puerta, sonreía mientras escucha◆a los detalles de una ◆istoria que ya conocía.
>
> –cuando despertó, táborlin el grande esta◆a en◆errado en una alta torre. le ◆a◆ían quitado la espada y lo ◆a◆ían despojado de sus ◆erramientas: no tenía ni la lla◆e, ni la moneda ni la ◆ela. pero no creáis que eso era lo peor... –cob hizo una pausa para añadir suspense–. ¡porque las l◆mparas de la pare◆ ard◆an con ◆amas azules!
>
> Patrick Rothfuss, *El nombre del viento* (2009)

¡Atrévete!

6. Indica la palabra mal escrita de cada par de términos. A continuación, escribe una pequeña noticia de unas cien palabras en la que figuren cuatro de elllas.

a) arremilgado o remilgado
b) adscribir o ascribir
c) bumerán o boomerang
d) bulevar o boulevard
e) buardilla o buhardilla
f) calcamonía o calcomanía
g) chiclet o chicle
h) cienpiés o ciempiés
i) concreción o croncreción
j) convalecencia o convalescencia
k) cónyuge o cónyugue

7. Infiere la letra que falta en cada una de estas palabras y completa el siguiente texto:

tam◆ién, habr◆an, a◆itan, ◆echo, mue◆en, superfi◆ie, p◆talos, a◆ajo, resplande◆ería, le◆anta, comp◆s, pur◆simo, e◆trañas, sal◆ar, estu◆ieran, p◆jaros, ◆mbar

> En alta mar el agua es azul como ◆ de bellísimos lirios y transparente como cristal ◆, pero es tan profunda, que no hay ancla que pueda tocar fondo, y ◆ sido necesarias numerosas torres de iglesias unidas para ◆ la distancia entre el fondo y la ◆. Allí ◆ vive la gente del mar.
>
> No se os ocurra pensar que en el fondo hay solo arena blanca, pues ◆ crecen árboles y plantas de las especies más ◆, que ◆ sus hojas como si ◆ vivas, cuando las aguas se ◆. Los peces, pequeños y grandes, escapan entre las ramas como hacen los ◆ en el aire. En el lugar más profundo se ◆ el castillo del rey de los mares. Los muros son de coral, las ventanas de ◆ transparente y el tejado está ◆ de conchas, que se abren y cierran al ◆ del movimiento de las aguas. Cada concha encierra hermosísimas perlas; una sola de estas ◆ en la corona de una reina.
>
> H. C. Andersen, *La sirenita* (1837)

Practica

8. Escribe el plural de las palabras siguientes:

actriz	eficaz
rapaz	locuaz
atroz	voz
audaz	sagaz
nariz	perdiz

9. Anota el sustantivo que corresponde a cada uno de los adjetivos siguientes:

Ejemplo:
traidor → traición

ejecutar	discreto
perfecto	adicto
electo	ficticio
distraído	obstruido
correcto	ambicioso

Literatura

El Renacimiento: la poesía

El despertar cultural del Renacimiento

A lo largo del siglo XVI, Europa vive un renacer cultural que culmina el proceso iniciado en la Baja Edad Media (del que ya se ha hablado en unidades anteriores) y que guarda estrecha relación con el auge de la burguesía, de las ciudades, del comercio, de la economía... El propio término *Renacimiento* da a entender que quienes impulsaron dicho movimiento veían la Edad Media como una época de oscuridad y barbarie y, al mismo tiempo, reivindicaban la cultura griega y latina como única forma de salir de ella.

Junto a esta recuperación de la cultura clásica, el pensamiento renacentista o humanismo se basa en los siguientes puntos:

- **Dignidad del mundo:** el mundo ya no es un simple lugar de paso, sino un espacio bello que merece ser gozado.
- **Dignidad del ser humano:** del mismo modo, el individuo deja de ser un pecador que vive encerrado en un cuerpo sucio y corrompido.
- **Confianza en el pensamiento racional:** la dignidad del ser humano comporta que su pensamiento también sea digno frente a los dogmatismos tan característicos de la Edad Media.
- **Nueva religiosidad:** se defiende una espiritualidad más intimista y tolerante.

La literatura y el arte del Renacimiento reflejaron este pensamiento con un estilo que tiende a la simetría, el orden, la proporción y la armonía.

¿De qué trabaja tu primo?

Prestar

Practica

1. Elige cuatro de los siguientes adjetivos para calificar el paisaje que se observa en el cuadro de Botticelli: duro, cruel, primaveral, desapacible, áspero, agradable, bello, tenebroso, oscuro, luminoso. ¿Se adaptan estos términos a la visión del mundo renacentista? Justifica tu respuesta.

El nacimiento de Venus, Sandro Botticelli, 1485.

Practica

2. ¿Crees que la obra transmite la idea de que el cuerpo humano es una fuente de pecado que conviene esconder o, por el contrario, algo bello que debemos respetar?

3. La pintura de Botticelli representa el nacimiento de Venus, la diosa del amor en la mitología clásica. ¿Qué relación tiene esta temática con el Renacimiento? ¿Crees que serán frecuentes los temas mitológicos en esta época?

4. ¿Cómo considerarías que es la disposición de los personajes y la naturaleza en el cuadro: armónica, simétrica y equilibrada, o bien desproporcionada, caótica y desordenada? Justifica tu respuesta.

La poesía en la primera mitad del siglo XVI: Garcilaso de la Vega

La poesía del Renacimiento se inicia con la revolución poética que supuso la obra de **Garcilaso de la Vega**. El poeta toledano abandona el estilo y la temática medieval para introducir la métrica y los temas del Renacimiento italiano.

Garcilaso fue el primer poeta que introdujo en España el **verso italiano**. Básicamente se trata del uso del endecasílabo (11 sílabas) en estrofas como los sonetos y las octavas reales. Asimismo, Garcilaso combina con frecuencia el endecasílabo con el heptasílabo (7 sílabas) en estrofas como la lira.

En cuanto a la **temática**, Garcilaso supo renovar, siguiendo el modelo italiano y en especial a Francesco Petrarca, el tratamiento poético del **amor**. El sentimiento que manifiesta en su poesía es un amor auténtico inspirado en Isabel Freire y que refleja los diferentes estados de ánimo por los que atravesó el poeta. Aunque es un amor apasionado, Garcilaso sabe contener su exaltación y tiende, más bien, hacia la espiritualidad; se trata de un amor imposible que no aspira, por tanto, al placer físico, pero que resulta necesario y se convierte en una vía de perfeccionamiento moral.

Junto al tema del amor, la **naturaleza** –idealizada, apacible, armoniosa– adquiere un papel fundamental en su poesía y se convierte en el escenario y el testigo de su sufrimiento.

Finalmente, la **mitología**, además de ser una muestra de la afinidad renacentista por la cultura clásica, sirve a Garcilaso como un instrumento de proyección de sus sentimientos. En consecuencia, Garcilaso elige aquellos mitos que mejor reflejan sus propias vivencias.

La obra de Garcilaso, toda ella poética, es muy breve. Lo más destacado de su producción son los cerca de cuarenta sonetos y las tres églogas.

¿Sabías que...?

Garcilaso de la Vega nació en Toledo hacia 1500. Pertenecía a una familia noble y participó en diversas campañas militares al servicio de Carlos I. Supo adaptarse admirablemente al modelo del perfecto cortesano de la época al combinarse en él su delicadeza en el manejo de la pluma y su valor con la espada. En 1525 se casó con Elena de Zúñiga, pero al año siguiente conoció a Isabel Freire, a quien dirige la mayor parte de sus versos. El posterior matrimonio de Isabel y su muerte al dar a luz a uno de sus hijos hizo que su amor fuera imposible. Garcilaso murió joven, en 1536, en el campo de batalla.

Interpreta

En el siguiente soneto, el poeta utiliza el mito de Dafne para expresar sus sentimientos. Según la mitología, esta ninfa, al verse perseguida por Apolo, pidió ayuda a Peneo, dios del río, quien la transformó en un laurel. Lee el poema y realiza las actividades que hay a continuación.

Soneto XIII

A Dafne ya los brazos le crecían
y en luengos ramos vueltos se mostraban;
en verdes hojas vi que se tornaban
los cabellos qu'el oro escurecían;

de áspera corteza se cubrían
los tiernos miembros que aun bullendo 'staban;
los blancos pies en tierra se hincaban
y en torcidas raíces se volvían.

Aquel que fue la causa de tal daño,
a fuerza de llorar, crecer hacía
este árbol, que con lágrimas regaba.

¡Oh miserable estado, oh mal tamaño,
que con llorarla crezca cada día
la causa y la razón por que lloraba!

Garcilaso DE LA VEGA (1543)

Apolo y *Dafne*, Bernini (1622-1625).

Practica

5. ¿Qué partes de la anatomía de Dafne centran la atención del poeta? ¿Cómo eran? ¿En qué se han convertido?

6. ¿Qué orden sigue la descripción de Dafne?

7. ¿En cuántas partes se podría dividir el poema? ¿Qué diferencia hay entre ellas?

8. En un momento determinado, el poeta utiliza un verbo en primera persona que parece indicarnos que él fue testigo presencial de los hechos narrados. ¿Cuál es ese verbo?

9. ¿Con cuál de los dos personajes mitológicos se identifica el poeta? ¿Por qué crees que es así? ¿Quién te parece a ti que sufre mayor desgracia, Dafne o Apolo?

10. ¿Qué figura retórica observas en el cuarto verso?

11. Comprueba el esquema métrico del poema.

¿Comprarás algún mueble?

La poesía religiosa y mística de la segunda mitad del siglo XVI

Durante el reinado de Felipe II (segunda mitad del siglo XVI), España se convierte en la principal defensora del catolicismo frente a la amenaza que suponía la extensión del luteranismo en Europa. Para proteger la ortodoxia religiosa, se persiguieron las ideas reformistas y se prohibió la entrada de libros extranjeros. Fruto de esa defensa de los valores tradicionales es la proliferación de obras de temática religiosa. Entre ellas, merece destacarse la poesía de Fray Luis de León, San Juan de la Cruz y Santa Teresa de Jesús.

En su obra, **Fray Luis de León** combina brillantemente el pensamiento cristiano, característico de la segunda mitad del siglo XVI, con la cultura renacentista, que conocía ampliamente dada su condición de catedrático universitario. Escribió obras en prosa, como *La perfecta casada*, manual que contiene recomendaciones para convertirse en una buena esposa cristiana. También tradujo con admirable rigor a los poetas latinos Horacio y Virgilio.

Fray Luis de León es autor de una breve, pero admirable, obra poética. La mayor parte de sus poemas son odas escritas en liras. Los temas más frecuentes en su poesía son:

- La búsqueda de la paz interior.
- El rechazo de las preocupaciones materiales.
- El deseo de huir de este mundo y unirse a Dios.

¿Sabías que...?

Fray Luis de León nació en Belmonte (Cuenca) en 1528. Fue fraile agustino y profesor de la Universidad de Salamanca. Pasó casi cinco años en la cárcel por traducir al castellano un fragmento de la Biblia. Murió en 1591.

¡!

El ideal de vida de Fray Luis de León se plasma con frecuencia en una alabanza de la vida sencilla, apartada del mundo y sus preocupaciones. Este tema se conoce con el nombre de *beatus ille*.

«*Beatus ille*» ('feliz aquel que...') son las dos primeras palabras de un poema de Horacio, escritor latino muy admirado por Fray Luis.

Practica

12. Lee el siguiente poema y explica cuál es el estado ideal del ser humano según el poeta.

Oda XXIII – A la salida de la cárcel

Aquí la envidia y mentira
me tuvieron encerrado.
Dichoso el humilde estado
del sabio que se retira
de aqueste mundo malvado,

y con pobre mesa y casa
en el campo deleitoso
con solo Dios se compasa
y a solas su vida pasa
ni envidiado ni envidioso.

Fray Luis de León (1576)

Practica

13. ¿A qué lugar se refiere el adverbio «aquí»?

14. Según el poeta, ¿qué defectos o pecados le llevaron al lugar real en el que ahora se encuentra? ¿De qué defectos o pecados se verá libre en el lugar donde le gustaría vivir? ¿Qué relación hay entre ellos?

15. Comprueba el esquema métrico del poema.

16. ¿Cuál es el tema principal de esta composición poética?

17. Memoriza el poema y recítalo en clase con la mayor expresividad posible.

Dentro de la poesía religiosa del siglo XVI, destaca especialmente la **poesía mística**. Los místicos, en todas las épocas y las religiones, buscan la unión de sus almas con Dios en la tierra. Dependiendo de las creencias o escuelas, para alcanzar la unión con Dios –o éxtasis místico– se recurre a la meditación, al recogimiento, al ayuno, a la oración, a la música... La poesía mística, que tiene en Santa Teresa de Jesús y San Juan de la Cruz a sus máximos representantes, pretende recoger esa experiencia real y transmitir las sensaciones vividas.

Santa Teresa de Jesús es autora de una breve obra poética, junto con alguna obra en prosa en la que relata su vida o su labor profesional (la fundación de sus conventos, detalles de su experiencia mística...).

La producción poética de **San Juan de la Cruz** también es breve. Este autor entendía la poesía como una forma de llegar hasta Dios y de expresar su propia experiencia mística. Sin embargo, el poeta es consciente de que es inefable el sentimiento que experimenta cuando su alma se une a Dios; es decir, se trata de un sentimiento que no puede expresarse con palabras, por lo cual recurre a metáforas, símbolos, exclamaciones o paradojas para intentar describirlo.

¿Sabías que...?

San Juan de la Cruz fue un fraile carmelita nacido en Fontiveros (Ávila) en 1542. Fue alumno de Fray Luis en la Universidad de Salamanca, y compartió con Santa Teresa su labor de reformar la orden de los carmelitas y fundar nuevos monasterios. Murió en Úbeda en 1591

Practica

18. Lee el siguiente poema de San Juan de la Cruz y explica qué historia nos refiere.

Noche oscura del alma

En una noche oscura,
con ansias, en amores inflamada,
¡oh dichosa ventura[1]!,
salí sin ser notada,
estando ya mi casa sosegada.

A oscuras y segura,
por la secreta escala, disfrazada,
¡oh dichosa ventura!,
a oscuras y en celada[2],
estando ya mi casa sosegada.

En la noche dichosa,
en secreto, que nadie me veía
ni yo miraba cosa,
sin otra luz y guía,
sino la que en el corazón ardía.

Aquesta me guiaba
más cierto que la luz del mediodía,
adonde me esperaba
quien yo bien me sabía,
en parte donde nadie parecía[3].

¡Oh noche que guiaste!
¡Oh noche amable más que la alborada!
¡Oh noche que juntaste
Amado con amada,
amada en el Amado transformada!

En mi pecho florido,
que entero para él solo se guardaba,
allí quedó dormido,
y yo le regalaba[4],
y el ventalle[5] de cedros aire daba.

El aire de la almena,
cuando yo sus cabellos esparcía,
con su mano serena
en mi cuello hería,
y todos mis sentidos suspendía.

Quedeme, y olvideme,
el rostro recliné sobre el Amado;
cesó todo, y dejeme,
dejando mi cuidado
entre las azucenas[6] olvidado.

San Juan DE LA CRUZ

[1] ventura: felicidad, suerte.
[2] en celada: a escondidas.
[3] parecer: aparecer.
[4] regalar: acariciar, halagar o hacer alguna demostración de cariño.
[5] ventalle: abanico.
[6] azucena: flor blanca y muy olorosa.

Practica

19. ¿A partir de qué momento se produce la unión mística en el poema de San Juan de la Cruz?

20. ¿Qué figuras retóricas observas en la quinta estrofa?

21. Comprueba el esquema métrico de una estrofa. ¿Qué nombre recibe este tipo de estrofa?

En la obra poética de San Juan de la Cruz, destacan tres poemas:

- «Noche oscura del alma». En una noche oscura, que simboliza la oscuridad en que se encuentra el alma, una muchacha (el alma) sale de su casa (el cuerpo) para ir al encuentro del amado (Dios). Al encontrarlo, se aman (unión mística).
- «Cántico espiritual». La esposa (el alma) sale en busca del amado (Dios) y pregunta por él a las criaturas de la naturaleza. Lo encuentra reflejado en una fuente.
- «Llama de amor viva». Describe directamente el éxtasis místico mediante un lenguaje amoroso muy sensual.

¡! Una **paradoja** es una figura retórica que consiste en usar una aparente contradicción.

Practica

22. Señala qué personajes aparecen en el poema «Noche oscura del alma», de San Juan de la Cruz, y explica qué representan.

¡Atrévete!

¿Qué has aprendido sobre la literatura española medieval? Ponte a prueba con las siguientes actividades.

23. Uno de los poetas que más influyeron en Garcilaso de la Vega fue Francesco Petrarca (1304-1374). Lee los versos que Petrarca escribió en su *Cancionero* y compáralos con lo que has aprendido de Garcilaso.

¡Cómo quedeme, al darme cuenta un día
de que se transmutaba mi persona,
y mi cabello era la fronda[1] donde
esperaba coger yo su corona!
Que los pies con que andaba y me movía,
pues cada miembro al alma le responde,
raíz se hicieron que la riba esconde
no del Peneo[2], sí de un río más fiero;
y hechos ramas mis brazos vi al momento.

Francesco PETRARCA, *Cancionero* (1470)

24. ¿Qué explican los versos anteriores de Petrarca?

25. ¿Quién toma la palabra en estos versos de Petrarca?

26. Comenta algunas semejanzas y diferencias entre estos versos y los que has leído de Garcilaso de la Vega.

[1] fronda: hoja de una planta.
[2] Peneo: nombre de un río griego.

Competencias básicas

Prueba

Lee el siguiente texto y responde las preguntas que se formulan a continuación.

El poema

Un parque. Quizá el pequeño parquecillo que hay ante el Museo de Ciencias Naturales. O el parque del Oeste.

(En uno de sus bancos están sentados Luis *y* Charito*.* Charito *tiene en sus manos unas cuartillas que* Luis *acaba de entregarle.)*

Charito. ¿Lo has escrito tú?

Luis. Claro. Es una poesía. La he escrito para ti. Para que te la lleves al veraneo. Y si quieres, la lees de vez en cuando.

Charito. Bueno.

Luis. Léela ahora.

*(*Charito *va leyendo el papel con la mirada.)*

Luis. No, pero en voz alta.

Charito. *(Empieza a leer lentamente.)* «Quiero estar siempre...». ¿Aquí qué dice?

Luis. A tu lado.

Charito. No entiendo bien la letra. ¿Por qué no la lees tú la primera vez?

Luis. Trae. *(Coge el papel y empieza a leer, aunque, en realidad, se la sabe casi de memoria.)* «Quiero estar siempre a tu lado, / quiero a tu lado estar siempre, / aunque se pasen las horas, / aunque se vayan los trenes, / aunque se acaben los días, / y aunque se mueran los meses. / Quiero estar frente a tus ojos, / quiero a tu lado estar siempre. / Quiero estar frente a tus labios, / quiero estar frente a tus dientes. / La mariposa se va, / la mariposa no vuelve. / Sé como la golondrina / para que siempre regreses, / que los caminos del cielo / los encuentra y no los pierde.» *(Deja de leer.)* Ya está.

Charito. Es muy bonita. Qué bien escribes. Eres el que mejor escribe de quinto.

Luis. ¿Te la quieres llevar?

Charito. Claro. Solo hay una cosa que no me gusta. Bueno, que me gusta menos.

Luis. ¿Cuál?

Charito. Esto... *(Busca entre los renglones.)* Esto de los dientes... *(Lee.)* «Quiero estar frente a tus dientes».

Luis. Eso he tenido que ponerlo para que pegue. Es un romance. Y los romances tienen que tener ocho sílabas y rima asonante en los versos pares. Como he empezado por «siempre» tengo que seguir *e-e*, *e-e*, *e-e*. Por eso he puesto «dientes» en vez de «cara» o «pelo» o «cuerpo». Porque si no, no era un romance.

Charito. ¿Ah, no?

Luis. Claro, Charito, ¿no te acuerdas?

Charito. No; la verdad es que eso nunca me entró.

Luis. *(Vuelve a tomar el papel para ampliar sus explicaciones.)* Y eso de aquí, lo de la mariposa, es que es un lepidóptero de vida efímera, o sea, que vive solo un día. Si se va, ya nunca vuelve. En cambio, la golondrina es un ave migratoria que aunque todos los años se marcha a países más cálidos, siempre vuelve a su nido.

Charito. Sí, eso sí lo sé.

Luis. *(Habla titubeando y con cierta emoción.)* Charito..., antes de que te marches de veraneo... ¿podemos vernos otra vez?

Charito. Me marcho pasado mañana. Pero mañana, para despedirnos, hacemos una excursión en bicicleta a la Casa de Campo. Vienen Coca y los otros. ¿Por qué no vienes tú también?

Luis. Ya sabes que no tengo bicicleta. Como me han suspendido... *(Pausa.)* Y cuando vuelvas..., ¿nos veremos? Como yo este año voy a ir al Instituto en vez de ir al colegio...

Charito. Si quieres, nos veremos por las tardes. Puedes ir a buscarme a la salida, y me acompañas a casa. *(Se levanta.)* Es muy tarde.

Luis. *(Se levanta también y le muestra el papel a* Charito*.)* ¿Te la llevas?

Charito. Sí, trae. *(Coge el papel, lo dobla y se lo guarda.)*

Fernando Fernán Gómez, *Las bicicletas son para el verano*, 1977 (adaptación)

1 **Señala el sintónimo de *efímera* (línea 49).**

☐ *a*) eterna
☐ *b*) duradera
☐ *c*) inmortal
☐ *d*) fugaz

2 **¿Cuál es la función sintáctica de *unas cuartillas* (línea 4)?**

☐ *a*) Es un complemento directo.
☐ *b*) Es un complemento indirecto.
☐ *c*) Es un complemento agente.
☐ *d*) Es un atributo.

3 **En teatro, ¿cómo se denomina el texto que se escribe entre paréntesis y en letra cursiva?**

☐ *a*) Presentación.
☐ *b*) Acotación.
☐ *c*) Comentario escénico.
☐ *d*) Anotación.

4 **Indica si las siguientes afirmaciones son verdaderas (V) o falsas (F):**

☐ *a*) Luis y Charito conversan mientras van en bicicleta.
☐ *b*) Luis ha escrito un bello soneto para Charito.
☐ *c*) Charito se queda el poema que le ha escrito Luis.
☐ *d*) Luis ha aprobado el curso.

5 **Señala la respuesta correcta.**

☐ *a*) Charito no quiere volver a ver a Luis.
☐ *b*) Luis y Charito están sentados en un banco.
☐ *c*) Luis se irá de vacaciones al cabo de dos días.
☐ *d*) Luis quiere que Charito sea como una mariposa.

6 **En una de las siguientes oraciones se produce un caso de laísmo. Señálalo.**

☐ *a*) La he escrito para ti.
☐ *b*) Quiero que la leas de vez en cuando.
☐ *c*) La dijo que se la llevara a su casa.
☐ *d*) Permitió que la acompañara a su casa.

7 **¿Qué funciones sintácticas desempeñan los pronombres subrayados en la oración «Y me gusta mucho que la hayas escrito para mí»?**

☐ *a*) *me*: CD; *la*: CD.
☐ *b*) *me*: CI; *la*: CI.
☐ *c*) *me*: CD; *la*: CI.
☐ *d*) *me*: CI; *la*: CD.

8 **Indica qué otra palabra debería llevar mayúscula inicial en el siguiente texto: «Luis es un muchacho que estudia en un colegio de Madrid. Está enamorado de una chica de su misma clase y un día, en el parque del oeste, le entrega un poema de amor».**

☐ *a*) muchacho
☐ *b*) colegio
☐ *c*) oeste
☐ *d*) amor

9 **La figura retórica que emplea Luis en su poema al repetir la palabra *quiero* al principio de diferentes versos se denomina...**

☐ *a*) ... anáfora.
☐ *b*) ... metáfora.
☐ *c*) ... personificación.
☐ *d*) ... hipérbole.

10 **¿Cómo sería en pasiva la oración «Charito va leyendo el papel con la mirada»?**

☐ *a*) Con la mirada Charito va leyendo el papel.
☐ *b*) El papel va leyendo Charito con la mirada.
☐ *c*) Va leyendo Charito con la mirada el papel.
☐ *d*) El papel va siendo leído por Charito con la mirada.

Redacción

Escribe, en unas cien palabras, el posible diálogo que tuvieron Luis y Charito cuando volvieron a encontrarse después del verano.

Juego literario

El haiku

El haiku es un poema tradicional japonés que tiene sus orígenes en el siglo XIV, aunque el gran impulsor del haiku fue un monje del siglo XVI llamado Matsuo Basho. Se trata de una de las composiciones poéticas más breves (muchos de estos poemas no llegan a las diez palabras). Su brevedad, sin embargo, no debe impedir que el poema contenga una gran carga expresiva.

Los poetas españoles Federico García Lorca (1898-1936) o Antonio Machado (1875-1939) se interesaron por los haikus y en algunos de sus poemas resulta evidente su influencia. En la actualidad, el haiku tiene adeptos en todo el mundo y se ha convertido en pocos años en una de las formas poéticas más populares.

En 1981, después de un viaje a Japón, el poeta argentino Jorge Luis Borges escribió 17 haikus, entre los que destacan los siguientes:

¿Es o no es
el sueño que olvidé
antes del alba?

¿Es un imperio
esa luz que se apaga
o una luciérnaga?

Jorge Luis BORGES (1981)

Sugerencias

1. Piensa en un espacio natural que conozcas y que te parezca particularmente hermoso.
2. Recuerda algún instante concreto que viviste en ese lugar e intenta escribir en una sola oración el sentimiento que ese momento te produjo.
3. Divide esa oración en tres partes (los tres versos).
4. Modifica tus palabras para que se acomoden, tanto como sea posible, a las características del haiku.
5. Leed todos los poemas en voz alta y elegid los cinco mejores.

Jorge Luis Borges (1899-1986).

1. Fíjate en los ejemplos anteriores y en las características que se detallan a continuación y escribe un haiku.

- Está compuesto por tes versos.
- El primer verso ha de tener cinco sílabas; el segundo, siete, y el tercero, cinco.
- No existe la rima.
- El tema tiene que tener relación con el paso del tiempo, la naturaleza y el sentimiento que despierta en el poeta.
- Debe contener una referencia directa o indirecta al día, momento o estación del año. Lo que se conoce con el nombre de *kigo*.
- Su principal intención es captar un instante.
- El estilo debe ser sencillo.
- No se emplean metáforas.

Para concluir, formula tú ahora dos preguntas para cada apartado como las que se planteaban al inicio de la unidad.

Explora la unidad y responde.

5

Ortografía

Piensa tres ejemplos de palabras formadas por siglas.

Di qué significa *fdo.* y *hnos.*

Lectura inicial

¿Sabes quién es el Mago Merlín?

¿Podrías nombrar algunos elementos que den buena o mala suerte?

Literatura

¿Las novelas pastoriles son historias de amor o de aventuras?

¿Sabes en qué novela aparece por primera vez la figura de un pícaro?

Fábrica de textos

¿Qué fábulas conoces?

¿Para qué crees que sirve la literatura didáctica?

Conocimiento de la lengua

¿Sabes qué clase de palabra introduce siempre un complemento de régimen?

¿Cuántos tipos de sintagmas pueden ser complemento circunstancial?

Mira el video y decide qué dos consejos darías a cada uno de los intérpretes.

http://qr.teide.eu/00HK

Hace mucho tiempo, el mago Merlín convocó a los caballeros de su reino para proponerles una prueba. Debían encontrar el Trébol Mágico, un trébol que otorgaría a quien lo hallase suerte sin límites. Sin embargo, Merlín únicamente les podía decir que esta mágica planta nacería en algún lugar del Bosque Encantado en un plazo de siete días. Casi todos los caballeros desistieron de empezar la búsqueda. ¿Tú lo hubieses intentado? Los caballeros Nott y Sid, sí. Descubre qué hicieron.

El Gnomo, Príncipe de la Tierra

El viaje por el reino hasta el Bosque Encantado era largo, y les llevó dos días.

Así pues, disponían solo de cinco jornadas para hallar el lugar donde nacería el Trébol Mágico. No había tiempo que perder. A pesar de ello, ambos caballeros decidieron descansar toda la noche antes de empezar la búsqueda.

Los dos habían hecho el viaje por separado y no coincidieron en las breves paradas que hicieron para dar de beber a sus respectivos caballos. Así que ninguno sabía en qué lugar del bosque se encontraba el otro.

El Bosque Encantado era un lugar muy oscuro. Oscuro era durante el día, pues los inmensos y tupidos[1] árboles apenas permitían a los rayos del sol alcanzar el suelo. Y oscura fue esa noche, fría y silenciosa, además. Aunque los habitantes del Bosque Encantado se habían percatado[2] ya de la presencia de los nuevos visitantes. A la mañana siguiente, muy temprano, Nott, decidido a encontrar el trébol, pensó: «El Trébol Mágico nacerá en el suelo. ¿Quién es el que mejor conoce cada palmo de tierra del Bosque Encantado? Muy fácil: el Príncipe de la Tierra. Es decir, el Gnomo. El Gnomo vive bajo el suelo y ha construido pasillos y corredores subterráneos por cada uno de los rincones del Bosque Encantado. ¡Él me dirá dónde nacerá el Trébol Mágico de cuatro hojas!». Así pues, Nott, el caballero con caballo negro y negra capa, preguntó dónde podía hallar al Gnomo a todos los extraños seres que encontró por su camino, hasta que finalmente dio con él.

–¿Qué quieres? –le preguntó el Gnomo–. Me –han dicho que llevas todo el día buscándome.

–Efectivamente –afirmó Nott mientras bajaba de su corcel–. He sabido que dentro de cinco noches nacerá en el bosque el Trébol Mágico de cuatro hojas. Un trébol solamente puede nacer de la tierra, así que tú, Príncipe de la Tierra, debes saber el lugar donde nacerá. Si el Trébol Mágico de cuatro hojas va a nacer dentro de cinco noches, tú debes haber visto ya sus raíces. Dime dónde está.

El Gnomo respondió:

–Conozco los poderes del Trébol Mágico de cuatro hojas. Y sé que su suerte ilimitada alcanza solo a los caballeros que lo posean..., pero no he visto sus raíces en ningún lugar del bosque. Es más, nunca han nacido tréboles en el Bosque Encantado. Es *imposible* que el trébol nazca aquí. Quien te haya dicho eso te ha engañado.

–¿No serás tú quien me engaña? ¿No le habrás dicho ya al caballero Sid, el caballero con blanco caballo y capa blanca, dónde nacerá el Trébol Mágico? –preguntó desafiante Nott.

–¡No sé de qué me estás hablando! No sé quién es Sid, y no tengo ni idea de quién te ha dicho semejante estupidez. En este bosque nunca ha habido un solo trébol, ni tan siquiera de tres hojas: ¡sencillamente, los tréboles no crecen en este bosque porque no pueden! Así que déjame en paz.

El caballero Nott lo dejó por imposible. «No es la primera vez que me encuentro con alguien que no está a la altura que yo merezco», pensó. Así que se subió a su caballo, dio media vuelta y optó por esperar al día siguiente. Después de todo, tal vez el Gnomo tuviera razón y Merlín se hubiera equivocado de sitio o de fechas.

A medida que se alejaba del Gnomo, montado sobre su caballo negro, Nott experimentó lo que suelen experimentar aquellos a quienes «les dicen» que su suerte no es posible: sintió algo de miedo. Pero lo más fácil era sustituir ese miedo por incredulidad[3]. «Sencillamente, no puede ser». Eso fue justamente lo que pensó Nott. Por eso, decidió ignorar lo que el Gnomo le había dicho. «Mañana será otro día y quizá la suerte me aguarde en otro lugar», pensó.

Por su parte, Sid, el caballero de la capa blanca, tuvo en la mañana de la tercera jornada exactamente la misma idea que Nott. Él también sabía que el Gnomo era el más indicado para averiguar en qué lugar brotaría el Trébol Mágico. Pasó el día intentando dar con su guarida, preguntó a todos los habitantes del bosque con los que se cruzó en el camino y, finalmente, encontró al Gnomo unos pocos minutos después de que el caballero Nott lo hubiera dejado refunfuñando[4] frente a una de las entradas a su caverna de infinitos pasillos.

–¿Eres tú el Gnomo del Bosque Encantado, al que llaman el Príncipe de la Tierra? –preguntó, al mismo tiempo que descendía de su caballo.

–Sí, yo soy. ¡Vaya! ¡Otro iluminado! Y tú, ¿qué es lo que quieres?

–Verás, he sabido que dentro de cinco noches nacerá en el bosque el Trébol Mágico de cuatro hojas y he pensado que... –Sid no pudo acabar la frase. El Gnomo se puso rojo como un pimiento y acumuló aire en sus pulmones y mofletes como si fuera a estallar.

–¡Pero qué pasa con este maldito Trébol Mágico hoy? –gritó, colérico–. Ya se lo he dicho al otro caballero: No-hay-ni-ha-habido-nunca-tréboles-de-la-suerte-en-este-bosque: sencillamente no pueden nacer tréboles aquí. Lo mejor que podéis hacer es regresar a vuestro castillo o acudir en socorro de alguna damisela en peligro. Aquí perdéis el tiempo.

El caballero Sid se dio entonces cuenta de que algo pasaba: según Merlín, en el bosque nacería un Trébol Mágico y según el Gnomo, era imposible que en las circunstancias actuales naciera allí ningún trébol. Los dos decían probablemente la verdad, pero era posible que la verdad de cada uno fuera distinta. Así pues, quizá seguir buscando el Trébol Mágico era una pérdida de tiempo. Si, tal y como había dicho el Gnomo, en aquellas circunstancias no podía nacer ningún trébol, se trataba entonces de *saber* qué era lo que *hacía falta* para que naciera un trébol. De modo que Sid le preguntó, al mismo tiempo que lo calmaba:

–¡Espera, espera! ¿Has dicho que nunca han nacido *tréboles*... en el Bosque Encantado?

–¡Nunca! ¡Nunca jamás! –respondió refunfuñando el Gnomo, mientras se metía en su casa-madriguera[5]...

–¡No te vayas, no te vayas, por favor! Explícame por qué. Quiero saber por qué nunca han nacido tréboles en el bosque.

El Gnomo se dio la vuelta y explicó:

–Es por la tierra. Naturalmente que es por la tierra. *Nadie se ha ocupado de renovar* nunca esta tierra. Los tréboles necesitan tierra fresca y esponjosa, y la tierra de este bosque nunca ha sido removida ni aireada. Es un suelo duro, apelmazado[6], ¿cómo quieres que así nazca un solo trébol?

–Por tanto, Gnomo, Príncipe de la Tierra, si quisiera tener una sola posibilidad, aunque solamente fuera una, de que creciera un único trébol en el bosque... ¿debería *renovar* la tierra, *cambiarla?* –preguntó Sid.

–Obviamente. *¿No sabes que solo se obtienen cosas nuevas cuando se hacen cosas nuevas?* Si la tierra no cambia, seguirá pasando lo mismo: que no nacerá ningún trébol.

Fernando Trías de Bes y Álex Rovira Celma, *La buena suerte*, 2004 (adaptación)

Infiere

Indica el número de la palabra del texto que corresponda a cada uno de estos significados.

- ☐ Dado cuenta.
- ☐ Mascullando.
- ☐ Compacto.
- ☐ Espesos.
- ☐ Escepticismo.
- ☐ Guarida.

Comprensión y expresión

Describe

1. La actitud de los dos caballeros es muy diferente. Piensa dos adjetivos que definan a cada uno de ellos y cita el fragmento del texto que lo ejemplifique.

Razona

2. Ante los argumentos del Gnomo, Sid piensa que quizá los dos, el Gnomo y Merlín, dicen la verdad, pero que «era posible que la verdad de cada uno fuera distinta». ¿Qué crees que significa? Piensa un ejemplo en tu vida cotidiana que lo ejemplifique.

Opina

3. ¿Crees que uno de los dos caballeros encontrará el trébol? ¿Por qué? Explica quién piensas que será y cómo crees que lo logrará.

Explica

4. Según la lectura, «solo se obtienen cosas nuevas cuando se hacen cosas nuevas». Escribe un texto en el que cuentes algo que desees que te suceda, y explica también qué podrías hacer para provocar que así fuera.

Recuerda

5. Sin volver a consultar el texto, anota las palabras que aparecen con mayúscula inicial sin estar después de punto.

Deduce

6. Algunas palabras o expresiones del texto aparecen en cursiva. ¿Por qué crees que el autor las ha escrito así?

Lee

7. En grupos de cuatro, repartíos los papeles de los personajes y el narrador, y realizad una lectura en voz alta del texto. Pensad cómo es cada personaje para poder leerlo con el tono y la voz adecuados.

Imagina

8. Como desean encontrar un trébol, preguntan al Gnomo, ya que es el Príncipe de la Tierra. Sin embargo, si en esta historia desearan encontrar alguno de los elementos de la lista, ¿a quién te imaginas que podrían recurrir? Justifica tu respuesta siguiendo el modelo del texto.

   a) un lago subterráneo
   b) un fruto encantado
   c) un viento mágico

Conocimiento de la lengua

El complemento de régimen verbal y el complemento circunstancial

Como has estudiado en las unidades anteriores, el sintagma verbal puede presentar distintos complementos que acompañan al núcleo. En esta ocasión, estudiarás el complemento de régimen verbal y el complemento circunstancial.

El complemento de régimen verbal

El **complemento de régimen verbal** (CRég) es un sintagma preposicional cuya preposición viene exigida por el verbo y es necesario para completar el significado de la oración. A este complemento también se le conoce como **complemento preposicional**.

Mi hermana ***se alegró*** *de ver el concierto en primera fila.*

N: se alegró — CRég: de ver el concierto en primera fila
SN sujeto: Mi hermana — SV predicado: se alegró de ver el concierto en primera fila

Nuria y Sergio ***confían*** *en tu palabra.*

N: confían — CRég: en tu palabra
SN sujeto: Nuria y Sergio — SV predicado: confían en tu palabra

En el primer ejemplo, el verbo *alegrarse* exige un complemento introducido por la preposición *de*, mientras que en la segunda oración *confiar* requiere un complemento con la preposición *en.*

Este complemento puede ser sustituido por un pronombre tónico introducido por la preposición correspondiente:

Mi hermana ***se alegró*** *de ello*.

N: se alegró — CRég: de ello
SN sujeto: Mi hermana — SV predicado: se alegró de ello

Nuria y Sergio ***confían*** *en ella.*

N: confían — CRég: en ella
SN sujeto: Nuria y Sergio — SV predicado: confían en ella

En ocasiones, el predicado puede tener a la vez un complemento directo y un complemento de régimen verbal:

El mago ***convirtió*** *un conejo en paloma.*

N: convirtió — CD: un conejo — CRég: en paloma
SN sujeto: El mago — SV predicado: convirtió un conejo en paloma

Practica

1. Completa estas oraciones con los siguientes complementos de régimen verbal. Algunas pueden tener más de una respuesta correcta. Después, escribe otro CRég para cada una de las oraciones.

de tu actitud, contra su actitud injusta, a diez años de prisión, de ella, de echar la carta, en ti, a sus encantos

a) Felipe sucumbió ◆.
b) Todo depende ◆.
c) Deja de pensar solamente ◆.
d) Se olvidó ◆.
e) El acusado fue condenado ◆.
f) El chico se rebeló ◆.
g) Jonás siempre estuvo enamorado ◆.

Practica

2. Localiza en estas oraciones tres complementos de régimen:

a) Los hermanos se enzarzaron en una fuerte discusión.
b) Las ovejas pastan tranquilas en el verde prado.
c) Nadie entiende tu actitud negativa con tus compañeros.
d) Esa mansión de ahí es de mi tío.
e) Andrea influye mucho en las decisiones de sus amigas.
f) El perro corría feliz por el parque.
g) Bárbara pensaba poco en su problema laboral.

¡Atrévete!

3. Lee detenidamente el siguiente fragmento y, después, contesta:

> El director de la escuela llegó antes de las tres, acompañado de dos hombres vestidos de gris que parecían oficiales de policía, y que se quedaron en el vestíbulo. Nosotros estábamos asustados pensando que alguien se hubiera podido quejar de que habíamos roto el vidrio de alguna ventana; pero no se trataba de nada de eso. El director quería saber si alguno de nosotros había visto a Millie Adams camino de la escuela el día anterior.
>
> William Irish, «Si muriera antes de despertar», 1937 (traducción)

a) ¿Qué dos verbos del texto requieren un complemento de régimen verbal?
b) ¿Cómo puedes demostrar que lo son?
c) Piensa otro complemento para estos verbos sin que pierda sentido el fragmento.

¿Qué haces con ese cuadro?

Demente

Demente

Practica

4. Relaciona cada verbo con su preposición y un sintagma. Después, escribe oraciones con los verbos conjugados y el correspondiente complemento de régimen verbal.

competir	hacia	lo mismo
incurrir	por	la verdad
interponerse	a	los dos
viajar	sobre	unas amigas
sacrificarse	contra	la espalda de Ernesto
abalanzarse	de	un equipo de primera
invitar	en	su hijo
convencer	entre	los Estados Unidos

5. Inventa oraciones a partir de los siguientes verbos que contengan un complemento de régimen verbal.

a) hablar
b) pensar
c) confiar
d) acordarse
e) contar
f) adornar
g) mancharse
h) teñir

El complemento circunstancial

El **complemento circunstancial** (CC) expresa las distintas circunstancias en que se desarrolla la acción verbal (lugar, tiempo, modo, finalidad, cantidad o grado, compañía, materia, instrumento, causa y provecho o beneficio).

Sofía y yo ***vimos*** *ayer una película de ciencia ficción en casa de Héctor.*

Sofía y yo	vimos	ayer	una película de ciencia ficción	en casa de Héctor
N	N	CC	CD	CC
SN sujeto	SV predicado			

Un complemento circunstancial puede estar formado por:

- Un **sintagma adverbial**:

  Construyeron *la iglesia lejos de aquí.*

  lejos: N; de aquí: CAdv → SAdv

  En el ejemplo, el sintagma adverbial está compuesto por el adverbio (*lejos*) acompañado por un sintagma preposicional (*de aquí*) que lo complementa.

- Un **sintagma nominal**:

  El profesor nos ***dio*** *los resultados el martes.*

  Todos los días ***acompaño*** *a mi hijo al colegio.*

- Un **sintagma preposicional**:

  Eloísa ***trabaja*** *con sus hermanos.*

  La empresa ***cerró*** *por falta de recursos.*

Existen diferentes tipos de complementos circunstanciales:

- **Lugar**: *Mercedes vive en París.*
- **Tiempo**: *En agosto estuvimos en la playa.*
- **Modo**: *Siempre habla muy bajito.*
- **Finalidad**: *Tu primo lee para distraerse.*
- **Cantidad**: *La película de ayer me gustó mucho.*
- **Compañía**: *Mi hermana sale a correr con Pedro.*
- **Instrumento**: *El ladrón abrió la cerradura con una ganzúa.*
- **Causa**: *Se perdió la obra por mi culpa.*
- **Medio**: *Me envió el mensaje por email.*
- **Materia**: *Los isleños construían pequeñas casas con adobe.*
- **Provecho o beneficio**: *Lo hizo para ti.*

Practica

6. Clasifica estos sintagmas según el tipo de complemento circunstancial que corresponda:

con paso ligero, con tus primos, para ganar más dinero, más tarde, por motivos de seguridad, en la encimera, cómodamente, debajo del sofá, para estudiar, durante tres días y tres noches, doscientos días, con una olla a presión, mucho, por necesidad, conmigo, con un compás, para Juan, con cemento, por telefóno

¡! Los complementos circunstanciales de lugar, tiempo y modo se pueden reconocer sustituyéndolos por un adverbio:

Iremos a verte el miércoles. (CCT) → *Iremos a verte entonces.* (CCT)

Nos veremos en casa de María. (CCL) → *Nos veremos allí.* (CCL)

El gato está durmiendo plácidamente. (CCM) → *El gato está durmiendo así.* (CCM)

Practica

7. Completa estos pensamientos con los siguientes complementos circunstanciales e indica de qué tipo de complemento se trata en cada caso:

Ejemplo:
«Toda mentira de importancia necesita un detalle circunstancial para ser creída». (Prosper Mérimée) (CCF)

desde la infancia, poco, instintivamente, nunca, en todas partes, mucho, para probar su validez, sin motivo, en tu propio barco

a) «Un ideal no puede esperar su realización ◆». (George Santayana)
b) «Rema ◆». (Eurípides)
c) «◆ da señales el ingenio». (Séneca)
d) «Una mirada es una forma de lenguaje ◆». (Georges Herbert)
e) «La naturaleza ◆ hace nada ◆». (Aristóteles)
f) «El niño conoce ◆ a su amigo y a su enemigo». (Walter Scott)
g) «Quien piensa ◆, se equivoca ◆». (Leonardo da Vinci)

8. Indica de qué tipo son los complementos circunstanciales subrayados en el siguiente texto:

Soy ginebrino de origen, y mi familia es una de las distinguidas de aquella república. Durante muchos años, mis antepasados fueron consejeros y síndicos, mientras que mi padre había ejercido varios cargos públicos con honor y reputación. Todos los que lo conocían lo respetaban por su integridad e infatigable atención a la actividad pública. Transcurrió su juventud perpetuamente ocupado en los asuntos de su país. Una serie de circunstancias le habían impedido casarse antes, de modo que no fue hasta el declive de su vida cuando se convirtió en esposo y padre de familia.

Puesto que las circunstancias de su boda ilustran su carácter, no puedo abstenerme de referirlas. Uno de mis amigos más íntimos era un próspero comerciante que, debido a una serie de infortunios, se hundió en la miseria. Este hombre era de talante orgulloso e inflexible y no soportaba vivir en la miseria y el olvido en la misma tierra donde anteriormente se había distinguido por su rango y magnificencia. Así pues, habiendo saldado sus deudas de la forma más honrosa, se retiró con su hija a la ciudad de Lucerna, donde vivió en el anonimato y la pobreza.

Mary Shelley, *Frankenstein*, 1818 (traducción)

¡Atrévete!

9. Localiza los complementos circunstanciales que hay en estas oraciones y, después, indica el tipo de sintagma y de complemento circunstancial en cada caso:

Ejemplo:
Le baja mucho la tensión con el calor del verano.
SAdv (CC cantidad) — *SPrep (CC causa)*

a) ¡Cuánto aguanta!
b) Se fue a México con diez mil pesos.
c) Entramos en silencio en el aula.
d) Javier veía con dificultad desde tan lejos.
e) Siempre cocina con sartenes de cerámica.
f) Nosotros caminamos sin prisa.
g) Trabajó en esta oficina veintidós años.

10. Lee atentamente la siguiente noticia y contesta:

Cines descapotables

En un parque, dentro de una plaza de toros, a la vera de un castillo medieval, en un olivar, cualquier sitio es bueno para instalar una pantalla, plantar unas filas de sillas y disfrutar del séptimo arte bajo un techo de estrellas.

En España, los cines al aire libre, que durante años fueron el alimento cultural en muchos pueblos cuando aún no existía la televisión, resisten el paso del tiempo como una opción de ocio estival y otra oportunidad para ver aquellos títulos que se nos escaparon durante la temporada.

También existen algunos *drive in cinema* o cines para ver sin bajarse del coche, como el Auto Cine de Gijón, o el Auto Star, en Valencia. Una moda importada de Estados Unidos, donde vivió su auge en los felices años cincuenta. Así, las noches cinéfilas surgen como un reencuentro con el celuloide, con pros y contras, claro. Desaparecen ciertas comodidades, las butacas se reemplazan por sillas de plástico y la sala por una zona de picnic. Sin embargo, tienen su encanto, además, son más baratas e incluso, en algunos casos, gratuitas.

Metropoli.com (7 julio 2014)

a) Señala los complementos circunstanciales de lugar que hay en el subtitular de la noticia.

b) Indica la función sintáctica de los sintagmas subrayados en el texto.

Fábrica de textos

La literatura didáctica

La **literatura didáctica** tiene como principal objetivo **enseñar**, instruir al lector. Es decir, utiliza una historia ficticia para ejemplificar un determinado comportamiento, o bien transmitir un mensaje moral o ético. De este modo, se mezcla entretenimiento con formación.

Hasta no hace mucho, la mayoría de la gente no había sido escolarizada. Por ello, la literatura didáctica, básicamente de transmisión oral, era un buen instrumento para educar e instruir tanto a niños y niñas como a adultos.

Analiza

1. Indica cuál de estos mensajes pretende transmitir la lectura inicial:

a) Es importante escuchar los consejos de las personas expertas. En este caso, debemos hacer caso al gnomo, ya que es quien sabe si va a nacer o no un trébol.

b) Se aconseja no hacer caso de lo que dice la gente; hay que seguir el propio instinto, tal como hace Nott.

c) Se muestra cómo la actitud de cada uno es importante. Así pues, si se quiere conseguir algo, se debe hacer algo.

El origen de la literatura didáctica

El origen de este tipo de literatura se pierde en el tiempo. Muchas de estas historias tienen un **origen oral**, es decir, se contaban de viva voz en casa, o bien en las plazas o los lugares de encuentro de los pueblos. Por este mismo motivo, han llegado hasta nosotros diferentes versiones de una misma historia.

En la tradición occidental, hay constancia de la existencia de literatura didáctica ya en el siglo VI a.C. con las fábulas de Esopo. También en la literatura oriental existen múltiples ejemplos, entre ellos el *Panchatantra*, del siglo III a.C., que –como muchos otros relatos en sánscrito– llegó a Europa a través de los árabes.

Piensa

2. ¿Conoces alguna historia que tenga una finalidad didáctica? Haced una lista con las historias que os hayan contado que pretendan enseñar algo y comprobad si todos conocéis la misma versión o si existen diferencias.

¿Sabías que...?

Muchas religiones han utilizado la literatura didáctica para exponer sus pensamientos: el budismo, el taoísmo, el judaísmo... La Biblia, por ejemplo, recoge un gran número de parábolas: historias que, a través de una comparación o analogía, muestran cómo actuar y qué consecuencias pueden tener nuestras acciones. Algunas de ellas son la parábola del hijo pródigo, la del buen samaritano, etc.

Las fábulas

Dentro de la literatura didáctica, encontramos las **fábulas**. Se trata de narraciones breves en verso o prosa que se caracterizan, no solamente por su contenido didáctico, sino también porque sus protagonistas suelen ser **animales humanizados** aunque también pueden serlo personas. Generalmente, en las fábulas, cada animal responde a un rasgo humano muy definido. Suelen acabar con una moraleja, que sintetiza la lección o enseñanza que se extrae de la fábula.

Compara

3. Lee las dos versiones de la misma historia que hay a continuación y explica en qué se parecen y en qué se diferencian.

La zorra y el cuervo gritón

Un cuervo robó a unos pastores un pedazo de carne y se retiró a un árbol.

Lo vio una zorra. Deseando apoderarse de aquella carne, empezó a halagar al cuervo. Elogiaba sus elegantes proporciones y su gran belleza; agregaba, además, que no había encontrado a nadie mejor dotado que él para ser el rey de las aves, pero que lo afectaba el hecho de que no tuviera voz.

El cuervo, para demostrarle a la zorra que no le faltaba voz, soltó la carne para lanzar con orgullo fuertes gritos.

La zorra, sin perder tiempo, rápidamente cogió la carne. Le dijo:

–Amigo cuervo, si además de vanidad tuvieras entendimiento, nada más te faltaría para ser el rey de las aves.

Cuando te adulen, con más razón debes cuidar de tus bienes.

Esopo (600 a.C.)

El cuervo y el zorro

En la rama de un árbol,
bien ufano y contento,
con un queso en el pico
estaba el señor Cuervo.
Del olor atraído
un Zorro muy maestro,
le dijo estas palabras
a poco más o menos:
–Tenga usted buenos días,
señor Cuervo, mi dueño;
vaya que estáis donoso,
mono, lindo en extremo;
yo no gasto lisonjas,
y digo lo que siento;
que si a tu bella traza
corresponde el gorjeo,
juro a la diosa Ceres,
siendo testigo el cielo,
que tú serás el fénix
de sus vastos imperios.
Al oír un discurso
tan dulce y halagüeño,
de vanidad llevado,
quiso cantar el Cuervo.
Abrió su negro pico,
dejó caer el queso;
el muy astuto Zorro,
después de haberlo preso,
le dijo: –Señor bobo,
pues sin otro alimento
quedáis con alabanzas
tan hinchado y repleto,
digerid las lisonjas
mientras digiero el queso.
Quien oye aduladores,
nunca espere otro premio.

Félix María de Samaniego (1781)

Analiza

4. Vuelve a leer las fábulas e indica quiénes son los protagonistas y cuál es la moraleja que se puede extraer.

Identifica

5. La tradición marca qué rasgos identificamos con cada animal. Y tú, ¿con qué animal identificarías cada una de estas características?:

trabajador, traidor, valiente, astuto, holgazán, tozudo, fiel, sabio, orgulloso

Propón

6. Lee el siguiente fragmento de *El conde Lucanor* y escribe una moraleja final en forma de verso:

–Señor conde –dijo Patronio–, había una mujer que se llamaba doña Truhana, que era más pobre que rica, la cual, yendo un día al mercado, llevaba una olla de miel en la cabeza. Mientras iba por el camino, empezó a pensar que vendería la miel y que, con lo que le diesen, compraría una partida de huevos, de los cuales nacerían gallinas, y que luego, con el dinero que le diesen por las gallinas, compraría ovejas, y así fue comprando y vendiendo, siempre con ganancias, hasta que se vio más rica que ninguna de sus vecinas.

Luego pensó que, siendo tan rica, podría casar bien a sus hijos e hijas, y que iría acompañada por la calle de yernos y nueras, y pensó también que todos comentarían su buena suerte, pues había llegado a tener tantos bienes aunque había nacido muy pobre.

Así, pensando en esto, comenzó a reír con mucha alegría por su buena suerte y, riendo, riendo, se dio una palmada en la frente, la olla cayó al suelo y se rompió en mil pedazos. Doña Truhana, cuando vio la olla rota y la miel esparcida por el suelo, empezó a llorar y a lamentarse muy amargamente porque había perdido todas las riquezas que esperaba obtener de la olla si no se hubiera roto. Así, porque puso toda su confianza en fantasías, no pudo hacer nada de lo que esperaba y deseaba tanto.

Don Juan Manuel, *El conde Lucanor* (1330-1335)

Explica

7. En múltiples ocasiones de nuestra vida, nos ocurren hechos de los que podemos extraer algún aprendizaje. Quizás has olvidado algo importante por no prestar atención a una explicación, o bien no has trabajado cuando debías y luego has tenido que perder horas de sueño, etc. Relata en cien palabras algún suceso de tu vida del que puedas extraer una enseñanza. Termina con una moraleja.

¿Qué es esto que hacéis, afición?

La literatura didáctica actual

En la literatura contemporánea, también existe literatura didáctica: para niños y niñas, con múltiples ejemplos de libros de **cuentos** que los ayudan a entender cómo comportarse, pero también para adultos. Imitando las tradicionales fábulas o cuentos, se ejemplifica lo que el autor pretende enseñar o mostrar. Desde hace unos años, pueden encontrarse un sinfín de libros para adultos que contienen literatura didáctica, normalmente dedicados a la **autoayuda**.

Termina

8. Completa estas oraciones sobre la lectura inicial con el argumento que consideres conveniente:

a) Es literatura didáctica porque...

b) Es una historia para niños y niñas porque...

c) También es una historia para adultos porque...

Los refranes

La sabiduría popular también se ha encargado de transmitir formas de comportamiento a través de otros medios como, por ejemplo, los **refranes**.

Los refranes son frases muy breves, normalmente rimadas para facilitar su memorización, que concentran un mensaje didáctico fruto de la experiencia y la observación del mundo. Por ejemplo, el refrán «Más vale pájaro en mano que ciento volando» significa que es mejor conformarse con lo que se tiene que querer algo que, aunque aparentemente sea mejor, no está a nuestro alcance y, por lo tanto, no es seguro.

Deduce

9. Explica el significado que crees que tienen estos refranes:

a) Si las barbas de tu vecino ves cortar, pon las tuyas a remojar.
b) A juventud ociosa, vejez trabajosa.
c) Del dicho al hecho, hay un buen trecho.
d) El que la sigue la consigue.
e) El que siembra vientos recoge tempestades.
f) Más sabe el diablo por viejo que por diablo.

Relaciona

10. Piensa alguna situación de la vida cotidiana en la que se pueda aplicar uno de los refranes anteriores. Justifica tu respuesta.

Los anuncios didácticos

Hoy en día, es habitual que los gobiernos e instituciones utilicen los medios de comunicación para transmitir algún mensaje a la población. Podemos encontrar anuncios que explican qué hacer para evitar accidentes, o bien campañas para concienciar a la población de los riesgos del tabaco o del alcohol. Estos también son textos didácticos. Para facilitar el recordatorio de estos mensajes, se suelen utilizar frases breves, ingeniosas y fáciles de recordar, llamadas **eslóganes**.

Sugerencias

Si queréis crear un refrán o eslogan que tenga éxito, una opción es elaborar un texto que rime, ya que es mucho más fácil de recordar. Además, podéis presentarlo acompañado de una imagen o bien de música.

Elabora

11. En grupos, pensad un mensaje en forma de eslogan o refrán para advertir a vuestros compañeros de algún comportamiento o actitud que creáis que hay que modificar.

Ortografía

Las siglas, los acrónimos, las abreviaturas y los símbolos

Algunas palabras pueden reducirse para simplificar su forma, pero siempre evitando que puedan perder su significado. De esta manera se crean las siglas, los acrónimos, las abreviaturas y los símbolos.

Las siglas

Una **sigla** es una palabra formada por el conjunto de letras iniciales de una expresión que puede referirse a una entidad o un organismo, una enfermedad, una ley, un objeto, etc. Las siglas se escriben con mayúsculas y sin tilde, y van acompañadas del artículo correspondiente al género de la palabra que constituye el núcleo de la expresión original. Al pronunciarlas, las siglas suelen deletrearse.

el FMI (Fondo Monetario Internacional)

la OTAN (Organización del Tratado del Atlántico Norte)

Las siglas son invariables y, por lo tanto, cuando se quiere indicar el plural, se hace a partir del artículo que las acompaña:

la ONG (singular) > *las ONG* (plural)

Cuando una sigla pasa a ser un término de uso común, se escriben con minúscula y forman el plural siguiendo las reglas generales: *uci* (*unidad de cuidados intensivos*) o *ucis, ovni* (*objeto volador no identificado*) u *ovnis*, etc.

Los acrónimos

Se consideran **acrónimos** aquellas palabras formadas por elementos de dos o más palabras, y también aquellas siglas que se pronuncian como una única palabra.

ofimática (oficina + informática)

ONU (Organización de las Naciones Unidas)

Los acrónimos que no son de uso común se escriben en mayúsculas, siempre que no sean nombres propios de más de cuatro letras, en cuyo caso solo se escribiría la primera letra en mayúscula:

Unesco (acrónimo del nombre inglés *United Nations Educational, Scientific and Cultural Organization*)

IVA (impuesto sobre el valor añadido)

Algunos acrónimos y siglas tienen su origen en el inglés: *láser (light amplification by stimulated emission of radiation)*.

Practica

1. Forma las siglas o los acrónimos de las siguientes expresiones:
   a) síndrome de inmunodeficiencia adquirida
   b) documento nacional de identidad
   c) alta velocidad española
   d) unidad de cuidados intensivos
   e) Real Academia Española

Practica

2. Utiliza las siglas y los acrónimos del ejercicio anterior para completar correctamente las siguientes oraciones:

a) No dudamos en tomar el ◆ para desplazarnos a Madrid.
b) A la llegada al aeropuerto, la policía nos pidió el ◆ para comprobar nuestra identidad.
c) Después de la intervención tras el accidente, permanece ingresada en la ◆.
d) Aunque hay ciertos tratamientos contra el ◆ que son esperanzadores, es muy importante la prevención.
e) Si tienes dudas, consulta el diccionario de la ◆.

Las abreviaturas

Las **abreviaturas** son la representación gráfica reducida de una palabra de la que se suprimen algunas letras. Debe escribirse punto al final de la abreviatura, salvo en los casos en que van seguidas de una barra: *ud.* (*usted*), *adv.* (*adverbio*), *c/* (*calle*)...

Las abreviaturas pueden formarse de diferentes maneras:

- Reduciendo la palabra a la letra inicial: *s.* (*siglo*).
- Suprimiendo letras o sílabas finales de la palabra: *doc.* (*documento*).
- Suprimiendo letras centrales: *fdo.* (*firmado*).

Cuando se abrevia con la letra inicial, el plural se indica con la duplicación de esta letra: *EE. UU.* (*Estados Unidos*), *RR. PP.* (*relaciones públicas*), etc. Si la abreviatura se ha obtenido eliminando algunas letras finales, el plural se forma añadiendo *-s*: *págs.* (*páginas*), *códs.* (*códigos*), etc. En cambio, si se ha formado eliminando algunas letras centrales, el plural se puede formar añadiendo *-s* o *-es* según las normas generales de formación del plural: *deptos.* (*departamentos*), *admones.*(*administraciones*), etc.

Los símbolos

Los **símbolos** son abreviaturas de carácter científico-técnico y, a diferencia de las abreviaturas, se escriben sin punto y no varían su forma en plural. Pueden estar constituidos por letras o por signos: *1 L* (*1 litro*), *25 km* (*25 kilómetros*), *N* (*norte*), *%* (*tanto por ciento*), etc.

¡Atrévete!

3. Abrevia tres palabras de cada uno de los siguientes enunciados:

a) Señores: artículos de ocasión en la primera planta.
b) Para cualquier aclaración, diríjanse a la oficina situada en la calle Maestrazgo, sin número. Atentamente: la dirección.

¿Cómo se llama esta prenda de tu abuelo?

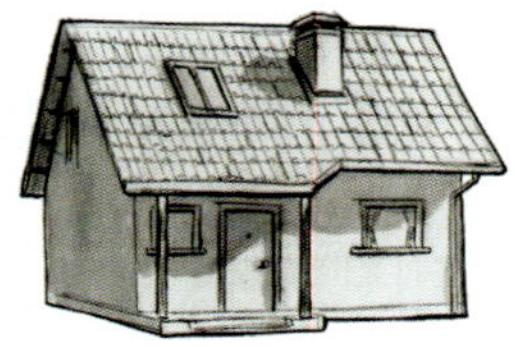

Calcio

Practica

4. Escribe la abreviatura correspondiente a las siguientes palabras o expresiones:

a) fuerzas armadas
b) juegos olímpicos
c) capítulos
d) autores varios
e) recursos humanos
f) asuntos exteriores
g) teléfonos

5. Indica el significado de las siguientes abreviaturas:

a) ed.
b) Hnos.
c) Iltre.
d) Gral.
e) Sr.
f) Sra.

6. Relaciona las abreviaturas con su forma desarrollada y escribe una frase con cada una de ellas:

a. C.	posdata
P. D.	artículo
n.	cuenta
art.	antes de Cristo
cta.	nota
atte.	sin número
s. n.	atentamente

Repaso

Practica

7. Infiere la sílaba que falta en algunas palabras de este texto:

> Pereira sostiene que la ciudad pare◆a estar tomada por la poli◆a aquella tarde. Estaban por todas partes. Cogió un taxi hasta Terreiro do Paço y bajo los pórticos había camionetas y a◆tes con mos◆tes. Tal vez temieran manifesta◆nes o concentraciones ca◆jeras, y por eso vi◆laban los puntos estraté◆cos de la ciudad. Hubiera querido continuar a pie porque el cardiólogo le había dicho que le hacía falta e◆cicio, pero no tuvo valor para pasar por delante de aquellos soldados siniestros, de modo que cogió el tran◆a que recorría Rua dos Franqueiros y que terminaba en Praça da Figueira. Allí se ba◆, sostiene, y se topó con más policías. Esta vez no tuvo que pasar por delante de los pelotones y eso le produjo un li◆ro malestar. Al pasar, escuchó cómo un oficial decía a los soldados: Y recordad, muchachos, que los subversivos están siempre al a◆cho, conviene estar con los ojos bien abiertos.
>
> Antonio Tabucchi, *Sostiene Pereira*, 1995 (traducción)

8. Fíjate en cómo está escrito el verbo *recordar* en la última oración del texto del ejercicio anterior. Después, escribe el imperativo de la segunda persona del plural de los siguientes verbos:

estudiar, callar, esperar, venir, poner

9. Indica cuál de las formas de cada pareja es la correcta:

a) gallina o gayina
b) papagayo o papagallo
c) subrayar o subrallar
d) rejilla o rejiya
e) llegua o yegua
f) disminuyó o disminulló
g) embroyo o embrollo

¡Atrévete!

10. Corrige las siguientes oraciones cuando sea necesario:

a) Los caballos bebieron agua del arroyo.
b) Acostumbra a usar mayas para vestir en otoño.
c) Estuvo rallando queso un buen rato.
d) Espero que haya sabido ubicar el hayedo.
e) Calló al suelo a causa del desmayo.
f) Tomó unos callos muy sabrosos en el bar.
g) El sobrino de Carlos se entretuvo en rallar las hojas del libro de Matemáticas.

11. Completa las palabras con *mb* o *nv*:

co◆enir	co◆inar
ca◆iar	co◆ertir
interca◆iar	i◆itar
co◆idar	reca◆iar
i◆ierno	e◆idia
ha◆re	i◆entar
i◆ernadero	i◆erbe

12. Puntúa el siguiente fragmento de manera que resulte comprensible y escribe mayúsculas cuando sea necesario:

> **no tener ni chica.** usado como sinónimo de *no tener dinero* alude a las perras chicas, monedas españolas de cinco céntimos de peseta estas monedas al igual que las de diez céntimos tenían un león en el reverso que sostenía entre sus garras un escudo ovalado de España a los ciudadanos les parecía que más que un fiero león se asemejaba a una perra y llamaron perras a las monedas.
>
> *Muy interesante.es*

Practica

13. Acentúa las palabras de las oraciones siguientes que deben llevar tilde:

a) Los musicos no llegaron a tiempo a la audicion.
b) Compre los regalos el miercoles pasado.
c) ¿Cuando dijo tu madre que vendria?
d) Salio a buscar las llaves que habia perdido.

Literatura

La narrativa del Renacimiento. La novela idealista y la novela realista: el *Lazarillo de Tormes*

La narrativa del Renacimiento

A lo largo del siglo XVI, la narrativa se irá extendiendo progresivamente y se convertirá en una importante fuente de entretenimiento. Los ideales renacentistas hacen que cada vez aprendan a leer más personas. Al mismo tiempo, las imprentas aumentan espectacularmente su producción, debido a la creciente demanda y a los avances tecnológicos que permitien abaratar los costes de edición.

Antes de la publicación del *Lazarillo de Tormes*, a mediados del siglo XVI, la tendencia narrativa predominante era la **novela idealista**, es decir, una novela que recreaba un mundo muy alejado de la realidad, en que triunfaban los ideales caballerescos, las aventuras, los viajes a lugares fantásticos o los refinamientos renacentistas. Con el *Lazarillo*, sin embargo, se introdujo un nuevo tipo de novela, la **novela realista**, que exponía y denunciaba los problemas de las gentes más humildes de la sociedad del momento. Ambas corrientes narrativas convivieron con relativa armonía hasta la publicación del *Quijote*, a principios del siglo XVII.

PRIMERA
AEDICION DELOS SIETE
LIBROS DELA DIA-
NA DE GEORGE DE
Monte Mayor.
Ha ſe añadido en eſta vltima impreſsiõ los verdaderos amores del Abencerraje, y la hermoſa Xarifa. La hiſtoria de Alcida y Siluano. La infelice hiſtoria de Piramo y Tisbe. Van tambien las Damas Aragoneſas, Catalanas, Valencianas, y Caſtellanas, que haſta aqui no auian ſido impreſſas.

¶ Viſta y con licẽcia impreſſa, En çaragoça, por la viuda de Bartholom de Nagera. Año. 1570.

¿Sabías que...?

La Diana, de Jorge Montemayor, narra la historia de una pastora llamada Diana. A pesar de estar enamorada de Sireno, cuando este es expulsado del reino se casa con otro pastor llamado Delio. El primer libro de *La Diana* comienza cuando Sireno vuelve al reino y descubre que su amada está casada.

La novela idealista

Dentro de la novela **idealista**, pueden distinguirse diversos tipos:

- Las **novelas de caballerías**, que suponen una pervivencia del gusto medieval por las aventuras protagonizadas por héroes épicos. En estas novelas, el héroe es un caballero que debe enfrentarse a temibles gigantes, monstruos y otros peligros. El protagonista dedica sus hazañas a una dama, de quien es fiel enamorado. La magia y la fantasía cumplen asimismo un importante papel en la novela de caballerías. Destaca *Amadís de Gaula*, de Garci Rodríguez de Montalvo, publicada en 1508.

- La **novela pastoril**, que sería el equivalente narrativo de las églogas. Estas novelas relatan historias de amor protagonizadas por pastores en una naturaleza idealizada. Merece destacarse *La Diana* (1559), de Jorge de Montemayor.

- La **novela bizantina**, una novela de aventuras protagonizada por una pareja de enamorados de alto linaje cuyo amor debe superar numerosas pruebas: viajes, naufragios, raptos, cautiverios, separaciones... Finalmente, la pareja se reencuentra y termina casándose. Destaca *Los trabajos de Persiles y Segismunda* (1617), de Miguel de Cervantes.

El siguiente fragmento nos describe al monstruo Endriago, a quien Amadís de Gaula deberá derrotar:

> Tenía el cuerpo y el rostro cubierto de pelo, y encima tenía conchas sobrepuestas unas sobre otras tan fuertes, que ninguna arma las podía pasar, y las piernas y pies eran muy gruesos y recios. Y encima de los hombros tenía alas tan grandes, que hasta los pies le cubrían, y no de plumas, sino de un cuero negro como la pez[1], luciente, velloso, tan fuerte que ningún arma las podía dañar, con las cuales se cubría como lo hiciese un hombre con un escudo. Y debajo de ellas le salían brazos muy fuertes, así como de león, todos cubiertos de conchas más menudas que las del cuerpo, y las manos eran de hechura de águila con cinco dedos, y las uñas tan fuertes y tan grandes, que en el mundo no podía haber cosa tan fuerte que entre ellas entrase que luego no fuese deshecha. Dientes tenía dos en cada una de las quijadas, tan fuertes y tan largos, que de la boca un codo le salían, y los ojos, grandes y redondos, muy bermejos como brasas, así que de muy lejos, siendo de noche, eran vistos y todas las gentes huían de él. Saltaba y corría tan ligero, que no había venado[2] que por pies se le pudiese escapar; comía y bebía pocas veces, y en ocasiones, ninguna, que no sentía en ello pena alguna. Todo su placer era matar hombres y otros animales vivos, y cuando encontraba leones y osos que algo se le defendían, se enfadaba mucho y echaba por sus narices un humo tan espantoso que semejaba llamas de fuego y daba unas voces roncas espantosas de oír, así que todas las cosas vivas huían de él como de la muerte. Olía tan mal, que no había cosa que no emponzoñase[3]; era tan espantoso cuando sacudía las conchas unas con otras y hacía crujir los dientes y las alas, que no parecía sino que la tierra hacía estremecer. Tal es este animal, llamado Endriago.
>
> Garci Rodríguez de Montalvo, *Amadís de Gaula*, 1508 (adaptación)

[1] pez: sustancia negra empleada para impermeabilizar botas de vino.
[2] venado: animal de caza mayor (oso, jabalí, ciervo...).
[3] emponzoñar: envenenar, destruir con alguna sustancia nociva.

Practica

1. La criatura descrita en el texto, ¿te parece un ser real? ¿Existe algún ser vivo parecido?
2. ¿Por qué es Endriago un ser casi invencible?
3. ¿Qué partes de su cuerpo son las más aptas para atacar?
4. ¿Qué características de las novelas de caballerías se perciben en el texto?

La novela realista: el *Lazarillo de Tormes*

El ***Lazarillo de Tormes*** es la novela que abrió el camino a un género nuevo, la **novela picaresca**, que presenta una visión más crítica de la realidad, radicalmente opuesta a la que ofrecía la novela idealista. Su publicación, en 1554, supuso un éxito inmediato. El *Lazarillo* apareció como una obra anónima: a buen seguro, su autor sabía que la novela iba a generar polémica y prefirió evitarse problemas escondiendo su nombre. Efectivamente, el *Lazarillo* figuraba en el índice de libros prohibidos en 1559, aunque más adelante se permitió su publicación en una versión censurada.

Muchos investigadores han tratado de descubrir quién fue el autor del *Lazarillo.* Actualmente, la teoría que parece tener mayor aceptación apunta a que la obra fue escrita por Alfonso de Valdés, un conocido humanista español, autor de otras obras igualmente críticas con la sociedad de aquella época.

Monumento al Lazarillo de Tormes en Salamanca, obra del escultor Agustín Casillas.

Literatura

El *Lazarillo* es una **narración autobiográfica** escrita en forma de carta. Toda la novela sería una extensa carta que un Lázaro de Tormes ya adulto, casado y con un buen empleo, escribe a alguien («Vuestra Merced») que le ha pedido explicaciones sobre su situación actual («el caso»). Efectivamente, en el prólogo de la novela, el protagonista expone:

> Y pues Vuestra Merced me solicita que le escriba y relate el caso con todo detalle, decidí empezar la historia desde el principio, es decir, desde mi nacimiento, a fin de que se tenga entera noticia de mi persona; y también para que los que heredaron bienes y nobleza consideren cuán poco se les debe, dado que la suerte fue con ellos parcial, y, en cambio, cuánta más consideración merecen los que, siéndoles adversa la fortuna, remando con fuerza y maña llegaron a buen puerto.
>
> *Lazarillo de Tormes* (1554)

Practica

5. Según el prólogo, ¿qué aprenderán con la novela los que han nacido ricos?

6. ¿Quiénes son, a juicio del narrador, los auténticos héroes de la vida real?

¿Cómo iban los bañistas?

D D D

La clave de la novela consiste en descubrir cuál es el caso al que se refiere Lázaro de Tormes y por qué, para aclarar dicho caso, decide rememorar toda su vida. Sin embargo, hasta el final del libro no encontraremos la respuesta a tales preguntas.

La novela se inicia con el nacimiento de Lázaro, a orillas del río Tormes. Su padre era un molinero que, por haber robado harina de los sacos que le enviaban para moler, fue condenado al destierro y se embarcó en una expedición naval contra los moros que le costó la vida. Su madre, que se ganaba la vida lavando y cocinando para los demás, se juntó con un negro que le daba miedo a Lázaro y con quien tuvo un hijo mulato. Siendo niño, la madre se vio obligada a entregar a su hijo a un ciego, para que le hiciera de guía. Con el ciego, Lázaro despierta de la inocencia infantil y comprende que para sobrevivir en un mundo injusto y despiadado había que avivar su ingenio y ser tan astuto como su amo.

Interpreta

Lee el texto y responde las preguntas que hay a continuación.

> En ese tiempo llegó al mesón un ciego, el cual, considerando que yo serviría para guiarle, me pidió a mi madre. Mi madre me encomendó a él diciéndole que era hijo de un buen hombre que, por defender la fe, había muerto en la de los Gelves[1], y que ella confiaba en Dios no saldría peor hombre que mi padre. Le rogó que me tratase bien y procurase por mí, pues era huérfano. El ciego le respondió que así lo haría y que me recibía, no por mozo, sino por hijo. Y así fue como comencé a servir y a guiar a mi nuevo y viejo amo.
>
> Nos quedamos en Salamanca unos días, y cuando a mi amo le pareció que tenía pocas ganancias, decidió irse de allí. Antes de partir fui a despedirme de mi madre, y, ambos llorando, me dio su bendición diciendo:
>
> –Hijo mío, ya sé que no te veré más. Procura ser bueno, y que Dios te guíe. Te he criado y te he puesto con un buen amo: válete, pues, por ti mismo.

Y me fui con mi amo, que estaba esperándome.

Salimos, luego, de Salamanca, y al llegar a la entrada del puente que cruza el río, donde hay un animal de piedra en forma de toro, el ciego me mandó que me acercara al animal. Y así que llegué junto a la estatua, me dijo:

–Lázaro, arrima el oído a este toro y oirás gran ruido dentro de él.

Le obedecí; y, cuando sintió que tenía la cabeza junto a la piedra, con mano firme me dio una tan fuerte calabazada en el condenado toro, que el dolor de la cornada me duró más de tres días. Entonces me dijo:

–Necio, aprende bien, que el mozo del ciego ha de saber un poco más que el mismo diablo.

Y se rio mucho de la burla.

Me pareció que en aquel instante despertaba de la simpleza en que había vivido, como niño, hasta entonces. Y me dije: «¡Cuánta razón tiene el ciego! A partir de ahora, he de abrir bien los ojos y espabilar, pues estoy solo, y debo pensar en cómo he de valerme».

Lazarillo de Tormes (1554)

[1] la de los Gelves: expedición militar de 1510 contra los musulmanes.

Practica

7. ¿Qué dice la madre de Lázaro del padre del niño? ¿Es totalmente cierto?

8. ¿Por qué le da el ciego un golpe a Lázaro?

9. ¿Cómo reacciona Lázaro tras el golpe recibido?

El aprendizaje de Lázaro con el ciego continúa en diversos episodios muy conocidos (los racimos de uvas, el jarro de vino). En todos ellos, Lázaro intenta ser más listo que el ciego, pero este siempre termina burlándose del niño. Un día, Lázaro cambia una longaniza que el ciego estaba asando por un nabo. Cuando el ciego muerde el nabo, acusa a Lázaro del cambio, le huele el aliento y, al comprobar sus sospechas, le da una terrible paliza. Tras este incidente, Lázaro considera que ya ha aprendido lo suficiente del ciego y decide abandonarlo, no sin antes vengarse por todos los golpes recibidos.

El Lazarillo de Tormes, de Francisco de Goya (1808-1812).

Por fin, las malas burlas con las que el ciego me torturaba, me incitaron a abandonarle para siempre; y como lo tenía muy bien pensado y mi determinación era firme, ante esta última jugarreta que me hizo, decidí llevar a cabo mi propósito. Al día siguiente salimos por la villa a pedir limosna. Había llovido durante toda la noche, y como seguía lloviendo todavía, para no mojarnos se puso a rezar debajo de unos portales que había en aquel pueblo. Cuando empezó a anochecer y advirtió que la lluvia no cesaba, me dijo el ciego:

–Lázaro, esta lluvia es persistente, y, a medida que oscurece, más arrecia, con que retirémonos a la posada con tiempo suficiente.

Para llegar a dicha posada teníamos que cruzar un arroyo, que venía crecido por la mucha agua de la lluvia. Yo le dije:

–Tío, el arroyo va muy ancho. Pero si queréis, buscaré el sitio por donde podamos atravesarlo más fácilmente y sin mojarnos; por allí se estrecha mucho, y saltando podremos pasarlo a pie seco.

El consejo le pareció bien, y dijo:

–Eres listo; por esto te quiero bien. Llévame a este lugar donde el arroyo se estrecha, que ahora es invierno y el agua no es saludable y menos aún llevar los pies mojados.

Entonces me di cuenta de la oportunidad que tenía de cumplir mi propósito: así que lo saqué de debajo de los portales y lo llevé justo delante de uno de los pilares o postes de piedra que había en la plaza, sobre los que cargan los saledizos[1] de las casas. Luego le dije:

Practica

10. Lee el texto y resume lo que explica.

–Tío, este es el paso más estrecho que hay en el arroyo.

Como llovía a cántaros y el triste ciego se mojaba, y con la prisa que llevábamos de salir del agua que nos caía encima, y, sobre todo, porque Dios le cegó el entendimiento en aquella hora (para que pudiera vengarme de él), me creyó y dijo:

–Ponme bien derecho, y salta tú el arroyo.

Lo puse bien derecho enfrente del pilar, di un salto, me puse detrás del poste como quien espera el encuentro del toro, y exclamé:

–¡Adelante! Saltad todo lo que podáis, para llegar a este lado del agua.

Apenas lo había acabado de decir, cuando el pobre ciego, después de retroceder un paso para tomar carrerilla y poder dar un mayor salto, se abalanzó como cabrón y con toda su fuerza arremetió y dio con la cabeza en el poste, que sonó tan recio como si diera contra una gran calabaza. Luego cayó para atrás, medio muerto y con la cabeza destrozada.

–¿Cómo es posible: olisteis la longaniza y no el poste? ¡Oled! ¡Oled! –le dije yo.

Lo dejé en manos de mucha gente que lo había ido a socorrer, y salí por la puerta de la villa tan corriendo, que antes de que la noche llegara ya estaba yo en Torrijos. No supe más lo que Dios hizo de él, ni me preocupé de saberlo.

Lazarillo de Tormes (1554)

Practica

11. ¿Por qué le dice el ciego a Lázaro que le quiere bien?

12. ¿Por qué esta vez no demuestra el ciego el mismo ingenio que en ocasiones anteriores?

13. ¿En qué momento se hace evidente que la acción de Lázaro es una venganza por el episodio de la longaniza?

[1] saledizo: parte de un edificio que sobresale de la pared maestra y que, como en este caso, puede estar apoyado sobre una columna o pilar.

A continuación, entra al servicio de un clérigo avaro que lo mata de hambre. Con él, Lázaro debe ingeniárselas para abrir el baúl donde el cura esconde unos cuantos panes. Consigue una llave para hacerse con la comida y, para no ser descubierto, intenta que su amo piense que quienes se comen el pan son los ratones, primero, y una culebra, más tarde. Una noche, mientras Lázaro dormía con la llave en la boca para mantenerla siempre oculta, el aire de su respiración se coló por el hueco de la llave y comenzó a silbar. El cura se despertó y, al evidenciarse el engaño, le propinó una cruel paliza y lo echó de su casa.

El tercer amo es un escudero tan pobre como orgulloso. El escudero tiene un concepto de su nobleza que le impide trabajar. En lugar de ello, pasea con dignidad por las calles vistiendo ricos ropajes, mientras Lázaro debe pedir limosna para que al final del día ambos puedan comer algo. Finalmente, el escudero debe huir, acosado por sus acreedores, y Lázaro vuelve a quedarse solo.

Lázaro sigue sirviendo a otros amos: un fraile de la merced, del que apenas se cuenta nada, o un estafador que se dedicaba a vender falsas bulas (un documento con el sello del Papa que daba ciertos privilegios a quien lo poseyera).

Ya adulto, Lázaro consigue trabajo como aguador (vendedor de agua por la calle) durante cuatro años. Con el dinero ganado, puede comprarse una espada y ropas nuevas. Tras algunos nuevos intentos de establecerse, Lázaro llega a ser pregonero de los vinos del arcipreste de San Salvador, oficio del que se siente orgulloso. Además, el arcipreste «procuró casarme con una criada suya» y «nos hizo alquilar una casita muy cerca de la suya». Para Lázaro, esta situación constituye «la cumbre de toda buena fortuna». Sin embargo, también ha provocado numerosas murmuraciones que constituyen «el caso» que da pie a todo su relato:

Practica

14. ¿A cuántos amos sirve Lázaro? Haz una lista.

Pero las malas lenguas, que nunca faltaron ni faltarán, no nos dejan vivir, diciendo no sé qué, y sí sé qué, que iba mi mujer a hacerle la cama y a guisarle de comer [al arcipreste].

Lázaro asegura que todo ello es falso y jura que su esposa «es tan buena mujer como vive dentro de las puertas de Toledo. Quien otra cosa me dijere, yo me mataré con él». De esta forma, concluye la novela.

La originalidad del *Lazarillo* se basa en que su protagonista es un **antihéroe**, un personaje de condición muy humilde que **evoluciona** a lo largo de toda la novela hasta llegar a aceptar el deshonor que cae sobre él, puesto que, por mucho que lo niegue, él mismo da a entender que su mujer mantiene relaciones con el arcipreste. De esta forma, el *Lazarillo* se convierte en un **retrato irónico y despiadado** de la sociedad de su época. Precisamente esa plasmación de los vicios y la hipocresía de toda la sociedad, y muy especialmente del estamento religioso, motivó la prohibición de la novela por parte de la Inquisición.

El *Lazarillo* inaugura la novela picaresca, género que se consolidará en el siglo XVII. Estas novelas se caracterizan por:

- ser **obras moralizantes y pesimistas**;
- estar escritas en **primera persona** y, a menudo, adoptar la forma de carta;
- tener como protagonista a un **pícaro** de origen humilde que recorre el país al servicio de varios amos y que debe recurrir a su ingenio para sobrevivir.

¿Cómo has conseguido todo esto?

¡Atrévete!

Pon a prueba tus conocimientos sobre la literatura del Renacimiento con este ejercicio.

15. Indica a qué género narrativo pertenece cada uno de los textos que aparecen a continuación y explica en qué te has basado para tomar tu decisión.

a) El capitán y señor de este navío se llama Arnaldo, es hijo heredero del Rey de Dinamarca, a cuyo poder vino por diferentes y extraños acontecimientos una principal doncella, a quien yo tuve por señora, a mi parecer, de tanta hermosura, que entre las que hoy viven en el mundo, y entre aquellas que puede pintar en la imaginación el más agudo entendimiento, puede llevarla ventaja: su discreción iguala a su belleza, y sus desdichas a su discreción y a su hermosura. Su nombre es Auristela, sus padres de linaje de reyes, y de riquísimo estado. Esta pues, a quien todas estas alabanzas vienen cortas, se vio vendida y, comprada de Arnaldo, con tanto ahínco y con tantas veras la amó y la ama, que mil veces de esclava la quiso hacer su señora, admitiéndola por su legítima esposa, y esto con voluntad del Rey padre de Arnaldo.

b) Entramos en casa de don Alonso, y nos echaron en dos camas con mucho cuidado, para que no se nos desparramasen los huesos de puro roídos de la hambre. Trajeron exploradores que nos buscasen los ojos por toda la cara, y a mí, como había sido mi trabajo mayor y la hambre imperial, que al fin me trataban como a criado, en buen rato no me los hallaron.

c) No dejara tan presto el agradable canto el enamorado Elicio si no sonaran a su derecha mano, las voces de Erastro, que con el rebaño de sus cabras, hacia el lugar donde él estaba se venía. Era Erastro un rústico ganadero, pero no le valió tanto su rústica y selvática suerte que defendiese que, de su robusto pecho, el blando amor no tomase entera posesión, haciéndole querer más que a su vida a la hermosa Galatea, a la cual sus querellas (cuando ocasión se le ofrecía) declarara.

d) A esta hora se juntaron los gigantes Gandalac y Albabanzor, e hiriéronse ambos de las mazas de tan fuertes golpes, que ellos y los caballos fueron a tierra. El Albadanzor tuvo un brazo quebrado, y Gandalac la pierna, mas él y sus fijos mataron a Albadanzor.

Competencias básicas

Prueba

Lee el texto siguiente y responde las preguntas que se formulan a continuación.

El elefante encadenado

—No puedo –le dije–. ¡No puedo!

–¿Seguro? –me preguntó él.

–Sí, nada me gustaría más que poder sentarme frente a ella y decirle lo que siento... Pero sé que no puedo.

El gordo se sentó a lo buda en aquellos horribles sillones azules de su consultorio. Sonrió, me miró a los ojos y, bajando la voz como hacía cada vez que quería ser escuchado atentamente, me dijo:

–Déjame que te cuente...

Y sin esperar mi aprobación Jorge empezó a contar.

Cuando yo era pequeño me encantaban los circos, y lo que más me gustaba de los circos eran los animales. Me llamaba especialmente la atención el elefante que, como más tarde supe, era también el animal preferido por otros niños. Durante la función, la enorme bestia hacía gala de un peso, un tamaño y una fuerza descomunales... Pero después de su actuación y hasta poco antes de volver al escenario, el elefante siempre permanecía atado a una pequeña estaca clavada en el suelo con una cadena que aprisionaba una de sus patas.

Sin embargo, la estaca era solo un minúsculo pedazo de madera apenas enterrado unos centímetros en el suelo. Y, aunque la cadena era gruesa y poderosa, me parecía obvio que un animal capaz de arrancar un árbol de cuajo con su fuerza, podría liberarse con facilidad de la estaca y huir.

El misterio sigue pareciéndome evidente.

¿Qué lo sujeta entonces?

¿Por qué no huye?

Cuando tenía cinco o seis años, yo todavía confiaba en la sabiduría de los mayores. Pregunté entonces a un maestro, un padre o un tío por el misterio del elefante. Alguno de ellos me explicó que el elefante no se escapaba porque estaba amaestrado.

Hice entonces la pregunta obvia: «Si está amaestrado, ¿por qué lo encadenan?».

No recuerdo haber recibido ninguna respuesta coherente. Con el tiempo, olvidé el misterio del elefante y la estaca, y solo lo recordaba cuando me encontraba con otros que también se habían hecho esa pregunta alguna vez.

Hace algunos años, descubrí que, por suerte para mí, alguien había sido lo suficientemente sabio como para encontrar la respuesta:

El elefante del circo no escapa porque ha estado atado a una estaca parecida desde que era muy, muy pequeño.

Cerré los ojos e imaginé al indefenso elefante recién nacido sujeto a la estaca. Estoy seguro de que, en aquel momento, el elefantito empujó, tiró y sudó tratando de soltarse. Y, a pesar de sus esfuerzos, no lo consiguió, porque aquella estaca era demasiado dura para él.

Imaginé que se dormía agotado y que al día siguiente lo volvía a intentar, y al otro día, y al otro... Hasta que, un día, un día terrible para su historia, el animal aceptó su impotencia y se resignó a su destino.

Ese elefante enorme y poderoso que vemos en el circo no escapa porque, pobre, cree que no puede.

Tiene grabado el recuerdo de la impotencia que sintió poco después de nacer.

Y lo peor es que jamás se ha vuelto a cuestionar seriamente ese recuerdo.

Jamás, jamás intentó volver a poner a prueba su fuerza...

–Así es, Demián. Todos somos un poco como el elefante del circo: vamos por el mundo atados a cientos de estacas que nos restan libertad.

Jorge Bucay, *Déjame que te cuente... Los cuentos que me enseñaron a vivir* (2005)

1 **Señala el sinónimo de *obvia* (línea 34).**

- ☐ *a)* increíble
- ☐ *b)* imposible
- ☐ *c)* inesperada
- ☐ *d)* evidente

2 **Identifica el complemento circunstancial de cada oración.**

- ☐ *a)* El gordo se sentó a lo buda.
- ☐ *b)* La estaca estaba clavada en el suelo.
- ☐ *c)* Hace algunos años descubrí el misterio.
- ☐ *d)* El elefante no escapaba por la estaca.

3 **¿Qué enseñanza o moraleja se extrae del texto?**

- ☐ *a)* Debemos atar con más fuerza a los animales salvajes.
- ☐ *b)* Debemos actuar con libertad evitando las falsas limitaciones.
- ☐ *c)* No conviene gastar energías cuando es inútil el esfuerzo.
- ☐ *d)* Solo si tenemos la fuerza de un elefante podremos liberarnos.

4 **Señala la respuesta correcta. El texto anterior es...**

- ☐ *a)* ... una fábula, porque el elefante está humanizado.
- ☐ *b)* ... un cuento didáctico.
- ☐ *c)* ... un anuncio perteneciente a una campaña publicitaria.
- ☐ *d)* ... un artículo periodístico que se refiere a un hecho real.

5 **Indica si las siguientes afirmaciones son verdaderas o falsas:**

- ☐ *a)* Jorge descubrió el motivo de la impotencia del elefante después de pensar mucho.
- ☐ *b)* Jorge vio al elefante intentar escapar cuando era niño.
- ☐ *c)* Demián no se atreve a expresar sus sentimientos a una mujer.
- ☐ *d)* La estaca que ata al elefante es de mayor tamaño conforme va creciendo.

6 **¿Por qué no se escapa el elefante?**

- ☐ *a)* Porque está amaestrado.
- ☐ *b)* Porque todavía cree que no puede arrancar la estaca.
- ☐ *c)* Porque es pequeño.
- ☐ *d)* Porque nunca lo ha intentado.

7 **Señala cuál de los sintagmas subrayados realiza la función de CRég.**

- ☐ *a)* Todavía confiaba en la sabiduría de los mayores.
- ☐ *b)* Pregunté entonces a un maestro.
- ☐ *c)* Con el tiempo, olvidé el misterio del elefante.
- ☐ *d)* Tiene grabado el recuerdo de la impotencia.

8 **Completa con *b* o *v*.**

- ☐ *a)* prue◆a
- ☐ *b)* cla◆ar
- ☐ *c)* tira◆a
- ☐ *d)* sa◆io

9 **En la oración «Pero después de su actuación, el elefante siempre permanecía atado a una pequeña estaca», el sintagma subrayado realiza la función de:**

- ☐ *a)* CD
- ☐ *b)* CC
- ☐ *c)* CRég
- ☐ *d)* CAdv

10 **Completa con *mb* o *nv*.**

- ☐ *a)* co◆encer
- ☐ *b)* co◆inar
- ☐ *c)* interca◆iar
- ☐ *d)* i◆ierno

Redacción

Imagina qué diálogo podrían tener un elefante de circo y un pájaro si ambos pudieran hablar y escribe la conversación con unas cien palabras.

Juego literario

La versión de una fábula

Versionar un texto consiste en dar una nueva interpretación al texto original alterando algunas de sus partes sustanciales, con el objeto de darle un enfoque distinto. Si la nueva versión tiene una finalidad burlesca, se denomina *parodia*. Como ocurre en el cine, donde cada año se estrenan numerosas parodias y *remakes* de películas más o menos antiguas, en literatura también son muy frecuentes las versiones novedosas de textos clásicos.

Sugerencias

1. Debes partir de la fábula propuesta conservando sus elementos fundamentales (una zorra tiene hambre y encuentra unas uvas...).
2. Realiza los cambios oportunos para darle a la narración tu toque personal y alterar su enseñanza (añade o elimina personajes, modifica su carácter, desplaza la acción a un nuevo lugar...).
3. Poned en común vuestros trabajos y comentad los resultados obtenidos.

1. Lee la siguiente fábula de Félix María Samaniego y versiónala. Haz todas las transformaciones necesarias hasta conseguir que tu versión adquiera una moralidad distinta:

La zorra y las uvas

Es voz común que a más del mediodía,
en ayunas la Zorra iba cazando;
halla una parra, quédase mirando
de la alta vid el fruto que pendía.
Causábala mil ansias y congojas
no alcanzar a las uvas con la garra,
al mostrar a sus dientes la alta parra
negros racimos entre verdes hojas.
Miró, saltó y anduvo en probaduras;
pero vio el imposible ya de fijo.
Entonces fue cuando la Zorra dijo:
«No las quiero comer. No están maduras».
No por eso te muestres impaciente,
si se te frustra, Fabio, algún intento:
aplica bien el cuento,
y di: «No están maduras, frescamente».

Félix María Samaniego (1781)

Para concluir, formula tú ahora dos preguntas para cada apartado como las que se planteaban al inicio de la unidad.

6

Explora la unidad y responde.

Ortografía

¿Por qué no se acentúa color?

Enumera tres palabras sobresdrújulas.

Lectura inicial

¿Qué deportes de riesgo conoces?

¿Por qué crees que hay gente que se juega la vida por la pasión del riesgo?

Literatura

¿Qué podrías decir de don Quijote de la Mancha?

¿Por qué crees que el *Quijote* es una novela leída en todos los idiomas y conocida por todo el mundo?

Fábrica de textos

¿Qué diferencia hay entre un artículo de opinión y una noticia?

¿Qué es la entradilla de una noticia?

Conocimiento de la lengua

¿Sabes qué diferencia hay entre una oración simple y una oración compuesta?

¿Qué significa que una oración es impersonal?

¿Conoces a alguien que haga escalada, *rafting*, espeleología, paracaidismo...? ¿Has practicado alguna vez un deporte de riesgo? ¿Te gustaría? ¿Por qué? En este texto, Rosa Montero se pregunta por las motivaciones que mueven a tanta gente a jugarse la vida a cambio de... vivir una experiencia intensa. ¿Cuál crees que es la respuesta?

La pasión del riesgo

Hay que ver a qué cosas tan rarísimas se dedican a veces los humanos. El otro día vi un reportaje en televisión sobre una chica que vivía para escalar riscos[1] inaccesibles y paredes de piedra vertiginosas, pero para escalarlos sin cuerdas ni clavos, solo con las manos y los pies, casi desnudos, como una mosca. Es la pasión del riesgo.

En otros tiempos, cuando el mundo era más ancho y más enigmático, este afán por superar lo insuperable se solapaba a veces con el espíritu científico y con el ansia de desentrañar[2] los grandes misterios. Estoy pensando, por ejemplo, en los exploradores; en Burton y Stanley y Livingstone, que ardieron de fiebres tropicales en los confines[3] más remotos de África; o en Peary y Amudsen, que se atrevieron con la soledad inmensa de los hielos en épocas en que el polo Norte y el polo Sur estaban tan lejos de la civilización como la Luna. Todos ellos vencieron peligros indecibles[4] y se pusieron a prueba innumerables veces; pero además hacían anotaciones geográficas, étnicas[5], botánicas. Aspiraban a conquistar un poco más el mundo y el arrojo personal formaba parte del camino hacia el conocimiento.

Pero hoy ya no hay tierras por descubrir ni avionetas de papel y caña que probar para el desarrollo de la ciencia aeronáutica. De manera que ahora el peligro ha de enfrentarse en seco, por el placer extravagante de arriesgarse, sin más maquillaje científico ni práctico. Y así, resulta en verdad espeluznante la cantidad de cosas absurdas y carísimas que pueden hacer los seres humanos hoy día. Bucear en cuevas inundadas, por ejemplo: una actividad doblemente claustrofóbica. O hacer espeleología en los glaciares, un nuevo frenesí[6] del que ha dado fe la revista *National Geographic*: la cosa consiste en recorrer las grutas naturales que se forman dentro de las lenguas de hielo. Todas estas actividades, peligrosísimas, exigen un exorbitante[7] desembolso en equipamiento y personal de apoyo. Y todo para nada, por supuesto; para lograr un subidón de adrenalina, en el mejor de los casos, y en el peor, para perder la vida.

A decir verdad, no es que me escandalice la falta de utilidad en las actividades de las personas. Tengo para mí que la gratuidad es algo fundamental en el género humano. El sentido lúdico[8], los ensueños o la búsqueda de la belleza son realidades totalmente improductivas que, sin embargo, definen nuestra existencia. Necesitamos de lo innecesario para cumplirnos como mujeres y como hombres.

De manera que todas estas proezas[9] huecas (cruzarse el polo a pie y en solitario, o atravesarse el Atlántico nadando) se inscriben en una larga tradición de gestos inútiles: solo que ahora parece que el pulso con el peligro es más descarnado, más exagerado, como corresponde en una sociedad tan excesiva como la nuestra. Me pregunto qué impulso básico llevará a las personas hasta esos extremos: el ser humano debe de ser el único animal que disfruta contradiciendo su sentido de la conservación. Debe de ser cosa del afán, como diría Luis Landero: de la ansiedad por vencer a la muerte. Porque la muerte ganará la batalla final, pero en el entretanto uno puede permitirse la venganza de echarle unos cuantos pulsos y salir triunfante. Qué engañosa y embriagadora omnipotencia[10].

Rosa Montero. *El País* (adaptación)

Infiere

Indica el número de la palabra del texto que corresponda a cada uno de estos significados:

- ☐ Exagerado.
- ☐ Indescriptibles.
- ☐ Aclarar.
- ☐ Poder absoluto.
- ☐ Gestas.
- ☐ Delirio.
- ☐ Peñascos.
- ☐ Extremos.
- ☐ Raciales.
- ☐ Del juego.

Comprensión y expresión

Explica

1. Según la autora, ¿qué diferencia hay entre los exploradores de antes y los de ahora?

Divide

2. El texto está estructurado en tres partes: presentación del tema, argumentos y conclusión. Anota a qué párrafos corresponde cada una.

Localiza

3. Rosa Montero utiliza muchos adjetivos para describir qué le parecen estos deportes o aventuras de riesgo. Indícalos.

Justifica

4. Teniendo en cuenta los adjetivos anteriores, ¿crees que a la autora le gustaría practicar alguno de los deportes que menciona? Justifica tu respuesta.

Califica

5. ¿Qué adjetivos utilizarías tú para describir estos deportes? Haz una lista de, al menos, diez.

Comenta

6. ¿Qué crees que significa la frase que termina el artículo: «Qué engañosa y embriagadora omnipotencia»?

Termina

7. Escribe un final para estas oraciones, teniendo en cuenta el contenido del artículo:
   a) Montero afirma que antes el mundo era más ancho y más enigmático porque...
   b) La autora considera que antes el polo Norte y el polo Sur estaban tan lejos de la civilización como la Luna porque...
   c) El peligro ahora debe enfrentarse en seco porque...
   d) La gratuidad es algo fundamental en el ser humano porque...

Convence

8. Piensa qué argumentos puede tener un aficionado a un deporte de riesgo (escalada, espeleología, paracaidismo...) a favor de practicarlo y redacta un texto de cincuenta palabras aproximadamente en el que convenzas a un compañero o compañera para que lo practique.

Conocimiento de la lengua

La oración simple y la oración compuesta

La **oración simple** es una unidad lingüística que solo tiene **un verbo** que funciona como núcleo del predicado. Es una oración independiente con sentido gramatical completo.

A mi padre le gusta mucho la fabada asturiana.

N

SV predicado

La **oración compuesta** es una unidad lingüística que tiene **más de un verbo** y cada uno funciona como núcleo del predicado correspondiente. Así pues, la oración compuesta está formada por dos o más oraciones simples. Cada una de estas oraciones recibe el nombre de **proposición** y suelen relacionarse entre ellas mediante **nexos**, que pueden ser conjunciones, pronombres relativos, adverbios, locuciones, etc.

Las siguientes oraciones compuestas están formadas por dos proposiciones, es decir, presentan dos verbos o predicados:

[Las ovejas pacían tranquilas por los prados] **y** *[el pastor dormía sosegadamente.]*

N conj. N

Proposición 1 Proposición 2

[Iré con María a la reunión,] **ya que** *[Pedro no puede].*

N loc. conj. N

Proposición 2

Proposición 1

[Los zapatos [**que** *me compré] son muy caros.]*

pron. relativo N N

Proposición 2

Proposición 1

Practica

1. Indica si las siguientes oraciones son simples o compuestas.

a) La madre de Ana me trajo a casa un libro sobre pintura.
b) Le dije que le regalara el juego sobre construcciones.
c) Cuando vino tu hermano, empezamos la fiesta.
d) Ángel y Luis fueron al cine la semana pasada.
e) ¿Viste a Sara o llegaste tarde a su casa?
f) El martes pasado quedamos en la cafetería donde nos conocimos.
g) Mis padres y mis hermanos vinieron a la exhibición.

Clases de oraciones

Las oraciones se pueden clasificar a partir de diferentes criterios.

Según la actitud del hablante pueden ser:

- **Enunciativas:**
  - Afirmativas: *El cine Dante ha cerrado sus puertas definitivamente.*
  - Negativas: *En esta tienda no hay zapatos del número cuarenta y seis.*
- **Interrogativas:**
  - Directas:

    –Totales: *¿Vendrás hoy a la playa con nosotros?*

    –Parciales: *¿Qué te has comprado?*
  - Indirectas:

    –Totales: *Me preguntaba si te gustan los macarrones.*

    –Parciales: *No sé cuánta gente va a venir.*
- **Exclamativas:** *¡Qué bonito día hace hoy!*
- **Exhortativas o imperativas:** *No te asomes a la ventana.*
- **Desiderativas:** *¡Ojalá llegue pronto Navidad!*
- **Dubitativas:** *Quizá vengan mañana.*

Según la naturaleza del predicado pueden ser:

- **Atributivas o copulativas:** *Ismael parece mucho más joven.*
- **Predicativas:**
  - **Activas**:

    – Transitivas: *Edgar siempre mira el documental de las cinco.*

    – Reflexivas: *Mi hijo ya se viste solo.*

    – Recíprocas: *Nos dimos la mano en señal de paz.*

    – Intransitivas: *¿Os quedasteis en casa el jueves por la tarde?*
  - **Pasivas**:

    –Propias: *La noticia del año fue lograda por el periodista.*

    –Reflejas: *Se aceptaron las propuestas.*
  - **Personales**: *Un nuevo parque ha sido inaugurado este verano.*
  - **Impersonales**:

    – Unipersonales: *Ha granizado por toda la zona litoral.*

    – Gramaticales: *Hace mucho calor por aquí.*

    – Reflejas: *Se vive estupendamente en Suiza.*

    – Eventuales: *Llaman a la puerta.*

Practica

2. Escribe una oración que ejemplifique cada una de las modalidades oracionales según la actitud del hablante.

3. Clasifica las siguientes oraciones según la naturaleza del predicado:

Ejemplo:
Ella se pintó las uñas. → *Predicativa, activa, transitiva, reflexiva*

a) Algunos universitarios se ayudan en la asignatura de contabilidad.
b) Muchos castillos fueron construidos en la Edad Media.
c) Me aburren enormemente las cenas de empresa.
d) En enero se abren pistas de hielo artificiales en muchas ciudades.
e) Hay una bandada de pájaros en la azotea.
f) Pon la mesa, por favor.
g) Lola se lava el pelo todos los días del año.
h) Ella es la hermana de mi madre.

Practica

4. Analiza morfosintácticamente las siguientes oraciones. Fíjate en el ejemplo:

Ejemplo: *Pintaban maravillosos paisajes con acuarela.*

	Pintaban	maravillosos	paisajes	con	acuarela.
	v.	*adj.*	*n.*	*prep.*	*n.*
	N	*CN*	*N*		*N*
		SN (CD)		*SPrep (CCI)*	
(Ellos)	*SV predicado*				
Sujeto elíptico					

a) Las flores eran regadas a diario por el jardinero de la finca.
b) El médico se lavó las manos antes de la intervención.
c) ¿Quién puede ir esta noche al concierto?
d) Nos sorprendieron tus razonamientos.
e) ¿Cuánto te ha costado el coche?
f) Este profesor se preocupa mucho por el futuro de sus alumnos.

5. Indica cuáles de estas oraciones son compuestas y marca las dos proposiciones:

Ejemplo:
[A Isabel le gusta el pescado] y [a Alberto le entusiasma la carne.]

a) Él sabe mucho de matemáticas, pero no sabe nada de historia.
b) El vuelo a Roma fue rápido; sin embargo, el de Menorca no lo fue.
c) Vosotros no contasteis la verdad a Juan.
d) ¿Vienes o te quedas?
e) Fuimos a ver la película *El planeta de los simios* el miércoles pasado.

¿Qué vais a hacer con las cartas?

UNA

La oración compuesta

Según la relación que se establece entre las proposiciones de una oración compuesta, estas pueden ser: coordinadas, yuxtapuestas o subordinadas.

- **Coordinadas:** están formadas por dos o más proposiciones unidas por un nexo (una conjunción o locución conjuntiva) que mantienen su independencia; es decir, no pierden el sentido individual a pesar de tener una relación de significado entre ellas.
  [Marisa sacó un nueve en Matemáticas] **y** *[Antonio repitió el examen dos veces consecutivas.]*

  Las oraciones coordinadas se clasifican según la relación que establecen al unirse entre sí mediante el nexo:

  - **Copulativas:** utilizan conjunciones que unen y suman los contenidos de dos o más proposiciones. Sus nexos son: *y*, *ni*, *e*.
    Ni *[estudias]* ***ni*** *[haces nada para mejorar.]*

  - **Disyuntivas:** establecen una relación de exclusión entre dos o más opciones. La acción de una proposición excluye que se pueda llevar a cabo la acción de la otra. Sus nexos son las conjunciones: *o* y *u*
    [¿Quieres algo de beber] **o** *[prefieres comer ya?]*

- **Adversativas:** establecen una relación de oposición o contraste. Lo que se dice en una proposición contradice a la otra. En ocasiones, el verbo de la segunda proposición puede estar omitido. Sus nexos son: *pero*, *mas*, *sino*.

  [Hacía mucho sol en la playa;] ***pero*** *[no hacía nada de calor.]*

- **Distributivas** o **disyuntivas discontinuas:** establecen una relación de alternancia entre dos o más proposiciones. No se excluyen unas a otras, sino que comparten diferentes acciones a la vez. Los nexos de unión son: *o bien... o bien, sea... sea..., bien... bien..., ya... ya..., ora... ora..., ya sea... ya sea..., tanto... cuanto..., tanto... como...*

  O bien *[ellos juegan al fútbol],* ***o bien*** *[practican el surf.]*

Practica

6. Completa los espacios en blanco de estos refranes con su nexo correspondiente:

a) Cuando el arco iris se ve, ◆ ha llovido ◆ va a llover.
b) Como el perro del hortelano, ◆ come ◆ deja comer al amo.
c) Dime con quién andas ◆ te diré quién eres.
d) Con la familia comer ◆ beber, ◆ no comprar ◆ vender.

¡Atrévete!

7. Lee el siguiente texto atentamente y realiza las siguientes actividades:

> A finales de mayo de 1498 salimos de Sanlúcar de Barrameda. Íbamos con seis barcos medianamente pertrechados y con poca tripulación; sin duda, los planes de Colón eran muy distintos a los de los dos primeros viajes.
>
> Días después hicimos la acostumbrada escala en las Islas Canarias y cargamos especialmente agua, madera, queso de cabra y gofio.
>
> Poco antes de partir, el almirante citó a los capitanes de los otros barcos en nuestra nave capitana y les dio órdenes terminantes. Tres naves irían inmediatamente hacia La Española, llevando provisiones y la ayuda que su hermano Bartolomé le había solicitado angustiosamente, porque parecía que todo se les estaba agotando tras esos dos años, y las otras tres, bajo su mando, no enrumbarían hacia el Oeste, sino al Sur.
>
> Fue una sorpresa para todos. Pero ya se sabe que los demás tienen que acatar lo que manda el capitán general de expedición.
>
> –Costearemos el noroeste de África hasta Cabo Verde- ordenó al contramaestre.
>
> –Pero, señor, hay piratas y a los portugueses, descubridores de esas regiones, no les hará la menor gracia. Incluso pueden atacarnos.
>
> Carlos Villanes Cairo, *El ocaso del gran navegante* (2006)

a) Subraya todas las conjunciones coordinantes del texto.
b) ¿De qué tipo son?
c) ¿Qué clase de coordinada no has encontrado en el texto?
d) ¿Qué nexos deberíamos de encontrar para clasificar una oración en disyuntiva o disyuntiva discontinua?

Practica

8. Separa las proposiciones de las siguientes oraciones coordinadas y clasifícalas según su nexo de unión:

Ejemplo:
[Es profesor de historia], pero [estudió Derecho.] → adversativa

a) En esta empresa se trabaja muy bien, pero no se cobra mucho.
b) Levántate ya de la cama o no vamos al parque de atracciones.
c) Clara se fue con él y su hermana la acompañó.
d) O bien aumenta el valor de las acciones de la empresa, o bien tendremos que malvenderlas.
e) Ya comes dulce, ya comes salado.
f) Ni me gusta el helado ni el granizado.
g) Quisiéramos complacerte, mas no podemos de momento.
h) Ni vive ni deja vivir.

- **Yuxtapuestas:** son proposiciones independientes unidas por punto y coma o coma. No llevan ningún enlace.
  [Jorge va a la piscina], [Juana prefiere ir a la playa], [Elena piensa quedarse en casa.]

- **Subordinadas:** una proposición, llamada **proposición subordinada**, depende sintáctica y significativamente de la otra, denominada **proposición principal**. La proposición subordinada, unida a la proposición principal mediante un pronombre, un adverbio, una conjunción o una locución conjuntiva, completa el sentido de la oración compuesta. Hay tres clases de proposiciones subordinadas:

  - **Sustantivas:** equivalen a un sintagma nominal o a un sustantivo, por lo que tienen sus mismas funciones sintácticas. El nexo que las introduce puede ser una conjunción (*que*, *si*) o un interrogativo (*qué*, *quién*, *cuánto*, *cómo*). Cuando la subordinada sustantiva contiene un infinitivo, no hay nexo de unión.
    *[Ella cree [**que** todo esto es mentira].] → Ella lo cree.*
    prop. sub. sustantiva (CD) — SN (CD)

  - **Adjetivas** o **de relativo:** equivalen a un sintagma adjetival o adjetivo y completan el significado del nombre al que acompañan. Este sustantivo se denomina **antecedente**. El nexo de unión es un pronombre relativo (*que*, *cual*, *cuales*, *quien*, *quienes*) o un adverbio relativo (*donde*, *cuando* y *como*). Los pronombres relativos tienen una doble función: son el nexo respecto a la oración principal, pero también cumplen una función sintáctica dentro de la oración.
    *[Me gusta la gente [**que** habla con sencillez].] → Me gusta la gente sencilla.*
    prop. sub. adjetiva (CN) — SAdj (CN)

    En el ejemplo anterior, *gente* es el antecedente del relativo *que*. Este pronombre relativo, además de funcionar como nexo, es el sujeto de la proposición subordinada adjetiva: *La gente habla con sencillez.*

  - **Adverbiales:** equivalen a un adverbio o locución adverbial y realizan la función de complemento circunstancial.
    [[Cuando era pequeña], me gustaba mucho columpiarme.]

Practica

9. Indica si estas oraciones son coordinadas o subordinadas y señala el nexo que las une:

a) Úrsula se enfadó y se fue a su casa.
b) Marcos y Sandra van a organizar una fiesta, pero sin animadores.
c) Como no me lo aclares, no te voy a creer más.
d) Se presentó al examen a pesar de que no había podido estudiar.
e) Ya hace dieta, ya come sin control.
f) Lleva unas zapatillas con las que se siente muy cómodo.
g) O le das la razón en todo o te deja de hablar por nada.

¡! Existe también el adjetivo relativo *cuyo*, *cuya*, *cuyos*, *cuyas* con valor posesivo, que concuerda no con su antecedente, que es el nombre del poseedor, sino con el nombre de la persona o cosa poseída.
*[Los hijos [**cuyos** padres tienen tiempo libre] crecen más felices.]*

¡! Las subordinadas adverbiales, a su vez, pueden ser:

- **Propias:**
  Tiempo: *[Se marchó [apenas hubo terminado de comer.]]*
  Lugar: *[Cuelga el retrato de los abuelos [donde estaba antes este cuadro.]]*
  Modo: *[Desarrolló el tema ante el tribunal [como yo le aconsejé.]]*
- **Impropias:**
  Causales: *[Llegó tarde a la entrevista [porque perdió el autobús.]]*
  Consecutivas: *[La leche estaba tan caliente [que me quemé.]]*
  Concesivas: *[[Aunque se mantiene al margen], siempre está ahí.]*
  Comparativas: *[Compra tantas bebidas [como quieras.]]*
  Condicionales: *[[Si llueve], cierra las ventanas antes de acostarte.]*
  Ilativas: : [Pienso, [luego existo.]]
  Finales: *[A principios de año, te pondrás a trabajar [para que valores más las cosas.]]*

¡Atrévete!

10. Identifica los nexos y clasifica las siguientes oraciones subordinadas en sustantivas, adjetivas o adverbiales:

a) Subiremos por donde cueste menos hacerlo.
b) Lo mejor es que ganamos sin esforzarnos demasiado.
c) Eres tan humilde que jamás te van a faltar amigos.
d) Vivíamos en aquella casa cuya terraza daba a la avenida principal.
e) Me caí en una charca que había en medio del camino.
f) Te necesito porque te quiero.
g) En cuanto termine de preparar la comida, me pongo contigo a hacer los deberes.
h) Quiero que me ayudes sin desanimarme en mis decisiones.

11. Lee atentamente los siguientes chistes y contesta:

1. Un jardín zoológico es el lugar donde los animales estudian las costumbres de los seres humanos.
   a) Señala la proposición subordinada e indica de qué clase es.
   b) ¿Cuál es el antecedente de *donde*?
2. A un chico muy brillante se le llama genio si es el nuestro, y presumido si es el del vecino.
   a) ¿Qué nexo nos indica que estamos ante una oración compuesta?
   b) ¿Qué clase de oración compuesta es?
3. Le dijo el jefe al empleado: «No pienses en mí como jefe, piensa que soy un amigo que siempre tiene razón».
   a) Señala la oración subordinada sustantiva y su nexo correspondiente.
   b) Localiza la oración subordinada adjetiva y su antecedente.
4. Era un señor tan sordo, tan sordo, que contestaba al teléfono aunque no sonora.
   a) ¿Qué nexo se utiliza para formular la oración subordinada adverbial consecutiva?
   b) ¿Cuál es el nexo de valor concesivo?

2150 Chistes, curiosidades, anécdotas y frases célebres (1998)

Practica

12. Infiere y completa con un nexo los espacios en blanco de estas oraciones:

Ejemplo: *Se ocupó de todo, ◆ hubiera podido delegar.* → *aunque*

a) ◆ fui a París, cené por el río Sena.
b) ◆ acudieron todos sus amigos, la celebración fue un éxito.
c) El pico ◆ vamos a escalar tiene más de dos mil metros de altitud.
d) Es ◆ inteligente ◆ va a llegar muy lejos.
e) Lo hubiera perdido todo ◆ su padre no hubiera llegado a tiempo.
f) Nos bañamos en una piscina ◆ agua estaba muy fría.
g) Me enseñó el vestido ◆ se había comprado recientemente.

Fábrica de textos

El artículo de opinión

Dentro de los textos informativos, cabe distinguir los **artículos de opinión**. En ellos el autor ofrece sus argumentos y su punto de vista sobre un hecho o acontecimiento determinado, con la intención de guiar al lector en su interpretación. Son, por lo tanto, textos claramente subjetivos y escritos con el estilo personal del autor.

Decide

1. En la lectura inicial, la autora opina sobre la moda de los deportes de riesgo. Escoge cuál de estos resúmenes explica mejor su opinión.

a) Montero no entiende por qué los exploradores de todos los tiempos han puesto en riesgo su vida para conseguir demostrar que pueden vencer a la muerte. Para ella no tienen sentido la cantidad de cosas absurdas, carísimas y espeluznantes que alguien puede hacer para lograr un subidón de adrenalina.

b) Para la autora, los exploradores que viajaron por África o por los polos se jugaban la vida para aportar conocimiento a la humanidad. En cambio, los aventureros actuales no aportan nada a la ciencia. Por este motivo, opina que deberían prohibirse sus actividades, así como el desembolso de recursos y de personal de apoyo que a menudo implican.

c) La autora comenta sorprendida la tendencia de los seres humanos a buscar aventuras arriesgadas. Según ella, estas aventuras, a diferencia de las que realizaron los grandes exploradores años atrás, no tienen otra justificación que buscar el riesgo por el riesgo. Montero no se escandaliza por esta falta de sentido, pero se pregunta qué motiva a estas personas a poner en riesgo su vida.

Averigua

2. Lee el siguiente texto y explica si el autor está a favor o en contra de la influencia de las marcas de ropa deportiva en el deporte. Justifica tu respuesta con elementos del texto.

Hace algunas décadas, no tantas, mandaba en el fútbol gente siniestra con dinero sucio y los estadios eran coto de los ultras. Después, cuando despegó la televisión de pago, el timón de la competición lo tomaron las operadoras de cable o satélite, lo que benefició al espectador de sillón. Fue así, entre desgracias y avances, como se modernizó el fútbol y llegó a ser el gran tinglado que es.

Quienes hoy exhiben su poder son las marcas de ropa deportiva. Las estrellas cobran más de sus logos que de sus clubes, lo que explica muchas cosas, desde inoportunos actos promocionales a premios difíciles de explicar al jugador emblema de una compañía. Adidas y Nike, el duopolio global del ramo, han tomado además las riendas de la comunicación de los futbolistas. Muchas de las declaraciones que ve en la tele no son hechas en entrevistas ni ruedas de prensa, sino en eventos organizados y muy controlados por las marcas. Y los canales enchufan sin reservas el vídeo cocinado para ellos.

Dijo el exfutbolista y entrenador italiano Sacchi que el fútbol es la cosa más importante de las que no son importantes. Ya no se juega en campos de barro y el romanticismo cede ante el negocio. De ahí que el Real Madrid vista este año de fucsia, y el Barcelona de carmesí chillón, en sus uniformes como visitantes. O, sacrilegio, el Atlético de un gris casi blanco.

La afición se sostiene en viejas señas de identidad. Pero la maquinaria exige lanzar al mundo novedades sin parar. Ya se les están acabando los colores.

Ricardo Querol. *El País*, 8 agosto 2014 (adaptación)

El contenido

Como otros textos periodísticos, el artículo de opinión debe incluir un **titular** que atraiga la atención del lector, y a continuación puede haber o no una **entrada** en la que se presente brevemente el tema.

En el **cuerpo** del artículo se desarrolla su contenido: primero se ofrece una **introducción**; luego el autor expone el desarrollo de su opinión con **argumentos**, datos o ejemplos que la justifiquen; y, por último, se incluye una **conclusión** o reflexión final.

Reconoce

3. Señala las tres partes en las que se divide el artículo que inicia la unidad: presentación del tema, desarrollo y conclusión final.

Elabora

4. Lee este fragmento de un artículo sobre la persecución que viven los famosos y piensa una conclusión para terminarlo.

Lo lleva en el sueldo

En las redes sociales conviene no compartir intimidades con personas que no hayas conocido en tres dimensiones

Creo que fue la lejanía y la soledad lo que me aficionó hace diez años a las redes sociales. Aprendí mucho en aquellos primeros años. Lo primero, que cualquier cosa que se cuelgue en la red es público.

Recuerdo que una vez entré en la página de un tipo en Facebook. Era alguien que no conocía, pero al que agregué como «amigo» por recomendación de otros. Este «amigo» había colgado una foto con un actor muy conocido del que no diré el nombre. Se ve que habían coincidido en un bar y mi «amigo» le había pedido una foto juntos. De esta foto comenzaron a surgir comentarios burlescos y despreciativos. Y tal vez fuera porque conozco a ese actor lo suficiente como para afirmar que se trata de una buena persona lo que me llevó a afear la conducta del dueño de la página. Me llamaron aguafiestas, desabrida, y apelaron a su libertad de expresión. Me callaron y me callé.

Por otro lado, esta semana, la revista *New York* traía una larga pieza escrita en primera persona por el actor Alex Baldwin. Su rostro venía en portada con un titular seco, «Lo dejo». Aquello parecía hacer referencia al oficio, pero no, Baldwin se refería a Nueva York, y a un estilo de vida que la presión obsesiva de los medios sobre la vida privada, así como la colaboración de cierto público en certificar con fotos cada encuentro con una celebridad, ha convertido en impracticable. Lo que quiere abandonar Baldwin es una ciudad que hace unos años ofrecía un ambiente respetuoso a sus artistas. «Lo dejo», dice el actor. Se ve obligado a cambiar esta ciudad, paradigma de todas las ciudades, por esa otra ciudad que no lo es, Los Ángeles, donde las celebridades viven protegidas del público para el que trabajan.

Elvira Lindo. *El País*, 9 marzo 2014 (adaptación)

Opina

5. Imagina que quieres publicar un artículo de opinión sobre el derecho a la intimidad de los famosos. Elaborad, entre todos, una lista de argumentos a favor del derecho a preservar su intimidad y otra que defienda que son personajes públicos y, por lo tanto, su vida está expuesta a los demás. Añadid a la lista un ejemplo para ilustrar cada argumento que propongáis.

Titula

6. Escoge qué argumentos, de los que han surgido en el ejercicio anterior, utilizarías tú para escribir un artículo sobre el tema. A continuación, piensa el título y la entrada que los acompañaría.

La opinión en Internet

Actualmente, los artículos de opinión publicados en los periódicos digitales pueden ser rebatidos o comentados a través de las opciones de participación que ofrecen sus páginas web. De este modo, cualquier lector puede aportar su **punto de vista** sobre un tema o acontecimiento. Para conseguir que el comentario sea de interés para el resto de los lectores, debe estar bien planteado y argumentado.

Sugerencias

Para poder opinar, hay que disponer de información contrastada y datos verídicos. No es posible opinar sobre un hecho del cual desconocemos las causas, las consecuencias... Informaos bien sobre el tema; de este modo, podréis ofrecer argumentos sólidos y rebatir a aquellos que no estén de acuerdo con vosotros.

Participa

7. Entrad en la página web de un periódico y buscad un artículo de opinión. En grupos, elaborad una lista de argumentos a favor o en contra de lo expuesto por el autor –con datos o ejemplos que los ilustren– y, a partir de esta lista, preparad un texto de unas cincuenta palabras para incluir en la página web. Podéis ir consultando la noticia para comprobar si alguien os ha respondido.

Las viñetas

Las **viñetas** también forman parte del periodismo de opinión. Los autores reflejan en un dibujo o una tira cómica su visión del mundo y su opinión sobre un tema. Es habitual que los periódicos incluyan una o más viñetas en sus páginas de opinión. Fíjate en el siguiente ejemplo:

Analiza

8. Fíjate en la viñeta anterior y explica qué opinión quiere expresar su ilustrador.

Comenta

9. Busca en diferentes diarios una viñeta que te guste y explica qué mensaje transmite y por qué te ha llamado la atención.

El debate

En los medios de comunicación, también podemos encontrar otros formatos para expresar la opinión. Uno de ellos es el **debate**.

Un debate es una discusión entre dos o más personas con opiniones o puntos de vista diferentes. Para realizar un debate formal, se necesita la figura del moderador, que se encarga de organizar los turnos de palabra. Es importante respetarlos y escuchar a los demás participantes; solo así se podrán rebatir o corroborar sus aportaciones.

¿Qué verifica este aparato del observatorio?

MO
MO
MO
MO
MO
MO

Opina

10. Lee este fragmento de una noticia y escribe tu opinión sobre el tema.

El instituto El Pont prohíbe llevar a clase el teléfono móvil

El instituto de Secundaria de El Pont de Suert ha prohibido a los alumnos acudir a clase con los teléfonos móviles. Así lo ha comunicado el centro a los padres de los escolares, a través de una circular en la que explica que el veto a estos dispositivos se incluyó en el reglamento interno del centro el pasado mes de junio. Asimismo, advierte que, a los estudiantes cuyo teléfono «se vea o se oiga en cualquier punto del recinto escolar» entre las nueve de la mañana y las tres de la tarde, se les retirará el aparato durante una semana. En la misiva, la dirección del centro argumenta que esta restricción pretende favorecer «un uso responsable de la tecnología».

El Segre (21 septiembre 2014)

Sugerencias

Para llevar a cabo un debate, cada grupo debe exponer primero su opinión sobre el tema de una manera breve. Una vez explicados los diferentes puntos de vista, el moderador –escogido previamente– se encargará de gestionar los turnos de palabra.

Debate

11. En grupos, preparad un discurso opinando sobre el tema del texto anterior. Repartíos quién debe mostrarse a favor y quién en contra, y después debatid entre todos vuestros argumentos.

Ortografía

La acentuación

La **acentuación** nos permite reconocer la sílaba tónica de las palabras para poder leer correctamente e interpretar su significado.

Según la posición de la sílaba tónica, las palabras se clasifican en:

- **Agudas:** son aquellas palabras cuya sílaba tónica es la última. Se escriben con tilde cuando acaban en **-n**, **-s** o **vocal**: *nar**ración***, *tras**piés***, *orde**nó***, *hos-pi**tal***, *nar**rar***.
- **Llanas:** son aquellas palabras cuya sílaba tónica es la penúltima. Se escriben con tilde cuando acaban en **consonante que no sea -n o -s**: ***cés**ped*, ***tú**nel*, *beren**je**na*, ***lu**nes.*
- **Esdrújulas:** son aquellas palabras cuya sílaba tónica es la antepenúltima. **Siempre** se escriben con tilde: *ta**rán**tula*, *es**pá**tula*.
- **Sobresdrújulas:** son aquellas cuya sílaba tónica es la anterior a la antepenúltima sílaba. Suelen tratarse de verbos a los que se les añade algún pronombre átono. **Siempre** se escriben con tilde: *ter**mí**natelo*, *re**cuér**daselo.*

> **¡!** Las palabras **monosílabas** por norma general no se acentúan, ya que no es necesario marcar cuál es la sílaba tónica (*mar*, *fin*, *sol*), aunque existen algunas excepciones, como comprobarás en la siguiente unidad.
> También se consideran monosílabas, por estar formadas por un diptongo o un triptongo, las siguientes palabras: *crie*, *fio*, *fie*, *fue*, *fui*, *guie*, *guion*, *guiais*, *lio*, *lie*...

Practica

1. Acentúa, cuando sea necesario, las siguientes palabras agudas:

hostil	hostal	pense
tiron	caminar	irlandes
solucion	abedul	diversion
cordobes	leyo	mortal

2. Acentúa las siguientes palabras llanas cuando sea necesario:

zamorano	helecho	ventana
util	reserva	caracter
movil	trebol	hermana
azucar	huesped	crater

3. Explica la diferencia de significado de los siguientes pares de palabras según se escriban con tilde o sin ella:

a) perdida o pérdida
b) este o esté
c) saludo o saludó
d) límite o limité

4. Completa las siguientes oraciones con la forma correcta en cada caso:

a) célebre / celebre / celebré
Cuando ◆ mi cumpleaños, serás debidamente invitada. / ◆ mi aniversario en la intimidad. / Es un músico ◆.

b) término / termino / terminó
Hoy ◆ el trabajo de Sociales. / Este ◆ es de difícil comprensión. / Ya ◆ la serie de intriga que seguíamos fielmente.

c) cálculo / calculo / calculó
Antes de la fiesta de ayer, ◆ hasta el más mínimo detalle. / Los problemas de ◆ no se le dan nada mal. / ◆ que habrá unas sesenta personas en la biblioteca.

d) solícito / solicito / solicitó
María ◆ un aplazamiento de su examen oral. / ◆ el cambio de asignatura en la universidad por incompatibilidad de horarios. / Se mostró muy ◆ durante la entrevista.

Practica

5. Localiza y escribe correctamente las palabras del texto a las que les falta la tilde.

> Cabalgamos a buen paso hasta detenernos en la puerta del doctor. La fachada de la casa estaba a oscuras.
>
> El señor Dance me pidio que llamara, y Dogger me dejo el estribo para apearme. Una doncella abrio la puerta casi al punto.
>
> –¿Esta el doctor Livesey? –pregunte.
>
> Me dijo que no, que habia estado por la tarde, pero que se habia ido a la mansion a cenar y pasar la velada con el *squire*.
>
> –Pues vamos alla, muchachos –dijo el señor Dance.
>
> Esta vez, como la distancia era corta, no monte, sino que fui corriendo, asido a la correa del estribo de Dogger, hasta las puertas del parque, y luego por la larga avenida de arboles desnudos iluminada por la luna, hasta las blancas construcciones de la mansion, que a uno y otro lado daban a esplendidos jardines centenarios. Alli desmonto el señor Dance y fuimos admitidos inmediatamente en la casa.
>
> Robert Louis Stevenson, *La isla del tesoro*, 1883 (traducción)

¿Cómo se encuentra tu tía?

A las normas básicas de acentuación, hay que añadir otras de carácter complementario:

- Las mayúsculas también se escriben con tilde cuando así lo exigen las normas generales de acentuación.
- Las palabras formadas con el sufijo *-mente* se acentúan solo si la palabra a la que se añade el sufijo ya se escribía con tilde: *difícilmente*, *inútilmente*, pero *raramente*, *casualmente*.
- Las palabras compuestas sin guion mantendrán la tilde solo en el segundo de sus componentes, en caso de llevarla: *décimo* + *séptimo* > *decimoséptimo.* No obstante, las que se escriben con guion mantendrán las dos tildes si las palabras simples la llevaban: *teórico-práctico*.

Practica

6. Relaciona los elementos de la primera columna con los de la segunda para formar palabras compuestas. Escribe tilde cuando sea necesario.

porta	blanco
décimo	cuarto
tira	fácil
verde	fono
abre	líneas
micro	aviones

Repaso

Practica

7. Completa las palabras de este texto con *b* o con *v*:

> A lo largo de estos días se cumplirá el primer ani◆ersario de la extraña desaparición de mi amigo ◆icente Holgado. El otoño ha◆ía empezado poco antes con unas llu◆ias templadas que ha◆ían dejado en los parques y en el corazón de las gentes una humedad algo retórica, muy fa◆ora◆le para la tristeza, aunque tam◆ién para la euforia. El estado de ánimo de mi amigo <u>oscila◆a</u> entre am◆os extremos, pero yo atri◆uí su inesta◆ilidad al hecho de que ha◆ía dejado de fumar. ◆icente Holgado y yo éramos ◆ecinos en una casa de apartamentos de la calle de Canillas, en el ◆arrio de Prosperidad, de Madrid. Nos conocimos de un modo singular un día en el que, ◆enciendo yo mi natural timidez, llamé a su puerta para protestar no ya por el ◆olumen excesi◆o de su tocadiscos, sino porque solo ponía en él canciones de Simon y Garfunkel, dúo al que yo <u>adora◆a</u> hasta que ◆icente Holgado ocupó el apartamento contiguo al mío.
>
> Juan José MILLÁS, «Trastornos de carácter» (1989)

8. Fíjate en las palabras subrayadas del texto del ejercicio anterior. Anota tres más en el mismo tiempo verbal.

9. Forma adjetivos a partir de las siguientes palabras usando los sufijos *-ble* e *-ivo*:

a) abusar
b) adoptar
c) adorar
d) afecto
e) agradar
f) alterar
g) amigo
h) inundar
i) navegar

¡Atrévete!

10. Elige la forma correcta de los siguientes pares de palabras:

a) estrangular o extrangular
b) extranjeros o estranjeros
c) extraordinario o estraordinario
d) espectadores o expectadores
e) extirpar o estirpar
f) extenso o estenso
g) estructura o extructura

11. Completa las siguientes oraciones con las palabras correctas del ejercicio anterior:

a) Fueron unos cien ◆ al estreno de la película.
b) Por desgracia, le han tenido que ◆ el bazo.
c) Mi tío posee un ◆ terreno en la comarca.
d) Al final de la película, el protagonista evita que puedan ◆ a la detective.
e) Aún no sabemos nada de la nueva ◆ organizativa.
f) Delante de aquellos turistas ◆ sucedió algo ◆ que solo unos pocos pudimos ver.

12. Infiere la sílaba que falta en algunas palabras de este texto y complétalas:

> A mediados de octubre, el doctor Turbay le pa◆ por teléfono a Hernando Santos uno de sus mensajes cifrados en su ◆digo personal. «Tengo unos periódicos muy buenos si te interesa la cosa de toros. Si quieres te los mando.» Hernando entendió que era una nove◆ importante sobre los secuestrados. Se trata◆, en efecto, de una casete que llegó a casa del doctor Turbay, franqueada en Montería, con una prue◆ de super◆vencia de Diana y sus compañeros, que la familia ha◆a pedido con insistencia desde hacía varias semanas. La voz inconfundible: Papito, es di◆cil enviarle un mensaje en estas condi◆nes pero des◆ de solicitarlo mucho nos han permitido hacerlo. Solo una frase daba pistas para acciones futuras: Vemos y o◆mos no◆cias permanentemente.
>
> Gabriel GARCÍA MÁRQUEZ, *Noticia de un secuestro* (1996)

Literatura

Miguel de Cervantes y *Don Quijote de la Mancha*

La obra de **Miguel de Cervantes Saavedra** se sitúa a caballo entre los siglos XVI y XVII, cuando las ideas del Renacimiento entraban en crisis y se iba extendiendo la mentalidad barroca, más pesimista y sombría. Además del *Quijote*, obra cumbre de la literatura universal, Cervantes escribió poesía, teatro y otras novelas de muy distinto género.

Cervantes escribió una gran cantidad de **poesía**. La mayor parte de sus poemas se encuentran dispersos en novelas como el *Quijote.* Asimismo, muchas de sus obras teatrales están escritas en verso. Sin embargo, Cervantes siempre consideró que la poesía fue «la gracia que no quiso darme el cielo».

Cervantes escribió también **obra dramática**, en una época en que el teatro empezaba a convertirse en un espectáculo popular que atraía masas y que podía proporcionar fama y dinero a quien consiguiera el favor del público. Sus obras más celebradas son sus ocho entremeses.

Los **entremeses** eran unas piezas cortas que se representaban en los descansos de las obras más largas (comedias o tragedias). La mayor parte de los entremeses cervantinos son animados cuadros cómicos, protagonizados por gran variedad de personajes –maridos confiados, mujeres despreocupadas, fanfarrones, estudiantes, viejos viciosos, criadas entrometidas, tipos del hampa...– que emplean un lenguaje vivo y natural.

Practica

1. Busca información sobre los entremeses de Miguel de Cervantes y escribe el argumento de dos de ellos.

Sin duda alguna, la **narrativa** fue el género para el que Cervantes estaba mejor dotado. Su primera novela fue *La Galatea* (1585), una novela pastoril que contiene todos los tópicos del género y de la que Cervantes se sentía muy orgulloso. Tras el éxito de la primera parte del *Quijote*, Cervantes empezó a escribir unas narraciones cortas que, en 1613, reunió en un volumen con el título de *Novelas ejemplares*. Se trata de doce novelas cortas en que predomina la visión realista. Así, *Rinconete y Cortadillo* es la historia de dos pilluelos sevillanos que presenta algunas semejanzas con las novelas picarescas. Sin embargo, los hechos extraordinarios también tienen su presencia en otras novelas ejemplares como *El coloquio de los perros*, que se compone de un diálogo entre dos perros que adquieren la facultad de hablar, o *El licenciado Vidriera*, la historia de un estudiante que recibe una pócima para enamorarse que lo vuelve loco y cree que es de cristal. Finalmente, pocos días antes de morir, Cervantes

¿Sabías que...?

Miguel de Cervantes Saavedra nació en Alcalá de Henares (Madrid) en 1547. Tuvo una vida muy agitada. Ya con dieciocho años se vio obligado a huir a Italia tras haber herido a un hombre. Más tarde se hizo soldado e intervino en numerosas batallas como la de Lepanto, donde fue herido y perdió la movilidad de la mano izquierda. Cuatro años después, cuando regresaba de una expedición militar, fue apresado junto con toda la tripulación por los turcos. Durante cinco años estuvo cautivo en Argel. Tras repetidos intentos de fuga, fue liberado. Ya en España se casó y vivió en Andalucía dedicado a recaudar impuestos para el ejército, pero en dos ocasiones fue acusado de desviaciones y fue encarcelado. Tras la publicación de la primera parte del *Quijote*, en 1605, que se convirtió en un gran éxito, aumentó su actividad literaria, aunque siguió sufriendo estrecheces económicas hasta su muerte, el 23 de abril de 1616.

terminó *Los trabajos de Persiles y Segismunda*, que se publicaría póstumamente. Se trata de una novela bizantina que narra las peripecias de una pareja de príncipes nórdicos que deciden casarse en Roma. Por el camino sufrirán naufragios, separaciones, raptos, cautiverios y persecuciones hasta que, al fin, logran reunirse en Roma y contraer matrimonio.

¡! Recuerda que en la unidad 5 estudiamos las características de las novelas pastoriles, bizantinas, de caballerías y picarescas.

El ingenioso hidalgo don Quijote de la Mancha

En 1605 se publicó la primera parte del *Quijote*, cuyo título completo era *El ingenioso hidalgo don Quijote de la Mancha*. Este primer volumen se compone de 52 capítulos, además de un prólogo y diversos poemas que encabezan y cierran el relato principal. En 1615, tras el fulminante éxito de la novela, Cervantes publicó la segunda parte (compuesta de 74 capítulos) de las aventuras de don Quijote.

Tomando los dos volúmenes como un único conjunto, la novela se divide en tres partes, que se corresponden con cada una de las tres salidas que realiza don Quijote en busca de aventuras:

- **Primera salida**
  Un hidalgo manchego ha perdido el juicio de tanto leer libros de caballerías. Imitando a los protagonistas de estas novelas, cambia su verdadero nombre por el de don Quijote y busca una enamorada, Dulcinea del Toboso, a quien dedicar sus victorias. Don Quijote sale de su casa a lomos de Rocinante decidido a ganarse el prestigio como caballero. Llega a una venta, que él cree ser castillo, y es armado caballero. No obstante, debido a su locura, pronto recibe una paliza y vuelve a su casa. Sus amigos, el cura y el barbero, intentan evitar que don Quijote empeore, por lo que queman sus libros de caballerías.

- **Segunda salida**
  Don Quijote convence a un aldeano para que lo acompañe como escudero en sus nuevas aventuras. Salen juntos del pueblo, recorren La Mancha y llegan hasta Sierra Morena. En su camino se suceden aventuras como la de los molinos de viento que don Quijote toma por gigantes, la de los rebaños convertidos en ejércitos en la imaginación del protagonista, o bien la de los cueros de vino tinto que don Quijote atraviesa con su espada pensando que eran gigantes. Finalmente, el cura y el barbero consiguen traerlo de regreso a la aldea, engañado y metido en una jaula.

- **Tercera salida**
  En el segundo libro, don Quijote sale de nuevo de su aldea para realizar un recorrido más amplio que le llevará hasta Barcelona. Por las tierras aragonesas, don Quijote y Sancho llegan hasta los dominios de unos duques que, para combatir su aburrimiento y conocedores de la locura de don Quijote porque han leído sus aventuras, se burlan de él. En la playa de Barcelona, don Quijote es derrotado por Sansón Carrasco, otro amigo de su mismo pueblo, disfrazado como caballero. El vencedor impone al vencido la obligación de volver a su pueblo y no volver a salir más. Don Quijote regresa y muere poco después.

Dibujo de Pablo Ruiz Picasso (1881-1973) en el que se representan las figuras de Don Quijote y Sancho en un campo de Castilla.

¿Hay algo que te cueste del taller de música?

Literatura

Entre el *Quijote* publicado en 1605 (dos primeras salidas) y el que apareció en 1615 (tercera salida), existen dos diferencias principales:

- En las dos primeras salidas, don Quijote transforma la realidad. Su imaginación convierte los molinos en gigantes, las ventas en castillos, las campesinas en princesas... En la tercera salida, en cambio, don Quijote ve las cosas como son, pero algunos personajes lo engañan: Sansón Carrasco se hace pasar por caballero, Sancho le asegura que una campesina fea y sucia es Dulcinea, los duques le hacen creer que un caballo de madera es un caballo volador...
- En las dos primeras salidas, abundan las historias intercaladas que no tienen relación con la historia principal (el cura lee en la venta *El curioso impertinente*, un pastor cuenta la historia de Marcela y Grisóstomo...). En la tercera salida, no aparecen relatos intercalados, lo cual favorece su unidad.

En el prólogo, se indica que el **propósito** del libro es parodiar los libros de caballerías:

> [...] todo él es una invectiva contra los libros de caballerías [...] no mira a más que a deshacer la autoridad y cabida que en el mundo y en el vulgo tienen los libros de caballerías.

Ahora bien, este objetivo inicial no parece cumplirse y pronto se verá superado, puesto que Cervantes, gran lector y entusiasta de estas novelas, rápidamente parece encariñarse de su personaje. En los primeros capítulos, el comportamiento de don Quijote es ridículo y sus locuras le hacen merecedor de los golpes que recibe. Sin embargo, conforme avanza la narración, la locura de don Quijote se va convirtiendo en una forma de heroísmo, ya que la única intención de don Quijote es mejorar el mundo («es gran servicio de Dios quitar tan mala simiente de sobre la faz de la tierra») y ayudar a los necesitados («favorecer y ayudar a los menesterosos y desvalidos»).

Don Quijote leyendo novelas de caballerías, Gustave Doré (1863).

La historia de don Quijote nos llega desde diferentes **puntos de vista**. Por un lado, el punto de vista del narrador, que finge seguir la historia contenida en un manuscrito árabe escrito por un tal Cide Hamete Benengeli y que se permite hacer comentarios sobre los personajes, así como decidir qué conviene contar y qué es preferible callar. Sin embargo, por otro lado, el punto de vista del narrador puede chocar con la visión de los personajes expuesta a través de sus diálogos y que con frecuencia se contradice (lo que ve don Quijote no se parece en nada a lo que cuenta Sancho). Así pues, la realidad narrada en la novela no es única ni simple, sino la suma de diferentes puntos de vista a menudo contradictorios.

Practica

2. El principio del *Quijote* es uno de los más conocidos de la literatura española. Busca cómo empieza este libro y copia el primer párrafo.

Don Quijote y Sancho, auténticos **protagonistas** de la novela, presentan una evolución contraria a lo largo de la obra. En los primeros capítulos, don Quijote es idealista, bondadoso y loco, mientras que Sancho es materialista, egoísta (solo busca provecho económico) y cuerdo. Sin embargo, en la segunda parte, la locura de don Quijote ha desaparecido, va adquiriendo conciencia del mundo real y termina reconociendo su error de creer que «hay caballeros andantes en el mundo». A este proceso se le llama *sanchización*. Por el contrario, Sancho va evolucionando en un proceso de quijotización que lo lleva a animar a don Quijote a buscar nuevas aventuras.

Practica

3. Lee este fragmento del *Quijote* y di a qué parte pertenece. Justifica tu respuesta.

El siguiente fragmento es el episodio más conocido del Quijote, la aventura de los molinos de viento:

En esto, descubrieron treinta o cuarenta molinos de viento que hay en aquel campo, y así como don Quijote los vio, dijo a su escudero:

–La ventura va guiando nuestras cosas mejor de lo que acertáramos a desear; porque ves allí, amigo Sancho Panza, donde se descubren treinta o pocos más desaforados[1] gigantes, con quien pienso hacer batalla y quitarles a todos las vidas, con cuyos despojos comenzaremos a enriquecer, que esta es buena guerra, y es gran servicio de Dios quitar tan mala simiente de sobre la faz de la tierra.

–¿Qué gigantes? –dijo Sancho Panza.

–Aquellos que allí ves –respondió su amo–, de los brazos largos, que los suelen tener algunos de casi dos leguas[2].

–Mire vuestra merced –respondió Sancho– que aquellos que allí se parecen no son gigantes, sino molinos de viento, y lo que en ellos parecen brazos son las aspas, que, volteadas del viento, hacen andar la piedra del molino.

–Bien parece –respondió don Quijote– que no estás cursado en esto de las aventuras: ellos son gigantes; y si tienes miedo quítate de ahí, y ponte en oración en el espacio que yo voy a entrar con ellos en fiera y desigual batalla.

Y, diciendo esto, dio de espuelas a su caballo Rocinante, sin atender a las voces que su escudero Sancho le daba, advirtiéndole que sin duda alguna eran molinos de viento, y no gigantes, aquellos que iba a acometer. Pero él iba tan puesto en que eran gigantes, que ni oía las voces de su escudero Sancho, ni echaba de ver, aunque estaba ya bien cerca, lo que eran, antes iba diciendo en voces altas:

–Non fuyades[3], cobardes y viles criaturas, que un solo caballero es el que os acomete.

Levantose en esto un poco de viento, y las grandes aspas comenzaron a moverse, lo cual visto por don Quijote, dijo:

–Pues aunque mováis más brazos que los del gigante Briareo, me lo habéis de pagar.

Y en diciendo esto, y encomendándose de todo corazón a su señora Dulcinea, pidiéndole que en tal trance le socorriese, bien cubierto de su rodela[4], con la lanza en el ristre[5], arremetió a todo el galope de Rocinante y embistió con el primero molino que estaba delante; y dándole una lanzada en el aspa, la volvió el viento con tanta furia, que hizo la lanza pedazos, llevándose tras sí al caballo y al caballero, que fue rodando muy maltrecho por el campo. Acudió Sancho Panza a socorrerle, a todo el correr de su asno, y cuando llegó halló que no se podía menear: tal fue el golpe que dio con él Rocinante.

–¡Válame Dios! –dijo Sancho–. ¿No le dije yo a vuestra merced que mirase bien lo que hacía, que no eran sino molinos de viento, y no lo podía ignorar sino quien llevase otros tales en la cabeza?

–Calla, amigo Sancho –respondió don Quijote–, que las cosas de la guerra más que otras están sujetas a continua mudanza; cuanto más, que yo pienso, y es así verdad, que aquel sabio Frestón que me robó el aposento y los libros ha vuelto estos gigantes en molinos, por quitarme la gloria de su vencimiento: tal es la enemistad que me tiene; mas al cabo al cabo han de poder poco sus malas artes contra la bondad de mi espada.

Miguel de Cervantes, *Don Quijote de la Mancha*

[1] desaforado: enorme, descomunal.
[2] legua: unidad de medida que equivalía aproximadamente a 5 500 metros.
[3] fuyades: forma arcaica del verbo *huir* que se corresponde a *huyáis*.
[4] rodela: escudo redondo.
[5] ristre: parte de la armadura donde podía encajarse la lanza para sostenerla mejor en posición de ataque.

Practica

4. ¿Qué dos objetivos busca don Quijote con la batalla que piensa entablar?

5. ¿Qué actitud adopta Sancho cuando don Quijote expone sus intenciones?

6. ¿En qué momento lo que ve don Quijote coincide con lo que ve Sancho? ¿Qué explicación da don Quijote a lo ocurrido?

7. En su manera de hablar, don Quijote imita a los caballeros de las novelas que admira. Busca, entre sus palabras, alguna que te parezca particularmente arcaizante o antigua.

En este fragmento, Don Quijote y Sancho llegan hasta las inmediaciones del Toboso. Don Quijote pide a su escudero que se adelante para anunciar a Dulcinea su llegada. Sancho está preocupado porque sabe que en el Toboso no hay castillos ni princesas.

Interpreta

Lee el texto y haz las actividades.

Este soliloquio pasó consigo Sancho, y lo que sacó dél fue que volvió a decirse:

–Este mi amo por mil señales he visto que es un loco de atar, y aun también yo no le quedo en zaga, pues soy más mentecato que él, pues le sigo y le sirvo. Siendo, pues, loco, como lo es, y de locura que las más veces toma unas cosas por otras, y juzga lo blanco por negro y lo negro por blanco, como se pareció cuando dijo que los molinos de viento eran gigantes, y las mulas de los religiosos dromedarios, no será muy difícil hacerle creer que una labradora, la primera que me topare por aquí, es la señora Dulcinea; y cuando él no lo crea, juraré yo; y si él jurare, tornaré yo a jurar; y si porfiare, porfiaré yo más, y de manera, que tengo de tener la mía siempre sobre el hito, venga lo que viniere.

Con esto que pensó Sancho Panza quedó sosegado su espíritu, y tuvo por bien acabado su negocio, y deteniéndose allí hasta la tarde, por dar lugar a que don Quijote pensase que le había tenido para ir y volver del Toboso; y sucediole todo tan bien, que cuando se levantó para subir en el rucio vio que del Toboso hacia donde él estaba venían tres labradoras sobre tres pollinos, o pollinas, que el autor no lo declara, aunque más se puede creer que eran borricas, por ser ordinaria caballería de las aldeanas; pero como no va mucho en esto, no hay para qué detenernos en averiguarlo. En resolución: así como Sancho vio a las labradoras, a paso tirado volvió a buscar a su señor don Quijote, y hallole suspirando y diciendo mil amorosas lamentaciones.

Ya en esto salieron de la selva y descubrieron cerca a las tres aldeanas. Tendió don Quijote los ojos por todo el camino del Toboso, y como no vio sino a las tres labradoras, turbose todo, y preguntó a Sancho si las había dejado fuera de la ciudad.

–¿Cómo fuera de la ciudad? –respondió–. ¿Por ventura tiene vuesa merced los ojos en el colodrillo, que no ve que son estas, las que aquí vienen, resplandecientes como el mismo sol a medio día?

–Yo no veo, Sancho –dijo don Quijote–, sino a tres labradoras sobre tres borricos.

–¡Agora me libre Dios del diablo! –respondió Sancho–. Y ¿es posible que tres hacaneas, o como se llaman, blancas como el ampo de la nieve, le parezcan a vuesa merced borricos? ¡Vive el Señor, que me pele estas barbas si tal fuese verdad!

–Pues yo te digo, Sancho amigo –dijo don Quijote–, que es tan verdad que son borricos, o borricas, como yo soy don Quijote y tú Sancho Panza.

–Calle, señor –dijo Sancho–; no diga la tal palabra, sino despabile esos ojos, y venga a hacer reverencia a la señora de sus pensamientos, que ya llega cerca.

Y diciendo esto, se adelantó a recebir a las tres aldeanas; y apeándose del rucio, tuvo del cabestro al jumento de una de las tres labradoras, y hincando ambas rodillas en el suelo, dijo:

–Reina y princesa y duquesa de la hermosura, vuestra altivez y grandeza sea servida de recebir en su gracia y buen talente al cautivo caballero vuestro, que allí está hecho piedra mármol, todo turbado y sin pulsos de verse ante vuestra magnífica presencia. Yo soy Sancho Panza su escudero, y él es el asendereado caballero don Quijote de la Mancha, llamado por otro nombre el Caballero de la Triste Figura.

A esta sazón ya se había puesto don Quijote de hinojos junto a Sancho, y miraba con ojos desencajados y vista turbada a la que Sancho llamaba reina y señora, y como no descubría en ella sino una moza aldeana, y no de muy buen rostro, porque era carirredonda y chata, estaba suspenso y admirado, sin osar desplegar los labios. Las labradoras estaban asimismo atónitas, viendo aquellos dos hombres tan diferentes hincados de rodillas, que no dejaban pasar adelante a su compañera; pero rompiendo el silencio la detenida, toda desgraciada y mohína, dijo:

–Apártense nora en tal del camino, y déjenmos pasar; que vamos de priesa.

A lo que respondió Sancho:

–¡Oh princesa y señora universal del Toboso! ¿Cómo vuestro magnánimo corazón no se enternece viendo arrodillado ante vuestra sublimada presencia a la coluna y sustento de la andante caballería?

–Sancho, ¿qué te parece cuán malquisto soy de encantadores? Y mira hasta dónde se extiende su malicia y la ojeriza que me tienen, pues me han querido privar del contento que pudiera darme ver en su ser a mi señora. En efecto, yo nací para ejemplo de desdichados, y para ser blanco y terrero donde tomen la mira y asiesten las flechas de la mala fortuna. Y has también de advertir, Sancho, que no se contentaron estos traidores de haber vuelto y transformado a mi Dulcinea, sino que la transformaron y volvieron en una figura tan baja y tan fea como la de aquella aldeana, y juntamente le quitaron lo que es tan suyo de las principales señoras, que es el buen olor, por andar siempre entre ámbares y entre flores. Porque te hago saber, Sancho, que cuando llegué a subir a Dulcinea sobre su hacanea (según tú dices, que a mí me pareció borrica) me dio un olor de ajos crudos, que me encalabrinó y atosigó el alma.

Miguel de Cervantes, *Don Quijote de la Mancha*
(adaptación)

Practica

8. Localiza estas palabras en el texto anterior y relaciónalas con el significado correspondiente.

hacanea, priesa, topar, mohíno, porfiar, colodrillo, malquisto, ampo, asendereado, nora

a) hallar, encontrarse
b) insistir
c) cogote
d) tipo de jaca muy apreciada
e) copo
f) experto
g) disgustado
h) ahora
i) prisa
j) mal querido

9. ¿Este fragmento, ¿pertenece a la primera parte (1605) o a la segunda parte (1615) del *Quijote*? Justifica tu respuesta.

10. ¿Qué actitud adopta Sancho cuando don Quijote le pide que anuncie su llegada al Toboso?

11. En este episodio, ¿ve don Quijote lo mismo que Sancho? ¿Ve don Quijote lo que Sancho le dice que ve? ¿Qué explicación da don Quijote a lo ocurrido?

12. Aparte de la vista, ¿qué otro sentido le hace saber a don Quijote que las tres mujeres no son princesas, sino rústicas campesinas? ¿Qué información le da ese sentido?

13. En un momento determinado, el narrador hace una referencia al autor y demuestra que su papel es el de investigador o recopilador de datos. ¿Quién es ese autor? ¿Qué dato nuevo aporta a la historia el narrador del que, según él, nada decía el autor?

¿Cómo se zampó la manzana Juan?

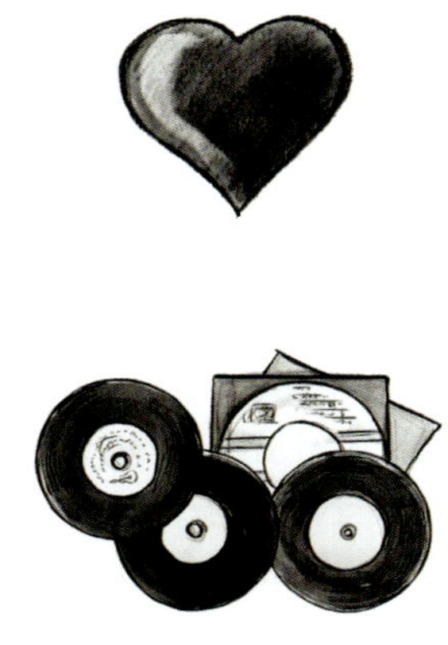

¡Atrévete!

Resuelve estas actividades y aprenderás más sobre Miguel de Cervantes.

Lee el siguiente texto correspondiente a una de las novelas ejemplares de Miguel de Cervantes:

> Has de saber, hijo, que en esta villa vivió la más famosa hechicera que hubo en el mundo, a quien llamaron la Camacha de Montilla; fue tan única en su oficio, que las Eritos, las Circes, las Medeas, de quien he oído decir que están las historias llenas, no la igualaron. Ella congelaba las nubes cuando quería, cubriendo con ellas la faz del sol, y cuando se le antojaba volvía sereno el más turbado cielo; traía los hombres en un instante de lejas tierras, remediaba maravillosamente las doncellas que habían tenido algún descuido en guardar su entereza, cubría a las viudas de modo que con honestidad fuesen deshonestas, descasaba las casadas y casaba las que ella quería. Por diciembre tenía rosas frescas en su jardín y por enero segaba trigo.
>
> Miguel de CERVANTES, *El coloquio de los perros* (1613)

14. Resume el fragmento anterior de la novela de Miguel de Cervantes.

15. En *El coloquio de los perros*, una de las *Novelas ejemplares* de Cervantes, se alude a un personaje que hemos conocido en lecturas anteriores. ¿A qué personaje te recuerda? ¿En qué dos obras aparecía este mismo personaje?

16. En el texto se mencionan algunos personajes mitológicos. Busca información sobre Circe y Medea, y explica quiénes eran

Competencias básicas

Prueba

Lee el texto siguiente y responde las preguntas que se formulan a continuación.

Por los pasillos

Ando en el hospital con mi madre y entre tanto observo el mundo por los pasillos. A la espera de que a ella le realizaran unas pruebas sobrepasado ya el mediodía, me senté el viernes pasado a aguardar su salida mirando al tendido vacío en unos de esos incómodos asientos de metal atornillados a una pared. A los pocos minutos, una auxiliar trajo a un enfermo en su silla de ruedas y lo colocó casi delante de mí, mirando al frente también; un hombre mayor de pelo ralo y escasa corpulencia enfundado en una vieja bata. No se mueva, enseguida vienen a recogerle, fue la orden que recibió de la encargada de una parte de su traslado antes de que ella se marchara a seguir con su trabajo. Apenas desapareció, sin embargo, el hombre comenzó a desobedecer. Intentaba sin tino mover la silla, se enredaba con el tubo del oxígeno, hizo amago de levantarse torpemente... Hasta que la que se levantó fui yo. «Tenga cuidado, señor, que puede caerse; dígame si puedo ayudarle». «Solo quería girar la silla –se disculpó– para no darle a usted la espalda, que es de mala educación».

Qué quieren que les diga, me conmovió. Ochenta y dos años, me dijo entonces que tenía, y unos cuantos deterioros irreversibles. Pinta de currante, sin apenas estudios seguramente, con una vida intuyo que más cargada de estrecheces que de opulencia, asumiendo con dignidad que sus últimos días le estaban aguardando a la vuelta de la esquina. No tuve tiempo para saber más, se lo llevaron en apenas dos minutos y yo me quedé de nuevo sola, en mi incómodo sillón metálico, acompañada por la ausencia de aquel hombre de otro tiempo que llegaba a la recta final de su vida aferrado con firmeza a unas pautas de cortesía pretéritas, decadentes casi, interiorizadas desde la infancia, irrenunciables hasta en situaciones en las que estaría de sobra disculpado si no las usara. No dar la espalda, saludar al entrar en un sitio, decir buen provecho, ceder el paso a los mayores y a las señoras, tratar a los desconocidos de usted... Normas elementales de urbanidad con sabor entrañable para algunos y rancio para

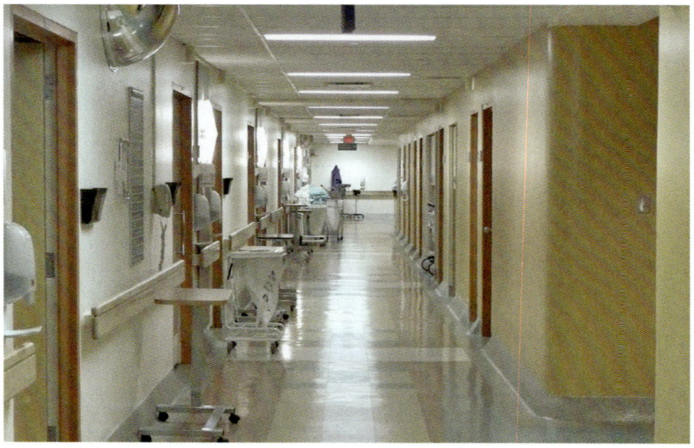

otros, que han ido cayendo en desuso para la mayoría de los mortales, y que de vez en cuando algún octogenario nos vuelve a recordar.

Esta mañana, y siguiendo con mis observaciones, en el pasillo he visto hablar con la médico de planta al hijo de la paciente de la habitación contigua a la nuestra. Un buen chico, sin duda, que ha pasado la noche junto a su madre. Bordeando los treinta, seguro de sí mismo, con buena carrera probablemente. Con viajes y cursos en el extranjero, con iPhone y coche, supongo, y puede que un MBA. Como ya tengo el ojo entrenado, le he observado detenidamente sin que él se diera cuenta. Y por alguna extraña razón, me han venido a la mente las comparaciones. Qué distinto este joven moreno con barba del hombre de origen humilde que a punto estuvo de estamparse contra el suelo por ser deferente con una desconocida en una vacía sala de espera en el sótano de un hospital. Distinto en su formación, en su educación, en su mundo. Y en el hecho, sobre todo, de que el hombre de la silla de ruedas, en el supuesto caso de haber sido él el acompañante de una enferma ingresada, jamás habría osado salir a recibir a las once y media de la mañana el parte médico de una doctora –por mucho que esta fuera de su misma edad– en pantalón de pijama, en calcetines, y rascándose un sobaco sin pudor.

María Dueñas. «Magazine». *La Vanguardia* (1 diciembre 2013)

1 **Selecciona, entre estos términos, un sinónimo para cada una de las siguientes palabras: *sujeto, abundante, necesidad, acierto, profundidad, afeado, escaso, indignado, fuerza, oscuro, abundancia.***

- ☐ *a*) ralo
- ☐ *b*) tino
- ☐ *c*) opulencia
- ☐ *d*) aferrado

2 **Indica si las siguientes oraciones son simples o compuestas:**

- ☐ *a*) Y por alguna extraña razón, me han venido a la mente las comparaciones.
- ☐ *b*) Qué quieren que les diga.
- ☐ *c*) Ando en el hospital con mi madre y entre tanto observo el mundo por los pasillos.
- ☐ *d*) Una auxiliar trajo a un enfermo en su silla de ruedas y lo colocó casi delante de mí.

3 **El texto anterior es...**

- ☐ *a*) ... una noticia.
- ☐ *b*) ... un reportaje.
- ☐ *c*) ... un artículo de opinión.
- ☐ *d*) ... una crítica.

4 **Señala la idea principal del texto.**

- ☐ *a*) La situación de los hospitales españoles es muy precaria.
- ☐ *b*) La sociedad se ha olvidado de los mayores y los abandona en hospitales.
- ☐ *c*) Los trabajadores de los hospitales no tratan bien a los enfermos.
- ☐ *d*) La juventud parece estar perdiendo las normas elementales de urbanidad.

5 **En la oración «fue la orden <u>que recibió de la encargada de una parte de su traslado</u>», la proposición subrayada es...**

- ☐ *a*) ... una proposición subordinada sustantiva.
- ☐ *b*) ... una proposición subordinada adjetiva.
- ☐ *c*) ... una proposición subordinada adverbial.
- ☐ *d*) ... una proposición coordinada copulativa.

6 **Indica si las siguientes afirmaciones son verdaderas o falsas:**

- ☐ *a*) El hombre de la silla de ruedas era alto y grueso.
- ☐ *b*) La autora supone que el hombre de la silla de ruedas era de condición humilde.
- ☐ *c*) Ningún familiar recogió al hombre de la silla de ruedas.
- ☐ *d*) El hombre joven era hijo de la mujer que compartía habitación con la madre de la autora.

7 **La intencionalidad principal del texto es...**

- ☐ *a*) ... informativa.
- ☐ *b*) ... argumentativa.
- ☐ *c*) ... descriptiva.
- ☐ *d*) ... expositiva.

8 **Indica el tipo de oración, según la actitud del hablante.**

- ☐ *a*) Una auxiliar trajo a un enfermo.
- ☐ *b*) No se mueva.
- ☐ *c*) Dígame si puedo ayudarle.
- ☐ *d*) ¡Qué distinto ese joven moreno!

9 **¿Por qué no lleva tilde la palabra *hospital* (línea 1)?**

- ☐ *a*) Porque es aguda y termina en *l*.
- ☐ *b*) Porque es llana y termina en *l*.
- ☐ *c*) Porque es esdrújula.
- ☐ *d*) Porque es un monosílabo.

10 **Cambia el número de las siguientes palabras:**

- ☐ *a*) situaciones
- ☐ *b*) joven
- ☐ *c*) origen
- ☐ *d*) calcetines

Redacción

Como sabes, en los periódicos digitales estos textos pueden ser comentados por los lectores a través de la misma página web. Expón tu punto de vista sobre el tema en unas cien palabras.

Juego literario

Un poema en grupo

Entre 1920 y 1940 surgieron en toda Europa los movimientos de vanguardia. En general, los artistas vanguardistas trataron de romper con el arte clásico. Uno de dichos movimientos fue el surrealismo. Pintores como Dalí, Miró o Magritte y escritores como André Breton o García Lorca intentaron descubrir lo que se oculta en lo más profundo del subconsciente humano y plasmarlo en sus obras. Para ello, necesitaban limitar al máximo la intervención de la razón. La escritura automática, la transcripción de los sueños o el cadáver exquisito son algunas de las técnicas utilizadas por los surrealistas.

Así, la denominación el *cadáver exquisito* proviene del primer verso («El cadáver exquisito beberá el vino nuevo») que se escribió con la técnica en la cual cada miembro de un grupo aporta una palabra a cada verso, sin conocer las palabras escritas por los otros integrantes del grupo. La primera persona escribe en un papel un sustantivo. Lo dobla y lo pasa al segundo miembro para que este escriba un adjetivo, diciéndole únicamente el género y el número del sustantivo. El tercer miembro escribe un verbo; el cuarto, un complemento...

Sugerencias

1. A cada uno se le asignará un número que corresponderá a los números del esquema. Tendréis que escribir cinco palabras o sintagmas que cumplan la función indicada en cada caso.
2. Cuanto más insólitas sean las palabras, más sorprendente resultará el poema.
3. Cuando todas las palabras estén escritas, reconstruid el poema siguiendo el modelo propuesto.
4. Leed los poemas en voz alta, seleccionad un verso de cada uno y formad un único poema con ellos.

1. En grupos de cinco, escribid un cadáver exquisito que tenga la siguiente estructura:

El ______ (1) (nombre masc. sing.) ______ (2) (adjetivo masc. sing.) ______ (3) (verbo 3.ª p. s.) ______ (4) (CD) en ______ (5) (CC lugar)

Una ______ (2) (nombre fem. sing.) ______ (3) (adjetivo fem. sing.) ______ (4) (verbo 3.ª p. s.) ______ (5) (CD) hacia ______ (1) (CC lugar)

Mi ______ (3) (nombre masc. sing.) de ______ (4) (nombre fem. pl.) ______ (5) (adjetivo fem. pl.) ______ (6) (verbo 3.ª p. s.) ______ (2) (CD)

Las ______ (4) (nombre fem. pl.) ______ (5) (adjetivo fem. pl.) ______ (1) (verbo 3.ª p. pl.) ______ (2) (CD) ante ______ (3) (CC lugar)

Este ______ (1) (nombre masc. sing.) ______ (2) (adjetivo masc. sing.) ______ (3) (verbo 3.ª p. s.) ______ (4) (CD) en ______ (5) (CC lugar)

Para concluir, formula tú ahora dos preguntas para cada apartado como las que se planteaban al inicio de la unidad.

Explora la unidad y responde.

7

Literatura

Nombra algún autor que fuera poeta y dramaturgo.

¿Qué es un poema satírico-burlesco?

Ortografía

¿Qué diferencia hay entre *tú* y *tu*?

¿Conoces palabras que cambien de significado según se escriban con tilde o sin ella?

Lectura inicial

¿Quién crea las leyendas?

¿Qué elementos debe contener una leyenda?

Fábrica de textos

¿Un poema debe tener forzosamente rima?

¿Cómo se tiene que leer la poesía en voz alta?

Conocimiento de la lengua

¿Qué quiere decir que alguien ha visto las estrellas?

¿Con quién usamos el lenguaje coloquial?

En muchas ocasiones nos disponemos a narrar acontecimientos, ya sea de manera oral o escrita. Habitualmente lo hacemos en prosa, pero ¿te has propuesto alguna vez utilizar el verso? En el siguiente fragmento se cuenta el inicio de una leyenda soriana, referida a los Alvargonzález, historia de envidia, injusticias y venganza.

La tierra de los Alvargonzález

Siendo mozo Alvargonzález,
dueño de mediana hacienda[1],
que en otras tierras se dice
bienestar y aquí, opulencia[2],
en la feria de Berlanga
prendose[3] de una doncella,
y la tomó por mujer
al año de conocerla.
Muy ricas las bodas fueron
y quien las vio las recuerda;
sonadas las tornabodas
que hizo Alvar en su aldea;
hubo gaitas, tamboriles,
flauta, bandurria y vihuela,
fuegos a la valenciana
y danza a la aragonesa.

II

Feliz vivió Alvargonzález
en el amor de su tierra.
Naciéronle tres varones,
que en el campo son riqueza,
y, ya crecidos, los puso,
uno a cultivar la huerta,
otro a cuidar los merinos[4],
y dio el menor a la Iglesia.

III

Mucha sangre de Caín
tiene la gente labriega[5],
y en el hogar campesino
armó la envidia pelea.
Casáronse los mayores;
tuvo Alvargonzález nueras,
que le trajeron cizaña[6],
antes que nietos le dieran.
La codicia de los campos
ve tras la muerte la herencia;
no goza de lo que tiene
por ansia de lo que espera.
El menor, que a los latines
prefería las doncellas
hermosas y no gustaba
de vestir por la cabeza,
colgó la sotana[7] un día
y partió a lejanas tierras.
La madre lloró, y el padre
diole bendición y herencia.

IV

Alvargonzález ya tiene
la adusta frente arrugada,
por la barba le platea
la sombra azul de la cara.
Una mañana de otoño
salió solo de su casa;
no llevaba sus lebreles,
agudos canes de caza;
iba triste y pensativo
por la alameda[8] dorada;
anduvo largo camino
y llegó a una fuente clara.
Echose en la tierra; puso
sobre una piedra la manta,
y a la vera de la fuente
durmió al arrullo del agua.

EL SUEÑO

I

Y Alvargonzález veía,
como Jacob, una escala
que iba de la tierra al cielo,
y oyó una voz que le hablaba.
Mas las hadas hilanderas,
entre las vedijas blancas
y vellones de oro, han puesto
un mechón de negra lana. [...]

III

Sobre el lar de Alvargonzález
está la leña apilada;
el mayor quiere encenderla,
pero no brota la llama.
–Padre, la hoguera no prende,
está la estepa mojada.
Su hermano viene a ayudarle
y arroja astillas y ramas
sobre los troncos de roble;
pero el rescoldo[9] se apaga.
Acude el menor, y enciende,
bajo la negra campana
de la cocina, una hoguera
que alumbra toda la casa.

IV

Alvargonzález levanta
en brazos al más pequeño
y en sus rodillas lo sienta;
–Tus manos hacen el fuego;
aunque el último naciste
tú eres en mi amor primero.
Los dos mayores se alejan
por los rincones del sueño.
Entre los dos fugitivos
reluce un hacha de hierro.

AQUELLA TARDE...

I

Sobre los campos desnudos,
la luna llena manchada
de un arrebol purpurino,
enorme globo, asomaba.
Los hijos de Alvargonzález
silenciosos caminaban,
y han visto al padre dormido
junto de la fuente clara.

II

Tiene el padre entre las cejas
un ceño que le aborrasca
el rostro, un tachón sombrío
como la huella de un hacha.
Soñando está con sus hijos,
que sus hijos lo apuñalan;
y cuando despierta mira
que es cierto lo que soñaba.

III

A la vera de la fuente
quedó Alvargonzález muerto.
Tiene cuatro puñaladas
entre el costado y el pecho,
por donde la sangre brota,
más un hachazo en el cuello.
Cuenta la hazaña del campo
el agua clara corriendo,
mientras los dos asesinos
huyen hacia los hayedos.
Hasta la Laguna Negra,
bajo las fuentes del Duero,
llevan el muerto, dejando
detrás un rastro sangriento,
y en la laguna sin fondo,
que guarda bien los secretos,
con una piedra amarrada
a los pies, tumba le dieron.

IV

Se encontró junto a la fuente
la manta de Alvargonzález,
y, camino del hayedo[10],
se vio un reguero de sangre.
Nadie de la aldea ha osado
a la laguna acercarse,
y el sondarla inútil fuera,
que es la laguna insondable[11].
Un buhonero[12], que cruzaba
aquellas tierras errante,
fue en Dauria acusado, preso
y muerto en garrote infame.

V

Pasados algunos meses,
la madre murió de pena.
Los que muerta la encontraron
dicen que las manos yertas
sobre su rostro tenía,
oculto el rostro con ellas.
Los hijos de Alvargonzález
ya tienen majada[13] y huerta,
campos de trigo y centeno
y prados de fina hierba;
en el olmo viejo, hendido
por el rayo, la colmena,
dos yuntas para el arado,
un mastín y mil ovejas.

Antonio MACHADO, 1912 (adaptación)

Infiere

Indica el número de la palabra del texto que corresponda a cada uno de estos significados:

- ☐ Se enamoró.
- ☐ Lugar donde se recoge el ganado por la noche.
- ☐ Vendedor ambulante de baratijas, golosinas y mercería.
- ☐ Vestidura oscura y abotonada de algunos eclesiásticos.
- ☐ Que se dedica a las tareas propias del campo.
- ☐ Bosque poblado de hayas.
- ☐ Brasa menuda resguardada por la ceniza
- ☐ Que no se puede hallar su fondo ni con una sonda.
- ☐ Abundancia, exceso de riquezas.
- ☐ Clase de oveja de lana fina y rizada.
- ☐ Bosque poblado de álamos.
- ☐ Discordia, acción de crear enemistad, enfrentamientos.
- ☐ Finca situada en el campo.

Comprensión y expresión

Justifica

1. Explica por qué motivo se comete el crimen. ¿En qué versos se dice?

Decide

2. Indica si son verdaderas o falsas las siguientes afirmaciones sobre el sueño de Alvargonzález:
   a) Durante el sueño, Alvargonzález oye una voz.
   b) Ninguno de los hijos consigue encender una hoguera.
   c) En el sueño aparece el arma que acabará con la vida de Alvargonzález.
   d) El menor no consigue prender fuego a la hoguera.
   e) Alvargonzález muestra sus preferencias por el mayor de sus hijos.

Compara

3. Anota a qué se dedica cada uno de los hijos cuando son mayores.

Enumera

4. Indica todas las posesiones, pertenencias, animales que heredan los hermanos mayores. ¿Recibe herencia el hermano menor?

Cuenta

5. Anota todos los personajes que intervienen o se mencionan en la leyenda. Indica qué importancia tiene cada uno en la trama.

Localiza

6. Anota dos detalles de la historia que puedan considerarse sobrenaturales o, como mínimo, muy extraños.

Prosifica

7. Escribe, en prosa, un breve texto en el que se narre el suceso que cuenta el poema, como si fuera una noticia o el inicio de un reportaje.

Imagina

8. Los versos que acabas de leer son solo el inicio de un romance más extenso. Escribe un texto de unas seis líneas en el que continúes la historia, sin llegar a un final.

Indaga

9. Anota alguna leyenda que conozcas. Debe intervenir algún elemento sobrenatural.

Conocimiento de la lengua

El mensaje y el contexto

La **comunicación** permite a las personas transmitir información. Gracias a ella, el **emisor** comparte con otras personas, a través de un **canal**, ideas, opiniones, informaciones y sentimientos. Para que la comunicación sea efectiva, el emisor y el **receptor** del mensaje deben compartir el **código**, es decir, el idioma.

Además de conocer el mismo código, tanto emisor como receptor deben tener en cuenta las circunstancias en las que se produce el mensaje. A estas circunstancias se las conoce como **contexto**. Se distinguen dos clases:

- **Contexto situacional:** se refiere al momento y al lugar en que se emite el mensaje. Por ejemplo, un alumno y su profesor pueden hablar sobre el retraso del primero en la entrada de clase si este no ha sido puntual.
- **Contexto lingüístico:** es la información expresada antes o después de una palabra, una expresión o un enunciado. Este contexto nos permite saber, por ejemplo, el significado con el que se emplea una palabra polisémica:

  Realmente, después de su último éxito está en la ***cresta*** *de la ola.*
  Los dos gallos se picaban en la ***cresta****.*

Se cayó de la bici
y se dio un buen...

El sentido literal y el sentido figurado

La consulta de las palabras en el diccionario nos permite conocer y precisar su **significado**. Sin embargo, en ocasiones, apreciamos en ellas matices que no siempre recogen las obras de consulta. Gracias al contexto en que se emiten, esos nuevos significados son de comprensión general para el hablante, que de esta forma puede interpretar correctamente el mensaje:

Han comprado una nueva ***máquina*** *para la empresa.*
Juan Carlos es una ***máquina*** *anotadora.*

En la primera oración, una máquina es un aparato o artilugio que nos permite optimizar y aumentar la producción. En la segunda, el sentido de *máquina* no es estrictamente el significado que recoge el diccionario, sino que el hablante entiende que la persona de la que se habla, Juan Carlos, es un excelente anotador.

En el primer ejemplo, el sustantivo *máquina* se utiliza con su significado primitivo, original. Decimos que se usa con su **sentido literal**. En el segundo, en cambio, hay un nuevo significado que el receptor del mensaje debe interpretar correctamente gracias al contexto que comparte con el emisor. Es el sentido figurado.

Conocimiento de la lengua

Hablamos de **sentido figurado** para referirnos a todos los nuevos significados que adquiere una palabra, o también una oración, y que originariamente no recoge el diccionario. Fíjate en estos otros ejemplos:

La cara de Eva es ***un libro abierto****.*
Tiene las ***manos de mantequilla****.*

En muchas ocasiones, el nuevo significado de la palabra acaba consolidándose e incorporándose al diccionario, ya que se ha convertido en un sentido más de uso general. Observa el siguiente ejemplo extraído del diccionario, en el que las dos últimas acepciones hacen referencia al sentido figurado:

lince
1. *m*. Mamífero félido europeo, de pelaje rojizo con manchas oscuras, cola corta y orejas puntiagudas terminadas en un mechón de pelos negros.
2. *m*. Persona que tiene una vista aguda.
3. *m*. Persona aguda, sagaz.

Practica

1. Explica el sentido literal y figurado de las palabras destacadas en las siguientes oraciones:

a) Ha sido ingresado en el hospital por un problema en el **corazón**.
b) Confío en su palabra, me lo dice el **corazón**.
c) Luis tiene una fuerte contusión en la **mano derecha**.
d) Luis es ahora la **mano derecha** del director de la empresa.
e) Hemos comprado un **horno** nuevo porque el viejo no gratinaba correctamente.
f) El aula era un **horno** durante las clases de septiembre.
g) Ganó la jugada porque usó el **as** de espadas.
h) Dicen de él que es un **as** para este tipo de negociaciones.
i) La vida de las **estrellas** se mide en millones de años.
j) Se ha convertido con sus éxitos en una **estrella** de la música.

2. Explica el significado de las expresiones destacadas en las siguientes oraciones. En cada caso, indica si se trata de lenguaje literal o figurado.

a) Antonio tuvo que **morderse la lengua** ante la intervención de Emilio.
b) Antonio se hizo daño al **morderse la lengua** involuntariamente mientras comía.
c) El director **echaba chispas** cuando se enteró de la decisión de María.
d) Durante los fuegos artificiales, algunos cohetes **echaban unas chispas** anormales.
e) Se despistó durante su presentación y **se murió de vergüenza**.
f) El abuelo de Marta **se ha muerto** esta semana.
g) **Pasamos miedo** durante la proyección de la película.
h) **Lo hemos pasado de miedo** en el cine.
i) Carlos nos **echó un cable** con los problemas de matemáticas.
j) Los electricistas **echaron los cables** al carretón para transportarlos cómodamente.

La denotación y la connotación

La **denotación** es el significado estricto de una palabra, de una oración o de un texto. Es el significado que se encuentra en el diccionario y es compartido por la mayoría de los hablantes de la lengua.

> **excursión**
> 1. *f.* Ida a alguna ciudad, museo o lugar para estudio, recreo o ejercicio físico.
>
> **noche**
> 1. *f.* Tiempo en que falta la claridad del día.

El **significado denotativo** siempre es relevante, pero resulta fundamental en los textos de carácter informativo, donde la precisión de lo que se desea expresar es muy necesaria. Este aspecto incluye textos de diferentes ámbitos, desde textos científicos y técnicos (incluidos los jurídicos y administrativos) a textos periodísticos informativos y divulgativos. Las características propias de la denotación y de los textos denotativos son la **precisión** (ausencia de ambigüedad) y la **objetividad**. Fíjate en el siguiente texto, donde la información es precisa y no hay margen para matices individuales en la interpretación de lo que expresa:

> Internet es un conjunto descentralizado de redes de comunicación interconectadas que utilizan la familia de protocolos TCP/IP, lo cual garantiza que las redes físicas heterogéneas que la componen funcionen como una red lógica única, de alcance mundial. Sus orígenes se remontan a 1969, cuando se estableció la primera conexión de computadoras, conocida como Arpanet, entre tres universidades en California y una en Utah, Estados Unidos.
>
> <http://es.wikipedia.org/wiki/Internet>

La **connotación** es el matiz que nos sugiere una palabra (o bien una oración o un texto) y se añade a su valor denotativo, es decir, a su significado original le añadimos otros que dependen del contexto y de la experiencia de cada hablante. Por ello, el valor connotativo de una palabra puede ser **individual**, o bien compartido por un grupo de hablantes, a diferencia de lo que ocurre con la denotación. Se considera que la connotación es **subjetiva**, o sea, depende de cada hablante y del contexto en que se emita el mensaje.

Observa la palabra *noche*. Su significado preciso aparece anteriormente. Sin embargo, sugerirá matices diferentes a cada persona. Un panadero, por ejemplo, quizá asociará esta palabra a trabajo; los más fatigados, a descanso; otros, a sueños; los temerosos, a miedo.

El lenguaje connotativo es habitual en la comunicación humana, sobre todo en el lenguaje coloquial o familiar, la publicidad y la literatura.

Denotación	Connotación
Es objetiva, común a todos los hablantes.	Es subjetiva, diferente para cada hablante.
Informa.	Sugiere.

¿Qué os dieron de primer plato?

Junio

1 1 1

Octubre

Practica

3. Explica el posible valor connotativo de estas palabras para las siguientes personas:

a) vacaciones: niños, padres, empleados de agencias de viajes.
b) mar: niños, turistas, pescadores.
c) libro: niño, adulto, librero.

El lenguaje familiar o coloquial

El **lenguaje familiar o coloquial** se emplea en situaciones de confianza con personas de nuestro entorno habitual. Se trata de un nivel de lengua espontáneo, poco preciso. Este hecho favorece la aparición de dobles sentidos y de la ironía (se da a entender lo contrario de lo que se expresa). Fíjate en el siguiente fragmento escrito en lenguaje coloquial:

> Mi abuelo mola, mola mucho, mola un pegote. Hace tres años se vino del pueblo y mi madre cerró la terraza con aluminio visto y puso un sofá cama para que durmiéramos mi abuelo y yo. Todas las noches le saco la cama. Es un rollo mortal sacarle la cama, pero me aguanto, porque luego me da veinticinco pesetas en una moneda para mi cerdo –no es un cerdo de verdad, es una hucha– y me estoy haciendo inmensamente rico.
>
> Hay veces que me llama el príncipe heredero porque dice que todo lo que tiene ahorrado de su pensión será para mí. A mi madre no le gusta que hablemos de la muerte, pero mi abuelo dice que en los cinco años de vida que le quedan piensa hablar de lo que le dé la gana.
>
> Elvira Lindo, *Manolito Gafotas* (1994)

El lenguaje literario

La **connotación** es especialmente importante en la **literatura**, sobre todo en la poesía. En las obras poéticas, los valores añadidos de una palabra, de una expresión, juegan a sugerir en el lector. Cobran especial importancia los recursos lingüísticos, esencialmente las **figuras retóricas**. Fíjate en el siguiente poema y en su final pesimista para que el lector imagine y suponga:

Rima LXVII

¡Qué hermoso es ver el día
coronado de fuego levantarse
y a su beso de lumbre
brillar las olas y encenderse el aire!

¡Qué hermoso es, tras la lluvia
del triste otoño en la azulada tarde,
de las húmedas flores
el perfume aspirar hasta saciarse!

¡Qué hermoso es cuando en copos
la blanca nieve silenciosa cae,
de las inquietas llamas
ver las rojizas lenguas agitarse!

¡Qué hermoso es cuando hay sueño
dormir bien... y roncar como un sochantre...
Y comer... y engordar... y qué desgracia
que esto solo no baste!

Gustavo Adolfo Bécquer (1871)

Practica

4. Explica el significado de estas palabras en el texto de Elvira Lindo:

a) cerdo
b) rollo mortal
c) príncipe heredero

5. Reflexiona sobre el fragmento y contesta las siguientes preguntas:

a) ¿Por qué aclara el significado de *cerdo*?
b) ¿Es realmente un rollo «mortal»?
c) ¿Podemos decir realmente que es príncipe heredero?

¡Atrévete!

6. Explica qué te sugieren los dos siguientes poemas y compara tus explicaciones con las de un compañero o compañera:

a)

En preguntar lo que sabes
el tiempo no has de perder...
y a preguntas sin respuesta
¿quién te podrá responder?

b)

Dices que nada se pierde
y acaso dices verdad,
pero todo lo perdemos
y todo nos perderá.

Antonio Machado, *Campos de Castilla* (1912)

El lenguaje publicitario

Al igual que en la literatura, la connotación también está presente en el **lenguaje publicitario**, puesto que la publicidad es un campo en el que se sugiere continuamente y se buscan valores añadidos a las palabras y a los enunciados. A veces se consigue con la imagen, pero también con las palabras:

¿Te gusta conducir? Imagina...

Destapa la felicidad.

Redecora tu vida.

Las frases hechas, las locuciones y los refranes

En la lengua, sobre todo en el habla más coloquial, utilizamos expresiones cuyo significado es diferente al de interpretar aisladamente cada una de las palabras que las componen: se trata de las frases hechas y las locuciones.

Ganaron el partido jugando ***a medio gas****.*
En ese momento nos ***echó una mano****.*

Una **frase hecha** es una expresión que presenta una forma fija y que se interpreta con un sentido distinto al de sumar el significado de las palabras que la componen, formando un sentido unitario.

coser y cantar: el asunto del que se habla es muy sencillo, sin ninguna dificultad.
como anillo al dedo: se dice cuando algo se adapta o encaja totalmente.
dar gato por liebre: engañar en la calidad de algo por medio de otra cosa inferior.

Una **locución** es un conjunto de palabras que funcionan como una sola. De hecho, en muchas ocasiones pueden sustituirse por una única palabra cuyo significado es equivalente.

echar una mano: ayudar.
dar la lata: molestar, agobiar.
dar en el clavo: acertar.

El **refrán** es un dicho en tono de sentencia que, a diferencia de la frase hecha, encierra una enseñanza o un consejo.

A caballo regalado, no le mires el dentado: valora el regalo en sí mismo, no solo por lo que cuesta.
Quien mucho abarca poco aprieta: se dice de las personas que intentan realizar muchas tareas a la vez, por lo que difícilmente las harán todas de forma correcta.
más vale maña que fuerza: en muchas ocasiones, la habilidad suple la violencia y el rigor.

¡Atrévete!

7. Explica el valor connotativo que te sugieren los siguientes enunciados publicitarios:

a) No se engañe, la calidad no es cara.
b) Compartida, la vida es más.
c) Porque yo lo valgo.

Practica

8. Explica el significado de las siguientes frases hechas:

a) Calculó el total del género **a ojo de buen cubero**.
b) Con ese nivel de gasto parece que van a **tirar la casa por la ventana**.
c) No hay manera de pillarlo en un error, **es más listo que el hambre**.
d) A Max le **ha salido el tiro por la culata** en aquel asunto.
e) Después de ganar el premio, **se durmió en los laureles**.
f) La policía finalmente **descubrió el pastel** y detuvo a los sospechosos.
g) Aunque intenta ocultar sus intenciones, en realidad a Eva **se le ve el plumero** en este asunto.

9. Relaciona las locuciones verbales de la columna de la izquierda con su correspondiente significado de la columna de la derecha.

llevar a cabo	Disminuir.
tomar el pelo	Realizar.
echar de menos	Añorar.
echar a perder	Decir algo inoportuno.
ir a menos	Criticar exageradamente.
no dar el brazo a torcer	Resistirse, no ceder.
poner a parir	Notar, descubrir.
caer en la cuenta	Engañar.
meter la pata	Desaprovechar, malgastar.

10. Relaciona los siguientes refranes con su significado:

a) Perro ladrador, poco mordedor.
b) A palabras necias, oídos sordos.
c) Más vale pájaro en mano que ciento volando.
d) Dime con quién andas y te diré quién eres.
e) A grandes males, grandes remedios.
f) Quien siembra recoge.
g) Por la boca muere el pez.
h) A buen entendedor, pocas palabras bastan.

1. Lo que se tiene realmente vale mucho más que lo que se promete o pretende conseguir.
2. Hay que ser optimista y enfrentarse a los problemas.
3. Una persona inteligente entiende rápidamente lo que se le dice.
4. Según te comportes con los demás, así te irá luego.
5. El que mucho advierte y amenaza acaba por no cumplir lo que dice.
6. El que habla demasiado sufre las consecuencias de sus propias palabras.
7. No hay que hacer caso de las palabras de aquellos que critican sin más, sin conocernos.
8. Las personas con las que te relacionas dicen mucho de ti.

¿Sabías que...?

En español hay más de 20 000 refranes. La paremiología es el estudio de los refranes de la lengua. En el *Quijote*, por ejemplo, Sancho Panza usa muchos de ellos y acaba aturdiendo a don Quijote.

El tabú y el eufemismo

En la comunicación intervienen elementos extralingüísticos de diferente tipo (sociales, económicos, políticos, religiosos...), los cuales comportan que algunas palabras y expresiones se consideren desagradables y tengan que ser sustituidas por otras, más suaves o menos ofensivas. Son las llamadas **palabras tabú**. No se trata de términos que sean incorrectos gramaticalmente, sino que se convierten en expresiones **inadecuadas** o **malsonantes** en situaciones comunicativas formales. Los **eufemismos** son los términos que se utilizan para evitar el empleo de las palabras tabú.

El uso de eufemismos, en sustitución de palabras tabú, afecta a diferentes ámbitos. Algunos de los casos más usuales son:

Referidos al estado físico:

Palabra tabú	Eufemismo
preñada	*embarazada*
ciego	*invidente*
minusválido, inválido	*discapacitado*

Referidos a grupos sociales y profesionales:

Palabra tabú	Eufemismo
vagabundo	*sin techo*
viejo (referido a personas)	*anciano*
carcelero	*funcionario de prisiones*

Referidos a cuestiones políticas y económicas:

Palabra tabú	Eufemismo
guerra	*conflicto*
víctimas civiles	*daños colaterales*
despido	*(re)ajuste de plantilla*

Referidos al cuerpo humano y a las funciones fisiológicas:

Palabra tabú	Eufemismo
barriga	*vientre*
mear	*miccionar, orinar*
tetas	*pechos*

Como hablantes es necesario saber adecuar el mensaje a la **situación comunicativa**, lo cual significa que debemos ser capaces de optar por un lenguaje formal o bien por un lenguaje informal o coloquial según el momento.

Practica

11. Identifica el eufemismo de cada una de las siguientes oraciones y explica a qué se refiere:

a) Los problemas actuales afectan a los más débiles.
b) Ha vivido los últimos años de su vida en una residencia geriátrica.
c) Ha sido internado en un centro penitenciario.
d) En aquella zona hay dos países en permanente conflicto armado.
e) En estos momentos parece tener un ligero sobrepeso.

¡! En los medios de comunicación se impone el lenguaje políticamente correcto. Consiste en evitar el uso de cualquier expresión que pueda resultar ofensiva por razones de sexo, religión, raza o cultura, y utilizar en su lugar eufemismos que eviten connotaciones negativas.

Practica

12. Relaciona el tabú de la columna de la izquierda con el eufemismo de la columna de la derecha.

parir	difunto
criada	ebrio
borracho	dar a luz
retrete	indigente
insulto	empleada del hogar
mendigo	inodoro
muerto	agresión verbal

¡!

En la lengua oral, es habitual el uso del diminutivo para suavizar lo que se quiere expresar.

Tiene un ***problemilla*** *que le impide venir a la fiesta.*

Está un poco más ***gordito*** *que antes.*

El cambio semántico

Las palabras pueden tener un significado heredado de la lengua de la cual proceden, pero también pueden sufrir modificaciones en su sentido con el paso del tiempo. Estos cambios de significado se denominan **cambios semánticos**.

Las modificaciones en el significado de las palabras no siempre responden a un mismo motivo, sino que las causas pueden ser diferentes:

- **Causas sociales:** los eufemismos pasan a designar el significado de palabras consideradas tabú. Así, por ejemplo, *baño* sustituye a *retrete*.
- **Causas históricas o tecnológicas:** los avances en tecnología y ciencia conllevan en ocasiones que las palabras adquieran nuevos significados. Así, *carpeta* añade, al significado de «cartera para guardar papeles», el sentido de «espacio del ordenador en el que se guarda una serie de archivos».
- **Causas expresivas:** los recursos expresivos son también elementos que pueden favorecer el cambio de significado de una palabra; por ejemplo, la metáfora (*la cola del cine* por la forma de la cola de un animal), la metonimia (*un menú de «tres platos»* por el lugar donde se sirve la comida) o la elipsis (*un cortado* por *un café cortado*).

¡Atrévete!

13. Deduce qué causa expresiva (metáfora, metonimia o elipsis) ha motivado el nuevo significado de las siguientes palabras:

Ejemplo:
el ***cuello*** *de la camisa → Metonimia; se menciona la parte de la camisa con el nombre de la parte del cuerpo que cubre.*

a) ser una **hormiguita**
b) tomar una **copa**
c) frasco de **colonia**
d) teléfono **móvil**
e) una noticia **exclusiva**
f) **boca** del metro

Practica

14. Explica el significado relacionado con la informática que han adquirido las siguientes palabras:

a) ratón
b) memoria
c) monitor
d) aplicación
e) navegar
f) buzón
g) puerto
h) virus

Fábrica de textos

La poesía

Los **textos poéticos** son composiciones literarias, normalmente en verso, que buscan transmitir un **sentimiento** estético a través de la palabra. Es decir, la poesía expresa los sentimientos o las emociones que el autor quiere evocar.

Reconoce

1. Decide con cuál de estos sentimientos podrías relacionar los siguientes fragmentos de poemas:

tristeza de vivir, amor, aceptación de la muerte, alegría de vivir

¿Adónde vas de vacaciones?

Perfume

a)

Desde nunca te quiero y para siempre,
desde todo y quizá y para siempre.

Amalia Iglesias, «Desde nunca te quiero»

b)

Pero ha pasado el tiempo
y la verdad desagradable asoma:
envejecer, morir,
es el único argumento de la obra.

Jaime Gil de Biedma, «No volveré a ser joven»

c)

Es posible que no haya nacido todavía,
o que haya muerto siempre. La sombra me gobierna.
Si esto es vivir, morir no sé yo qué sería,
ni sé lo que persigo con ansia tan eterna.

Miguel Hernández, «Sigo en la sombra, lleno de luz; ¿existe el día?»

d)

Iba tocando mi flauta
a lo largo de la orilla;
y la orilla era un reguero
de amarillas margaritas.
El campo cristaleaba
tras el temblor de la brisa;
para escucharme mejor
el agua se detenía.

Juan Ramón Jiménez, «Iba tocando mi flauta»

Juan Ramón Jiménez (1881-1958).

La lectura

Cuando se lee poesía, hay que intentar transmitir el **sentimiento** o la emoción que contiene, sin exageraciones, puesto que esta es la finalidad de este tipo de textos. Por otro lado, aunque la poesía suele estar escrita en verso, este hecho no significa que deba hacerse una pausa al final de cada línea. Un poema, como cualquier texto, debe leerse respetando los signos de puntuación.

Recita

2. Lee el siguiente poema e intenta transmitir los sentimientos que quiere manifestar su autor:

Amor de miramelindo

¡Ay miramelindo, mira
qué estrellita tan galana,
suspira que te suspira,
peinándose a la ventana!

–Miramelindo, mi amor,
mírame qué linda estoy.
Mira qué roja color
me puse por verte hoy.

Tú tan lindo en tu maceta,
regada por la mañana.
Yo tan linda y pizpireta,

dondiego de mi ventana:
casadita a la retreta
y viudita a la diana.

Rafael Alberti (1924)

Rafael Alberti (1902-1999).

Las figuras retóricas

Las **figuras retóricas** son todos aquellos recursos lingüísticos que utiliza el poeta para embellecer el lenguaje y transmitir las emociones y los sentimientos que desea. Entre las figuras más habituales podemos destacar la **metáfora**, la **comparación**, la **sinestesia**, la **anáfora**, el **paralelismo**, el **hipérbaton** y la **personificación**.

Define

3. Leed los siguientes poemas y definid entre todos cada una de las figuras retóricas que ejemplifican.

- Metáfora:

  El diamante de una estrella
  ha rayado el hondo cielo,
  pájaro de luz que quiere
  escapar del universo.

  Federico García Lorca, «El diamante»

- Comparación:

  Al amor de la lumbre cuya llama
  como una cresta de la mar ondea.

  Miguel de Unamuno, «Al amor de una lumbre»

- Sinestesia:

  No dices nada, niña.
  Y nace del silencio
  la vida en una ola
  de música amarilla.

  Octavio Paz, «Niña»

- Anáfora:

  Alguien quiso ser justo
  no tuvo suerte
  es difícil la lucha
  contra la muerte

  alguien limpia la celda
  de la tortura
  lava la sangre pero
  no la amargura.

  Mario Benedetti, «Alguien»

- Paralelismo:

  Hay besos que se dan con la mirada
  hay besos que se dan con la memoria.

  Gabriela Mistral, «Besos»

- Hipérbaton:

  A los espacios entregarme quiero.
  Donde se vive en paz, y con un manto
  de luz, en gozo embriagador henchido,
  sobre las nubes blancas se pasea.

  José Martí, «A los espacios»

- Personificación:

  Lejos, los montes duermen
  envueltos en la niebla.

  Antonio Machado, «Caminos»

Mario Benedetti (1920-2009).

Completa

4. Ampliad la lista de las figuras retóricas que conozcáis.

Continúa

5. Con un compañero o compañera, añadid una estrofa al poema de la lectura inicial que contenga, como mínimo, una figura retórica de las anteriores.

¡! Recuerda que debes mantener la rima y la métrica. Para ello, hay que contar las sílabas. Ten en cuenta cuál es la sílaba tónica de la última palabra; si esta es esdrújula, habrá que descontar una sílaba del total, y si es aguda, habrá que añadir una. Por otro lado, recuerda que, cuando dos vocales están en contacto, se produce una sinalefa.

El lenguaje

Para elaborar figuras retóricas, como la metáfora o la comparación, el poeta juega con las palabras y su significado, dándoles un sentido que no tienen en el lenguaje común. Es decir, las palabras, además de su significado denotativo, adquieren en la poesía un **significado connotativo** que transmite o evoca una sensación, una idea. Algunos significados connotativos son conocidos por todas las personas, mientras que otros los ha creado el poeta. Por ejemplo, el sustantivo *primavera* tiene un significado denotativo (estación del año entre el invierno y el verano) y diversos significados connotativos (vida, naturaleza, esperanza, renacimiento, juventud, amor…) en el siguiente poema:

La primavera

Las aves se enamoran,
los peces, los ganados,
y aun se aman enlazados
el árbol y la flor.
Naturaleza toda,
cobrando nueva vida,
aplaude la venida
de mayo bienhechor.
Este es el tiempo, Silvio,
el tiempo del amor.

Tomás de Iriarte

Une

6. Relaciona las palabras de la primera lista con las ideas, los conceptos y los sentimientos de la segunda.

luna, niebla, flor, otoño, fuego, noche, blanco, sol

fuerza, tristeza, belleza, muerte, valentía, juventud, nostalgia, miedo, pasión, pureza, valor, inocencia, vida, soledad, misterio, vejez, alegría, decadencia

Piensa

7. Anota como mínimo una palabra o idea que connote, para ti, cada uno de estos sentimientos o emociones:

paz, envidia, descanso, duda, cansancio, esperanza, terror, amor, odio, felicidad

Ejemplo: *paz: mar tranquilo*

Reflexiona

8. Teniendo en cuenta lo que has aprendido hasta ahora sobre la poesía, ¿crees que este fragmento es un texto poético? Justifica tu respuesta.

Tristeza derramada, ingenuas montañas, acorde mayor de plomo derretido, suavidades simples, y en los horizontes, vagos fulgores de ceniza tornasol. A los lados del camino, árboles macizos de ramajes sonoros meditan inclinados ante la amargura inefable del paisaje. A veces el viento hace llegar solemnes marchas en un tono constante, que apaga un seco sonido de hojas marchitas.

Federico García Lorca, *Impresiones y paisajes* (1918)

Federico García Lorca (1898-1936).

La poesía actual

Tradicionalmente la poesía se ha ceñido a las leyes de la rima y la métrica, pero a principios del XX, con las vanguardias, los poetas empezaron a experimentar **nuevas formas de poesía**. Aparecieron los caligramas, los poemas de verso libre, la poesía visual, etc. Sin embargo, todas estas creaciones mantienen la característica principal de la poesía: transmitir emociones mediante la belleza del lenguaje.

Relaciona

9. Relaciona cada tipo de poesía con su definición y con un ejemplo.

prosa poética, caligrama, poema de verso libre, poesía visual

a) Tipo de poesía que utiliza, sobre todo, la imagen para transmitir una emoción, un pensamiento, una idea.

b) Texto en el que un «yo» cuenta sus sentimientos con un lenguaje que busca la belleza y la emoción. No tiene los elementos formales de los poemas: ni rima ni métrica.

c) Creación en la que el texto busca representar formalmente el contenido del poema.

d) Poema escrito en verso, pero que no sigue ninguna pauta regular por lo que respecta al ritmo y a la rima.

Crea

10. En grupos de cuatro, intentad crear un poema visual virtual. Primero debéis pensar qué idea o concepto queréis transmitir y, después, conseguir las imágenes que creáis que pueden evocar esta idea.

1.

Fresco nipón

Cuando al morir el sol dora la nieve del Fusiyama
Los paisajes nipones en mi cerebro copio
Siento el olor que el crisantem derrama
Los vagos, dulces sueños del opio.
Veo el campo inerme
La pagoda muda
Donde duerme
Budha.
Siento
La voz viva
El dulce lamento
De las cuerdas de la diva.
Como una pálida flor morisca
Envuelta en un raro manto de tisú
Una princesa cruza en su rápido giuriska
Y oigo el canto de un uta melodioso de Azayasú.

Vicente Huidobro, *Fresco nipón* (1913)

2.

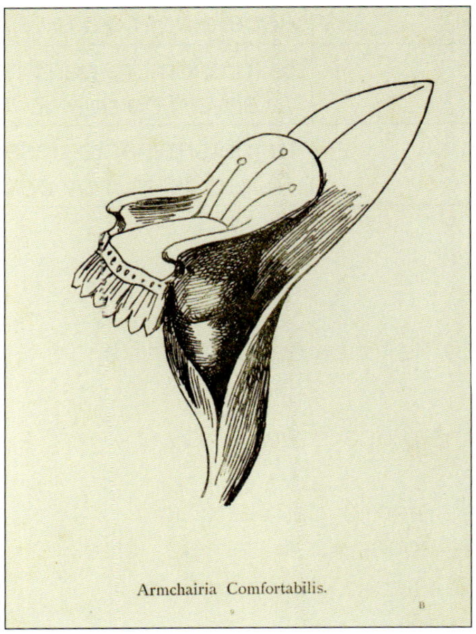

Edward Lear, *Armchairia Confortablis* (1889)

3. Si la poesía es agua clara,
dulce caricia a los sentidos
quimera y ronda
sueño azul de rima y ritmo,
entonces
ya no soy
poesía.

Gisela Galimi, «Poesía»

4. Cabellos suaves, cabellos que son toda la suavidad del mundo, ¿qué seda gozaría yo si no os tuviera sobre el regazo? Dulce por ella el día que pasa, dulce el sustento, solo por unas horas que ellos resbalan entre mis manos.

Ponedlos en mi mejilla; revolvedlos en mi regazo como las flores; dejadme trenzar con ellos, para suavizarlo, mi dolor; aumentar la luz con ellos, ahora que es moribunda.

Gabriela Mistral, «Los cabellos de los niños»

Ortografía

La tilde diacrítica

La **tilde diacrítica** sirve para diferenciar ciertas palabras que se escriben igual, pero tienen significados distintos y también suelen pertenecer a categorías gramaticales diferentes. Fíjate en la siguiente tabla:

Con tilde	Sin tilde
aún (adverbio de tiempo = *todavía*) *Aún no ha llegado la primavera.*	**aun** (conjunción = *incluso*) *Aun sin su presencia ganaron el encuentro.*
dé (verbo *dar*) *Espero que no le dé por dejarnos aquí.*	**de** (preposición) *Ha cambiado de teléfono.*
él (pronombre personal) *Él no sabía nada de la operación militar.*	**el** (artículo) *El asunto no tiene mayor importancia.*
más (adverbio de cantidad) *Ha trabajado más últimamente.*	**mas** (conjunción adversativa = *pero*) *Lo intentó, mas no obtuvo resultado.*
mí (pronombre personal) *Lo ha traído para mí.*	**mi** (determinante posesivo) *Mi intuición dice que no miente.*
sé (verbo *ser* o *saber*) *Ya sé sus preferencias.*	**se** (pronombre personal) *Se levanta todos los días a las nueve.*
sí (adverbio de afirmación, pronombre personal) *Por fin dio el sí.* *Lo dijo para sí.*	**si** (conjunción condicional, nota musical) *Si llueve, no asistiremos al concierto.* *Aquella nota era un si.*
té (infusión) *Toma té habitualmente.*	**te** (pronombre personal) *Te advertí de que no llegarías a tiempo.*
tú (pronombre personal) *Tú te has presentado voluntario.*	**tu** (determinante posesivo) *Tu actitud es muy positiva.*

Practica

1. Completa los siguientes enunciados de forma correcta, utilizando las palabras entre paréntesis:

a) Ya ◆ que ◆ lo compró con el dinero que le dieron sus abuelos. (sé / se)

b) A Martín le otorgaron ◆ segundo premio, pero estamos convencidos de que ◆ esperaba conseguir ◆ primero. (él / el)

c) Lucía me ha pedido que le ◆ más tiempo libre para ir ◆ compras. (dé / de)

d) ◆ intuición me dice que esta llamada es para ◆. (mi / mí)

e) «◆ tú mismo», ◆ dice cada vez que ◆ mira al espejo por la mañana. (sé / se)

f) ◆ vas a decir que ◆ al puesto de trabajo que te ofrecen, debes comentarlo con tu familia. (si / sí)

g) ◆ eres tan introvertida como ◆ hermano. (tú / tu)

h) Intenta esforzarse aún ◆ en el entreno, ◆ no sé si obtendré de él el resultado que espero. (mas / más)

¿Qué habéis comido de primer plato?

Q Q Q

Q Q Q

Los determinantes, pronombres y adverbios interrogativos y exclamativos constituyen un caso especial de tilde diacrítica, ya que deben escribirse con tilde para distinguirlos de aquellos casos en que tienen un valor enunciativo.

Con tilde	Sin tilde
qué (pronombre o determinante) *¿Qué problema tiene?* *¿Qué necesitas para el trabajo?* *¡Qué bonito!*	**que** (conjunción o pronombre relativo) *Me dijo que subiría dentro de un rato.* *No me gustó la actitud que mostró durante la entrevista.*
quién, **quiénes** (pronombre) *¿Quién me presta un bolígrafo?* *¡Quién lo diría!*	**quien**, **quienes** (pronombre relativo) *El personaje a quien me refiero es un escritor del Siglo de Oro.*
cuál, **cuáles** (pronombre) *¿Cuál prefieres usar?*	**cual**, **cuales** (pronombre relativo) *El motivo por el cual le llamo es secreto.*
cuándo, **cuánto**, **cómo**, **dónde** (adverbios) *¿Cuánto te costó?* *¡Cuánto lujo!*	**cuanto** (pronombre relativo), **cuando** (conjunción), **como** (adverbio o conjunción), **donde** (adverbio) *Me dio cuanto tenía.*

¡Atrévete!

2. Formula cinco preguntas utilizando determinantes, pronombres y adverbios interrogativos sobre el siguiente texto:

Ejemplo:
¿Quién recuerda frente al pelotón de fusilamiento la tarde en que su padre lo llevó a conocer el hielo?

Muchos años después, frente al pelotón de fusilamiento, el coronel Aureliano Buendía había de recordar aquella tarde remota en que su padre lo llevó a conocer el hielo. Macondo era entonces una aldea de veinte casas de barro y cañabrava construidas a la orilla de un río de aguas diáfanas que se precipitaban por un lecho de piedras pulidas, blancas y enormes como huevos prehistóricos. El mundo era tan reciente, que muchas cosas carecían de nombre, y para mencionarlas había que señalarlas con el dedo.

Gabriel García Márquez, *Cien años de soledad* (1967)

Practica

3. Escribe tilde diacrítica en las palabras de los siguientes enunciados en que sea necesario:

a) ¿A que se dedica actualmente tu hermano?
b) Parece que si te has acordado de mi.
c) Si te acuerdas, compra te cuando vayas al supermercado.
d) ¡Cuanto te echamos de menos!
e) ¿Quien ha cogido mi bolígrafo?
f) ¿Donde se encuentra tu oficina?

Repaso

Practica

4. Escribe la sílaba que falta en las palabras incompletas de este texto:

Largo rato anduvieron dando vueltas a través de las calles de Toledo, buscando un lugar a propósito para terminar sus diferencias; pero la oscuridad de la noche era tan profunda que el duelo parecía imposible. No obstante, ambos deseaban batirse, y batirse antes que ra◆se el alba, pues al amane◆ debían partir las hues◆ reales, y Alonso con ellas.

Prosi◆ron, pues, cruzando al ◆zar plazas desiertas, pasadizos sombríos, callejones estrechos y tenebrosos, hasta que, por último, vieron brillar a lo lejos una luz, una luz, pequeña y mori◆da, en torno a la cual la niebla formaba un cerco de claridad fantástica y dudosa.

Habían llegado a la calle del Cristo, y la luz que se divisaba en uno de sus ◆tremos parecía ser la del farolillo que a◆braba en aquella época, y alumbra aún, a la imagen que le da su nombre.

Al verla, ambos dejaron escapar una ◆clamación de jú◆lo y, apresurando el paso en su dirección, no tardaron mucho en encontrarse junto al retablo que ardía.

Gustavo Adolfo Bécquer,
«El cristo de la calavera» (1871)

¡Atrévete!

5. Puntúa el siguiente fragmento de manera que resulte comprensible. Escribe las mayúsculas que sean necesarias.

¿De dónde procede la expresión «las paredes oyen»?

esta frase empleada cuando alguien revela secretos en voz alta o para aconsejar prudencia y discreción a la hora de hacer comentarios nació al parecer en francia durante la persecución de los hugonotes que culminaría con la terrible matanza en la noche de san bartolomé el 24 de agosto de 1572 en parís

según los cronistas la reina catalina de médici movida por la desconfianza hizo instalar secretamente una vasta red de conductos acústicos en las paredes de palacio que permitieran oír lo que se hablaba en las distintas estancias y así poder averiguar quiénes conspiraban contra ella o urdían conjuras que hicieran peligrar los intereses reales

sin embargo y como no podía ser de otra manera en cuanto se descubrió el ardid entre los miembros de la corte y la servidumbre corrió la voz de que las paredes tenían oídos y de este modo con el tiempo la expresión pasó a convertirse en proverbio

Muyinteresante.com

6. Completa las series de numerales cardinales, ordinales y fraccionarios.

Numeral cardinal	Numeral ordinal	Numeral fraccionario
tres	*tercero, -a*	*tercio, -a*
seis		
diez		
doce		
	decimotercero, -a	*treceavo, -a*
dieciséis		
	decimoctavo, -a	
	vigésimo, -a	

Literatura

El Barroco: la poesía

El Barroco

El **Barroco** es el movimiento cultural que se impone en toda Europa durante el **siglo XVII**. En España, este siglo viene determinado por una decadencia política y militar que arrastró al país a una profunda crisis económica y moral. Las continuas guerras por tratar de mantener un imperio que se desmoronaba, las epidemias y la corrupción política crearon en el individuo barroco una sensación de desconfianza e inseguridad, que se manifiesta claramente en el arte y la literatura de esta época. El arte barroco se caracteriza por los siguientes rasgos:

- **Tendencia a la complicación formal:** el arte barroco es recargado, predominando el aspecto ornamental. Con frecuencia, los escritores manifiestan su intención de ser entendidos solo por una minoría culta.
- **Gusto por el contraste:** el arte barroco recoge la contradicción de una corte que vive lujosamente y un pueblo que se encuentra en la miseria. El claroscuro (contraste entre las zonas oscuras y las iluminadas) caracteriza la pintura barroca. Los contrastes entre vida y muerte, o entre belleza y monstruosidad, aparecen con frecuencia en la literatura barroca.
- **Pesimismo:** el artista barroco muestra su desengaño vital tratando temas como la muerte, la ruina, las falsas apariencias, la vida como sueño... Su actitud va desde el inconformismo hasta la evasión.

La familia de Felipe IV también conocida como *Las meninas*, Diego Velázquez (1656).

Estas características se perciben con claridad en la **poesía del siglo XVII**, un género que en España alcanzó un gran apogeo con poetas de la talla de **Góngora**, **Quevedo** o **Lope de Vega**.

Luis de Góngora

La poesía de **Góngora** es una clara muestra del contraste barroco. Entre sus versos hallamos delicados poemas amorosos junto a las burlas más groseras. Del mismo modo, algunos poemas están escritos con un estilo llano y sencillo, mientras que otros presentan tal acumulación de artificios que resultan prácticamente ininteligibles. Por todo ello, la poesía de Góngora suele clasificarse en dos grupos:

- **Poesía menor:** está compuesta por letrillas satírico-burlescas, romances y sonetos sobre temas diversos. Una letrilla es un poema que desarrolla un tema satírico o burlesco en diferentes estrofas de arte menor, entre las cuales se repite un estribillo.

- **Poesía mayor:** Góngora escribió dos largas obras de una excepcional complejidad: las *Soledades* y la *Fábula de Polifemo y Galatea*. En esta última, Góngora recurre a la octava real para recrear un episodio mitológico. Polifemo es un cíclope (gigante de un solo ojo) que siente un tierno amor por la ninfa Galatea. Esta, sin embargo, rechaza al gigante porque ama a Acis, un joven pastor. El poema desarrolla el contraste entre la belleza de la ninfa y la monstruosidad de Polifemo. En sus versos también se evidencia el complejo y difícil estilo culterano, lleno de metáforas, hipérbatos, perífrasis, giros latinos, cultismos… El siguiente poema de Góngora trata un tema también frecuente en la poesía del Renacimiento, pero desde una perspectiva barroca.

¡! Recuerda: una octava real es una estrofa de ocho versos endecasílabos con rima consonante (ABABABCC).

Practica

1. Lee el poema, realiza el esquema métrico y di si es un romance, una letrilla o un soneto.

Ándeme yo caliente
y ríase la gente.

Traten otros del gobierno
del mundo y sus monarquías,
mientras gobiernan mis días
mantequillas y pan tierno,
y las mañanas de invierno
naranjada y aguardiente,
y ríase la gente.

Coma en dorada vajilla
el Príncipe mil cuidados[1]
como píldoras dorados[2];
que yo en mi pobre mesilla
quiero más una morcilla
que en el asador reviente,
y ríase la gente.

Cuando cubra las montañas
de blanca nieve el enero,
tenga yo lleno el brasero
de bellotas y castañas,
y quien las dulces patrañas
del Rey que rabió me cuente[3],
y ríase la gente.

Busque muy en buena hora
el mercader nuevos soles[4];
yo conchas y caracoles
entre la menuda arena,
escuchando a Filomena[5]
sobre el chopo de la fuente,
y ríase la gente.

Pase a media noche el mar
y arda en amorosa llama
Leandro[6] por ver su dama;
que yo más quiero pasar
del golfo de mi lagar[7]
la blanca o roja corriente,
y ríase la gente.

Pues Amor es tan cruel
que de Píramo y su amada
hace tálamo[8] una espada,
do se junten ella y él,
sea mi Tisbe un pastel
y la espada sea mi diente[9],
y ríase la gente.

Luis de Góngora (1581)

[1] cuidado: preocupación.
[2] Es decir, el príncipe come en su plato dorado mil preocupaciones doradas (porque todas sus preocupaciones tienen que ver con el dinero) como las píldoras (en aquel tiempo las píldoras se recubrían con tintes brillantes para hacerlas más atractivas).
[3] Es decir, que yo tenga quien me cuente historias como la del rey que rabió (personaje de la época).
[4] nuevos soles: nuevos países, nuevos mundos.
[5] Filomena: personaje de la mitología griega que fue convertido en ruiseñor.
[6] Leandro: personaje mitológico que todas las noches cruzaba el estrecho de Helesponto para ver a su amada Hero.
[7] lagar: depósito de aceite, mosto o vino. El poeta quiere que sea amplio como un golfo.
[8] tálamo: cama o lecho conyugal.
[9] Píramo y Tisbe son dos amantes mitológicos que, ante el rechazo de sus respectivos padres a sus amores, huyen juntos. Sin embargo, la fatalidad hace que ambos se suiciden con una espada.

¿Sabías que...?

Luis de Góngora nació en Córdoba en 1561. A los cincuenta años fue ordenado sacerdote, a pesar de su manifiesta afición al juego, al vino y a los placeres mundanos. Es muy conocida su gran enemistad con Quevedo, que dio lugar a numerosos poemas satíricos que se dirigían mutuamente. Murió en 1627 enfermo y arruinado.

Practica

2. ¿Cuál es, para Góngora, el estilo de vida ideal? ¿Recuerdas algún otro poema del Renacimiento que tratara este mismo tema? ¿Qué diferencias hay entre ellos?

3. ¿A qué dice renunciar el poeta en las dos últimas estrofas?

4. Góngora también recurre a la mitología. ¿Qué opinión le merecen los mitos a los que alude? ¿Son admirables o ridículos?

5. ¿Qué figura retórica destaca en estos versos?
mientras gobiernan mis días / mantequillas y pan tierno

Francisco de Quevedo

Al igual que la de Góngora, la obra de **Quevedo** presenta una gran variedad temática y estilística. Además de poesía, Quevedo fue un magnífico prosista, autor de la novela picaresca *Historia de la vida del Buscón, llamado don Pablos*. Según su temática, la poesía de Quevedo se divide en tres grandes grupos:

- **Tema filosófico-moral:** se trata de poemas que expresan el pesimismo del autor y su visión desengañada del mundo y de la vida. Quevedo se muestra preocupado por el paso del tiempo (la vida es un punto), la fugacidad de los bienes terrenales, la llegada de la muerte...
- **Tema amoroso:** si bien es cierto que en muchos poemas Quevedo se burla con crueldad de las mujeres, también lo es que compuso algunos de los más bellos poemas de amor. Estos poemas siguen la tradición del Renacimiento, aunque adoptan una visión más pesimista, propia del Barroco.
- **Tema satírico-burlesco:** en estas composiciones poéticas caricaturiza personajes reales (Góngora, Lope de Vega…), tipos generales (el médico, el juez, el viejo verde...) o vicios (querer aparentar una juventud ya lejana, la infidelidad amorosa...). En estos poemas, Quevedo muestra su mayor audacia en la experimentación lingüística. Entre los recursos más empleados, destacan sus ingeniosos juegos de palabras, sus originales metáforas y la creación de nuevos vocablos.

Significase la propia brevedad de la vida, sin pensar, y con padecer, salteada de la muerte

¡Fue sueño ayer; mañana será tierra!
¡Poco antes, nada; y poco después, humo!
¡Y destino ambiciones, y presumo,
apenas punto al cerco que me cierra!
Breve combate de importuna guerra,
en mi defensa, soy peligro sumo;
y mientras con mis armas me consumo,
menos me hospeda el cuerpo, que me entierra[1].
Ya no es ayer; mañana no ha llegado;
hoy pasa, y es, y fue, con movimiento
que a la muerte me lleva despeñado.
Azadas[2] son la hora y el momento
que, a jornal de mi pena y mi cuidado,
cavan en mi vivir mi monumento[3].

Francisco de QUEVEDO (1605)

[1] Es decir, su vida es una lucha breve contra la muerte y, cuanto más lucha, más consume su cuerpo haciendo que deje de hospedar su alma y acelerando su muerte.
[2] azada: instrumento utilizado para cavar.
[3] monumento: se refiere al monumento funerario, es decir, la tumba.

¿Sabías que...?

Francisco de Quevedo nació en Madrid en 1580. Hombre de gran cultura, su vida se movió siempre en los ambientes cortesanos, donde buscó la protección de los más poderosos. La acidez de algunos de sus poemas y las intrigas políticas le costaron a Quevedo el destierro y la cárcel. Murió en 1645.

Practica

6. Lee el poema y explica a cuál de los tres grupos temáticos en que se clasifica la poesía de Quevedo pertenece el poema.

Practica

7. ¿Cuál crees que es el sujeto de los verbos *fue* y *será* del primer verso? ¿Qué cosa fue nada y será humo? ¿Qué cierra al poeta en un cerco?

8. Señala todas las referencias militares que salen en el poema. ¿Qué dos rivales se enfrentan en la batalla? ¿Quién resultará vencedor?

9. En el primer terceto, aparecen los adverbios *ayer*, *mañana* y *hoy*. ¿Qué ocurre en cada uno de esos momentos?

10. En el último terceto, destaca una triple metáfora. ¿Con qué objeto se identifica el tiempo? ¿Qué hace el tiempo con ese objeto? ¿Qué recibe el poeta como pago o jornal?

11. ¿Este poema es un romance, una letrilla o un soneto? Realiza el esquema métrico.

Lope de Vega

Lope de Vega destacó especialmente como dramaturgo, y como tal se estudiará con más detenimiento en la siguiente unidad, pero fue asimismo un extraordinario poeta. Su poesía es más sencilla y natural que la de Góngora y Quevedo. Muchos de sus poemas expresan algunas de sus experiencias personales con emoción y espontaneidad.

Lope empleó la **métrica tradicional** para componer romances de tema pastoril o morisco, así como canciones de inspiración popular. También escribió numerosos sonetos de temas muy variados: amorosos, religiosos, filosóficos, burlescos.

Este bellísimo poema de Lope de Vega, a pesar de su sencillez, sorprende por su forma. Lope nos ofrece una lista o enumeración de estados de ánimo, a menudo contradictorios, que sentimos las personas en determinadas situaciones.

Desmayarse, atreverse, estar furioso,
áspero, tierno, liberal, esquivo,
alentado, mortal, difunto, vivo,
leal, traidor, cobarde y animoso;

no hallar fuera del bien centro y reposo,
mostrarse alegre, triste, humilde, altivo,
enojado, valiente, fugitivo,
satisfecho, ofendido, receloso;

huir el rostro al claro desengaño,
beber veneno por licor suave,
olvidar el provecho, amar el daño;

creer que un cielo en un infierno cabe,
dar la vida y el alma a un desengaño;
esto es amor, quien lo probó lo sabe.

Lope de Vega (1602)

¿Sabías que...?

Félix Lope de Vega y Carpio nació en Madrid en 1562 en el seno de una familia humilde. Tuvo una vida sumamente agitada y llena de lances amorosos. Fue desterrado tras escribir unos poemas contra su examante, Elena Osorio, y su familia. Antes de salir al destierro, se casó con Isabel de Urbina tras raptarla con su consentimiento. Poco después de su regreso a Madrid, fue procesado por amancebamiento con Antonia de Trillo y a los dos años se casó por segunda vez con una mujer de familia adinerada. A pesar de su matrimonio, se le conocieron muchas amantes incluso cuando, tras la muerte de su esposa y de uno de sus hijos, sufrió una crisis existencial y se ordenó sacerdote. Murió en 1635 dejando escrita una obra de extraordinaria calidad y extensión.

Interpreta

Lee el poema y responde las preguntas que se formulan a continuación.

Practica

12. ¿Cuántos verbos en forma personal aparecen en el texto? ¿Dónde se encuentran?

13. ¿Cuál es la oración que podemos considerar principal porque de ella se deriva todo el poema?

14. ¿Qué dos clases de palabras son las más abundantes en las tres primeras estrofas?

15. ¿Qué figura literaria destaca en esas primeras estrofas?

16. ¿Qué está tratando de definir Lope en este poema? ¿De qué manera se puede resumir?

17. ¿Este poema es un romance, una letrilla o un soneto? Realiza el esquema métrico.

¡Atrévete!

¿Eres capaz de reconocer la temática del Barroco en los siguientes textos?

18. Lee y explica en prosa este fragmento de la Fábula de Polifemo y Galatea, de Góngora, en que se describe la cueva donde vive el cíclope.

> De este, pues, formidable de la tierra
> bostezo, el melancólico vacío
> a Polifemo, horror de aquella sierra,
> bárbara choza es, albergue umbrío
> y redil espacioso donde encierra
> cuanto las cumbres ásperas cabrío,
> de los montes esconde: copia bella
> que un silbo junta y un peñasco sella.
>
> Luis de GÓNGORA (1613)

19. Completa la versión en prosa que hizo el poeta Dámaso Alonso del mismo fragmento.

> El triste hueco de este formidable ◆ de la tierra (el hueco de esta enorme gruta) sirve al gigante Polifemo, horror y espanto de aquellos montes, de ◆ ◆, de sombrío ◆ y de ◆ espacioso en el que encierra todo el ganado ◆ que esconde u oculta con su número las ásperas ◆ de la ◆: bella abundancia de ganado que, a un ◆ de su gigantesco pastor, se ◆, y a la que un ◆ manejado por Polifemo deja encerrada en la ◆.
>
> Dámaso ALONSO, *Góngora y el 'Polifemo' III* (1960)

¿Qué negocio piensas montar aquí?

JA

Competencias básicas

Prueba

Lee el texto siguiente y responde las preguntas que se formulan a continuación.

La más bella niña

La más bella niña
de nuestro lugar,
hoy viuda y sola
y ayer por casar,
viendo que sus ojos
a la guerra van,
a su madre dice,
que escucha su mal:
«*Dejadme llorar,*
orillas del mar.

»Pues me distes, madre,
en tan tierna edad
tan corto el placer,
tan largo el pesar,
y me cautivastes
de quien hoy se va
y lleva las llaves
de mi libertad:
Dejadme llorar,
orillas del mar.

»En llorar conviertan
mis ojos, de hoy más,
el sabroso oficio
del dulce mirar,
pues que no se pueden
mejor ocupar,
yéndose a la guerra
quien era mi paz:
Dejadme llorar,
orillas del mar.

»No me pongáis freno
ni queráis culpar;
que lo uno es justo,
lo otro por demás.
Si me queréis bien,
no me hagáis mal;
harto peor fuera
morir y callar:
Dejadme llorar,
orillas del mar.

»Dulce madre mía,
¿quién no llorará,
aunque tenga el pecho
como un pedernal,
y no dará voces
viendo marchitar
los más verdes años
de mi mocedad?
Dejadme llorar,
orillas del mar.

»Váyanse las noches,
pues ido se han
los ojos que hacían
los míos velar;
váyanse y no vean
tanta soledad,
después que en mi lecho
sobra la mitad.
Dejadme llorar,
orillas del mar».

Luis de Góngora (1580)

1 **Señala el sinónimo de *mocedad* (línea 48).**

- ☐ *a*) noviazgo
- ☐ *b*) libertad
- ☐ *c*) sufrimiento
- ☐ *d*) juventud

2 **Indica cuál de estas figuras retóricas aparece en los siguientes versos: metáfora, comparación, paralelismo, personificación.**

- ☐ *a*) ¿quién no llorará,
  aunque tenga el pecho
  como un pedernal, [...]?
- ☐ *b*) tan corto el placer,
  tan largo el pesar,
- ☐ *c*) y lleva las llaves
  de mi libertad.
- ☐ *d*) viendo que sus ojos
  a la guerra van

3 **¿Qué medida tienen los versos del texto anterior?**

- ☐ *a*) Cinco sílabas.
- ☐ *b*) Seis sílabas.
- ☐ *c*) Siete sílabas.
- ☐ *d*) De cinco a ocho sílabas.

4 **¿Cuál de las siguientes palabras del poema aparece en la primera estrofa con un sentido figurado?**

- ☐ *a*) bella
- ☐ *b*) viuda
- ☐ *c*) casar
- ☐ *d*) guerra

5 **Indica si las siguientes afirmaciones son verdaderas (V) o falsas (F):**

- ☐ *a*) La niña que llora se ha casado recientemente.
- ☐ *b*) La niña desea que llegue la noche para poder descansar.
- ☐ *c*) La niña dice que sus ojos, que antes disfrutaban viendo a su amado, ahora solo pueden llorar.
- ☐ *d*) La madre no deja salir a la niña de su casa.

6 **¿Por qué llora la niña del poema?**

- ☐ *a*) Porque su marido ha muerto en la guerra.
- ☐ *b*) Porque su marido se ha ido a la guerra.
- ☐ *c*) Porque su marido se ha llevado las llaves de su casa.
- ☐ *d*) Porque su marido se ha ahogado en el mar.

7 **¿Qué figura retórica destaca en los versos «Si me queréis bien, no me hagáis mal» (versos 35 y 36)?**

- ☐ *a*) Una metáfora.
- ☐ *b*) Una comparación.
- ☐ *c*) Una anáfora.
- ☐ *d*) Una antítesis.

8 **¿Cómo riman los versos del poema?**

- ☐ *a*) Los versos pares en asonante.
- ☐ *b*) Los versos pares en consonante.
- ☐ *c*) Los versos pares en asonante y los impares en consonante.
- ☐ *d*) Es una rima irregular.

9 **¿Qué palabra de cada serie de versos debe llevar tilde diacrítica?**

- ☐ *a*) Pues eres tu el mismo mar / que con tus crecientes besas / las murallas de mi patria.
- ☐ *b*) Yo se de una buena vieja / que fue un tiempo rubia y zarca.
- ☐ *c*) Que la viuda en el sermón / de mil suspiros sin son / bien puede ser.
- ☐ *d*) Bufones son los estanques / y en que lo son, lo diré.

10 **La expresión «de hoy más» (verso 22) significa...**

- ☐ *a*) ... hoy más que nunca.
- ☐ *b*) ... a partir de hoy.
- ☐ *c*) ... nunca más.
- ☐ *d*) ... además de hoy.

Redacción

Escribe una redacción en prosa, de unas cien palabras y en lengua actual, sobre la respuesta que la madre del poema le podría dar a su hija para tratar de consolarla.

Juego literario

Un texto sobre el azar

En el siglo XX, el azar se convirtió en una de las bases del dadaísmo, movimiento vanguardista encabezado por artistas como Tristan Tzara o Marcel Duchamp. De hecho, el término *dadaísmo* es fruto del azar, puesto que sus creadores le dieron este nombre al movimiento tras abrir un diccionario y encontrarse con la palabra *dadà* (en francés, 'caballo de madera'). Una de las creaciones literarias más características del dadaísmo consistía en recortar de un periódico o revista las palabras de un artículo cualquiera, mezclarlas en una bolsa e irlas sacando al azar hasta componer un poema.

Sugerencias

1. Abre un diccionario por cinco páginas cualesquiera y toma nota de la primera palabra que aparezca en la página izquierda.
2. Si no conoces la palabra, lee su significado para poder incluirla con precisión en tu texto.
3. Inserta las palabras en el cuento de Marco Denevi. Para ello, realiza todas las modificaciones que creas necesarias.
4. Poned en común vuestros trabajos y decidid cuál se ha alejado más del texto inicial y cuál menos.

1. Escribe un texto en el que tenga un papel importante el azar. Para ello, elige aleatoriamente cinco palabras e inclúyelas en la siguiente narración para crear un nuevo texto:

El emperador de china

Cuando el emperador Wu Ti murió en su vasto lecho, en lo más profundo del palacio imperial, nadie se dio cuenta. Todos estaban demasiado ocupados en obedecer sus órdenes. El único que lo supo fue Wang Mang, el primer ministro, hombre ambicioso que aspiraba al trono. No dijo nada y ocultó el cadáver. Transcurrió un año de increíble prosperidad para el imperio. Hasta que, por fin, Wang Mang mostró al pueblo el esqueleto pelado del difunto emperador.

–¿Veis? –dijo–. Durante un año un muerto se sentó en el trono. Y quien realmente gobernó fui yo. Merezco ser el emperador.

El pueblo, complacido, lo sentó en el trono y luego lo mató, para que fuese tan perfecto como su predecesor y la prosperidad del imperio continuase.

Marco DENEVI (1970)

Los pilares de la sociedad, Grosz (1926).

Para concluir, formula tú ahora dos preguntas para cada apartado como las que se planteaban al inicio de la unidad.

Explora la unidad y responde.

8

Fábrica de textos

¿Qué diferencia hay entre escribir una biografía y una autobiografía?

¿Sabes qué son unas memorias?

Ortografía

¿Cómo separarías en sílabas *coliseo* y *aeronáutico*?

¿Por qué se acentúa *dialoguéis*?

Literatura

¿Sabes dónde se originó el teatro?

¿Qué es la novela picaresca?

Conocimiento de la lengua

Di dos sinónimos de *valiente*.

Enumera en un minuto todas las palabras polisémicas que conozcas.

Lectura inicial

¿Podrías explicar alguna historia de alguien cercano a ti que haya buscado sin darse por vencido a un ser querido?

¿Puede un narrador ser protagonista del relato?

Graba un video de una intervención oral tuya y analízala.

El narrador y protagonista del relato inicia un extraño viaje tras prometer a su madre moribunda que buscaría al padre que no conoce para que le dé lo que debe. Su llegada a Comala, lugar en que vive su padre, se convierte en algo desconcertante. Los recuerdos que le contó su madre chocan con el paisaje que se encuentra.

El viaje a Comala

Vine a Comala porque me dijeron que acá vivía mi padre, un tal Pedro Páramo. Mi madre me lo dijo. Y yo le prometí que vendría a verlo en cuanto ella muriera. Le apreté sus manos en señal de que lo haría, pues ella estaba por morirse y yo en un plan de prometerlo todo. «No dejes de ir a visitarlo –me recomendó–. Se llama de este modo y de este otro. Estoy segura de que le dará gusto conocerte». Entonces no pude hacer otra cosa sino decirle que así lo haría, y de tanto decírselo se lo seguí diciendo aun después de que a mis manos les costó trabajo zafarse[1] de sus manos muertas.

Todavía antes me había dicho:

–No vayas a pedirle nada. Exígele lo nuestro. Lo que estuvo obligado a darme y nunca me dio... El olvido en que nos tuvo, mi hijo, cóbraselo caro.

–Así lo haré, madre.

Pero no pensé cumplir mi promesa. Hasta que ahora pronto comencé a llenarme de sueños, a darle vuelo a las ilusiones. Y de este modo se me fue formando un mundo alrededor de la esperanza que era aquel señor llamado Pedro Páramo, el marido de mi madre. Por eso vine a Comala.

Era ese tiempo de la canícula[2], cuando el aire de agosto sopla caliente, envenenado por el olor podrido de las saponarias.

–¿Cómo dice usted que se llama el pueblo que se ve allá abajo?

–Comala, señor.

–¿Está seguro de que ya es Comala?

–Seguro, señor.

–¿Y por qué se ve esto tan triste?

–Son los tiempos, señor.

Yo imaginaba ver aquello a través de los recuerdos de mi madre; de su nostalgia, entre retazos[3] de suspiros. Siempre vivió ella suspirando por Comala, por el retorno; pero jamás volvió. Ahora yo vengo en su lugar. Traigo los ojos con que ella miró estas cosas, porque me dio sus ojos para ver: «Hay allí, pasando el puerto de Los Colimotes, la vista muy hermosa de una llanura verde, algo amarilla por el maíz maduro. Desde ese lugar se ve Comala, blanqueando la tierra, iluminándola durante la noche». Y su voz era secreta, casi apagada, como si hablara consigo misma... Mi madre.

–¿Y a qué va usted a Comala, si se puede saber? –oí que me preguntaban.

–Voy a ver a mi padre –contesté.

–¡Ah! –dijo él.

Y volvimos al silencio.

Caminábamos cuesta abajo, oyendo el trote rebotado de los burros. Los ojos reventados por el sopor[4] del sueño, en la canícula de agosto.

–Bonita fiesta le va a armar –volví a oír la voz del que iba allí a mi lado–. Se pondrá contento de ver a alguien después de tantos años que nadie viene por aquí.

Luego añadió:

–Sea usted quien sea, se alegrará de verlo.

En la reverberación[5] del sol, la llanura parecía una laguna transparente, deshecha en vapores por donde se traslucía un horizonte gris. Y más allá, una línea de montañas. Y todavía más adelante, la más remota lejanía.

–¿Y qué trazas[6] tiene su padre, si se puede saber?

–No lo conozco –le dije–. Solo sé que se llama Pedro Páramo.

–¡Ah!, vaya.

–Sí, así me dijeron que se llamaba.

Oí otra vez el «¡ah!» del arriero[7].

Me había topado con él en Los Encuentros, donde se cruzaban varios caminos. Me estuve allí esperando, hasta que al fin apareció este hombre.

–¿A dónde va usted? –le pregunté.

–Voy para abajo, señor.

–¿Conoce un lugar llamado Comala?

–Para allá mismo voy.

Y lo seguí. Fui tras él tratando de emparejarme a su paso, hasta que pareció darse cuenta de que lo seguía disminuyó la prisa de su carrera. Después los dos íbamos tan pegados que casi nos tocábamos los hombros.

–Yo también soy hijo de Pedro Páramo –me dijo.

Una bandada de cuervos pasó cruzando el cielo vacío, haciendo cuar, cuar, cuar.

Después de trastumbar los cerros[8], bajamos cada vez más. Habíamos dejado el aire caliente allá arriba y nos íbamos hundiendo en el puro calor sin aire. Todo parecía estar como en espera de algo.

–¿Conoce usted a Pedro Páramo? –le pregunté.

Me atreví a hacerlo porque vi en sus ojos una gota de confianza.

–¿Quién es? –volví a preguntar.

–Un rencor vivo –me contestó él.

Sentí el retrato de mi madre guardado en la bolsa de la camisa, calentándome el corazón, como si ella también sudara. Era un retrato viejo, carcomido[9] en los bordes; pero fue el único que conocí de ella. Me lo había encontrado en el armario de la cocina, dentro de una cazuela llena de yerbas: hojas de toronjil, flores de Castilla, ramas de ruda. Desde entonces lo guardé. Era el único. Mi madre siempre fue enemiga de retratarse. Es el mismo que traigo aquí, pensando que podría dar buen resultado para que mi padre me reconociera.

–Mire usted –me dice el arriero, deteniéndose–. ¿Ve aquella loma que parece vejiga de puerco? Pues detrasito de ella está la Media Luna. Ahora voltié para allá. ¿Ve la ceja de aquel cerro? Véala. Y ahora voltié para este otro rumbo. ¿Ve la otra ceja que casi no se ve de lo lejos que está? Bueno, pues eso es la Media Luna de punta a cabo. Como quien dice, toda la tierra que se puede abarcar con la mirada. Y es de él todo ese terrenal. El caso es que nuestras madres nos malparieron en un petate aunque éramos hijos de Pedro Páramo. Y lo más chistoso es que él nos llevó a bautizar. Con usted debe haber pasado lo mismo, ¿no?

–No me acuerdo.

–¡Váyase mucho al carajo!

–¿Qué dice usted?

–Que ya estamos llegando, señor.

–Sí, ya lo veo. ¿Qué pasó por aquí?

–Un correcaminos, señor. Así les nombran a esos pájaros.

–No, yo preguntaba por el pueblo, que se ve tan solo, como si estuviera abandonado.

Parece que no lo habitara nadie.

–No es que lo parezca. Así es. Aquí no vive nadie.

–¿Y Pedro Páramo?

–Pedro Páramo murió hace muchos años.

Juan Rulfo, *Pedro Páramo*, 1955 (adaptación)

Infiere

Indica el número de la palabra del texto que corresponda a cada uno de estos significados:

- ☐ Retales, pedazos de cualquier cosa.
- ☐ Modo, apariencia o figura de alguien o algo.
- ☐ Persona que trabaja y trajina con bestias de carga.
- ☐ Modorra, somnolencia.
- ☐ Desembarazarse, soltarse, escaparse.
- ☐ Acción de reflejarse la luz en una superficie brillante.
- ☐ Elevaciones de tierra aislada de menor envergadura que el monte y la montaña.
- ☐ Periodo del año en que es más fuerte el calor.
- ☐ Roído por la madera.

Comprensión y expresión

Contrasta

1. Compara la imagen de Comala y sus alrededores que tiene el protagonista, formada a partir de los recuerdos de su madre, con la que se encuentra realmente después.

Observa

2. Anota las diferentes expresiones que utiliza el narrador para referirse al calor.

Comenta

3. Explica con tus propias palabras qué te sugieren las expresiones del ejercicio anterior.

Ordena

4. Sitúa en el orden correcto la información que da el arriero al narrador:

   a) Como quien dice, toda la tierra que se puede abarcar con la mirada. Y es de él todo ese terrenal. El caso es que nuestras madres nos malparieron en un petate aunque éramos hijos de Pedro Páramo.
   b) Pedro Páramo murió hace muchos años.
   c) Un rencor vivo.
   d) Yo también soy hijo de Pedro Páramo.
   e) Y lo más chistoso es que él nos llevó a bautizar. Con usted debe haber pasado lo mismo, ¿no?

Deduce

5. Explica qué intenta dar a entender el arriero con la expresión «un rencor vivo».

Selecciona

6. Elige cuáles de los siguientes adjetivos se ajustan al comportamiento del arriero con el narrador y explica por qué:

   tranquilo, hablador, confuso, valiente, prudente, tímido, curioso, alegre, reservado, generoso

Recuerda

7. La palabra *bandada* que aparece en el texto hace referencia a un grupo de aves. Relaciona las palabras de la columna de la izquierda con el grupo de animales de la derecha que representan.

rebaño	cerdos
manada	lobos
banco	ovejas
jauría	perros
enjambre	hormigas
colonia	sardinas
piara	abejas

Opina

8. Valora si la definición de páramo, «terreno yermo, raso y desabrigado», se ajusta al paisaje que se encuentra el protagonista a su llegada a Comala.

Confiesa

9. Explica alguna ocasión en que tuvieras una visión idealizada de un lugar y la realidad fuera decepcionante.

Conocimiento de la lengua

Las relaciones semánticas entre las palabras

Como estudiarás a continuación, entre las palabras se pueden establecer diferentes relaciones según su significado o su forma.

La sinonimia

Los **sinónimos** son palabras que tienen un un **mismo significado** o un significado **muy parecido**. Distinguimos entre sinónimos absolutos y sinónimos contextuales.

- Los **sinónimos absolutos** son las palabras sinónimas que comparten significado en cualquier contexto, es decir, siempre pueden intercambiarse una por otra.
  *El detenido **contestó** lentamente las preguntas de la policía.*
  *El detenido **respondió** lentamente las preguntas de la policía.*

- Los **sinónimos contextuales** o **parciales** son aquellas palabras que no siempre pueden sustituirse una por otra. Se trata de términos que poseen más de un significado, y el contexto en que se utilicen nos permitirá decidir por qué otra palabra pueden intercambiarse.
  *Tenía billete en el tercer **coche** del tren.* (*coche* = *vagón*)
  *Fue a Madrid en su propio **coche**.* (*coche* = *automóvil*)

¿Qué estás escribiendo?

24 de mayo

Practica

1. Sustituye las palabras destacadas del texto por los siguientes sinónimos:

absorber, aparcó, conocida, cruzó, damnificados, diligente, distinguida, entraban, famosos, granate, lluvia, tocaban

> Fuera de la catedral llovía con pocas ganas. Era el orvallo. Esa **precipitación** típica del norte de España que, sin llamar la atención, va filtrándose hasta calarlo todo. Los adoquines de la plaza del Obradoiro estaban entre sus más **célebres perjudicados** y a esa hora eran incapaces de **tragar** más. Por eso, cuando una **elegante** berlina color **burdeos** **atravesó** la explanada más **célebre** de Galicia y **se estacionó** justo en la puerta del hostal de los Reyes Católicos, levantó una ola de agua que salpicó las paredes del establecimiento.
>
> Dentro, en recepción, el conserje de guardia echó un vistazo por la ventana que tenía más cerca y apagó el televisor. **Llegaban** sus últimos clientes. **Solícito**, puso el pie en la calle justo cuando las campanas de la catedral **daban** las doce. En ese momento, el conductor paró el motor de su Mercedes, apagó los faros y ajustó la hora de su reloj de pulsera como si aquello formara parte de un ritual.
>
> Javier Sierra, *El ángel perdido* (2011)

Conocimiento de la lengua

Aunque las palabras sinónimas tienen un significado igual o semejante, la elección de una u otra dependerá de diversos factores:

- **Precisión.** Hay palabras más precisas o concretas que otras, las cuales tienen un significado más general. En el siguiente ejemplo, la palabra *hurto* es más precisa que *robo*:
  Ha denunciado el ***robo*** *de su teléfono móvil.*
  Ha sufrido el ***hurto*** *de su teléfono móvil.*
- **Variante dialectal.** El español es una lengua hablada por quinientos millones de personas y se extiende por la península Ibérica y la mayor parte de América. Tal número de hablantes y extensión geográfica implican variaciones, muchas de ellas en el vocabulario. Por lo tanto, es frecuente que convivan diferentes palabras para referirse a un mismo significado. En los siguientes ejemplos, los términos *ordenador* y *computadora* son sinónimos, aunque cada uno es más propio de una región de habla hispana:
  Mi ***ordenador*** *no funciona correctamente.* (español peninsular)
  Mi ***computadora*** *no funciona correctamente.* (español de América)
- **Nivel o registro lingüístico.** En ocasiones, en la elaboración de un texto o un enunciado se prefiere una palabra más formal o, por el contrario, una más coloquial o familiar. Este proceso forma parte de la **adecuación lingüística**, es decir, la adaptación del mensaje a la situación comunicativa, utilizando el registro lingüístico adecuado. Fíjate en los siguientes ejemplos, donde la palabra *vientre* es más formal que *barriga*, aunque ambas son totalmente correctas:
  Recibió un golpe en el ***vientre****.*
  Le duele la ***barriga****.*

Practica

2. Forma parejas de sinónimos e indica cuál es más intenso o preciso en cada caso.

enorme, caliente, candente, diminuto, gélido, pequeño, grande, frío

En ocasiones, utilizamos como sinónimo de una palabra una expresión formada por más de un término. Es frecuente con las locuciones adverbiales, un grupo de palabras que funciona como un solo adverbio, y las locuciones verbales, un grupo de palabras que equivale a un verbo.

El jersey está ***nuevo / sin estrenar****.* (locución adverbial)
Me ***ayudó / echó una mano*** *en ese asunto.* (locución verbal)

Practica

3. Relaciona cada palabra de la columna de la izquierda con su sinónimo correspondiente de la derecha.

ciego	enojado
despiste	cabezota
similar	extraño
terco	complejo
extraviado	inteligente
listo	perdido
flaco	olvido
raro	parecido
difícil	invidente
fastidiado	delgado

4. En cada pareja de sinónimos del ejercicio anterior, indica qué palabra es más formal y cuál es más coloquial o familiar.

¡! Hay más factores que nos hacen elegir uno de los sinónimos en lugar del otro. Así, por ejemplo, son frecuentes los matices apreciativos o emotivos: *los* ***niños*** */ los* ***pequeños****.*

¡Atrévete!

5. Sustituye las locuciones adverbiales destacadas por una sola palabra que tenga el mismo significado.

a) Ha superado **con creces** las expectativas depositadas en ella.
b) Resolvió el problema planteado **en un santiamén**.
c) **A lo mejor** nos visita su hermana este fin de semana.
d) Ha salido del coche **poco a poco**, estaba agotada después del esfuerzo.
e) **A la chita callando**, ha conseguido lo que se proponía.

¡Atrévete!

6. Sustituye las locuciones verbales destacadas por una sola palabra que tenga el mismo significado.

a) No **ha caído en la cuenta** de nuestro engaño.
b) Pese al resultado adverso, hay que seguir luchando y no **tirar la toalla** todavía.
c) En la construcción de la nueva granja toda la familia **arrimó el hombro**.
d) El director le **echa en cara** su falta de compromiso.
e) Durante la espera en el dentista, **echó un vistazo** a una revista de moda.

Los hiperónimos y los hipónimos

Los **hiperónimos** son palabras de significado amplio que engloban a otras de significado más específico o preciso.

Los **hipónimos** son palabras cuyo significado está incluido en el de otra de significado más general.

Hiperónimos	Hipónimos
día	*lunes, martes, miércoles*
alimentos	*carne, pescado, verdura*

Los hipónimos de una palabra constituyen su **campo semántico**. Por ejemplo, *lunes, martes* y *miércoles* formarían parte del campo semántico de *día*.

En la creación de textos, la alternancia entre hiperónimos e hipónimos evita la repetición léxica y contribuye a una lectura más fluida:

> A las dos de la mañana, tres **osos polares** se acercan al buque. Un marinero de guardia se percata y alerta a los pocos compañeros que no duermen. Los **animales** no tienen miedo. Probablemente tampoco excesiva hambre, aunque en esta época de deshielo cada vez más severo es cuando menos alimento encuentran y, por tanto, más peligrosos son.
>
> Álvaro Corcuera, «Viaje a la última frontera del mundo». *El País* (19 septiembre 2014)

Practica

7. Escribe dos hipónimos para cada uno de estos hiperónimos:

a) mueble
b) vehículo
c) color
d) instrumento
e) animal

8. Indica un hiperónimo para cada una de las siguientes series de hipónimos:

a) sardina, atún, salmón
b) microondas, horno, congelador
c) refresco, agua, café
d) roble, nogal, pino
e) camisa, pantalón, chaqueta

La antonimia

Las **palabras antónimas** expresan **significados opuestos** entre sí. Se distinguen tres tipos de antónimos según la relación que se establece entre ellos:

- **Complementarios.** Se trata de antónimos en los que la afirmación de uno conlleva la negación del otro, no se admite un término medio: *legal* / *ilegal*, *par* / *impar*.
- **Graduales.** Entre una palabra y su antónimo existen más posibilidades, grados intermedios: *blanco*, *gris*, *negro*; *frío*, *templado*, *caliente*.
- **Recíprocos.** Son antónimos en los cuales el significado de uno implica necesariamente la existencia del otro, es decir, no se puede dar uno sin el otro: *enseñar* / *aprender*, *vender* / *comprar*.

En la creación de antónimos es habitual la utilización de **prefijos**, sobre todo, *in-*, *des-*, *a-*: *incierto*, *increíble*, *desprestigiar*, *desacelerar*, *atípico*, *anormal*.

También pueden utilizarse otros prefijos en la creación de antónimos, aunque son menos habituales: *antisocial*, *extraoficial*.

¡!
El prefijo *in-* a veces se escribe *im-* o *i-*, según la palabra a la que se añade. Se escribe *im-* cuando el término empieza por *p* o *b* (*improbable*, *imbatible*). Se convierte en *i-* al añadirse a una palabra que empieza por *l* o *r* (*ilógico*); si comienza por *r*, entonces se escribe doble *r* (*irreal*).

Practica

9. Relaciona los antónimos de una y otra columna.

lleno	noche
pagar	muerto
saber	vacío
enseñar	falso
par	impar
alto	bajo
día	cobrar
verdadero	ignorar
vivo	aprender

¡Atrévete!

10. Clasifica los antónimos del ejercicio anterior según sean graduales, recíprocos o complementarios.

¡Atrévete!

11. Forma antónimos de las palabras destacadas utilizando prefijos:

a) Hacía movimientos realmente **estéticos**.
b) Mostró un comportamiento **maduro**.
c) Aquella situación era **normal**.
d) Participamos en una actividad **escolar**.
e) El equipo tuvo una reacción **deportiva**.

La polisemia y la monosemia

Las **palabras polisémicas** son las que poseen **más de un significado**. Normalmente, se trata de palabras que, sin perder su sentido original, han adquirido nuevos significados. Si se consulta el diccionario, puede comprobarse que la lengua tiene muchos términos polisémicos; sin embargo, cuando aparecen en un contexto determinado suelen adquirir un único significado. Por ejemplo, la palabra *sierra* posee varios significados, aunque en estas oraciones únicamente se pueda interpretar uno en cada caso:

Visitamos la ***sierra*** *que rodea el pueblo.*
Cortó la madera con una ***sierra*** *eléctrica.*

sierra. *f.*
1. Herramienta para cortar madera u otros objetos duros, que generalmente consiste en una hoja de acero dentada sujeta a una empuñadura.
2. Herramienta que consiste en una hoja de acero fuerte, larga y estrecha, con borde liso, sujeta a un bastidor, y que sirve para dividir piedras duras con el auxilio de arena y agua.
3. Parte de una cordillera.
4. Cordillera de montes o peñascos cortados.
5. Pez sierra.

~ de mano. *f.* La que puede manejar una persona sola.
~ de punta. *f.* La de hoja estrecha y puntiaguda, que sirve para hacer calados y otras labores delicadas.

Se dice que una palabra es **monosémica** cuando tiene un **único significado**. Muchas de estas palabras suelen ser propias del **lenguaje técnico** o **especializado**, donde la precisión es muy importante y no debe darse ninguna ambigüedad, aunque también las hay que son propias del lenguaje cotidiano: *carburante*, *bolígrafo*.

bolígrafo. *m.* Instrumento para escribir que tiene en su interior un tubo de tinta especial y, en la punta, una bola metálica que gira libremente.

¡!

Recuerda que hablamos de **ambigüedad** en aquellos enunciados en que puede haber más de una interpretación. Conviene evitarla siempre que sea posible.

Se citaron en el banco. / Se citaron en el banco del parque.

Practica

12. Completa los siguientes pares de oraciones con la palabra polisémica que corresponda:

a) La pared necesita otra ◆ de pintura. / En aquella época era habitual vestir con ◆.

b) El ◆ sobre el río está muy deteriorado. / El viernes no trabajaron porque hicieron ◆.

c) La ◆ del balcón necesita agua. / La oficina donde trabaja Eva está en la tercera ◆.

d) La ◆ del cuchillo no cortaba lo suficiente. / Pasaba las ◆ del libro con parsimonia.

e) La ◆ del río nos condujo lentamente. / El interruptor impide el paso de la ◆.

f) Se ayudaba de una ◆ para trazar las líneas del dibujo. / En el juego se deben respetar las ◆.

g) La madre de Ana ha perdido la ◆. / Mi ordenador no tiene suficiente ◆.

13. Explica el significado de *cabeza* en cada una de las siguientes oraciones:

a) Los dos corredores iban en **cabeza**, a mucha distancia de los demás.

b) No ha podido asistir a la reunión por culpa de un fuerte golpe en la **cabeza**.

c) Golpeó con el martillo sobre la **cabeza** del clavo.

d) Elvira tomará la decisión adecuada, es una mujer con **cabeza**.

e) Estaban muy contentos cuando supieron que tocaban a unos cuantos euros por **cabeza**.

f) Es una empresa ganadera con más de doscientas **cabezas**.

g) Él es el **cabeza** de la empresa.

La homonimia

Las **palabras homónimas** son aquellas que **se escriben o se pronuncian igual**, pero tienen **distintos significados**. Se trata de palabras diferentes que por distintas causas han acabado coincidiendo en su forma. Se clasifican en dos tipos:

- **Homófonas.** Son las palabras homónimas que **suenan igual**, pero **se escriben de manera distinta**. Muchas son de uso habitual, y debe conocerse bien su ortografía para escribirlas correctamente. Tienes varios ejemplos en la siguiente tabla:

arroyo (riachuelo)	*arrollo* (del verbo *arrollar*)
botar (empujar contra el suelo una pelota, saltar)	*votar* (emitir un voto)
halla (del verbo *hallar*)	*haya* (tipo de árbol, verbo *haber*)
hecho (del verbo *hacer*)	*echo* (del verbo *echar*)
rayar (hacer rayas, tachar)	*rallar* (desmenuzar)
revelar (mostrar algo oculto)	*rebelar* (sublevarse)

Conocimiento de la lengua

- **Homógrafas.** Son las palabras homónimas que, además de pronunciarse igual, **se escriben de la misma forma**. En muchos casos, las palabras homógrafas pertenecen a diferente categoría gramatical. Así ocurre, por ejemplo, con la palabra *río*: puede tratarse de un sustantivo o bien de una forma verbal del presente de *reír.* Fíjate también en otros ejemplos:

río (sustantivo, «torrente de agua»)	*río* (del verbo *reír*)
vino (sustantivo, «bebida»)	*vino* (del verbo *venir*)
cara (sustantivo, «rostro»)	*cara* (adjetivo, «de precio alto»)
este (sustantivo, «punto cardinal»)	*este* (det. o pron. demostrativo)

En los casos en que no se aprecie esta distinción gramatical, es necesario consultar el diccionario. Las palabras polisémicas tienen una sola entrada con los distintos significados que acumula el término, mientras que las palabras homógrafas aparecen de manera diferenciada, con dos entradas en el diccionario, una para cada significado. Fíjate en los siguientes ejemplos:

duelo[1] *m.*
1. *hist.* Combate o pelea entre dos, a consecuencia de un reto o desafío.
2. Enfrentamiento entre dos personas o entre dos grupos. *Duelo dialéctico. Duelo futbolístico.*

duelo[2] *m.*
1. Dolor, lástima, aflicción o sentimiento.
2. Conjunto de demostraciones que se hacen para manifestar el sentimiento que se tiene por la muerte de alguien.
3. Reunión de parientes, amigos o invitados que asisten a la casa mortuoria, a la conducción del cadáver al cementerio o a los funerales.

~s y quebrantos. *m. pl.* Fritada hecha con huevos y torreznos o sesos, alimentos compatibles con la abstinencia parcial que por precepto eclesiástico se guardaba los sábados en los reinos de Castilla.

sin ~. *loc. adv.* Sin tasa, sin escasez, con abundancia.

Practica

14. Completa estas oraciones con la palabra adecuada de cada par:

a) Han ◆ por unanimidad despedir a Ignacio de la organización por su falta de compromiso. (*botado / votado*)

b) Los análisis ◆ que sufre un problema de diabetes. (*rebelan / revelan*)

c) Era un escritor que en momentos de ofuscación ◆ y tachaba todo lo que había creado. (*rayaba / rallaba*)

d) Juan, ◆ el queso para la cena. (*raya / ralla*)

e) Ahora ◆ la culpa de todo a su compañero de trabajo. (*hecha / echa*)

f) Ya tiene ◆ y acabado de pintar el joyero artesanal de madera que te prometió. (*hecho / echo*)

¡Atrévete!

15. Completa cada pareja de oraciones con estas palabras:

sal, lista, son, clavo

a) Casi me ◆ un alfiler sin darme cuenta. / Utiliza un ◆ más grande para ese listón de madera.
b) ◆ de allí inmediatamente. / Se le ha olvidado comprar ◆ en el supermercado.
c) En la ◆ de admitidos sí aparece tu nombre. / Realmente, con esa actitud demuestra ser una persona muy ◆.
d) En la fiesta, todo el mundo bailaba al ◆ de la orquesta que amenizaba la velada. / Con tu donativo ya ◆ más de doscientos euros los que tenemos para la asociación.

La paronimia

Las **palabras parónimas** son aquellas que se escriben y pronuncian de manera **muy parecida**, pero tienen **un significado muy distinto**. Esa semejanza en su forma oral y escrita puede provocar dudas en el uso correcto de estas palabras. En la siguiente tabla, se ofrecen algunos ejemplos de términos que tienden a confundirse:

perjuicio (daño, molestia)	*prejuicio* (idea preconcebida, sin conocimiento real, sobre algo o alguien)
accesible (indica que algo es de fácil acceso, o alguien resulta de trato fácil)	*asequible* (se refiere a todo aquello que puede conseguirse)
adaptar (moldear, ajustar)	*adoptar* (hacer nuestro algo que inicialmente no lo era)

¿Cómo se llama tu hermano?

Creencia de adinerado

Practica

16. Completa las oraciones con la palabra correspondiente de la lista anterior. Pueden tener la misma forma o estar flexionadas.

a) Ha ◆ una niña procedente de un país muy pobre y lejano.
b) Ha sido víctima de un accidente y espera que le indemnicen por el ◆ que le han ocasionado.
c) El ordenador tiene un precio ◆.
d) El director es una persona muy ◆, ya que es muy receptivo a todos los comentarios y sugerencias de los empleados.
e) Algunas personas tienen demasiados ◆ en ese tema.
f) Le ha costado mucho ◆ a las nuevas tecnologías en su trabajo.

17. Inventa una oración con cada una de las siguientes palabras parónimas:

detestar, detectar, deshecho, desecho, afecto, efecto

Fábrica de textos

La biografía

La **biografía** es un género literario que tiene como objetivo contar **la vida de una persona** que ha sido relevante por algún motivo, teniendo en cuenta toda su historia vital: desde su nacimiento hasta su muerte. Son textos expositivos y, en principio, adoptan un **punto de vista objetivo**. Para elaborarlos, el autor ha tenido que realizar una tarea de investigación; de este modo, se intenta ofrecer toda la información posible sobre el personaje descrito.

Las biografías permiten al lector entender mejor a un personaje, al conocer sus motivaciones, sus ambiciones, sus problemas, etc. Y a través de ellas, también puede formarse un retrato de una época, una sociedad y una manera de vivir.

¿Sabías que...?

El sustantivo *biografía* es de origen griego y está formado por las palabras βίος [*bíos*], 'vida', y γραφειν [*grafein*], 'escribir'; es decir, 'escribir la vida'.

Relaciona

1. Si quieres entender mejor las épocas que se detallan a continuación, ¿de quién podrías leer la biografía?

a) Segunda Guerra Mundial	1. Cleopatra
b) El Egipto de los faraones	2. Clara Campoamor
c) II República española	3. Reina Victoria
d) Imperio británico	4. Nerón
e) Imperio romano	5. Maximilien de Robespierre
f) Revolución Francesa	6. Adolf Hitler

Clasifica

2. Si tuvieras que elaborar una biografía del actor Charles Chaplin, ¿qué datos crees que necesitarías conocer? Elaborad en clase una lista con las preguntas o la información que pediríais a un experto sobre este personaje.

El contenido

Para elaborar una biografía, es necesario disponer del **mayor número de datos** posible acerca del personaje: lugar donde nació y murió, familia, estudios, profesión, obras, datos destacables, viajes..., y también alguna curiosidad que ayude al lector a hacerse una idea sobre su personalidad. Del mismo modo, hay que informarse sobre cómo era la sociedad en ese momento o si sucedió algún hecho importante que pudiese afectarle.

Separa

3. Lee los siguientes fragmentos mezclados de las vidas de Helen Keller y Jane Goodall. Sepáralos y, con la información obtenida, redacta una breve biografía de cada una de ellas.

a) En 1977 fundó el Instituto Jane Goodall, una organización que trabaja para un mundo más justo, más sostenible y más respetuoso con todos los seres vivos.
b) En 1897 ingresó en la Universidad de Radcliffe, en la cual se graduó con honores en 1904. Se convirtió en la primera persona sordociega que obtuvo un título universitario.
c) A los siete años, sus padres contactaron con la profesora Anne Sullivan, con quien aprendió a comunicarse mediante el deletreo de palabras en la mano. Posteriormente aprendió a leer letras en relieve y, más tarde, en braille; también aprendió a leer los labios poniendo la mano en la boca de la gente.
d) Helen Keller nació el 27 de junio de 1880 en Tuscumia, Alabama (Estados Unidos).
e) A los veintitrés años viajó a Kenia, donde trabajó con el antropólogo Louis Leakey.
f) Sarah Fuller, educadora de la Escuela para Sordos Horace Mann, le enseñó cómo articular sonidos y poder hablar (aunque siempre con dificultades). Tenía diez años.
g) Uno de sus grandes descubrimientos en Gombe fue constatar que los chimpancés también son capaces de crear y utilizar herramientas.
h) Se afilió al Partido Socialista y siempre destacó por su defensa de los trabajadores y su lucha contra el racismo. También se dedicó a luchar por los derechos de las personas con minusvalía. Fue una oradora y autora de fama mundial.
i) En 1960 viaja a Gombe, en Tanzania, para investigar por primera vez los chimpancés salvajes de la zona.
j) A los diecinueve meses contrajo una enfermedad que la dejó sorda y ciega.
k) Es doctora en Etología por la Universidad de Cambridge y doctora Honoris Causa por más de 45 universidades del mundo.
l) Su vida ha sido objeto de varios documentales e incluso fue llevada al teatro y al cine bajo el título *The Miracle Worker* (1962).
m) En marzo de 2007 se creó la delegación española del IJG.
n) En 1968, con ochenta y siete años, murió en su domicilio de Easton, en Connecticut.
ñ) Jane Goodall nació el 3 de abril de 1934, en Londres.
o) Sus investigaciones han sido publicadas en múltiples ocasiones por revistas de prestigio como el *National Geographic*.

La autobiografía

Las biografías escritas por el propio protagonista se llaman **autobiografías**. En estas obras, el narrador cuenta su vida desde su propio punto de vista, relatando sus recuerdos, sus emociones, sus vivencias... Constituyen una buena fuente de información para conocer cómo era un personaje determinado. Sin embargo, hay que tener en cuenta que los hechos se narran desde un **punto de vista personal y subjetivo**.

Analiza

4. Lee este fragmento de la autobiografía de la escritora francesa George Sand (1804-1876) y explica las diferencias que observas respecto a una biografía (narrador, hechos relatados, fuentes de información...).

Recuerdo muy poco de mi padre antes de las operaciones militares en España. Estaba tan a menudo ausente, que durante prolongados periodos no lo vi. Sin embargo, pasó con nosotras el invierno de 1807 a 1808, porque me acuerdo vagamente de unas cenas tranquilas con luz y un plato de golosinas, bastante modesto, consistente en unas pastas cocidas en leche azucarada, que mi padre simulaba tragarse todas para divertirse con mi glotonería decepcionada. Me acuerdo también que él hacía con su servilleta, anudada y enrollada de distintas formas, figuras de pájaros, de conejos y de payasos que me hacían reír mucho. Creo que me mimaba horriblemente, pues mi madre se veía obligada a interponerse entre nosotros porque mi papá me apoyaba en todos mis caprichos en lugar de regañarme. Me han dicho que durante el poco tiempo que podía pasar con su familia se sentía tan feliz, que no quería perder de vista a su mujer y a sus hijos, que jugaba conmigo días enteros, y que en uniforme de gala no tenía vergüenza de llevarme en brazos en medio de la calle o por los bulevares.

George SAND, *Historia de mi vida* (1855)

Reescribe

5. Vuelve a redactar este fragmento de la autobiografía del escritor y cortesano Giacomo Casanova (1725-1798) como si fuera una biografía escrita en tercera persona.

Mi nuevo primo, don Antonio, quería presentarme a la duquesa de Bovino; le dije que me librara de aquella visita, porque no llevaba ropa más que para mi viaje y tenía que economizar para no llegar a Roma sin dinero.

Contentísimo de oírme hablar con esta franqueza de verdadero pariente, me dijo:

–Soy rico y no tengo escrúpulo alguno en llevarlo a casa de mi sastre. Nadie sabrá nada, y mucho sentiría que me privara de la satisfacción que espero de usted.

Le estreché la mano diciéndole que estaba dispuesto a hacer lo que él deseaba. Al día siguiente, disponía de traje completo y todo lo necesario para el equipo y tocador del más noble de los abates.

Si mi destino me hubiese detenido en Nápoles, sin duda hubiera hecho fortuna; pero me parecía que la suerte me llamaba a Roma. Rehusé las tentadoras propuestas que se me hicieron, por medio de don Antonio, para que me encargara de dirigir la educación de varios herederos de grandes familias. Al partir, mi primo me regaló un espléndido reloj de oro y me entregó una carta para don Gaspar Vivaldi, su mejor amigo.

El vehículo no paró hasta Aversa, donde las mulas descansaron un rato. Pasamos la noche en Capua; al día siguiente comimos en Velletri, y de allí fuimos a dormir a Marino. El tercer día llegamos temprano al término de nuestro viaje.

Estaba, pues, en Roma bien equipado, con buenas ropas y preciosas alhajas, con una bolsa algo más que modesta, una regular experiencia y excelentes cartas de recomendación; totalmente libre y a la edad en que un hombre dispone de su mejor fortuna, si tiene cierta audacia y una figura agradable.

Giacomo Casanova, *Historia de mi vida* (1822)

Las memorias

Las **memorias** son otro tipo de relatos basados en la narración de la propia vida. Estos textos también parten del **propio recuerdo** de los hechos, pero normalmente se centran en algún episodio o aspecto en concreto, y no cuentan toda la vida desde el nacimiento hasta el momento de la escritura. Se pueden centrar, por ejemplo, en aspectos profesionales o en un tiempo determinado en el que el autor vivió unos hechos relevantes

¿Son importantes estos datos económicos?

París

Londres

Berlín

Roma

Comenta

6. Lee los siguientes fragmentos y explica sobre qué acontecimientos crees que tratan y cómo los vivieron sus protagonistas.

Yo soy quizá el único hombre que ha conocido los dos máximos cataclismos de la historia desde los altos puestos de mando. Y si bien es cierto que en la Primera Guerra Mundial desempeñé cargos de responsabilidad, aunque de carácter subalterno, en la segunda gran contienda con Alemania fui durante más de cinco años jefe del Gobierno de Su Majestad. Ahora escribo, por consiguiente, desde un punto de vista diferente y con mayor autoridad de lo que me fue posible hacerlo en mis anteriores libros.

Winston Churchill, *La Segunda Guerra Mundial*, 1948-1953 (adaptación)

La víspera, hacia mediodía, había sonado una sirena de alarma. «Feindalarm, Feindalarm!», gritaba una voz ronca, llena de pánico, por el circuito de altavoces. Hacía días que esperábamos esta señal, desde que la vida del campo se había paralizado, a medida que se acercaban las vanguardias blindadas del general Patton.

Se acabaron las partidas, al alba, hacia los *kommandos* exteriores. La última vez que pasaron lista de los deportados fue el 3 de abril. Se acabaron los trabajos, excepto en los servicios internos de mantenimiento. Una espera soterrada reinaba en Buchenwald. El mando S.S. había reforzado la vigilancia y doblado los guardias de los miradores.

Jorge Semprún, *La escritura o la vida* (1994)

Opina

7. Debatid en clase si creéis que las dos memorias anteriores son suficientes para entender la Segunda Guerra Mundial y si sus testimonios son objetivos y veraces. Argumentad vuestras opiniones.

Sugerencias

Si queréis descubrir más cosas sobre la Segunda Guerra Mundial y cómo la vivió uno de sus grandes protagonistas, podéis consultar la hemeroteca digital de *La Vanguardia*. En ella puede leerse la noticia del premio Nobel de Literatura a Winston Churchill y algunos fragmentos de sus memorias.

Autobiografías, memorias y literatura

Las autobiografías y las memorias son a veces un género a medio camino entre el **texto expositivo y el texto literario**, ya que tienen un componente estético: el autor no solo cuenta su vida, sino que intenta presentarla de forma atractiva e interesante para el lector. Algunas de estas obras incluso se han llevado al cine, como por ejemplo: *El pianista*, *Memorias de África*, *La escafandra y la mariposa*...

Y lo mismo sucede al revés, es decir, muchas novelas recurren a un narrador protagonista que cuenta sus recuerdos como si se tratara de unas memorias o una autobiografía. Un ejemplo de ello sería la obra a la que pertenece la lectura inicial, *Pedro Páramo*.

Empieza

8. Escribe la primera página de tus memorias (unas cien palabras), intentando utilizar un estilo literario. Para ello, rescata como mínimo tres recuerdos, tan antiguos como sea posible, o bien algún hecho que te hayan contado de cuando eras muy pequeño (cómo aprendiste a montar en bicicleta o a nadar, tus primeras vacaciones, cuándo te regalaron tu mascota, cuándo nació tu hermano, los desayunos en casa de tus abuelos, dónde pasabas tus vacaciones de verano...).

   Para empezar, puedes inspirarte en George Sand: «Vine al mundo un 5 de julio de 1804, mientras mi padre tocaba el violín y mi madre usaba un bello vestido rosa. Fue cuestión de un instante».

Anota

9. La música también nos transporta fácilmente al mundo de los recuerdos y a emociones pasadas. Piensa en alguna canción que te guste y escribe qué momento te recuerda y por qué.

Recuerda

10. Contad en clase el primer día en el instituto, en 1.º de ESO, y comparad vuestros recuerdos. Puedes pensar en cómo fue: si sucedió algún hecho especial; si fuiste solo, o bien con tus padres o con amigos; si ya conocías a todos tus compañeros; si el instituto te pareció muy grande o más bien pequeño...

¿Sabías que...?

Marcel Proust en su obra *En busca del tiempo perdido*, considerada un referente de la literatura universal, rememora su infancia a partir del sabor de una magdalena. El narrador moja este pequeño bollo en una taza de té y, al llevárselo a la boca, el sabor le transporta a su infancia feliz.

Ortografía

La acentuación en palabras con diptongos y hiatos

Las reglas generales de acentuación sufren excepciones motivadas por la distinción entre diptongos, triptongos y hiatos.

El diptongo

Un **diptongo** es la pronunciación de dos vocales en una misma sílaba. Para que exista un diptongo, una de las dos vocales debe ser cerrada (o débil), es decir, una *i* o una *u*:

*pa-***tio** *h***ue***-co* ***ai****-re*

Vocal abierta + vocal cerrada		Vocal cerrada + vocal abierta	
a + u	*cauto, pausa*	u + a	*guarecer, paraguas*
a + i	*aire, paisano*	i + a	*cianuro, diario*
e + u	*europeo, euforia*	u + e	*nuevo, suéter*
e + i	*peine, reina*	i + e	*siete, piedad*
o + i	*boina, androide*	i + o	*rio, guion*
o + u	*Lourdes, estadounidense*	u + o	*antiguo, residuo*

Vocal cerrada + vocal cerrada	
i + u	*ciudad, triunfo*
u + i	*cuidado, ruina*

Si en una palabra la sílaba tónica es la que lleva diptongo, el acento recae sobre la vocal abierta (*a, e, o*) o, si está formado por dos vocales cerradas (*i, u*), sobre la segunda vocal:

*es-***tái***s* *mo-***véi***s* *c***uí***-da-te*

El triptongo

Un **triptongo** es la pronunciación de tres vocales en una misma sílaba. Para que se forme un triptongo, deben combinarse dos vocales cerradas que tengan entre ellas una vocal abierta. Cuando tengamos que acentuar un triptongo, escribiremos tilde en la vocal abierta.

Triptongos (vocal cerrada + vocal abierta + vocal cerrada)	
i + a + i	*estudiáis, envidiáis*
i + e + i	*estudiéis, envidiéis*
u + a + i	*atenuáis, Uruguay*
u + e + i	*habituéis, averigüéis*

No se consideran triptongos las secuencias de vocal cerrada + vocal abierta + vocal cerrada cuando alguna de las dos vocales cerradas es tónica.

El hiato

Un **hiato** es la pronunciación en sílabas diferentes de dos o tres vocales que aparecen juntas en una palabra. Hay dos tipos de hiato:

- Formado por dos vocales abiertas, es decir, *a*, *e*, *o*. En estos casos, se siguen las reglas generales de acentuación gráfica:

  le-ón (aguda) *a-é-re-o* (esdrújula) *co-he-te* (llana)

a + e	*aéreo*	e + a	*marea*	o + a	*boa*
a + o	*bacalao*	e + o	*eólico*	o + e	*oboe*
a + a	*azahar*	e + e	*aprehender*	o + o	*zoo*

- Formado por una vocal cerrada tónica y una vocal abierta. La vocal cerrada puede ir delante o detrás de la vocal abierta. Constituyen excepciones a las reglas de ortografía porque se acentúan siempre.

  a-le-grí-a *ba-úl*

Vocal abierta + vocal cerrada		Vocal cerrada + vocal abierta	
a + u	*baúl*, *Raúl*	u + a	*grúa*, *púa*
a + i	*raíl*, *aísla*	i + a	*día*, *policía*
e + u	*reúne*	u + e	*actúe*
e + i	*reímos*	i + e	*ríe*
o + i	*prohíbe*	i + o	*río*
		u + o	*búho*

Practica

1. Indica en los siguientes pares de palabras si tienen diptongo o hiato:

secretaria	secretaría
beneficiaria	beneficiaría
río	rio
guíe	guie

2. Completa los siguientes enunciados con las palabras del ejercicio anterior:

a) Nos atendió personalmente la ◆ de la directora.
b) El hecho de que renunciara a su parte de herencia ◆ a otros herederos.
c) Me llamaron de la ◆ del instituto para resolver unos problemas de inscripción.
d) El ◆ baja con muy poca agua este verano.
e) Espero que el GPS nos ◆ hasta el lugar señalado sin ningún contratiempo.
f) ◆ a los turistas hasta el hotel, tal como acordamos con la agencia.
g) Se ◆ de mis fracasos sentimentales sin ningún recato.
h) Su hija es la única ◆ de toda su fortuna.

¡Atrévete!

3. Localiza las palabras que tengan hiato en las siguientes oraciones. Clasifícalas según se trate de hiatos formados por dos vocales abiertas o por una vocal cerrada más una vocal abierta.

a) El baúl del desván albergaba un oboe y un poema.
b) El día amaneció soleado, aunque luego se estropeó y terminó lloviendo.
c) El aspirante reúne los requisitos para presidir la concejalía.
d) El cacao es un producto originario de América.

Practica

4. Escribe las tildes que faltan en estas oraciones:

a) El comite se reune hoy para elegir vocal y secretario.
b) El accidente aereo ha sido el tema de conversacion del dia.
c) Tomamos un plato que contenia maiz y estaba delicioso.
d) El area que cubre ese transportista es demasiado amplia, según las autoridades.
e) Cuando rie, se le forman unos hoyuelos caracteristicos.
f) Su tio estuvo a punto de clavarse una pua durante su turno.
g) No creo que acepte que la raiz del problema no esta en el.
h) Cuando cambieis de piso, llamadnos para ayudaros en la mudanza.
i) El avion que traslada a los enfermos se averio durante el vuelo.
j) Asistieron a la fiesta los abuelos, los padres, los tios y los sobrinos de Raul y Maria.

Repaso

Practica

5. Completa el siguiente texto con las sílabas que faltan:

> El coronel destapó el tarro del café y comprobó que no ◆bía más de una cucharadita. Retiró la o◆ del fogón, vertió la mitad del agua en el piso de tierra, y con un cuchi◆ raspó el interior del tarro sobre la o◆ hasta cuando se desprendieron las últimas raspaduras del polvo de café revueltas con óxido de lata.
>
> Mientras ◆peraba a que ◆viera la infusión, sentado junto a la ◆nilla de barro cocido en una actitud confiada e inocente, ◆pectativa, el coronel ◆perimentó la sensación de que nacían ◆gos y lirios venenosos en sus tripas. Era octubre. Una mañana difícil de sortear, aun para un hombre como él que ◆bía sobrevivido a tantas mañanas como esa. Durante cincuenta y seis años –desde cuando terminó la última guerra civil– el coronel no ◆bía ◆cho nada distinto de esperar. Octubre era una de las pocas cosas que ◆gaban.
>
> Gabriel García Márquez, *El coronel no tiene quien le escriba* (1961)

6. Copia las palabras del texto anterior que lleven *b* o *v*.

7. Escribe dos términos de la misma familia léxica de cada una de las palabras del ejercicio anterior, excepto de *octubre*.

8. Relaciona las palabras de ambas columnas que pertenezcan a la misma familia léxica.

hueco	óseo
huérfano	ovalado
huésped	orfanato
hueso	oquedad
huevo	hospedaje
hospitalario	hospitalidad

¡Atrévete!

9. Indica cuál de las siguientes formas es la correcta:

a) desahucio o deshaucio
b) hincar o incar
c) exhuberante o exuberante
d) adhesivo o adesivo
e) almohada o almoada
f) alcool o alcohol
g) huraño o uraño

10. Escribe dos palabras que empiecen por cada uno de estos prefijos:

hetero-, hidro-, hiper-, hipo-, homo-

Literatura

El Barroco: la narrativa y el teatro

La narrativa del Barroco

Tras el éxito del *Quijote*, la novela de caballerías y buena parte de la novela idealista llegan a su fin. Por el contrario, la **novela picaresca** alcanza gran relevancia con obras como el *Buscón*, de Quevedo, o el *Guzmán de Alfarache*, de Mateo Alemán. En esta última, un Guzmán ya adulto narra en primera persona la picaresca historia de su vida, pero, al mismo tiempo, enjuicia sus propias acciones y añade comentarios morales.

¡! Repasa las características de la novela picaresca en la unidad 5.

Practica

1. Lee el siguiente texto y explica qué características de la novela picaresca se observan.

En este fragmento del *Guzmán de Alfarache*, el narrador recuerda el día que Guzmán salió de su casa con el deseo de ver mundo:

> Entonces eché de ver cuánto se siente más el bien perdido y la diferencia que hace del hambriento el harto. Todos los trabajos[1] comiendo se pasan; donde la comida falta, no hay bien que llegue ni mal que no sobre, gusto que dure ni contento que asista: todos riñen sin saber por qué, ninguno tiene culpa, unos a otros se la ponen, todos trazan[2] y son quimeristas[3], todo es entonces gobierno y filosofía.
>
> Vime con ganas de cenar y sin qué poder llegar a la boca, salvo agua fresca de una fuente que allí estaba. No supe qué hacer ni a qué puerto echar. Lo que por una parte me daba osadía, por otra me acobardaba. Hallábame entre miedos y esperanzas, el despeñadero a los ojos y lobos a las espaldas. Anduve vacilando; quise ponello en las manos de Dios. Entré en la iglesia, hice mi oración breve, pero no sé si devota: no me dieron lugar para más por ser hora de cerrarla y recogerse. Cerrose la noche y con ella mis imaginaciones; mas no los manantiales y llanto. Quedeme con él dormido sobre un poyo del portal, acá fuera.
>
> Mateo Alemán, *Guzmán de Alfarache, I* (1599)

Mateo Alemán (1547-1615).

[1] trabajo: dificultad, penalidad, problema.
[2] trazar: buscar la manera de conseguir algo.
[3] quimerista: persona que siempre busca pelea.

Practica

2. ¿Qué ocurre, según el narrador, cuando se tiene hambre?

3. ¿Con qué situación imaginada compara el protagonista el miedo y la incertidumbre que sentía en esos momentos?

4. ¿A qué nombre se refiere el pronombre *él* en la oración «Quedeme con él dormido»?

El teatro en el siglo XVII

El teatro es tan antiguo como el ser humano. Su nacimiento está unido a los ritos ancestrales relacionados con la caza, la fertilidad o la guerra. Sin embargo, el teatro literario nació en la antigua Grecia, donde no se concebía una ciudad sin su teatro, y de esa cultura pasó a Roma. La Edad Media supuso un largo periodo de decadencia teatral. Sus manifestaciones se ciñeron a un teatro festivo callejero y al teatro religioso que se representaba en las iglesias y del que se han conservado escasas muestras. Con el Renacimiento, el teatro centró la atención de muchos escritores que trataron de recuperar, no siempre con éxito, el esplendor teatral de las grandes tragedias griegas y de la comedia romana. Sin embargo, no fue hasta el siglo XVII y, en buena parte, gracias a la renovación impulsada por Lope de Vega, cuando el teatro alcanzó altas cotas de popularidad y se convirtió en un espectáculo de gran trascendencia social.

En el siglo XVII, el teatro se representaba en los **corrales de comedias**, patios interiores de casas de vecinos donde se colocaba un tablado que servía de escenario. En un primer momento, no existía ningún tipo de decorado. Los espectáculos se celebraban por la tarde, aprovechando la luz del sol. La gente del pueblo asistía a la representación de pie. Hombres y mujeres estaban separados. La gente de mayor categoría social y económica seguía la representación desde los balcones y ventanas de los vecinos, alquilados por temporadas. Durante la representación, se comía, se bebía y, en muchas ocasiones, no era fácil mantener el orden.

Corral de comedias de Almagro (C udad Real).

El teatro de Lope de Vega

Lope de Vega fue un gran renovador del teatro y consiguió acercar este género a todos los públicos. Después de una larga experiencia de muchos años escribiendo para la escena, Lope compuso el *Arte nuevo de hacer comedias en este tiempo* (1609). En esta obra, expone sus teorías dramáticas, que vienen a ser un contrapunto de las teorías clásicas respetadas por los renacentistas y que le permitieron crear un teatro mejor adaptado a los gustos del público.

La renovación teatral de Lope, descrita en su *Arte nuevo*, se fundamenta en los siguientes puntos:

- **Rompe con la regla clásica de las tres unidades** –acción, tiempo y lugar–, según la cual las obras debían representar una sola acción (o problemática), que se desarrollara en el tiempo máximo de un día y en un solo lugar. Lope introduce acciones paralelas y amplía el tiempo y los espacios donde estas tienen lugar. Así, las comedias ganaban capacidad de intriga y movimiento.
- **Mezcla lo trágico y lo cómico.** Fruto de esa mezcla es la inclusión del personaje del «gracioso», generalmente un criado simple, cobarde y glotón, cuyas intervenciones sirven de contrapunto cómico en los momentos de mayor intensidad dramática.

Ventana abierta sobre el tejado.

- **Usa la polimetría.** Combina diferentes tipos de versos y estrofas.
- **Adecua el habla de los personajes a su categoría.**

Su **obra dramática** es muy extensa y trata una gran variedad de temas: religiosos, mitológicos, históricos, de enredos... Sin embargo, sus obras más celebradas pueden clasificarse en dos grandes grupos:

- **Comedias de amor y enredo:** se basan en equívocos, escenas a oscuras y confusiones de todo tipo que acaban resolviéndose favorablemente. Un ejemplo destacado es *El perro del hortelano*, comedia que se desarrolla en torno a los enredos creados por una condesa que renuncia al hombre al que ama por no ser noble, pero que, al mismo tiempo, impide que se case con otra mujer.

Practica

5. Busca información sobre las comedias de enredo de Lope de Vega. Anota el nombre de tres de estas obras y resume su argumento.

- **Comedias de temas históricos y legendarios españoles:** suelen situarse en la Edad Media y tratar el tema del honor. Muchas de ellas parecen seguir un mismo esquema: un noble abusa de su poder y echa a perder el honor de una dama. Su enamorado, el padre o el esposo deben tratar de recuperar ese honor para la familia. El rey acaba siendo el encargado de imponer la justicia y restablecer el equilibrio social. En este grupo, destacan las siguientes obras:
  - *Fuenteovejuna*: recoge la histórica sublevación de un pueblo contra los continuos abusos de su comendador. El pueblo mata al comendador y decide no revelar la identidad de los autores del asesinato. Finalmente, el rey perdona a Fuenteovejuna por el crimen cometido.
  - *Peribáñez y el comendador de Ocaña*: Peribáñez, un rico labrador, mata al comendador para defender su honra. El rey lo aprueba y elogia su acción.
  - *El mejor alcalde, el rey*: un campesino acude al rey para pedir que le devuelva la honra perdida, ya que un noble había forzado a su prometida. El rey ordena casar al noble y a la mujer ofendida (así la joven recupera su honor) y, después, ejecutar al noble (de esta forma, puede casarse con su prometido en mejores condiciones).
  - *El caballero de Olmedo*: está basada en una canción popular. Trata sobre el inevitable asesinato de un caballero.

Representación de la obra *El caballero de Olmedo*.

El siguiente fragmento constituye una de las escenas más impactantes de *Fuenteovejuna*. Tras la revuelta y posterior muerte del comendador, el juez tortura a los habitantes de Fuenteovejuna para obtener el nombre del verdadero autor del crimen. En escena aparecen Frondoso y Laurencia, la pareja protagonista, quienes escuchan y comentan lo que ocurre en la sala de interrogatorios, fuera de la escena.

Practica

6. Lee el siguiente texto y resuelve estas actividades. ¿Qué personajes son torturados? ¿Cuál de ellos tiene una relación de parentesco con Laurencia?

7. El juez trata de buscar al habitante más débil y cobarde de Fuenteovejuna para que delate al autor del crimen. ¿Qué debilidad tiene cada uno de los interrogados? ¿Cuál de ellos parece ser el menos valiente de todos? ¿Cómo lo sabemos?

8. ¿Cómo se llama el instrumento de tortura utilizado por el juez? ¿Cómo tortura a los habitantes de Fuenteovejuna?

9. Uno de los personajes que intervienen en la escena desempeña el papel de «gracioso». ¿De quién se trata? ¿Hay ocasión para el humor en una escena tan dramática?

Dice dentro el JUEZ *y responden.*

JUEZ. Decid la verdad, buen viejo.
FRONDOSO. Un viejo, Laurencia mía,
atormentan.
LAURENCIA. ¡Qué porfía[1]!
ESTEBAN. Déjenme un poco.
JUEZ. Ya os dejo.
Decid: ¿quién mató a Fernando?
ESTEBAN. Fuenteovejuna lo hizo.
LAURENCIA. Tu nombre, padre, eternizo;
[a todos vas animando].
FRONDOSO. ¡Bravo caso!
JUEZ. ¡Ese muchacho!
¡Aprieta, perro! Yo sé
que lo sabes. Di quién fue.
¿Callas? Aprieta, borracho.
NIÑO. Fuenteovejuna, señor.
JUEZ. ¡Por vida del rey, villanos,
que os ahorque con mis manos!
¿Quién mató al comendador?
FRONDOSO. ¡Que a un niño le den tormento
y niegue de aquesta suerte!
LAURENCIA. ¡Bravo pueblo!
FRONDOSO. Bravo y fuerte.
JUEZ. Esa mujer al momento
en ese potro tened.
Dale esa mancuerda luego.
LAURENCIA. Ya está de cólera ciego.
JUEZ. Que os he de matar, creed,
en este potro, villanos.
¿Quién mató al comendador?
PASCUALA. Fuenteovejuna, señor.
JUEZ. ¡Dale!
FRONDOSO. Pensamientos vanos.
LAURENCIA. Pascuala niega, Frondoso.
FRONDOSO. Niegan niños. ¿Qué te espantas?
JUEZ. Parece que los encantas.
¡Aprieta!
PASCUALA. ¡Ay, cielo piadoso!
JUEZ. ¡Aprieta, infame! ¿Estás sordo?
PASCUALA. Fuenteovejuna lo hizo.
JUEZ. Traedme aquel más rollizo...,
¡ese desnudo, ese gordo!
LAURENCIA. ¡Pobre Mengo! Él es, sin duda.
FRONDOSO. Temo que ha de confesar.
MENGO. ¡Ay, ay!
JUEZ. Comienza a apretar.
MENGO. ¡Ay!
JUEZ. ¿Es menester ayuda?
MENGO. ¡Ay, ay!
JUEZ. ¿Quién mató, villano,
al señor comendador?
MENGO. ¡Ay, yo lo diré, señor!
JUEZ. Afloja un poco la mano.
FRONDOSO. Él confiesa.
JUEZ. Al palo aplica
la espalda.
MENGO. Quedo[2]; que yo
lo diré.
JUEZ. ¿Quién lo mató?
MENGO. Señor, ¡Fuenteovejunica!
JUEZ. ¿Hay tan gran bellaquería?
Del dolor se están burlando.
En quien estaba esperando,
niega con mayor porfía.
Dejadlos; que estoy cansado.
FRONDOSO. ¡Oh, Mengo, bien te haga Dios!
Temor que tuve de dos,
el tuyo me le ha quitado.

LOPE DE VEGA, *Fuenteovejuna* (1618)

[1] porfía: insistencia.
[2] quedo: despacio.

Calderón de la Barca

Calderón de la Barca supo aprovechar la renovación teatral de Lope, de la cual parte, pero a la que imprimió su propio sello personal. El teatro de Calderón es más **filosófico y reflexivo** que el de Lope. Su estilo es más recargado, con abundancia de metáforas, hipérbatos y antítesis.

La obra dramática de Calderón se puede clasificar en los siguientes grupos:

- **Autos sacramentales:** son piezas cortas de temática religiosa que se representaban durante la festividad del Corpus Christi. Las historias se desarrollan a través de personajes simbólicos (la muerte, la fe, el pecado) y solían buscar la espectacularidad de los decorados y efectos escenográficos para complacer al público. Destaca *El gran teatro del mundo*, obra que desarrolla la idea de la vida como un teatro en el que Dios reparte los papeles y cada uno obtiene el premio (cielo) o el castigo (infierno), en función de la fidelidad que ha mantenido al papel otorgado.

- **Comedias de enredo:** siguen el modelo de Lope de Vega. Destaca *La dama duende.*

- **Dramas de honor y celos:** también imitan las obras que escribió Lope sobre el tema del honor, aunque en algunos casos llevan el código del honor a sus últimos extremos. Así, por ejemplo, en obras como *El médico de su honra*, Calderón parece aprobar que la simple sospecha de infidelidad justificaría la muerte de una mujer. Destaca *El alcalde de Zalamea*, obra en la que Pedro Crespo, un campesino rico que ha sido nombrado alcalde de su pueblo, juzga y ajusticia al noble que ha deshonrado a su hija; se trata de un capitán que se ha aprovechado de la hospitalidad del alcalde y que se niega a casarse con la joven deshonrada por no tener su misma categoría social. Finalmente, el rey revisa el proceso y perdona al labrador.

- **Dramas filosóficos:** destaca *La vida es sueño*. Esta obra trata sobre la historia de Segismundo, único hijo del rey Basilio, al que su padre tiene encerrado en una torre desde el día de su nacimiento para impedir que se cumplan las predicciones de todos los astrólogos, según las cuales su hijo iba a sublevarse contra él. Pasado el tiempo, al rey Basilio le asaltan las dudas y ordena que administren a su hijo un narcótico y lo lleven a palacio para observar así su conducta. En palacio, Segismundo se comporta como un tirano, por lo que lo vuelven a dormir y despierta de nuevo en prisión. Al despertar, cree que todo ha sido un sueño. Por diversas circunstancias, el pueblo ha conocido la existencia del príncipe, y se subleva y lo libera. Segismundo derrota a su padre, pero lo perdona. De esta forma, vence al destino, tema fundamental de la obra.

  El siguiente fragmento es el famoso monólogo que cierra el segundo acto de *La vida es sueño*. Segismundo ha regresado a la torre tras haberse mostrado cruel y soberbio en palacio. Al despertar, su carcelero le hace entender que todo lo que vivió en palacio fue un sueño y que, incluso en sueños, es preferible actuar con prudencia y humildad («aun en sueños / no se pierde el hacer bien»).

¿Sabías que...?

Calderón de la Barca nació en Madrid en 1600. Pronto destacó como dramaturgo, ejercicio que combinó con el de soldado. Más adelante, se ordenó sacerdote y redujo su actividad literaria. Murió también en Madrid en 1681.

Interpreta

Lee el siguiente fragmento de *La vida es sueño* y responde las preguntas que se formulan a continuación.

SEGISMUNDO. Es verdad, pues: reprimamos
esta fiera condición,
esta furia, esta ambición,
por si alguna vez soñamos.
Y sí haremos, pues estamos
en mundo tan singular,
que el vivir solo es soñar;
y la experiencia me enseña,
que el hombre que vive, sueña
lo que es, hasta despertar.

Sueña el rey que es rey, y vive
con este engaño mandando,
disponiendo y gobernando;
y este aplauso, que recibe
prestado, en el viento escribe
y en cenizas le convierte
la muerte (¡desdicha fuerte!):
¡que hay quien intente reinar
viendo que ha de despertar
en el sueño de la muerte!

Sueña el rico en su riqueza,
que más cuidados le ofrece;
sueña el pobre que padece
su miseria y su pobreza;
sueña el que a medrar[1] empieza,
sueña el que afana y pretende,
sueña el que agravia y ofende,
y en el mundo, en conclusión,
todos sueñan lo que son,
aunque ninguno lo entiende.

Yo sueño que estoy aquí,
destas prisiones[2] cargado;
y soñé que en otro estado
más lisonjero[3] me vi.
¿Qué es la vida? Un frenesí[4].
¿Qué es la vida? Una ilusión,
una sombra, una ficción,
y el mayor bien es pequeño;
que toda la vida es sueño,
y los sueños, sueños son.

Pedro CALDERÓN DE LA BARCA,
La vida es sueño (1635)

[1] medrar: prosperar, mejorar económica y socialmente.
[2] prisiones: grilletes, cadenas con las que está atado.
[3] lisonjero: feliz, favorable.
[4] frenesí: delirio, perturbación de la realidad.

Practica

10. En la primera estrofa, Segismundo le da la razón a su carcelero y admite que le conviene ser más apaciguado. ¿Qué reconoce Segismundo que debe reprimir?

11. En las estrofas segunda y tercera, Segismundo ofrece ejemplos de personas que sueñan. ¿Quiénes sueñan? ¿A qué personaje le dedica mayor atención? ¿Qué dice de este personaje?

12. En la última estrofa, Segismundo añade a un último personaje que también sueña. ¿De quién se trata? ¿Qué sueña?

13. Segismundo termina preguntándose qué es la vida y ofreciéndonos alguna respuesta. Añade tú otras respuestas que mantengan la coherencia del pensamiento calderoniano.

14. Este texto está formado por cuatro estrofas de diez versos llamadas *décimas*. Escribe su esquema métrico.

15. Memoriza algunos versos del monólogo y recítalos con la mayor expresividad posible en clase.

¡Atrévete!

¿Podrás reconocer la temática del Barroco en otras obras?

A continuación, te ofrecemos dos de los fragmentos más conocidos del teatro de William Shakespeare. El primero pertenece a *Macbeth*, y el segundo, a *Hamlet*. Léelos con atención y contesta las preguntas.

SEYTON. La reina ha muerto, mi señor.

MACBETH. ¡Debiera haber muerto más adelante! Tiempo hubiera habido para una palabra así. El mañana y el mañana y el mañana se desliza a pequeños pasos, de día en día, hasta la última sílaba del tiempo inscrito; y todos nuestros ayeres han alumbrado a los locos el camino hacia el polvo de la muerte... ¡Extínguete, extínguete, candela fugaz! La vida es solo una sombra que pasa, un pobre cómico que se pavonea y agita durante su hora sobre la escena, y después no es oído más; es un cuento narrado por un idiota, lleno de aparato y furia, que no significa nada.

William SHAKESPEARE, *Macbeth*, 1611 (traducción)

HAMLET. ¡Ser o no ser, he aquí el problema! ¿Qué es más elevado para el espíritu: sufrir los golpes y dardos de la insultante fortuna, o tomar las armas contra un piélago de calamidades y, haciéndoles frente, acabar con ellas? ¡Morir..., dormir, no más! ¡Y pensar que con un sueño damos fin al pesar del corazón y a los mil naturales conflictos que constituyen la herencia de la carne! ¡He aquí un término para ser devotamente apetecible! ¡Morir..., dormir! ¡Dormir!... ¡Tal vez soñar! ¡Sí, ahí está el obstáculo!, porque es forzoso que nos detenga el considerar qué sueños pueden sobrevenir en aquel sueño de la muerte, cuando nos hayamos librado del torbellino de la vida.

William SHAKESPEARE, *Hamlet*, 1603 (traducción)

16. ¿Qué es la vida para Macbeth?

17. ¿A qué obra de Calderón te recuerdan las palabras de Macbeth?

18. ¿Con qué equipara Hamlet a la muerte?

19. ¿Por qué dice Hamlet que soñar puede ser un obstáculo? ¿Qué significa el sueño en las palabras de Hamlet?

20. Busca información sobre *Macbeth* y *Hamlet* y escribe el argumento de una de las dos obras.

21. Elige uno de los monólogos anteriores y haz una lectura dramatizada.

¿Cómo cobraron este dineral?

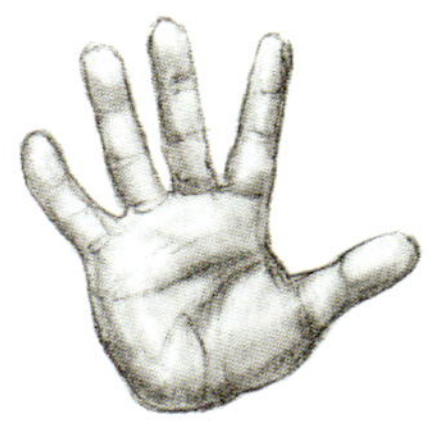

Fue

Competencias básicas

Prueba

Lee el texto siguiente y responde las preguntas que se formulan a continuación.

Jack London

Jack London tuvo una vida corta, pero muy intensa. Nació en San Francisco (California, Estados Unidos) en 1876, en el seno de una familia poco convencional. Nunca conoció a su padre biológico, posiblemente el astrónomo William Chaney, un hombre que siempre se negó a reconocer su paternidad. Su madre, Flora Wellman, se casó a los pocos meses de nacer Jack con un carpintero viudo que ya tenía dos hijos.

Desde los once años, el joven London tuvo que ganarse la vida con duros trabajos que combinaba con la asistencia a la escuela. Ni una cosa ni otra le satisfacían tanto como las visitas a la biblioteca pública de su barrio, donde halló numerosas lecturas que le ayudaron a evadirse de la dura realidad.

Con ese mismo afán de aventuras se enroló, siendo aún un adolescente, en un barco que se dedicaba a la caza de focas en las frías tierras del estrecho de Bering. Allí, London quedó fascinado por los paisajes helados de Alaska, la mágica luz de aquellos territorios y la tenaz lucha de sus habitantes por sobreponerse a las insufribles condiciones de vida. Al mismo tiempo, sin embargo, los salvajes métodos para cazar las focas le hicieron comprender la crueldad de que es capaz el hombre para ganar dinero.

De regreso a San Francisco, mientras intentaba publicar sus primeros escritos, malvivió con lo poco que ganaba realizando trabajos miserables y a veces peligrosos. Fue marino, empleado en una fábrica, pescador clandestino de ostras, buscador de oro, vigilante de costas... En esta época empezó a abusar del alcohol en las tabernas del puerto mientras escuchaba relatos de pescadores, balleneros y cazadores de focas. Eran tiempos de una profunda crisis en los Estados Unidos y a nuestro autor no siempre le sonrió la fortuna. Participó activamente en las luchas obreras y fue encarcelado por vagabundo. Poco a poco, sin embargo, consiguió publicar sus primeros libros con los que obtuvo rápidamente el reconocimiento popular.

No obstante, convertirse en un famoso escritor no puso fin a sus problemas. El dinero que ganaba lo invirtió en agrandar un rancho ruinoso que se incendió misteriosamente o en realizar la vuelta al mundo en un velero de su propiedad que acabó destrozado en las costas de Australia. Su primer matrimonio fue un fracaso y las enfermedades empezaron a destruir su cuerpo.

Finalmente, las drogas que consumía para evitar el dolor acabaron con su vida (aunque algunos piensan que fue un suicidio) el 22 de noviembre de 1916.

La obra de London

Jack London es autor de una extensa obra, compuesta principalmente por novelas y relatos de aventuras. Muchos de sus escritos presentan numerosos puntos de coincidencia entre sí y pueden entenderse como una manera de convertir en literatura sus duras experiencias vitales. Así, las vivencias del autor como cazador de focas quedan plasmadas en la novela *El lobo de mar* (1904), que narra el aprendizaje como marinero de un joven muchacho que se ve obligado a servir a las órdenes de un viejo capitán despiadado y salvaje. Del mismo modo, *La llamada de lo salvaje* (1903) se desarrolla en la zona del río Yukon durante la fiebre del oro que, a finales del siglo XIX, arrastró a muchos americanos –entre ellos al propio Jack London– a hacer fortuna en aquellas tierras. Esta novela cuenta la vuelta al estado salvaje de un perro que había sido domesticado para tirar de los trineos.

Igualmente autobiográfica se considera *Martín Edén* (1908), que relata la historia de un joven que de manera autodidáctica terminará convirtiéndose en escritor tras haber pasado por todo tipo de trabajos. Sin embargo, como le ocurrió al mismo London, la llegada del éxito no traerá consigo la felicidad del protagonista y la vida de Martín Edén tendrá un final dramático.

J. B. Fortuny, S. Martí y P. Miret,
«Introducción». En: Jack London. *Colmillo Blanco* (2014)

1 **Señala el único adjetivo que no es sinónimo de *tenaz* (línea 19).**

- ☐ *a*) obstinada
- ☐ *b*) terca
- ☐ *c*) infructuosa
- ☐ *d*) insistente

2 **En el texto, la palabra *fortuna* aparece dos veces con dos significados distintos (líneas 34 y 63). Se trata, por tanto, de una palabra...**

- ☐ *a*) ... homónima.
- ☐ *b*) ... antónima.
- ☐ *c*) ... monosémica.
- ☐ *d*) ... polisémica.

3 **El texto anterior contiene...**

- ☐ *a*) ... una biografía.
- ☐ *b*) ... una autobiografía.
- ☐ *c*) ... unas memorias.
- ☐ *d*) ... un relato de aventuras.

4 **En su infancia, Jack London...**

- ☐ *a*) ... fue criado con amor por sus padres.
- ☐ *b*) ... no pudo ir a la escuela.
- ☐ *c*) ... leía mucho para olvidar sus problemas.
- ☐ *d*) ... empezó a escribir sus primeras novelas.

5 **Indica si las siguientes afirmaciones son verdaderas (V) o falsas (F):**

- ☐ *a*) Jack London escribió muchos relatos de ciencia ficción.
- ☐ *b*) Jack London luchó en defensa de los derechos de los trabajadores.
- ☐ *c*) La obra de Jack London no fue bien valorada hasta después de su muerte.
- ☐ *d*) Jack London nunca abandonó su país.

6 **¿Cuáles de las siguientes palabras del texto son hipónimas de *trabajos* (línea 10)?:**

- ☐ *a*) luchas obreras, sistema capitalista, fascismos
- ☐ *b*) marino, pescador, vigilante
- ☐ *c*) aventuras, lucha, problemas
- ☐ *d*) método, aprendizaje, documentarse

7 **Selecciona entre los siguientes términos un antónimo para cada una de las palabras indicadas: *ignorar*, *gélidas*, *incapaz*, *oscuras*, *paciencia*, *redactar*, *cálidas*, *leer*, *maldad*, *compasión*.**

- ☐ *a*) frías
- ☐ *b*) escribir
- ☐ *c*) crueldad
- ☐ *d*) capaz

8 **Completa estas palabras del texto:**

- ☐ *a*) ha◆ó
- ☐ *b*) a◆udaron
- ☐ *c*) a◆usar
- ☐ *d*) con◆i◆ir

9 **Pon tilde en las palabras que corresponda.**

- ☐ *a*) *Colmillo Blanco*, una de las mejores obras de London, aparecio en las librerias norteamericanas en 1906.
- ☐ *b*) Su publicacion supuso un gran exito de ventas y todavia hoy emociona a miles de lectores.
- ☐ *c*) En 1991, la compañia Disney realizo su mas conocida adaptacion cinematografica.
- ☐ *d*) Su protagonista pronto comprendera que el ser humano actua como un Dios.

10 **Las palabras *cazar* y *casar* son...**

- ☐ *a*) ... homónimas.
- ☐ *b*) ... parónimas.
- ☐ *c*) ... sinónimas.
- ☐ *d*) ... antónimas.

Redacción

Imagina que todo lo que esperas del futuro se hace un día realidad. Escribe tu propia biografía, tal como quisieras que llegara a ser, contando en unas cien palabras los hechos más destacables de tu vida.

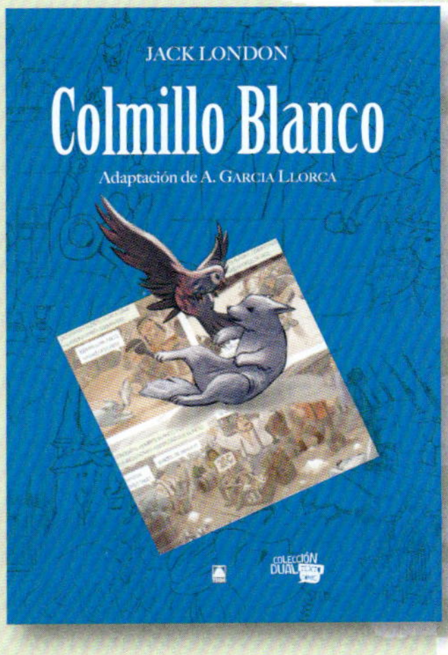

Juego literario

El caligrama

El cubismo pretende descomponer la realidad en objetos geométricos y reordenarla libremente. El pintor malagueño Pablo Picasso fue su máximo representante. Si observas alguna de sus pinturas cubistas, los rasgos de sus figuras se simplifican hasta convertirse en objetos geométricos que el pintor reorganiza de forma poco convencional. Entre los escritores que se unieron al movimiento cubista, destaca el francés Guillaume Apollinaire, creador de los caligramas.

La capilla aldeana

A v e
canta
suave
que tu canto encanta
sobre el campo inerte
sones
vierte
y ora-
ciones
llora.
Desde
la cruz santa
el triunfo del sol canta
y bajo el palio azul del cielo
deshoja tus cantares sobre el suelo.
Une tus notas a las de la campana
Que ya se despereza ebria de mañana
Evangelizando la gran quietud aldeana.
Es un amanecer en que una bondad brilla
La capilla está ante la paz de la montaña
Como una limosnera está ante una capilla.
Se esparce en el paisaje el aire de una extraña
Santidad, algo bíblico, algo de piel de oveja
Algo como un rocío lleno de bendiciones
Cual si el campo rezara una idílica queja
Llena de sus caricias y de sus emociones.
La capilla es como una viejita acurrucada
Y al pie de la montaña parece un cuento de hada.
Junto a ella como una bandada de mendigos
Se agrupan y se acercan unos cuantos castaños
Que se asoman curiosos por todos los postigos
Con la malevolencia de los viejos huraños.
Y en el cuadrito lleno de ambiente y de frescura
En el paisaje alegre con castidad de lino
Pinta un brochazo negro la sotana del cura.
Cuando ya la tarde alarga su sombra sobre el camino
Parece que se metiera al fondo de la capilla
Y la luz de la gran lámpara con su brillo mortecino
Pinta en la muralla blanca, como una raya amarilla.
Las tablas viejas roncan, crujen, cuando entra el viento oliendo a rosas
Rezonga triste en un murmullo el eco santo del rosario
La oscuridad va amalgamando y confundiendo así las cosas
Y vuela un «Angelus» lloroso con lentitud del campanario.

Sugerencias

1. Dibuja el perfil de un objeto relacionado con el tema sobre el que quieras escribir.
2. Escribe oraciones que expresen lo que te sugiere ese objeto, qué sentimientos te despierta, qué rasgos destacas de él... Cada oración constituirá un verso. No debes preocuparte por la rima, puesto que el orden de lectura en los caligramas es libre.
3. Escribe los distintos versos sobre tu dibujo.
4. Exponed todos los caligramas en clase.

1. Fíjate en el caligrama de Vicente Huidobro y explica qué relación existe entre la forma y el contenido. Desbués, elige un tema sobre el que quieras escribir y crea tu propio caligrama.

Para concluir, formula tú ahora dos preguntas para cada apartado como las que se planteaban al inicio de la unidad.

9

Explora la unidad y responde.

Ortografía

¿Cuándo escribimos porqué?

¿Conoces alguna otra palabra que cambie el significado dependiendo de si se escribe junta o separada?

Lectura inicial

¿Cuál es el alimento más extraño que has probado?

¿Crees que la comida se puede imprimir?

Literatura

¿Sabes para qué creían que servía el arte en el siglo XVIII?

¿Qué quiere decir que una obra teatral debe ser verosímil?

Conocimiento de la lengua

¿Qué cuatro lenguas dirías que son las más habladas del mundo?

¿Crees que una lengua puede morir?

Fábrica de textos

¿Podrías decir características de los textos científicos?

¿Qué tipo de texto encontramos en un manual de matemáticas de ESO?

En el año 2050 se calcula que seremos 9 600 millones de personas en el mundo. ¿Cómo vamos a alimentarnos? ¿De dónde saldrá la cantidad ingente de comida necesaria para todos? En este texto se proponen varias soluciones: insectos, transgénicos, carne artificial... ¿Cuál crees que va a triunfar? ¿Cuál te gustaría más?

Cariño, la comida está impresa

Mientras usted se pregunta cómo es posible que sea tan difícil encontrar tomates que sepan de verdad a tomate, los científicos están cocinando en sus laboratorios la comida del futuro. Las despensas, las tiendas y la forma de producir alimentos vivirán un gran cambio debido a los progresos científicos, el gran aumento de la población y el cambio climático.

La ciencia se esfuerza en dar respuesta a estos quebraderos[1] de cabeza planetarios. Busca alternativas, por ejemplo, a la carne, para que todo el mundo pueda disfrutar de un aporte de proteínas. Porque producir carne de vacuno o de cerdo para tanta gente sería un riesgo para el planeta: la FAO estima que se requieren 15 000 litros de agua para producir un kilo de carne y que la cadena productiva de la ganadería es responsable del 14,5 % de las emisiones de gases de efecto invernadero de origen humano, lo que contribuye al cambio climático.

Probablemente, uno de los alimentos del futuro serán las algas, tan populares en gastronomías como la japonesa. «Nos interesan sobre todo las microalgas. Las algas del mar son macroalgas. En cambio, las microalgas son organismos unicelulares y una increíble fuente de proteínas que necesita muy poca agua para desarrollarse y no emite gases de efecto invernadero. Y son más saludables que comer tanta carne roja», comenta Vincenzo Fogliano, profesor de Bioquímica de los Alimentos en la Universidad de Wageningen, en Holanda, la más prestigiosa del mundo en el campo de la agroalimentación. Por eso hay quien ha bautizado las algas, quizás con un excesivo optimismo, como el superalimento del futuro.

Aunque atención a la propuesta de la FAO para sustituir la carne: insectos. Porque crecen rápidamente y no necesitan tanta agua o energía como las vacas o los cerdos. Los insectos pueden convertir dos kilos de alimento en un kilo de masa de insecto, mientras que el ganado requiere ocho kilos de alimento para producir un kilo de aumento de peso corporal. Los insectos emiten, además, entre diez y cien veces menos gases de efecto invernadero por kilo de peso que los cerdos. Más ecológicos, más productivos y crujientes. Además, sus proteínas y nutrientes son de alta calidad. ¿Aún no le tientan?

Cuesta visualizar que las croquetas de hormigas vayan a arrinconar a los entrecots en las mesas de buena parte de Occidente. Así que se trabaja en otras alternativas. El año pasado, científicos holandeses presentaron en Londres la primera hamburguesa creada artificialmente a partir de células madre vacunas. Esta carne artificial ayudaría a reducir las emisiones de gases de efecto invernadero y gastaría menos agua que la carne natural. Pero, para muchos científicos, la piedra filosofal que permitirá alimentar a miles de millones de personas sin angustiarse por la escasez de agua o tierras serán los transgénicos. Nuevas plantas o alimentos creados por el ser humano jugando con los genes en el laboratorio.

En realidad, el ser humano juega con la genética desde hace siglos. Pero de forma intuitiva, cogiendo el polen de una planta y fecundando otra, a

Algunos consideran las algas el superalimento del futuro.

Los alimentos transgénicos pueden ayudar a prevenir enfermedades.

ver qué ocurre. «Necesitamos que las plantas sean más resistentes a las plagas y las sequías –señala José Miguel Mulet–. Hoy en día, la ingeniería genética permite coger un trozo de ADN de otro ser vivo y ponerlo en una planta para lograr un objetivo en concreto, como hacerla más resistente a una plaga o a la falta de agua».

Por ahora, los transgénicos se emplean sobre todo en alimentación animal, ya que las leyes europeas son muy restrictivas[2] con estos productos. «Pero podrían ser una buena solución para la escasez de tierras cultivables y la falta de agua», señala.

Y, si los cultivos no caben en el campo, quizás quepan en las ciudades gracias al *vertical farming* (granja vertical). Consistiría en dedicar edificios enteros al cultivo de plantas, empleando soluciones minerales en lugar de suelo. Como comenta Vincenzo Fogliano, «las algas, y otras plantas que requieren poca agua, se podrían cultivar así». Y, ya rizando el rizo, ¿por qué no cultivar en el desierto con agua de mar potabilizada[3]? Ya hay en funcionamiento proyectos que han convertido zonas desérticas en tierras cultivables en Qatar, Etiopía o Israel. Una opción que quizás permitiría paliar el hambre y revitalizar la economía de países africanos con miles de hectáreas de desierto.

Ingeniería genética, huertos en el desierto, carne artificial... para que la comida llegue a todos los colmados, mercados, puestos callejeros o supermercados del mundo.

En unos años, cuando vaya al súper, el consumidor quizás deba tener también en mente su perfil genético. «Gracias a los avances en genética, estudiamos cómo interaccionan[4] los genes y los nutrientes. Es la disciplina que se conoce como nutrigenómica», explica Guillermo Reglero, químico y director del Instituto Madrileño de Estudios Avanzados en Alimentación (Imdea Alimentación). Hay enfermedades que tienen una predisposición[5] genética, como la obesidad o el cáncer. «Y nosotros tenemos varios proyectos en marcha para estudiar la interacción de determinados nutrientes con estas patologías[6]», agrega.

Nadie está hablando de curar el cáncer con tomates, pero sí de intentar prevenir enfermedades gracias al diseño de alimentos como el tomate. Como los alimentos funcionales tan publicitados hoy en día. Solo que, en lugar de una leche enriquecida con omega 3 para ayudar a prevenir el colesterol, serán alimentos diseñados con genes de otros alimentos o de animales. Comida a la carta en función de las enfermedades que se sufren o que según el perfil genético tendría predisposición a sufrir cada persona. Se trata de la alimentación personalizada. Iremos al supermercado con «nuestro perfil genético, que interaccionará con los envases», apunta Vincenzo Fogliano. Si usted tiene el colesterol alto, se iluminará de color rojo el envase de los flanes, por ejemplo, cuando los coja.

Y si en casa no quiere resistir la tentación, se puede imprimir el flan al que renunció en el súper. Algunas empresas ya han diseñado impresoras que permiten fabricar alimentos utilizando la tecnología de impresión en tres dimensiones. Se ponen los cartuchos con los ingredientes en la máquina y se programa la receta deseada. Cuando tengan un precio asequible, quizás habrá que reservar un rincón en la cocina al lado del microondas. Y puede ser ideal para crear, por ejemplo, dulces con el nombre de los niños, para su fiesta de cumpleaños. Porque, también en el futuro, comer será un acto lúdico, social y placentero. Aunque sea tan complicado encontrar un tomate de verdad.

José Andrés Rodríguez, *La Vanguardia Magazine*, 16 mayo 2014 (adaptación)

Infiere

Indica el número de la palabra del texto que corresponda a cada uno de estos significados:

- ☐ Limitativas.
- ☐ Preocupaciones.
- ☐ Propensión.
- ☐ Se relacionan.
- ☐ Enfermedades.
- ☐ Apta para beber.

Comprensión y expresión

Escoge

1. Responde las siguientes preguntas escogiendo una de las opciones propuestas:

1. ¿Cuáles son los quebraderos de cabeza a los que debe responder la ciencia?
   a) El gran aumento de la población y el cambio climático.
   b) Los progresos científicos y el incremento de la población.
   c) Los cambios en las tiendas y las despensas.
2. ¿Por qué es mejor para el planeta que comamos insectos en vez de carne?
   a) Porque los insectos contaminan menos y son más fáciles de producir.
   b) Porque son mucho más sabrosos.
   c) Porque hay más insectos que vacas o cerdos en el mundo.
3. ¿Desde cuándo la humanidad cultiva transgénicos?
   a) Desde que los humanos pueden hacer pruebas en los laboratorios.
   b) Desde que empezó a mezclar unas plantas con otras.
   c) Aún no ha comenzado a cultivar transgénicos.
4. ¿Se podrán curar enfermedades con los alimentos?
   a) Sí, para ello se están modificando genéticamente.
   b) No, los alimentos modificados ayudarán a adaptar la comida a las necesidades de alimentación de cada persona.
   c) No, los alimentos no tienen ninguna relación con la salud.

Argumenta

2. Escoge una de las soluciones alimentarias que propone el texto y defiéndela ante tus compañeros. Todas las propuestas deben tener a alguien que la defienda.

Deduce

3. ¿Qué crees que significa la expresión «ser la piedra filosofal»? Aplícala a algún problema o suceso de tu vida cotidiana.

Crea

4. Piensa en dos alimentos que te gusten, e imagina que eres un ingeniero genético y puedes cruzarlos y crear un producto nuevo. Descríbelo: sabor, color, textura, cómo se cocinaría...

Define

5. Busca información y vuelve a leer la parte del texto donde se habla de alimentos transgénicos. Después, explica con tus propias palabras qué son.

Identifica

6. Busca en los párrafos correspondientes los elementos que se ajustan a estas características. En cada caso, tienes una pista.

a) 3.er párrafo: CI + V + CCM + Suj. El CI es el pronombre de 1.ª persona del plural.
b) 5.º párrafo: CCT + Suj + V + CCL + CD. En el CD aparece la palabra *hamburguesa*.
c) 11.º párrafo: V pronominal + CRég. La oración empieza con el pronombre átono *se*.

Recuerda

7. En los textos expositivos suelen prevalecer los tiempos en presente, pero alternados con otras formas. Sin volver a mirar la lectura, extrae dos ejemplos del texto que aparezcan en futuro, dos en condicional y dos en subjuntivo.

Conocimiento de la lengua

Las lenguas del mundo

En el mundo hay una enorme **variedad lingüística**. Se calcula que existen unas seis mil lenguas diferentes, aunque en condiciones muy diversas. Unas se hablan en más de un país, otras solo están presentes en pequeños territorios; algunas tienen carácter oficial, mientras que otras no obtienen el mismo reconocimiento; algunas no poseen escritura, otras hace siglos que tienen tradición escrita y guardan documentos que así lo atestiguan.

El **número de hablantes** difiere sustancialmente entre las lenguas. En la actualidad, los idiomas más hablados en el mundo son los siguientes:

- El **chino mandarín** es la lengua más hablada, con más de mil millones de hablantes y muchos dialectos. El interés por aprender esta lengua crece constantemente al tratarse China de una potencia económica emergente.
- El **español** es considerada la segunda lengua más hablada en el mundo. La cifra total de hablantes del castellano ronda los quinientos millones de personas, según el anuario del Instituto Cervantes.
- El **inglés** es la lengua materna de unos cuatrocientos millones de personas. Además de ser lengua oficial en más de sesenta países, es el idioma en el que se expresan y trabajan los diferentes organismos internacionales. Por todo ello, nadie duda de que es la lengua con mayor presencia e influencia en el mundo actual.
- El **hindi** tiene más de trescientos cincuenta millones de hablantes y, junto al inglés, es la lengua oficial de la India. Se trata de una lengua con una larga tradición escrita y está estrechamente emparentada con el urdu, hablado en Pakistán.

Practica

1. Busca información sobre las lenguas con mayor número de hablantes y ordena la siguiente lista de idiomas de más a menos hablados:

télugu	wu	francés	árabe
español	hindi	japonés	alemán
inglés	ruso	tamil	chino mandarín
bengalí	urdu	javanés	maratí
coreano	italiano	portugués	indonesio

2. Indica en qué lugares se hablan las cinco lenguas con menos hablantes de la lista anterior.

Conocimiento de la lengua

A diferencia de las anteriores, existen lenguas con muchísimos menos hablantes. Así, por ejemplo, el romanche, hablado en el territorio montañoso de Grisones en Suiza, cuenta con apenas unos treinta mil hablantes que, además, se expresan mayoritariamente en alemán, mientras que el cherokee, hablado en Oklahoma y Carolina del Norte, tiene poco más de diez mil.

Se considera que la mayor parte de las lenguas habladas en el mundo son minoritarias; de hecho, un 96 % del total de las lenguas son habladas solo por el 4 % de la población mundial. La situación lingüística resulta, por tanto, desigual. Lo es también en cuanto a su escritura: un 80 % de las lenguas de África carecen de transcripción escrita.

La Unesco (Organización de las Naciones Unidas para la Educación, la Ciencia y la Cultura) estima que al final de este siglo más de tres mil lenguas habrán desaparecido. Con ellas morirán también diferentes maneras de percibir y entender el mundo, porque las lenguas no son solo instrumentos de comunicación, sino parte de la herencia cultural del ser humano.

Practica

3. Busca cómo se escriben las siguientes palabras en chino, inglés e hindi:

padre, hija, hijo, hermana, hermano

Clasificación de las lenguas del mundo

Existen muchos criterios para clasificar las lenguas, aunque el más usual es organizarlas según su familia lingüística. Según este criterio, se distinguen principalmente las siguientes familias:

- Africana: bantú, malinké...
- Americana: navajo, apache, quechua, náhuatl...
- Austronesia: malayo, tagalo...
- Chino-tibetana: chino, tibetano...
- Camito-semítica: árabe, hebreo...
- Urálica: húngaro, finés...
- Altaica: turco, mongol...
- Indoeuropea: inglés, alemán, hindi...

El español, junto con la mayoría de las lenguas habladas en Europa y algunas de las habladas en Asia, pertenece a la familia indoeuropea, cuyo origen parece tener más de ocho mil años y se situó en territorio de la actual Turquía.

A continuación, se ofrece un esquema de las principales lenguas de la familia indoeuropea:

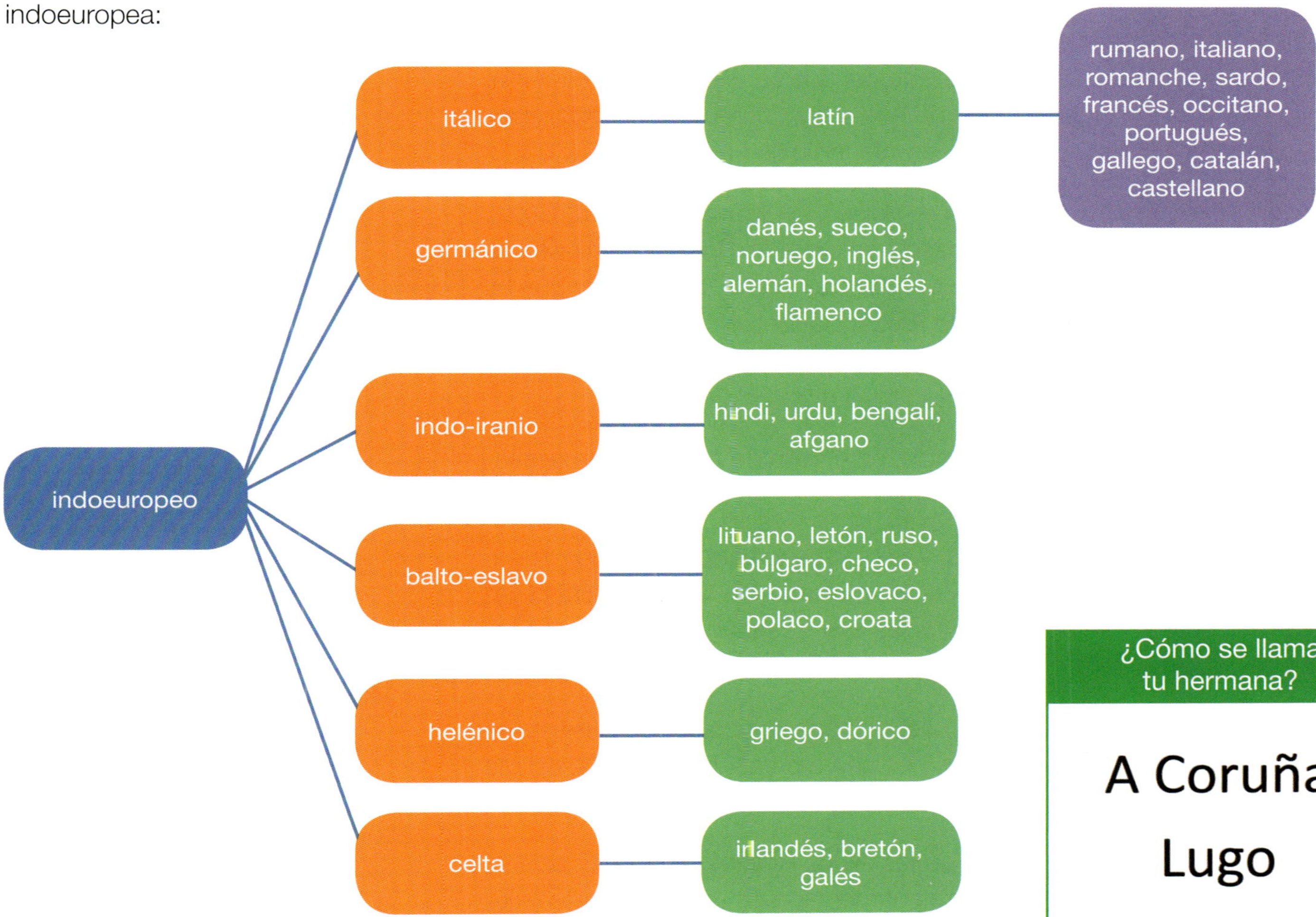

¿Cómo se llama tu hermana?

A Coruña
Lugo
Ourense
Pontevedra
-G

Las lenguas románicas

Los romanos iniciaron su conquista del territorio hispánico hacia el siglo II a.C. Esta invasión comportó un proceso de **romanización** de la península Ibérica, en el cual se sustituyeron las lenguas que se hablaban en este territorio por el latín de los conquistadores. No obstante, con el paso del tiempo, el latín fue evolucionando y se fragmentó, dando lugar a las denominadas **lenguas romances** o **románicas**. Este proceso se origina en una variante del latín que se aleja del latín clásico, el **latín vulgar**, abierto a las modificaciones propias de la lengua oral junto con las influencias de las lenguas del sustrato (las que existían en el territorio antes de la conquista romana). Esta era la lengua hablada por el «vulgo», es decir, por el pueblo, la gente, a lo largo y ancho del imperio, y difería del latín clásico propio de los textos escritos y que perdura invariable como lengua de prestigio en la transmisión cultural y científica hasta el final de la Edad Media.

A partir del latín, nacieron muchas lenguas románicas, pero no todas han perdurado hasta nuestros días. Por ejemplo, el dálmata hablado en Dalmacia y Albania desapareció a finales del siglo XIX, y el navarroaragonés, una lengua romance hablada en el valle del Ebro durante la Edad Media, también desapareció.

Conocimiento de la lengua

Además del castellano, el catalán y el gallego, que ya estudiarás más adelante, las otras lenguas romances que perviven en la actualidad son:

- El **portugués**, emparentado con el gallego del que se distancia tardíamente, es lengua oficial en Portugal y países de África que fueron colonia portuguesa. En América es la lengua de Brasil, donde también es oficial.
- El **francés** es lengua oficial, entre otros países, en Francia, Bélgica, Suiza, Mónaco, Luxemburgo y, junto con el inglés, en Canadá. Surgió a partir de una variante del latín hablada en el norte de Francia. Como segunda lengua es muy importante en algunos países de África, donde se utiliza como lengua franca entre grupos étnicos diferentes. Es una de las tres lenguas de trabajo de la Unión Europea.
- El **occitano** se habla en el sur de Francia, en el valle de Arán y valles occitanos de los Alpes piamonteses.
- El **italiano** es la lengua oficial de Italia. También tiene este carácter en Suiza, y en los pequeños estados de San Marino y Ciudad del Vaticano. Era la variedad de la Toscana y se convirtió, gracias a su prestigio cultural y literario, en la lengua oficial de Italia.
- El **sardo** surgió a partir de la evolución del latín que se hablaba en la isla italiana de Cerdeña. Se la considera la más cercana o parecida al latín. Se estima que habla esta lengua un millón de personas aproximadamente.
- El **romanche**, hablado en los valles de los Alpes Réticos, entre tres países, solo es cooficial en Suiza. Se encuentra fragmentado en varios dialectos y tiene tan solo unos cuantos miles de hablantes. Está en peligro de desaparición.
- El **rumano** es la lengua oficial de Rumanía. Se habla también en Moldavia, donde se escribe con alfabeto cirílico y se la prefiere denominar *moldavo*. Por su situación geográfica aislada, probablemente fue la primera en distanciarse del latín. Al principio recibió influencias de las lenguas eslavas y griega.

A continuación, ofrecemos el inicio del artículo 26 de la Declaración Universal de los Derechos Humanos en las principales lenguas romances:

castellano	Toda persona tiene derecho a la educación.
catalán	Tota persona té dret a l'educació.
gallego	Toda persoa ten dereito á educación.
portugués	Toda pessoa tem direito à educação.
francés	Toute personne a droit à l'éducation.
italiano	Ogni individuo ha diritto all'istruzione.
rumano	Orice persoană are dreptul la educaţie.
sardo	Onzi pessone tenet deretu a s'educatzione.
romanche	Mintga persuna ha il dretg d'instrucziun.
occitano	Tota persona a drech a l'educacion.

Practica

4. Busca información sobre las lenguas romances en la actualidad e indica cuántos hablantes tiene cada una.

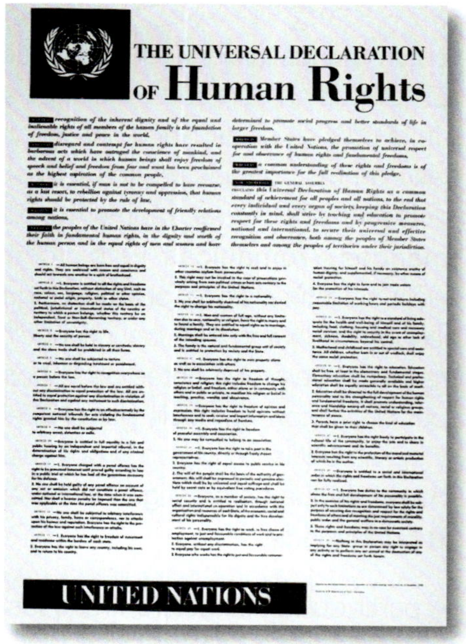
THE UNIVERSAL DECLARATION OF Human Rights

UNITED NATIONS

La Declaración Universal de los Derechos Humanos, firmada en 1948, recoge los derechos humanos considerados básicos.

Las lenguas de España

Las cuatro lenguas oficiales de España son el **castellano**, el **catalán**, el **gallego** y el **euskera**. Las tres primeras provienen del latín y, por tanto, son lenguas románicas o romances. El origen del euskera o vasco es incierto y se considera anterior a la presencia del Imperio romano en la península Ibérica.

- El **castellano o español** se habla en toda la Península. Nació en el norte de Castilla, entre Cantabria y Burgos. Uno de sus rasgos fonéticos característicos es la evolución de la *f-* inicial latina a *h-*, fenómeno que no ocurrió en las otras lenguas romances.
- El **catalán** es en la actualidad la lengua oficial, junto con el castellano y el occitano, de Cataluña, y también de Valencia, donde se le denomina *valenciano* porque tiene características dialectales propias, y Baleares, así como la franja de Aragón que linda con Cataluña, el sudeste de Francia (en las comarcas del Rosellón, Vallespir, Conflent, Capcir y en la Alta Cerdaña), Andorra y, minoritariamente, El Alguer, población en la isla de Cerdeña. Nacido en el antiguo principado de Cataluña, el catalán cuenta con unos nueve millones de hablantes.
- El **gallego** se habla en Galicia, donde comparte cooficialidad con el castellano desde 1981. En su origen, formaba una misma lengua con el portugués. Actualmente, tiene unos tres millones de hablantes.
- El **euskera o vasco** se habla en el País Vasco y en el norte de Navarra. Fuera de España, se habla en el sudoeste francés. No se ha podido vincular a ninguna familia lingüística conocida. El euskera es la lengua de unas setecientas mil personas.

castellano	*madre*	*padre*	*hija*	*hijo*	*hermana*	*hermano*
catalán	*mare*	*pare*	*filla*	*fill*	*germana*	*germà*
gallego	*nai*	*pai*	*filla*	*fillo*	*irmá*	*irmán*
euskera	*amak*	*aita*	*alaba*	*semea*	*arreba*	*anaia*

El español en el siglo XXI

El **español o castellano** es una lengua plenamente consolidada en el mundo actual y es oficial en más de veinte países:

- En Europa, el castellano se habla en España.
- En América, es lengua oficial en diecinueve países, además de ser la segunda lengua en Estados Unidos, donde en algunos estados también tiene una fuerte presencia reconocida por las instituciones. En Puerto Rico, estado libre asociado de los Estados Unidos, es la primera lengua oficial.
- En África es lengua oficial en Guinea Ecuatorial, país con poco más de millón y medio de habitantes.

¡Atrévete!

5. Relaciona cada oración con el idioma hablado en España (castellano, catalán, gallego o euskera) al que pertenece.

a) Mi hermano es profesor en la universidad.
b) Nire anaia unibertsitateko irakaslea da.
c) Meu irmán é profesor na universidade.
d) El meu germà és professor a la universitat.
e) La hija de mi hermana se parece a mi madre.
f) La filla de la meva germana s'assembla a la meva mare.
g) Nire ahizpa alaba nire ama bezalakoa da.
h) A filla da miña irmá é como miña nai.

¿Está listo el encargo que te hice?

Según el Instituto Cervantes, el castellano es también la tercera lengua de consulta en Internet: un 8 % de los internautas se comunican en castellano. Gracias a ello y al impulso de los medios de comunicación, el español se mantiene con gran unidad, lo cual permite la fluida comunicación entre sus hablantes. El español es también lengua oficial de organismos internacionales, entre los que destacan la ONU y la UE.

Debido a su elevado número de hablantes y su extensión geográfica, existen bastantes **dialectos** del español. La lengua que se habla en América presenta rasgos propios diferentes a los del castellano hablado en la Península, tanto fonéticos como morfosintácticos y léxicos.

Español peninsular	Español de América
móvil	*celular*
ordenador	*computadora*
coche	*auto, carro*
conducir	*manejar*

¿Sabías que...?

El lema de la RAE es «limpia, fija y da esplendor». Con esta expresión, se refiere a que la institución limpia el idioma de incorrecciones, fija el uso correcto de las palabras y así da esplendor a la lengua.

Las instituciones lingüísticas del español

Una lengua hablada por cientos de millones de personas necesita **instituciones** que divulguen y fijen el uso correcto, así como resuelvan las dudas de los hablantes. En la actualidad, destacan dos instituciones para el español:

- La **Real Academia Española** (RAE) es una institución creada en 1713, la cual vela por el uso correcto de la lengua. Para ello, propone las palabras que son apropiadas en la comunicación y establece las normas ortográficas que debemos seguir los hablantes a la hora de escribir. Junto con otras 21 academias correspondientes a países donde se habla también español, constituye la Asociación de Academias de la Lengua Española.
- El **Instituto Cervantes** es una institución pública creada en 1991 para la difusión y la promoción de la lengua española y la cultura española e hispanoamericana. Tiene sede en 86 ciudades de 43 países de todo el mundo. Además, en España cuenta con dos sedes, una en Madrid y otra en Alcalá de Henares. Tiene fuerte presencia en Internet, donde el Centro Virtual Cervantes es un portal de referencia sobre la lengua y la cultura en español.

Practica

6. Lee el siguiente fragmento de una entrevista al académico y exdirector de la RAE, José Manuel Blecua, y responde estas preguntas:

a) ¿Cuántos alumnos estudian español en Francia hoy en día aproximadamente?

b) ¿Por qué fue importante la transición española para el castellano en Europa?

c) ¿Por qué es tan importante el castellano en Brasil?

d) ¿A qué clase de lectores está dirigido el *Manual del buen uso del español*?

e) ¿Qué etapas educativas son importantes en la enseñanza del castellano? ¿Por qué?

f) ¿Por qué crees que en Brasil el español compite con el inglés como segunda lengua?

El español goza de buena salud en Europa

En cuanto al español, ¿cómo está su salud en la Unión Europea?

En la Unión Europea, el español funciona muy bien en distintos estratos que son muy importantes. Hay uno que es fundamental, que es el de la enseñanza. Dentro de la enseñanza, las cifras de Francia, por ejemplo, tienen que ser en estos momentos inmensas en la segunda enseñanza, en Bachillerato. Hace ya mucho tiempo que había millón y medio de estudiantes, así que ahora debe de haber muchísimos más. Ese es un caso. También hay convenio con Italia, que tiene la enseñanza del español en el Bachillerato.

Los institutos de segunda enseñanza en el extranjero son elementos fundamentales. Pero luego también están los departamentos de Filología Románica en las universidades. Ha influido mucho el éxito de la literatura hispanoamericana. En muchos departamentos alemanes, el español ha vencido al francés, en número de estudiantes.

Lo mismo pasa en el Reino Unido, donde también hay una fuerte asistencia a las clases de español de los jóvenes de Bachillerato y en las universidades. También en las revistas de investigación.

No es que sea un éxito actual, sino que se ha ido reforzando. La transición española significó mucho políticamente para la Unión Europea, interesó ver cómo se podía pasar de un régimen dictatorial a un régimen democrático, y ese interés contribuyó a poner de moda la literatura, el cine y la cultura en general en español.

Hemos estado hace poco en la Universidad de Oxford, donde nos hicieron un homenaje en la biblioteca Tayloriana. El español está completamente unido a la cultura europea en estos momentos.

¿Y en Latinoamérica?

El español tiene mucha influencia en Brasil porque tiene que ver con el Mercosur y el Tratado de Libre Comercio. Se estudia en todos los estados de Brasil, aunque en cada uno de ellos de una manera diferente. No es lo mismo en Río que en la zona de São Paulo, por ejemplo, porque cada estado tiene su organización. Son 250 millones de habitantes que tienen muchísimo interés por el español comercial, fundamentalmente.

Con una competencia muy fuerte del inglés, sobre todo, en los negocios...

Es inevitable. Piense que en estos momentos la Alianza del Pacífico supone la presencia del inglés como lengua comercial con Oriente. Aunque cada vez hay más españoles y más enseñanza del español. Pero la lengua normal del comercio es el inglés.

La RAE acaba de publicar el *Manual del buen uso del español*. ¿Se usa bien el español?

Ese manual era necesario porque es un libro de consulta y de referencia. Esa caja amarilla que ve usted ahí (señala hacia una estantería) son los dos primeros tomos de la morfología y la sintaxis de la lengua española de la Academia y pesan más de cinco kilos.

Es imposible que un maestro se lo lea, y que además se lo lea todo y se lo estudie. Es imprescindible que existan libros que sean capaces de resumir lo básico de unas doctrinas y eso es el *Manual del buen uso del español*. Simplemente un resumen de todas las obras académicas desde todos los puntos de vista..., y ya son 500 páginas, no es que sea un libro de bolsillo.

Es muy sencillo, es un sistema monográfico de doble página que le puede ser muy útil a cualquier persona para su trabajo diario. Por ejemplo, para un periodista, un novelista..., no necesariamente hace falta ser profesor para manejar ese libro y para la gente curiosa. Hay muchas personas con curiosidad por la lengua.

¿Se enseña bien el español? No parece que hablemos muy bien.

Eso tiene una explicación. Hay automatismos del uso lingüístico que si no se enseñan bien en su momento, en Primaria y Secundaria, se arrastrarán durante toda la vida. Una educación deficiente en el manejo de la lengua es un lastre para una sociedad. Es muy difícil que más tarde se aprenda bien el uso de las preposiciones, por ejemplo.

Marigel ALONSO, *EuroXpress* (14 marzo 2014)

Fábrica de textos

El texto expositivo

Un **texto expositivo** tiene como principal objetivo presentar una determinada información de manera clara y comprensible para el destinatario. Para ello, la información que ofrece debe ser **precisa**, **objetiva** y **veraz**. Además, estos textos incluyen todos los recursos necesarios para facilitar la comprensión y el análisis del tema por parte del lector, por ejemplo: gráficos, fotografías, entrevistas, descripciones, vídeos...

El texto expositivo es propio del mundo académico, ya que se utiliza para la transmisión de conocimientos.

Piensa

1. Haz una lista con todos los ejemplos de textos (orales y escritos) que se te ocurran que pueden ajustarse a la definición anterior como, por ejemplo, el discurso de un profesor.

Básicamente, se pueden distinguir **dos tipos** de textos expositivos según el destinatario al que se dirigen:

- **Los textos divulgativos:** buscan llegar al mayor número de personas posible. Para ello, se intenta facilitar la comprensión de los lectores u oyentes utilizando un vocabulario accesible, ejemplos clarificadores, referentes conocidos por el destinatario, etc. En este caso, si se utiliza algún tecnicismo, se suele acompañar de su explicación o definición.
- **Los textos científicos:** están dirigidos a profesionales o personas especializadas en el tema. Por este motivo, en estos textos se emplean muchos tecnicismos. Además, no es necesario aclarar la mayoría de los conceptos que se exponen, ya que el lector está familiarizado con ellos.

Distingue

2. Señala los tecnicismos (palabras o expresiones) que encuentres en estos fragmentos, y di si pertenecen a textos divulgativos o especializados. Justifica tu respuesta.

a)

El modelo psicolingüístico-cognitivo conceptualiza el aprendizaje del lenguaje escrito como un proceso de construcción sociocultural que se realiza a partir de un conjunto de experiencias lingüísticas, metalingüísticas, comunicativas y del conocimiento del mundo. En este contexto teórico, se entiende que leer no es solo procesar información grafémica y fónica, sino también información sintáctica y semántica.

J. E. Jiménez, «Factores predictivos del éxito en el aprendizaje de la lectoescritura» (1990)

¿Sabías que...?

Todos los ámbitos del conocimiento generan terminología específica. Algunos generan tanto vocabulario propio que se hace necesaria una compilación en forma de diccionario. Ejemplos de ello serían el deporte, con el *Diccionario Espasa de términos deportivos*, de Recaredo Agulló; la medicina, con el *Diccionario de términos médicos* de la Real Academia de Medicina; o incluso la gastronomía, con obras como el *Diccionario práctico de gastronomía y salud*, de Miguel J. Jordá.

b)

En la Educación Primaria son prioritarias las asignaturas de Lengua y Matemáticas, aunque también las de Conocimiento del medio natural, social y cultural, Educación artística, Física o Lengua extranjera. Sobre todo en la primera etapa, con seis años, los niños profundizarán en las habilidades de lectura y escritura, así como en conocimientos numéricos.

I. ZAMORA, «Qué aprenderá tu hijo en cada etapa del colegio». *Abc* (5 septiembre 2014)

c)

Las galaxias del Universo local se dividen en dos poblaciones principales en el diagrama color-magnitud: la secuencia roja, formada principalmente por galaxias de tipo temprano con una formación estelar residual, y la nube azul, formada principalmente por galaxias de tipo tardío con una formación estelar intensa.

C. LÓPEZ, «Fusiones de galaxias a distancias cosmológicas»

d)

Hoy voy a hablaros de un fenómeno óptico-atmosférico que, a pesar de que suele ser muy vistoso y hermoso, es desconocido para la mayoría de las personas. Me refiero a los *parhelios* o «falsos soles». Este fenómeno consiste en que, en determinadas circunstancias atmosféricas, se ve a ambos lados del Sol (o a un solo lado) un falso sol.

Agrupación Navarra de Astronomía

Completa

3. Completa con estas palabras el siguiente texto:

radiación electromagnética, hidroeléctrica, atmósfera, partículas radiactivas, eyecciones, GPS, evento de Carrington, fulguraciones

Las tormentas solares son como explosiones de ◆ equivalentes a decenas de millones de bombas de hidrógeno. Esta ◆ alcanza la Tierra en pocos minutos, pero ahí está nuestra ◆ para frenarla y protegernos de ella, aunque no siempre.

En ocasiones muy excepcionales, cuando estas ◆ de masa coronal son extremadamente potentes y están orientadas hacia nuestro planeta, pueden atravesar nuestro escudo protector produciendo cuantiosos daños en nuestros sistemas de comunicaciones. La tormenta solar más fuerte que se ha registrado hasta el momento fue el 28 de agosto de 1859 y se conoce como el ◆, en apenas 17 horas llegaron los efectos de estas tormentas solares a la Tierra, destrozando la poco desarrollada red de telégrafos de la época en Europa y América del Norte, fundiendo el cableado y provocando numerosos incendios. Si este evento hubiera ocurrido en nuestra época, los satélites hubieran dejado de funcionar, se hubieran interrumpido las emisiones de radio, se hubieran dañado los ◆ y los apagones eléctricos hubieran afectado a gran parte del planeta.

Las ◆ recientes más intensas que hemos registrado fueron en marzo de 1989, dejando fuera de funcionamiento durante más de nueve horas la planta ◆ de Quebec, en Canadá, y en 1994, cuando otra tormenta solar hizo caer dos satélites de comunicaciones durante horas.

J. ESTEVE, «El evento de Carrington». *El País*, 22 septiembre 2014 (adaptación)

Define

4. Sin consultar el diccionario, intenta definir con un compañero o compañera estos conceptos relacionados con el deporte. Después, redacta una oración que contenga dos de ellos.

a) fuera de juego (fútbol)
b) portero (fútbol)
c) tiempo muerto (baloncesto)
d) falta personal (baloncesto)
e) mariposa (natación)
f) aletas (natación)
g) mate (ajedrez)
h) peón (ajedrez)

La estructura

El texto expositivo está compuesto, como la mayoría de los textos, por tres partes:

- Una **introducción**, en la que se presenta el tema del que se tratará y, además, se capta el interés del lector.
- Un **cuerpo**, en el que se desarrolla y explica el tema, así como se incluyen los ejemplos, comentarios y toda la información necesaria.
- Un **resumen final** o **conclusión** para cerrar el discurso.

Propón

5. En la lectura inicial de la unidad la conclusión es el último párrafo. Pensad por parejas una conclusión diferente, que ocupe también un párrafo.

La elaboración

Para escribir un buen texto expositivo, hay que seguir las pautas que se detallan a continuación. Ten en cuenta que el texto resultante será adecuado si el lector adquiere los conocimientos expuestos por el autor sin necesidad de recurrir a otras fuentes de información.

- **Elige el tema** que vas a exponer y a quién va dirigido (es decir, decide si vas a elaborar un texto divulgativo o especializado).
- **Documéntate** e investiga sobre el tema en fuentes fiables.
- **Anota los datos** y la información que consideres relevante.
- **Elabora un esquema** ordenando la información (con introducción, cuerpo del texto y conclusión o resumen final).
- **Redacta** el texto utilizando un lenguaje adaptado al destinatario y con los tecnicismos adecuados (que deberás explicar si lo consideras necesario). Recuerda que puedes incluir ejemplos, gráficos, fotografías, etc., para que el tema se entienda mejor.
- **Comprueba** que el texto es adecuado para su futuro lector, tiene una estructura clara y coherente y es ortográficamente correcto.

¿Qué tienes ante esta cuestión, duda, sospecha...?

Resume

6. Explica, en unas cincuenta palabras, los conocimientos que has adquirido después de leer el texto inicial de la unidad.

Prepara

7. Imagina que debes dar una breve conferencia en una clase de 6.º de Primaria para explicar el funcionamiento de tu instituto. Con un compañero o compañera, escribid el guion de trabajo para prepararla. Tened en cuenta con quién hablaríais, qué documentación consultaríais y si utilizaríais fotografías, imágenes o vídeos. Pensad también si los alumnos de 6.º conocen todo el vocabulario que queréis utilizar.

Ortografía

Palabras juntas o separadas

Algunas palabras pueden escribirse juntas o separadas, pero su significado puede variar dependiendo de cómo se escriban.

Por qué, porque, porqué, por que

Escribimos **por qué** cuando preguntamos por el motivo de algo. Es un elemento interrogativo formado por la preposición *por* y el pronombre interrogativo *qué*. Suele escribirse entre signos de interrogación, aunque también aparece en interrogativas indirectas, que no tienen tales signos:
¿Por qué me mientes?
Cuéntale por qué me mientes.

La palabra **porque** es una conjunción causal que introduce proposiciones subordinadas causales:
No te lo he contado porque tenía miedo a tu enfado.

El término **porqué** es un sustantivo. Por ello, va precedido por un artículo y significa «motivo» o «razón», palabras por las que puede sustituirse:
Nadie se explica el porqué de su actitud.
El porqué del cambio solo lo conoce él.

Escribimos **por que** en dos casos:

- Puede ser la preposición *por* más el pronombre relativo *que*. Equivalen a *por el que* o *por el cual*, expresiones por las que pueden sustituirse:
  Cierra la puerta por que has entrado. (Cierra la puerta por la que has entrado.)
- Puede ser la preposición *por* seguida de la conjunción *que*. Lo que sigue a *por* puede sustituirse por *eso*:
  Han optado por que no se presentase. (Han optado por eso.)

Practica

1. Completa los siguientes enunciados con *por qué*, *porque*, *porqué* o *por que*. Justifica tu decisión en cada caso.

a) ¿◆ no me cuentas qué ha pasado?
◆ estoy tan aturdido que no encuentro las palabras adecuadas.
b) Me gustaría saber el ◆ de su silencio.
c) El presidente ha mostrado su interés ◆ el proyecto siga adelante.
d) Ignoramos ◆ se marchó de la reunión sin motivo aparente.
e) Se ha conseguido el objetivo ◆ nos preparamos a conciencia.
f) ¿◆ no has venido con nosotros a la fiesta?

Sino, si no

La palabra **sino** es una conjunción adversativa que contrapone una afirmación a una negación anterior. Suele aparecer seguida de la conjunción *que* cuando precede a un verbo:
No está dormido, sino cansado.
No tiene un solo reloj, sino que posee una colección entera.

El término **sino** también puede ser un sustantivo con el significado de «destino»:
Nuestro sino parecía estar ligado a ese lugar.

Escribimos **si no** cuando se trata de una conjunción condicional seguida del adverbio de negación *no*. Se utiliza, por tanto, para expresar requisitos necesarios para el cumplimiento de la acción expresada en la proposición principal:
Si no llego a tiempo, prepara tú la cena.

Practica

2. Completa las siguientes oraciones con *sino* o si *no*, según corresponda:

a) ◆ te das prisa, perderás el próximo tren.
b) No solo no me has ayudado, ◆ que te has quejado amargamente toda la mañana.
c) Entrega ya la documentación necesaria; ◆ lo haces, no tendrás posibilidad de obtener la beca.
d) Encontrársela allí era su ◆.
e) La respuesta correcta al enigma no es cinco, ◆ siete.
f) ◆ salimos ahora mismo, llegaremos al cine con la película empezada.

¿A quién corresponde este asunto?

A ver, haber

Haber es un infinitivo y el auxiliar de los infinitivos compuestos de los verbos:
De haber sabido la noticia, habríamos actuado de otra manera.

A ver es la preposición *a* seguida del infinitivo simple del verbo *ver*. Se utiliza para expresar expectación o curiosidad. También se usa para llamar la atención del oyente:
Con estas gafas a ver si puede leer mejor.
A ver qué ocurre ahora con las nuevas normas de tráfico.

¡Atrévete!

3. Escribe tres oraciones en las que expreses expectación o curiosidad con *a ver*.

Practica

4. Completa con *a ver* o *haber* según convenga.

a) ◆ si con esta reparación el frigorífico funciona una temporada.
b) De ◆ tenido más dinero, habríamos alquilado un coche para el trayecto.
c) No deberíamos ◆ traído tanto equipaje.
d) ◆, Juan, explica en qué consiste el problema.

Conque, con que, con qué

Conque es una conjunción consecutiva que equivale a *así que*, *de manera que*, *por consiguiente*:
No se ha presentado, conque partiremos sin él. (= así que partiremos sin él)

Con que tiene diferentes valores:

- Puede ser la suma de la preposición *con* y el relativo *que*. Equivale a *con el cual*, *con la cual*, *con los cuales* o *con las cuales*:
  La herramienta con que trabaja es de difícil manejo. (= con la cual trabaja)
- La preposición *con* seguida de la conjunción *que*. Lo que sigue a *por* puede sustituirse por *eso*:
  No basta con que lo ayudes. (No basta con eso.)

Con qué es la suma de la preposición *con* y el pronombre interrogativo o exclamativo *qué*. Así pues, tiene valor interrogativo o exclamativo:
¿Con qué rellenarás ese hueco?
¡Con qué facilidad lo hace!

Otras palabras

En la siguiente tabla, se recogen algunas palabras que cambian su significado según se escriban juntas o separadas:

afín (cercano, similar)	**a fin** (con la intención de)
entorno (ambiente más cercano)	**en torno** (alrededor de)
sinfín (infinidad, gran número)	**sin fin** (que no tiene final)
sinnúmero (gran número, infinidad)	**sin número** (que no tiene número o no está numerado)
sinrazón (acción muy injusta)	**sin razón** (sin motivo aparente, equivocado)
sinsabor (pesadumbre, pesar)	**sin sabor** (que es insípido)
sinvergüenza (canalla, descarado)	**sin vergüenza** (sin rubor)
sobretodo (tipo de abrigo)	**sobre todo** (especialmente, por encima de otras opciones)

Practica

5. Completa con *conque*, *con que* o *con qué* según corresponda.

a) Sueña ◆ le toca la lotería de Navidad.
b) Si no estudias previamente el terreno, no sabes ◆ te puedes encontrar una vez allí.
c) ◆ veas el primer capítulo de la serie, ya es suficiente.
d) Han encontrado en su estudio la cámara ◆ hizo la mayoría de las fotografías del reportaje.
e) Está muy enfadado por tu ausencia en la reunión, ◆ prepárate para posibles consecuencias.

¡Atrévete!

6. Completa las oraciones con la opción correcta.

a) Espero, ◆, que no llueva el día de nuestra excursión a las lagunas. (*sobre todo* / *sobretodo*)
b) Hay un ◆ de razones para entender su extraño comportamiento. (*sinnúmero* / *sin número*)
c) Aquella carretera parecía ser una ruta ◆. (*sinfín* / *sin fin*)
d) El ◆ del artista ha admitido que se encuentra enfermo. (*entorno* / *en torno*)
e) Acudieron al concierto ◆ a unas doscientas mil personas. (*entorno* / *en torno*)
f) Blas y Patricia tienen un comportamiento ◆. (*afín* / *a fin*)
g) Para ser su primera intervención pública, se comportó ◆. (*sinvergüenza* / *sin vergüenza*)

Ortografía

Hay palabras que pueden escribirse indistintamente juntas o separadas:

- deprisa / de prisa
- adónde / a dónde
- enfrente / en frente
- enseguida / en seguida
- asimismo / así mismo (con el significado de *además* o *también*)

Otras palabras, que podrían presentar dudas, se escriben siempre en una sola:

- adelante
- afuera
- anoche
- aparte

Practica

7. Escribe oraciones en las que utilices estas palabras:

adelante, afuera, anoche, aparte

Repaso

Practica

8. Completa las siguientes oraciones con la forma adecuada de los verbos en infinitivo que te ofrecemos a continuación. Ten en cuenta que se trata de verbos irregulares en muchos casos.

buscar, ir, conducir, hacer, tener, deducir, leer, prever, andar, traer

a) Nos ◆ hasta el lugar en que se encontraba la entrada secreta.

b) Los excursionistas ◆ durante horas hasta encontrar la cascada.

c) Creo que te equivocas, no ◆ a casa de tus padres hasta el domingo.

d) Durante su infancia, no ◆ la oportunidad de estudiar.

e) De sus palabras, ◆ que me ocultaba algo malo para no incomodarme.

f) Por la noche, estaba ◆ unos relatos de misterio cuando sonó el timbre de casa.

g) ◆ al responsable del local durante días, pero no apareció.

h) La organización ◆ una solución a la probable lluvia.

i) Los estudiantes del instituto se ◆ la fotografía de grupo de final de curso.

j) El repartidor por fin nos ◆ el paquete que esperábamos.

9. Completa el siguiente texto con la forma conjugada adecuada de estos verbos:

invadir, detener, sentir, salir, alejarse, huir, dar, ver, caer, llorar, conocer, comprender

Cuando de golpe Torreno ◆ por la gran pena de las personas que ◆ y tal vez amado, en ese momento en que bruscamente se abrió la huella que habían dejado en su alma, ◆ que iba a morir. No podía soportar el peso de la nostalgia de su hogar. ◆ imaginando el color amarillo del campo de su infancia, el pequeño río al fondo del barranco, el sol cegador que ◆ sobre las casas. Vagamente, ◆ a sus padres, a sus hermanos, a la princesa rubia en la muralla, confundida con la figura de la esposa que le ◆ cinco hermosos hijos, vio también al capitán que en la soledad de la celda le había obligado a ◆ y al soldado muerto en la azotea del castillo y a Casto que se ◆ remando hacia la orilla izquierda del Danubio. ◆ el dolor de todas aquellas personas y se sintió a sí mismo. Lleno de angustia, ◆ de la cueva, se puso a andar y ya no se ◆.

Soledad Puértolas, «La orilla del Danubio» (1982)

10. Completa la siguiente tabla:

atribuir	*atribuyendo*	*atribuyo*
construir		
disminuir		
huir		
incluir		
sustituir		

Literatura

La literatura del siglo XVIII

La **Ilustración** es un movimiento reformador que se dio en Europa durante el siglo XVIII. Francia fue el gran motor de las ideas reformistas con pensadores como Voltaire, Montesquieu y Rousseau. Este período se conoce también con el nombre de *Siglo de las Luces*, y se caracteriza por su confianza en la razón como único medio de alcanzar el progreso y la felicidad. Este racionalismo se aplica a todos los ámbitos, lo cual implica los siguientes aspectos:

- Se desarrolla la ciencia basada en la experimentación.
- El arte debe estar al servicio de la sociedad y contribuir a crear un mundo justo.
- Se revisa todo el conocimiento anterior en base a la razón.
- Se evidencia un afán de extender el conocimiento a todas las capas sociales.
- Se realizan importantes reformas en las instituciones políticas.

El arte de esta época se denomina **neoclasicismo**. Esta corriente artística supone un regreso a la estética clásica, y con ello una búsqueda del equilibrio, la armonía y el buen gusto. Los ilustrados impusieron una visión utilitarista del arte, según la cual las obras artísticas debían contribuir al progreso y a la mejora social.

Los lictores llevan a Bruto el cuerpo de sus hijos, Jacques-Louis David (1789).

La poesía moralizadora

La **poesía**, como el arte en general, se puso al servicio de los ilustrados con el objetivo de contribuir a divulgar sus principios. El afán didáctico de la época no favoreció el cultivo de una lírica que transmitiera los sentimientos íntimos del poeta. Por el contrario, una de las manifestaciones más características fue la fábula, género que, por su didactismo, se adaptaba mejor a las ideas ilustradas. Sus máximos representantes fueron **Tomás de Iriarte**, con sus *Fábulas literarias*, y **Félix María Samaniego**, con sus *Fábulas morales.* Ambos autores hallaron en este género clásico el mejor instrumento para ridiculizar y corregir los defectos humanos.

La siguiente fábula de Tomás de Iriarte se dirige a un determinado tipo de escritores. Sin embargo, su enseñanza también puede aplicarse a cualquier lector.

Interpreta

Lee la siguiente fábula de Tomás de Iriarte y, después, responde las preguntas.

El burro flautista

*(Sin reglas del arte, el que en algo acierta,
acierta por casualidad.)*

Esta fabulilla,
salga bien o mal,
me ha ocurrido ahora
por casualidad.
Cerca de unos prados
que hay en mi lugar,
pasaba un borrico
por casualidad.
Una flauta en ellos
halló, que un zagal[1]
se dejó olvidada
por casualidad.
Acercose a olerla
el dicho animal,
y dio un resoplido
por casualidad.
En la flauta el aire
se hubo de colar,
y sonó la flauta
por casualidad.
«¡Oh!», dijo el borrico,
«¡Qué bien sé tocar!
¡Y dirán que es mala
la música asnal!».
Sin reglas del arte,
borriquitos hay
que una vez aciertan
por casualidad.

Tomas de Iriarte (1782)

[1] zagal: niño

Tomás de Iriarte (1750-1791).

Practica

1. ¿Qué aconseja la fábula a los escritores?
2. ¿Qué enseñanza podemos extraer los demás?
3. Realiza el análisis métrico del poema.

La prosa didáctica

El espíritu ilustrado y su voluntad reformista determinan que el ensayo sea el género más cultivado a lo largo del siglo XVIII. Cabe destacar a los siguientes autores:

- **Benito Feijoo.** Su obra más importante, *Teatro crítico universal*, es una recopilación de ensayos con el propósito de difundir las novedades científicas y acabar con las supersticiones y falsas creencias arraigadas en el pueblo.
- **José Cadalso.** Entre sus obras, cabe destacar *Cartas marruecas.* A través de las cartas que se cruzan tres personajes –un español y dos marroquíes–, Cadalso reflexiona sobre la situación de España y denuncia su decadencia.

En el siguiente fragmento, Benito Feijoo trata de hacer entender al lector el error que comete al pensar que la posición de las estrellas en el momento de nacer determina el futuro de las personas y su carácter.

Practica

4. Lee el siguiente texto y resume brevemente su contenido.

¿Está escrito nuestro destino en las estrellas?

Que no depende ni el género, ni el tiempo de la muerte de los hombres de la constitución del cielo que reina cuando nacen, se ve claro en que mueren muchísimos a un tiempo y de un mismo modo, los cuales nacieron bajo aspectos muy diferentes. ¿Por ventura[1] cuando la tormenta precipita al fondo del mar una grande nao[2] y perecen todos que iban en ella, se ha de pensar que todos aquellos infelices nacieron debajo de un sistema celeste que amenazaba naufragio, disponiendo los mismos astros que solo se juntasen en aquella nave los que habían nacido debajo de aquel sistema? Buenas creederas tendrá quien lo tragare. Antes es cierto que en los mismos puntos de tiempo en que nacieron esos hombres nacieron otros muchísimos en el mundo que tuvieron muerte muy diferente.

Establecido ya, que no pueden determinar cosa alguna los astrólogos en orden a los sucesos humanos, pasemos a despojarlos de lo poco que hasta ahora les ha quedado a salvo: esto es, la estimación de que, por lo menos, pueden averiguar los genios, e inclinaciones de los hombres, y de aquí deducir con suficiente probabilidad sus costumbres. El arrancarlos de esta posesión parece arduo[3] y es, sin embargo, facilísimo. El argumento, que comúnmente se les hace en esta materia, es que no pocas veces dos gemelos, que nacen a un tiempo mismo, descubren después ingenios, índoles y costumbres diferentes, como sucedió en Jacob y Esaú[4]. A lo que responden que, moviéndose el cielo con tan extraña rapidez, aquel poco tiempo que media entre la salida de uno y otro infante a la luz basta para que la positura y combinación de los astros sea diferente. Pero se les replica: si es menester tomar con tanta precisión el punto natalicio, nada podrán determinar los astrólogos por el horóscopo, porque no se observa ni puede observar con exactitud el tiempo del parto. No hay reloj de sol tan grande que, moviéndose en él la sombra por un imperceptible espacio, no avance el sol, entre tanto, un gran pedazo de cielo, y esto aun cuando se suponga ser un reloj exactísimo, cual no hay ninguno. Ni aun cuando asistieran al nacer el niño astrónomos muy hábiles con cuadrantes y astrolabios pudieran determinar a punto fijo el lugar que entonces tienen los planetas, ya por la imperfección de los instrumentos, ya por la inexactitud de las tablas astronómicas.

Mas, girando los planetas con tanta rapidez, en que no hay duda, es cierto que en aquel poco tiempo que tarda en nacer el infante, desde que empieza a salir del claustro materno, hasta que acaba, camina el sol muchos millares de leguas, Marte muchos más, más aún Júpiter, y más que todos Saturno. Ahora se pregunta: aun cuando el astrólogo pudiera averiguar exactísimamente el punto de tiempo que quiere y el lugar que los astros ocupan, ¿qué lugar ha de observar? Porque ese se varía sensiblemente entre tanto que acaba de nacer el infante. ¿Atenderá el lugar que ocupan cuando saca la cabeza? ¿O cuando descubre el cuello? ¿O cuando saca el pecho? ¿O cuando ya salió todo lo que se llama el tronco del cuerpo? ¿O cuando ya hasta las plantas de los pies se aparecieron?

Benito FEIJOO, *Cartas eruditas*, 1742-1769 (adaptación)

Practica

5. ¿Con qué argumentación intenta demostrar Feijoo que la posición de las estrellas no determina la forma y el momento de la muerte de las personas? ¿Qué dos conclusiones extrae del ejemplo que aporta?

6. En el segundo párrafo, Feijoo se plantea una nueva hipótesis: ¿se puede, al menos, saber el carácter de las personas por la posición de las estrellas? Responde las siguientes preguntas respecto a ella:

a) ¿Qué argumento dice Feijoo que suele darse para negar esta hipótesis?

b) ¿Cuál es la réplica que dan los que creen en dichas teorías?

c) ¿Con qué argumento definitivo intenta Feijoo replicar a los anteriores?

[1] por ventura: acaso.
[2] nao: barco de vela cubierto y sin remos.
[3] arduo: difícil, laborioso.
[4] Jacob y Esaú: personajes bíblicos, hijos gemelos de Isaac.

El teatro ilustrado: Leandro Fernández de Moratín

Los ilustrados se propusieron **modernizar** el **teatro español** en todos sus componentes (actores, locales, público, obras...), con la finalidad de convertirlo en un poderoso instrumento para educar al pueblo. Además, creyeron conveniente ajustar las piezas teatrales a una serie de normas que ya en la Antigüedad clásica establecieron autores como Aristóteles y Horacio, y que pueden resumirse en los siguientes aspectos:

- La aparición de **pocos personajes**.
- La **verosimilitud**, es decir, la obra tenía que alejarse de lo fantástico e imitar la realidad.
- La regla de las **tres unidades**: la acción debía desarrollarse en un mismo lugar (unidad de espacio) en el tiempo máximo de un día (unidad de tiempo) y no debía mezclar intrigas o problemas diferentes (unidad de acción).
- El lenguaje, preferiblemente en prosa, debía ser **sencillo y natural**.

Todas estas características están presentes en *El sí de las niñas*, la comedia más aplaudida de **Leandro Fernández de Moratín**. A continuación, se resume el argumento de esta obra.

Para solucionar sus problemas económicos, doña Irene resuelve que su única hija, doña Francisca, una joven de dieciséis años que ha sido educada entre monjas, se case con don Diego, un hombre de cincuenta y nueve años. Francisca ha sido educada para obedecer a su madre y, a pesar de estar enamorada de don Carlos, un joven y valiente militar, se muestra dispuesta a convertirse en una esposa sumisa y hacendosa. Don Carlos quiere impedir la boda, pero cuando descubre que su rival es su propio tío, a quien tanto debe, decide abandonar su propósito. La razón terminará resolviendo el conflicto favorablemente.

La siguiente escena de *El sí de las niñas* corresponde al momento en que don Carlos, tras recibir una carta en la que Francisca le cuenta que su madre quiere casarla urgentemente con un hombre mayor, se reúne con su enamorada para planear la estrategia que deberán seguir.

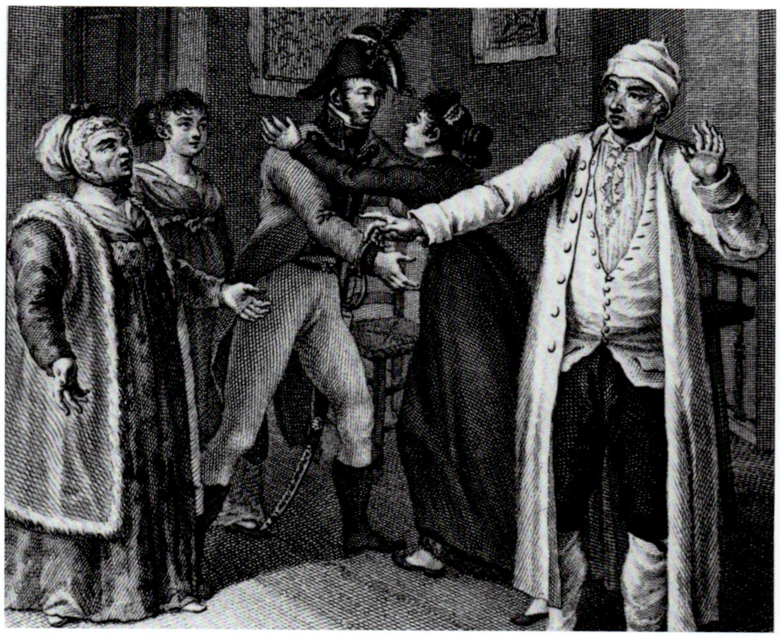

Escena de *El sí de las niñas* en un grabado del Museo Municipal de Madrid.

Interpreta

Lee el siguiente fragmento de *El sí de las niñas*, de Moratín, y haz las actividades que se proponen a continuación.

ESCENA VII

DON CARLOS, DOÑA FRANCISCA

(Sale DON CARLOS por la puerta del foro.)

DON CARLOS. ¡Paquita!... ¡Vida mía! Ya estoy aquí... ¿Cómo va, hermosa, cómo va?

DOÑA FRANCISCA. Bien venido.

DON CARLOS. ¿Cómo tan triste?... ¿No merece mi llegada más alegría?

DOÑA FRANCISCA. Es verdad, pero acaban de sucederme cosas que me tienen fuera de mí... Sabe usted... Sí, bien lo sabe usted... Después de escrita aquella carta, fueron por mí... Mañana a Madrid... Ahí está mi madre.

DON CARLOS. ¿En dónde?

DOÑA FRANCISCA. Ahí, en ese cuarto. *(Señalando al cuarto de DOÑA IRENE.)*

DON CARLOS. ¿Sola?

DOÑA FRANCISCA. No, señor.

DON CARLOS. Estará en compañía del prometido esposo. *(Se acerca al cuarto de DOÑA IRENE, se detiene y vuelve.)* Mejor... Pero ¿no hay nadie más con ella?

DOÑA FRANCISCA. Nadie más, solos están... ¿Qué piensa usted hacer?

DON CARLOS. Si me dejase llevar de mi pasión, y de lo que esos ojos me inspiran, una temeridad... Pero tiempo hay... Él también será hombre de honor, y no es justo insultarle porque quiere bien a una mujer tan digna de ser querida... Yo no conozco a su madre de usted ni... Vamos, ahora nada se puede hacer... Su decoro de usted merece la primera atención.

DOÑA FRANCISCA. Es mucho el empeño que tiene en que me case con él.

DON CARLOS. No importa.

DOÑA FRANCISCA. Quiere que esta boda se celebre así que lleguemos a Madrid.

DON CARLOS. ¿Cuál?... No. Eso no.

DOÑA FRANCISCA. Los dos están de acuerdo, y dicen...

DON CARLOS. Bien... Dirán... Pero no puede ser.

DOÑA FRANCISCA. Mi madre no me habla continuamente de otra materia. Me amenaza, me ha llenado de temor... Él insta por su parte, me ofrece tantas cosas, me...

DON CARLOS. Y usted, ¿qué esperanza le da?... ¿Ha prometido quererle mucho?

DOÑA FRANCISCA. ¡Ingrato!... ¿Pues no sabe usted que...? ¡Ingrato!

DON CARLOS. Sí; no lo ignoro, Paquita... Yo he sido el primer amor.

DOÑA FRANCISCA. Y el último.

DON CARLOS. Y antes perderé la vida que renunciar al lugar que tengo en ese corazón... Todo él es mío... ¿Digo bien? *(Asiéndola de las manos.)*

DOÑA FRANCISCA. ¿Pues de quién ha de ser?

DON CARLOS. ¡Hermosa! ¡Qué dulce esperanza me anima!... Una sola palabra de esa boca me asegura... Para todo me da valor... En fin, ya estoy aquí... ¿Usted me llama para que la defienda, la libre, la cumpla una obligación mil y mil veces prometida? Pues a eso mismo vengo yo... Si ustedes se van a Madrid mañana, yo voy también. Su madre de usted sabrá quién soy... Allí puedo contar con el favor de un anciano respetable y virtuoso, a quien más que tío debo llamar amigo y padre. No tiene otro deudo más inmediato ni más querido que yo; es hombre muy rico, y si los dones de la fortuna tuviesen para usted algún atractivo, esta circunstancia añadiría felicidades a nuestra unión.

DOÑA FRANCISCA. ¿Y qué vale para mí toda la riqueza del mundo?

¿Sabías que...?

Leandro Fernández de Moratín nació en Madrid en 1760. Ocupó importantes cargos públicos que le permitieron viajar por Europa y dedicar buena parte de su tiempo a escribir. Fue el director de la Junta de Dirección y Reforma de los Teatros, con la intención de introducir las mejoras que la escena española necesitaba. Estos avances abarcaban todos los aspectos que componen el arte teatral: la adecuación de los locales, la formación de los actores, la calidad de las obras, la propiedad del vestuario, los decorados... Murió en París en 1828.

DON CARLOS. Ya lo sé. La ambición no puede agitar a un alma tan inocente.

DOÑA FRANCISCA. Querer y ser querida... No apetezco más ni conozco mayor fortuna.

DON CARLOS. Ni hay otra... Pero debe usted serenarse, y esperar que la suerte mude nuestra aflicción presente en durables dichas.

DOÑA FRANCISCA. ¿Y qué se ha de hacer para que a mi pobre madre no le cueste una pesadumbre?... ¡Me quiere tanto!... Si acabo de decirla que no la disgustaré, ni me apartaré de su lado jamás; que siempre seré obediente y buena... ¡Y me abrazaba con tanta ternura! Quedó tan consolada con lo poco que acerté a decirla... Yo no sé, no sé qué camino ha de hallar usted para salir de estos ahogos.

DON CARLOS. Yo le buscaré... ¿No tiene usted confianza en mí?

DOÑA FRANCISCA. ¿Pues no he de tenerla? ¿Piensa usted que estuviera yo viva si esta esperanza no me animase? Sola y desconocida de todo el mundo, ¿qué había yo de hacer? Si usted no hubiese venido, mis melancolías me hubieran muerto, sin tener a quién volver los ojos, ni poder comunicar a nadie la causa de ellas... Pero usted ha sabido proceder como caballero y amante, y acaba de darme con su venida la prueba de lo mucho que me quiere. *(Se enternece y llora.)*

DON CARLOS. ¡Qué llanto!... ¡Cómo persuade!... Sí, Paquita, yo solo basto para defenderla a usted de cuantos quieran oprimirla. A un amante favorecido, ¿quién puede oponérsele? Nada hay que temer.

DOÑA FRANCISCA. ¿Es posible?

DON CARLOS. Nada... Amor ha unido nuestras almas en estrechos nudos y solo la muerte bastará a dividirlas.

Leandro FERNÁNDEZ DE MORATÍN, *El sí de las niñas* (1806)

Practica

7. Resume brevemente el fragmento anterior.

8. El instinto de don Carlos lo empuja a la violencia, pero algo le hace comportarse con mayor prudencia. ¿Qué detiene a don Carlos?

9. ¿Por qué se enfada Francisca con don Carlos en un momento determinado?

10. ¿Quién es el anciano al que se refiere don Carlos?

11. ¿Por qué doña Francisca no puede negarse a casarse con don Diego?

12. ¿Qué motivo hace llorar a doña Francisca?

13. ¿Qué características del teatro neoclásico se aprecian en el fragmento?

¿Cómo van los soldados dentro del cuartel?

D D D

¡Atrévete!
Analiza los siguientes fragmentos para conocer mejor a los ilustrados.

El afán reformista de los hombres de la Ilustración se extendió durante el siglo XVIII por los diferentes países de Europa. Los siguientes textos recogen fragmentos de dos grandes escritores europeos. El primero pertenece a *Los viajes de Gulliver*, de Jonathan Swift, y el segundo, a *Cartas persas*, de Montesquieu.

Los viajes de Gulliver

En el último de sus viajes, Gulliver cuenta a unos salvajes algunos aspectos de la vida en Inglaterra.

Díjele que había en nuestra sociedad una raza de hombres educados desde su juventud en el arte de demostrar con muchas palabras que lo blanco es negro y lo negro es blanco, según quién les paga. De esta sociedad son esclavos las demás gentes. Por ejemplo: si mi vecino quiere quitarme mi vaca, alquila un abogado para demostrar que debo entregársela. Tengo entonces que alquilar otro abogado que defienda mi derecho, pues va contra todas las reglas de la ley que cada cual se permita hablar por sí.

Ahora bien, así las cosas, yo, que soy el verdadero propietario, estoy en doble desventaja. Primero, porque mi abogado, que casi desde la cuna viene haciendo prácticas en defender falsedades, está completamente fuera de su elemento cuando tiene que abogar en justicia, la cual, como cosa en un todo extraña a su oficio, procura con mucha torpeza si no con mala voluntad. La segunda desventaja es que mi abogado ha de proceder con tiento, so pena de ser amonestado por los jueces, y aborrecido de sus congéneres, como quien ha lesionado sus intereses en la práctica usual de la ley. Así pues, no tengo más que dos caminos para salvar mi vaca. El uno consiste en ganar al abogado de mi contrario con dobles emolumentos, quien traicionará a su cliente insinuándole que la Justicia está de su parte. El segundo camino es que mi abogado haga que mi causa parezca injusta y que permita la atribución de la vaca a mi adversario; y esto, si se hace diestramente, conquistará sin duda, el favor del tribunal.

Jonathan SWIFT, *Los viajes de Gulliver*, 1726 (traducción)

14. ¿Qué aspecto de la vida inglesa critica Swift?

15. ¿Por qué dice el narrador que la gente es esclava de los abogados?

Cartas persas

Cartas persas es una obra epistolar en la que dos persas de viaje por Europa se escriben entre sí y con otros amigos suyos, y reflexionan sobre las costumbres y la situación en Europa.

Has de saber que está la religión cristiana atestada de preceptos muy dificultosos de practicar; y habiendo visto que era más fácil tener obispos que dispensen de sus obligaciones que cumplir con ellas, en beneficio de la pública utilidad se han resuelto a lo primero. Así, si uno no quiere hacer la cuaresma; si no se quiere sujetar a las formalidades de la celebración del matrimonio; si quiere quebrantar sus votos; si quiere casar con aquella a quien se lo veda la ley; y a veces, si se quiere violar un juramento, se va al obispo o al Papa, el cual le da al instante una dispensa.

Barón de MONTESQUIEU, *Cartas persas*, 1721 (traducción)

16. ¿Qué aspecto de la vida occidental sorprende al remitente de la carta?

17. ¿Qué obra española de la Ilustración parece haberse inspirado en *Cartas persas*?

Escultura de Montesquieu en Bordeaux (Francia).

Competencias básicas

Prueba

Lee el texto siguiente y responde las preguntas que se formulan a continuación.

El idioma español

Decimos «el genio del idioma» y nos vale como metáfora porque, en realidad, designamos el alma de cuantos hablamos una lengua: el carácter con el que la hemos ido formando durante siglos y siglos. Y las decisiones de ese genio han resultado tan coherentes, tan acertadas para enriquecer la capacidad de expresarnos, que solo podemos teorizar sobre ellas imaginando a un ser sensacional que lo ha organizado todo con pulcritud. Al describir a ese genio, comprenderemos la historia de nuestro idioma y, como consecuencia, nuestra propia historia, incluso para predecir su futuro.

El idioma español es la obra de un genio misterioso. Lo que alcanzamos a descubrir ahora, cuando nos sumergimos en la historia de la lengua, responde a unas leyes que vienen de antiguo y que regulan la pronunciación, las combinaciones de sílabas, los significados, la sintaxis... y, sobre todo, la evolución de las palabras a través de los siglos y de los idiomas por los que han pasado (superpuestos unos sobre otros como algunas iglesias católicas se construyeron sobre las visigóticas; pero siempre con el mismo arquitecto).

Da la impresión de que los vocablos de nuestro idioma se han movido y han cambiado a través del tiempo como si fueran un ejército, progresando desde el indoeuropeo hasta aquí de una forma disciplinada, sin apenas excepciones en su evolución fonológica y como si estuvieran bajo el mando de un general; miles de palabras que el pueblo fue haciendo suyas y sobre las que decidió soberanamente.

Repasar algunas de esas decisiones colectivas que han adoptado las palabras como si estuvieran uniformadas nos da una idea de la disciplina que impuso el genio del idioma.

El diptongo griego *ai* pasó al latín como *ae* y después para el castellano se redujo a *e*; el también griego *oi* se convirtió en el latino *oe* y se quedó para nosotros en *e*, asimismo reducido. Cuando una palabra del latín tiene tres consonantes juntas, todas ellas pasan sin modificaciones al castellano en el caso de que la primera sea nasal o *s* y la tercera una *r*. Por ejemplo, los acusativos latinos *nove-mbr-em*, *ra-str-um* y *no-str-um* dan en nuestra lengua «novie-mbr-e», «ra-str-o» y «nue-str-o», respectivamente. Las letras pueden variar a su alrededor, pero el grupo consonántico se hace fuerte y resiste. Y si se forma en latín un grupo con una consonante seguida de *pl*, *fl* o *cl*, estas últimas consonantes se convierten en *ch*: así, de *amplus* obtenemos «ancho». Algo demasiado complicado como para que se lo aprendieran tantos analfabetos como había entonces. Eso tenía que ser cosa de alguien suprahumano: del genio, desde luego. Pero tal evolución se produjo en cientos de palabras que el pueblo fue haciendo suyas y sobre las que actuó con naturalidad, sin que parecieran ponerse de acuerdo expresamente ciudades y comarcas.

La voz latina *ficus* fue cambiando lentamente hasta terminar en «higo»; y *vita* hizo lo mismo hasta convertirse en «vida», y cualquiera podría pensar que ambas evoluciones se deben a la casualidad; hasta que percibimos un programa genético en el interior de cada palabra según el cual las consonantes fuertes abrazadas por vocales han tendido a suavizarse en su camino secular desde el latín al castellano de hoy. Podría haber ocurrido al revés: que las consonantes suaves se tornaran crespas, pero alguien elaboró ese misterioso manual de instrucciones y este se fue cumpliendo inexorablemente. Y así *metus* es ahora «miedo», y *rota* derivó en «rueda». Y hasta las excepciones han seguido unas reglas que también podemos adivinar.

El genio del idioma ha ordenado las oraciones, ha creado las normas para la evolución de las palabras, ha dictado las leyes de los acentos, ha organizado las analogías, ha preparado los sufijos y los prefijos, ha adoptado y adaptado los vocablos ajenos... Estamos ante un ser inexistente, cuyos actos, paradójicamente, podemos reconstruir sin dificultad.

Álex Grijelmo, *El genio del idioma,* 2004 (adaptación)

1 **Señala un sinónimo adecuado para el significado que en el texto adquiere el adverbio *inexorablemente* (línea 65).**

- ☐ *a*) afortunadamente
- ☐ *b*) incomprensiblemente
- ☐ *c*) inevitablemente
- ☐ *d*) absurdamente

2 **Señala en cuál de los siguientes países el castellano no es lengua oficial:**

- ☐ *a*) Argentina.
- ☐ *b*) Filipinas.
- ☐ *c*) Guinea Ecuatorial.
- ☐ *d*) Cuba.

3 **El texto anterior es...**

- ☐ *a*) ... un texto narrativo.
- ☐ *b*) ... un discurso político.
- ☐ *c*) ... un texto expositivo.
- ☐ *d*) ... un texto instructivo.

4 **En la metáfora del general y su ejército, debemos interpretar que...**

- ☐ *a*) ... el general es el genio del idioma y el ejército son las palabras.
- ☐ *b*) ... el general es la Real Academia Española y el ejército son los hablantes.
- ☐ *c*) ... el general es la Real Academia Española y el ejército son las palabras.
- ☐ *d*) ... el general es el genio del idioma y el ejército son los hablantes.

5 **Cuando el texto habla de «los idiomas por los que han pasado» nuestras palabras desde el latín hasta nuestros días, se refiere al...**

- ☐ *a*) ... sustrato.
- ☐ *b*) ... superestrato.
- ☐ *c*) ... las otras lenguas románicas.
- ☐ *d*) ... las lenguas visigóticas.

6 **Señala un antónimo del adverbio *paradójicamente* (línea 74).**

- ☐ *a*) rápidamente
- ☐ *b*) intensamente
- ☐ *c*) lógicamente
- ☐ *d*) cuidadosamente

7 **Cuando el texto habla del genio del idioma, se refiere a que...**

- ☐ *a*) ... el español es una lengua más rica que las demás.
- ☐ *b*) ... siempre tiene que haber una persona sabia que decida cómo usar correctamente la lengua.
- ☐ *c*) ... antiguamente los grandes generales elaboraban las gramáticas de la lengua.
- ☐ *d*) ... resulta sorprendente que las lenguas evolucionen siguiendo unas reglas tan precisas.

8 **Señala cuál de las siguientes lenguas no pertenece a la familia indoeuropea:**

- ☐ *a*) español
- ☐ *b*) hindi
- ☐ *c*) chino
- ☐ *d*) ruso

9 **Completa con *sino*, *si no*, *porque*, *por qué*.**

- ☐ *a*) El español no sería una de las lenguas más importantes del mundo ◆ se hablara en América.
- ☐ *b*) Debemos conservar las lenguas ◆ son parte de la herencia cultural del ser humano.
- ☐ *c*) Las lenguas románicas no surgen a partir del latín clásico, ◆ del latín vulgar.
- ☐ *d*) Hoy no puede entenderse ◆ se permitió que desapareciera una lengua como el dálmata.

10 **Indica si las siguientes afirmaciones son verdaderas (V) o falsas (F):**

- ☐ *a*) Las palabras han evolucionado de forma disciplinada.
- ☐ *b*) La palabra *ancho* proviene del latín *amplus*.
- ☐ *c*) Las palabras han evolucionado de una manera casual y arbitraria.
- ☐ *d*) La voz *ficus* ha evolucionado hasta convertirse en *vida*.

Redacción

Escribe, en un texto argumentativo de unas cien palabras, tu opinión acerca de la conveniencia de dominar diferentes lenguas en el mundo actual.

Juego literario

El aleluya

Aleluya de acrobacias y ejercicios circenses (1960).

Un antecedente de los cómics y de las novelas gráficas actuales son las aleluyas. Se trataba de unas hojas impresas que a través de la combinación de dibujo y texto narraban una historia o daban otras informaciones, con frecuencia de tipo didáctico y moral. Generalmente, cada dibujo iba acompañado de un pareado (estrofa de dos versos que riman entre sí) que aclaraba la intención de la imagen. Su origen se sitúa en la Francia del siglo XVI. En nuestro país tuvieron gran difusión a partir del siglo XVIII y, especialmente, en el siglo XIX.

Sugerencias

1. Dibuja seis escenas que representen el cuento de Caperucita.
2. Escribe un pareado para cada una de las escenas dibujadas. Intenta que cada verso sea octosílabo.
3. Procura que los pareados hagan posible la correcta interpretación del dibujo y que, en su conjunto, narren el cuento de manera comprensible.

1. Inventa un aleluya sobre el cuento *Caperucita Roja*.

Para concluir, formula tú ahora dos preguntas para cada apartado como las que se planteaban al inicio de la unidad.

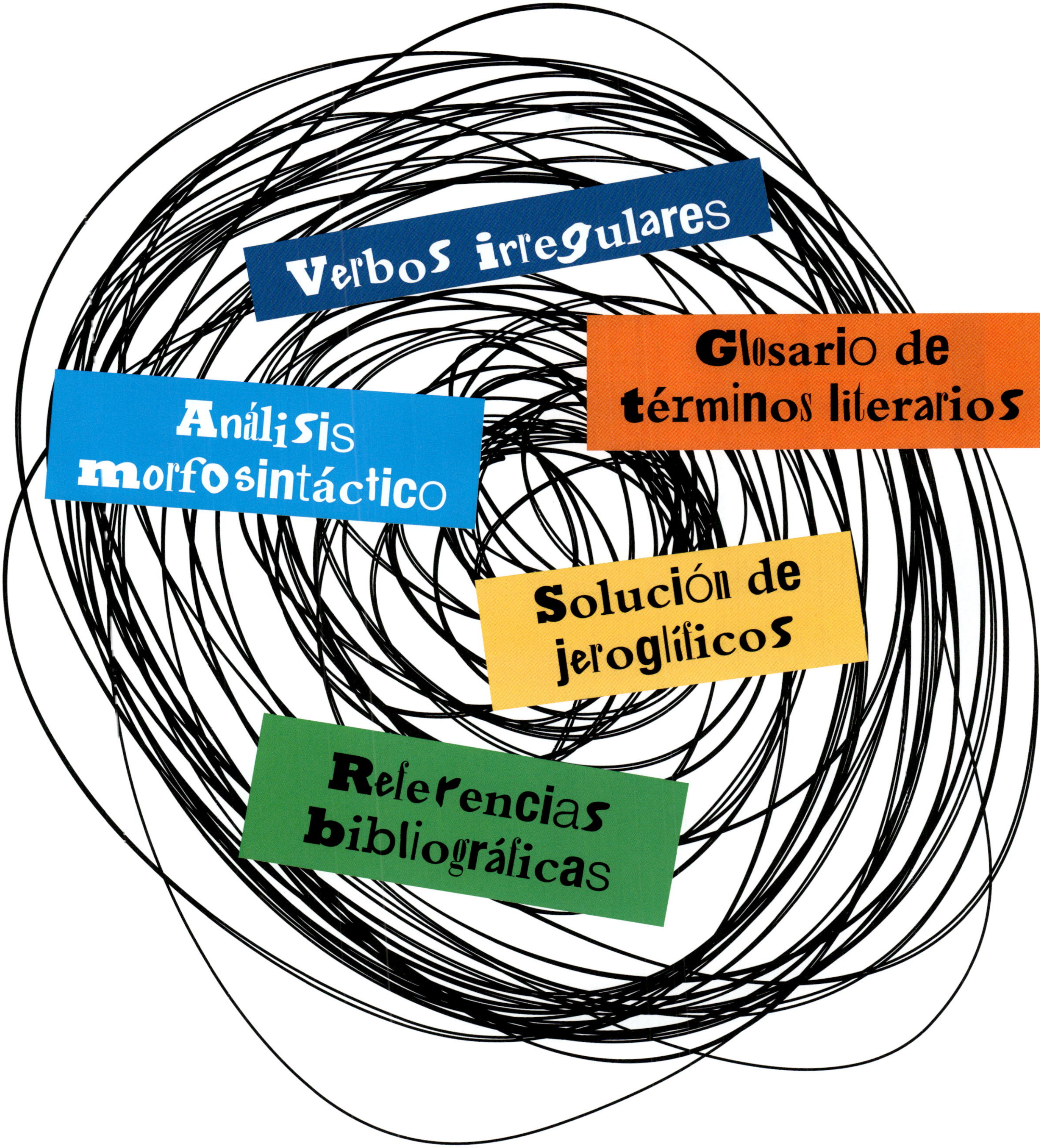
Verbos irregulares
Glosario de términos literarios
Análisis morfosintáctico
Solución de jeroglíficos
Referencias bibliográficas

Verbos irregulares

		CONJUGACIONES				
		ABRIR	ANDAR	CABER	DECIR	DORMIR
INDICATIVO	PRESENTE	abro, abres, abre, abrimos, abrís, abren	ando, andas, anda, andamos, andáis, andan	quepo, cabes, cabe, cabemos, cabéis, caben	digo, dices, dice, decimos, decís, dicen	duermo, duermes, duerme, dormimos, dormís, duermen
	PRET. PERFECTO COMPUESTO	he abierto, has abierto, ha abierto, hemos abierto, habéis abierto, han abierto	he andado, has andado, ha andado, hemos andado, habéis andado, han andado	he cabido, has cabido, ha cabido, hemos cabido, habéis cabido, han cabido	he dicho, has dicho, ha dicho, hemos dicho, habéis dicho, han dicho	he dormido, has dormido, ha dormido, hemos dormido, habéis dormido, han dormido
	PRET. IMPERFECTO	abría, abrías, abría, abríamos, abríais, abrían	andaba, andabas, andaba, andábamos, andabais, andaban	cabía, cabías, cabía, cabíamos, cabíais, cabían	decía, decías, decía, decíamos, decíais, decían	dormía, dormías, dormía, dormíamos, dormíais, dormían
	PRET. PLUSCUAMPERFECTO	había abierto, habías abierto, había abierto, habíamos abierto, habíais abierto, habían abierto	había andado, habías andado, había andado, habíamos andado, habíais andado, habían andado	había cabido, habías cabido, había cabido, habíamos cabido, habíais cabido, habían cabido	había dicho, habías dicho, había dicho, habíamos dicho, habíais dicho, habían dicho	había dormido, habías dormido, había dormido, habíamos dormido, habíais dormido, habían dormido
	PRET. PERFECTO SIMPLE	abrí, abriste, abrió, abrimos, abristeis, abrieron	anduve, anduviste, anduvo, anduvimos, anduvisteis, anduvieron	cupe, cupiste, cupo, cupimos, cupisteis, cupieron	dije, dijiste, dijo, dijimos, dijisteis, dijeron	dormí, dormiste, durmió, dormimos, dormisteis, durmieron
	PRET. ANTERIOR	hube abierto, hubiste abierto, hubo abierto, hubimos abierto, hubisteis abierto, hubieron abierto	hube andado, hubiste andado, hubo andado, hubimos andado, hubisteis andado, hubieron andado	hube cabido, hubiste cabido, hubo cabido, hubimos cabido, hubisteis cabido, hubieron cabido	hube dicho, hubiste dicho, hubo dicho, hubimos dicho, hubisteis dicho, hubieron dicho	hube dormido, hubiste dormido, hubo dormido, hubimos dormido, hubisteis dormido, hubieron dormido
	FUTURO SIMPLE	abriré, abrirás, abrirá, abriremos, abriréis, abrirán	andaré, andarás, andará, andaremos, andaréis, andarán	cabré, cabrás, cabrá, cabremos, cabréis, cabrán	diré, dirás, dirá, diremos, diréis, dirán	dormiré, dormirás, dormirá, dormiremos, dormiréis, dormirán
	FUTURO COMPUESTO	habré abierto, habrás abierto, habrá abierto, habremos abierto, habréis abierto, habrán abierto	habré andado, habrás andado, habrá andado, habremos andado, habréis andado, habrán andado	habré cabido, habrás cabido, habrá cabido, habremos cabido, habréis cabido, habrán cabido	habré dicho, habrás dicho, habrá dicho, habremos dicho, habréis dicho, habrán dicho	habré dormido, habrás dormido, habrá dormido, habremos dormido, habréis dormido, habrán dormido
	CONDICIONAL SIMPLE	abriría, abrirías, abriría, abriríamos, abriríais, abrirían	andaría, andarías, andaría, andaríamos, andaríais, andarían	cabría, cabrías, cabría, cabríamos, cabríais, cabrían	diría, dirías, diría, diríamos, diríais, dirían	dormiría, dormirías, dormiría, dormiríamos, dormiríais, dormirían
	CONDICIONAL PERFECTO	habría abierto, habrías abierto, habría abierto, habríamos abierto, habríais abierto, habrían abierto	habría andado, habrías andado, habría andado, habríamos andado, habríais andado, habrían andado	habría cabido, habrías cabido, habría cabido, habríamos cabido, habríais cabido, habrían cabido	habría dicho, habrías dicho, habría dicho, habríamos dicho, habríais dicho, habrían dicho	habría dormido, habrías dormido, habría dormido, habríamos dormido, habríais dormido, habrían dormido

SUBJUNTIVO	PRESENTE	abra, abras, abra, abramos, abráis, abran	ande, andes, ande, andemos, andéis, anden	quepa, quepas, quepa, quepamos, quepáis, quepan	diga, digas, diga, digamos, digáis, digan	duerma, duermas, duerma, durmamos, durmáis, duerman
	PRET. PERFECTO	haya abierto, hayas abierto, haya abierto, hayamos abierto, hayáis abierto, hayan abierto	haya andado, hayas andado, haya andado, hayamos andado, hayáis andado, hayan andado	haya cabido, hayas cabido, haya cabido, hayamos cabido, hayáis cabido, hayan cabido	haya dicho, hayas dicho, haya dicho, hayamos dicho, hayáis dicho, hayan dicho	haya dormido, hayas dormido, haya dormido, hayamos dormido, hayáis dormido, hayan dormido
	PRET. IMPERFECTO	abriera o abriese, abrieras o abrieses, abriera o abriese, abriéramos o abriésemos, abrierais o abrieseis, abrieran o abriesen	anduviera o anduviese, anduvieras o anduvieses, anduviera o anduviese, anduviéramos o anduviésemos, anduvierais o anduvieseis, anduvieran o anduviesen	cupiera o cupiese, cupieras o cupieses, cupiera o cupiese, cupiéramos o cupiésemos, cupierais o cupieseis, cupieran o cupiesen	dijera o dijese, dijeras o dijeses, dijera o dijese, dijéramos o dijésemos, dijerais o dijeseis, dijeran o dijesen	durmiera o durmiese, durmieras o durmieses, durmiera o durmiese, durmiéramos o durmiésemos, durmierais o durmieseis, durmieran o durmiesen
	PRET. PLUSCUAMPERFECTO	hubiera o hubiese abierto, hubieras o hubieses abierto, hubiera o hubiese abierto, hubiéramos o hubiésemos abierto, hubierais o hubieseis abierto, hubieran o hubiesen abierto	hubiera o hubiese andado, hubieras o hubieses andado, hubiera o hubiese andado, hubiéramos o hubiésemos andado, hubierais o hubieseis andado, hubieran o hubiesen andado	hubiera o hubiese cabido, hubieras o hubieses cabido, hubiera o hubiese cabido, hubiéramos o hubiésemos cabido, hubierais o hubieseis cabido, hubieran o hubiesen cabido	hubiera o hubiese dicho, hubieras o hubieses dicho, hubiera o hubiese dicho, hubiéramos o hubiésemos dicho, hubierais o hubieseis dicho, hubieran o hubiesen dicho	hubiera o hubiese dormido, hubieras o hubieses dormido, hubiera o hubiese dormido, hubiéramos o hubiésemos dormido, hubierais o hubieseis dormido, hubieran o hubiesen dormido
IMPERATIVO	PRESENTE	abre (tú), abrid (vosotros)	anda (tú), andad (vosotros)	cabe (tú), cabed (vosotros)	di (tú), decid (vosotros)	duerme (tú), dormid (vosotros)
FORMAS NO PERSONALES	INFINITIVO	abrir	andar	caber	decir	dormir
	GERUNDIO	abriendo	andando	cabiendo	diciendo	durmiendo
	PARTICIPIO	abierto	andado	cabido	dicho	dormido

Verbos irregulares

INDICATIVO

	ESTAR	HABER	HACER	IR	SATISFACER
PRESENTE	estoy, estás, está, estamos, estáis, están	he, has, ha, hemos, habéis, han	hago, haces, hace, hacemos, hacéis, hacen	voy, vas, va, vamos, vais, van	satisfago, satisfaces, satisface, satisfacemos, satisfacéis, satisfacen
PRET. PERFECTO COMPUESTO	he estado, has estado, ha estado, hemos estado, habéis estado, han estado	he habido, has habido, ha habido, hemos habido, habéis habido, han habido	he hecho, has hecho, ha hecho, hemos hecho, habéis hecho, han hecho	he ido, has ido, ha ido, hemos ido, habéis ido, han ido	he satisfecho, has satisfecho, ha satisfecho, hemos satisfecho, habéis satisfecho, han satisfecho
PRET. IMPERFECTO	estaba, estabas, estaba, estábamos, estabais, estaban	había, habías, había, habíamos, habíais, habían	hacía, hacías, hacía, hacíamos, hacíais, hacían	iba, ibas, iba, íbamos, ibais, iban	satisfacía, satisfacías, satisfacía, satisfacíamos, satisfacíais, satisfacían
PRET. PLUSCUAMPERFECTO	había estado, habías estado, había estado, habíamos estado, habíais estado, habían estado	había habido, habías habido, había habido, habíamos habido, habíais habido, habían habido	había hecho, habías hecho, había hecho, habíamos hecho, habíais hecho, habían hecho	había ido, habías ido, había ido, habíamos ido, habíais ido, habían ido	había satisfecho, habías satisfecho, había satisfecho, habíamos satisfecho, habíais satisfecho, habían satisfecho
PRET. PERFECTO SIMPLE	estuve, estuviste, estuvo, estuvimos, estuvisteis, estuvieron	hube, hubiste, hubo, hubimos, hubisteis, hubieron	hice, hiciste, hizo, hicimos, hicisteis, hicieron	fui, fuiste, fue, fuimos, fuisteis, fueron	satisfice, satisficiste, satisfizo, satisficimos, satisficisteis, satisficieron
PRET. ANTERIOR	hube estado, hubiste estado, hubo estado, hubimos estado, hubisteis estado, hubieron estado	hube habido, hubiste habido, hubo habido, hubimos habido, hubisteis habido, hubieron habido	hube hecho, hubiste hecho, hubo hecho, hubimos hecho, hubisteis hecho, hubieron hecho	hube ido, hubiste ido, hubo ido, hubimos ido, hubisteis ido, hubieron ido	hube satisfecho, hubiste satisfecho, hubo satisfecho, hubimos satisfecho, hubisteis satisfecho, hubieron satisfecho
FUTURO SIMPLE	estaré, estarás, estará, estaremos, estaréis, estarán	habré, habrás, habrá, habremos, habréis, habrán	haré, harás, hará, haremos, haréis, harán	iré, irás, irá, iremos, iréis, irán	satisfaré, satisfarás, satisfará, satisfaremos, satisfaréis, satisfarán
FUTURO COMPUESTO	habré estado, habrás estado, habrá estado, habremos estado, habréis estado, habrán estado	habré habido, habrás habido, habrá habido, habremos habido, habréis habido, habrán habido	habré hecho, habrás hecho, habrá hecho, habremos hecho, habréis hecho, habrán hecho	habré ido, habrás ido, habrá ido, habremos ido, habréis ido, habrán ido	habré satisfecho, habrás satisfecho, habrá satisfecho, habremos satisfecho, habréis satisfecho, habrán satisfecho
CONDICIONAL SIMPLE	estaría, estaríais, estaría, estaríamos, estaríais, estarían	habría, habrías, habría, habríamos, habríais, habrían	haría, harías, haría, haríamos, haríais, harían	iría, irías, iría, iríamos, iríais, irían	satisfaría, satisfarías, satisfaría, satisfaríamos, satisfaríais, satisfarían
CONDICIONAL PERFECTO	habría estado, habrías estado, habría estado, habríamos estado, habríais estado, habrían estado	habría habido, habrías habido, habría habido, habríamos habido, habríais habido, habrían habido	habría hecho, habrías hecho, habría hecho, habríamos hecho, habríais hecho, habrían hecho	habría ido, habrías ido, habría ido, habríamos ido, habríais ido, habrían ido	habría estado, habrías estado, habría estado, habríamos estado, habríais estado, habrían estado

SUBJUNTIVO	PRESENTE	esté, estés, esté, estemos, estéis, estén	haya, hayas, haya, hayamos, hayáis, hayan	haga, hagas, haga, hagamos, hagáis, hagan	vaya, vayas, vaya, vayamos, vayáis, vayan	satisfaga, satisfagas, satisfaga, satisfagamos, satisfagáis, satisfagan
	PRET. PERFECTO	haya estado, hayas estado, haya estado, hayamos estado, hayáis estado, hayan estado	haya habido, hayas habido, haya habido, hayamos habido, hayáis habido, hayan habido	haya hecho, hayas hecho, haya hecho, hayamos hecho, hayáis hecho, hayan hecho	haya ido, hayas ido, haya ido, hayamos ido, hayáis ido, hayan ido	haya satisfecho, hayas satisfecho, haya satisfecho, hayamos satisfecho, hayáis satisfecho, hayan satisfecho
	PRET. IMPERFECTO	estuviera o estuviese, estuvieras o estuvieses, estuviera o estuviese, estuviéramos o estuviésemos, estuvierais o estuvieseis, estuvieran o estuviesen	hubiera o hubiese, hubieras o hubieses, hubiera o hubiese, hubiéramos o hubiésemos, hubierais o hubieseis, hubieran o hubiesen	hiciera o hiciese, hicieras o hicieses, hiciera o hiciese, hiciéramos o hiciésemos, hicierais o hicieseis, hicieran o hiciesen	fuera o fuese, fueras o fueses, fuera o fuese, fuéramos o fuésemos, fuerais o fueseis, fueran o fuesen	satisficiera o satisficiese, satisficieras o satisficieses, satisficiera o satisficiese, satisficiéramos o satisficiésemos, satisficierais o satisficieseis, satisficieran o satisficiesen
	PRET. PLUSCUAMPERFECTO	hubiera o hubiese estado, hubieras o hubieses estado, hubiera o hubiese estado, hubiéramos o hubiésemos estado, hubierais o hubieseis estado, hubieran o hubiesen estado	hubiera o hubiese habido, hubieras o hubieses habido, hubiera o hubiese habido, hubiéramos o hubiésemos habido, hubierais o hubieseis habido, hubieran o hubiesen habido	hubiera o hubiese hecho, hubieras o hubieses hecho, hubiera o hubiese hecho, hubiéramos o hubiésemos hecho, hubierais o hubieseis hecho, hubieran o hubiesen hecho	hubiera o hubiese ido, hubieras o hubieses ido, hubiera o hubiese ido, hubiéramos o hubiésemos ido, hubierais o hubieseis ido, hubieran o hubiesen ido	hubiera o hubiese satisfecho, hubieras o hubieses satisfecho, hubiera o hubiese satisfecho, hubiéramos o hubiésemos satisfecho, hubierais o hubieseis satisfecho, hubieran o hubiesen satisfecho
IMPERATIVO	PRESENTE	está (tú), estad (vosotros)	he (tú), habed (vosotros)	haz (tú), haced (vosotros)	ve (tú), id (vosotros)	satisfaz (tú), satisfaced (vosotros)
FORMAS NO PERSONALES	INFINITIVO	estar	haber	hacer	ir	satisfacer
	GERUNDIO	estando	habiendo	haciendo	yendo	satisfaciendo
	PARTICIPIO	estado	habido	hecho	ido	satisfecho

Modelos de análisis morfosintácticos

Algunos chicos leen el periódico todos los días.

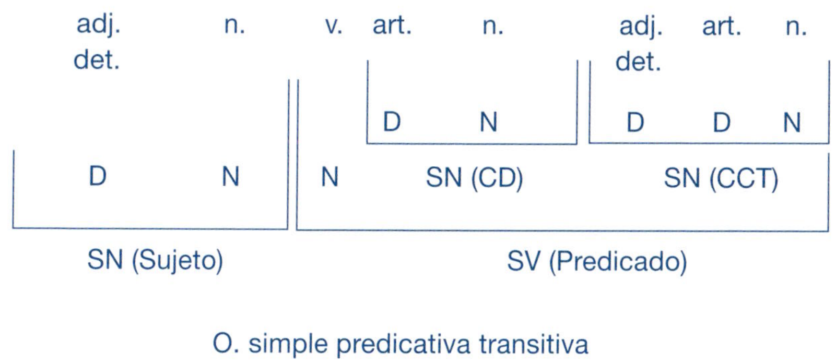

Algunos chicos leen el periódico todos los días.

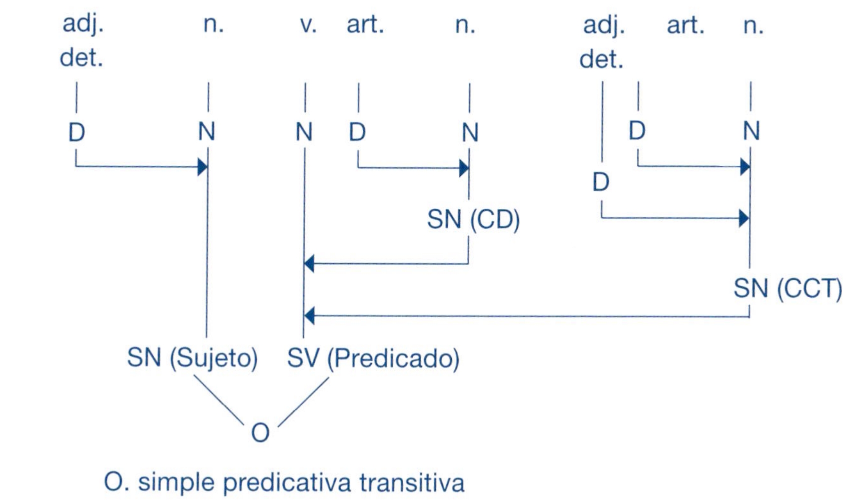

Me gusta el cine de aventuras.

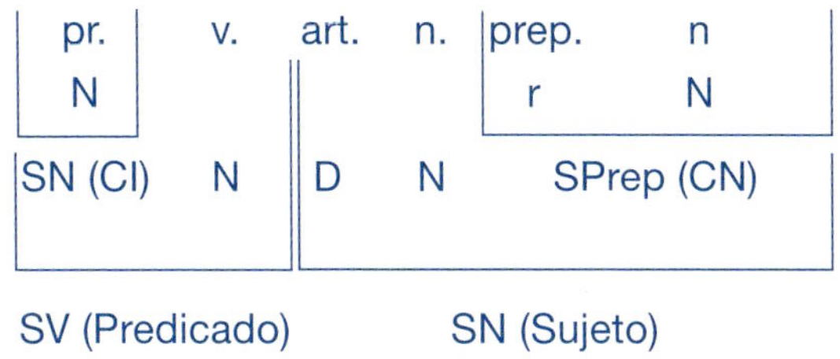

O. simple predicativa intransitiva

Me gusta el cine de aventuras.

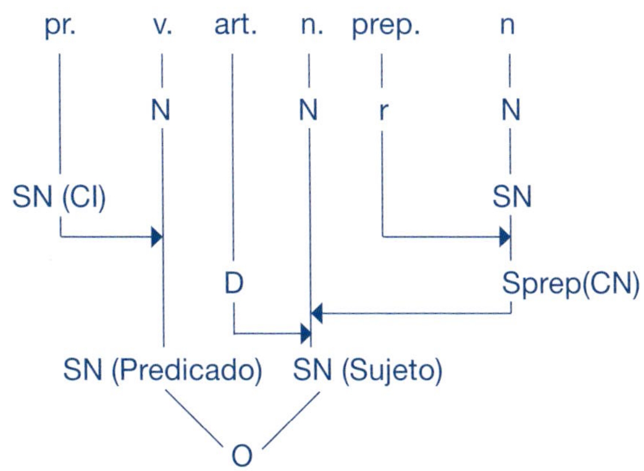

O. simple predicativa intransitiva

Modelos de análisis morfosintácticos

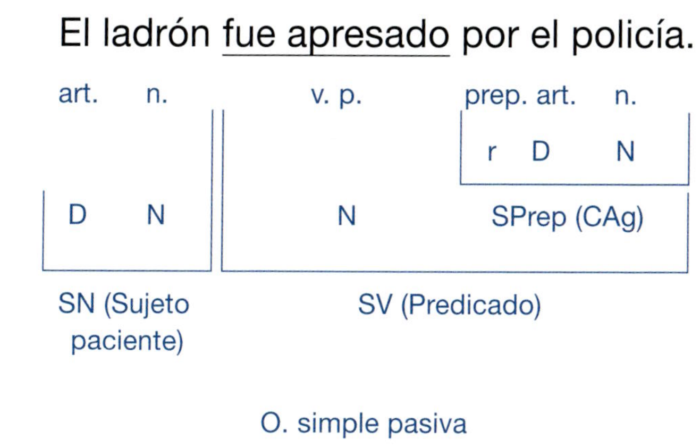

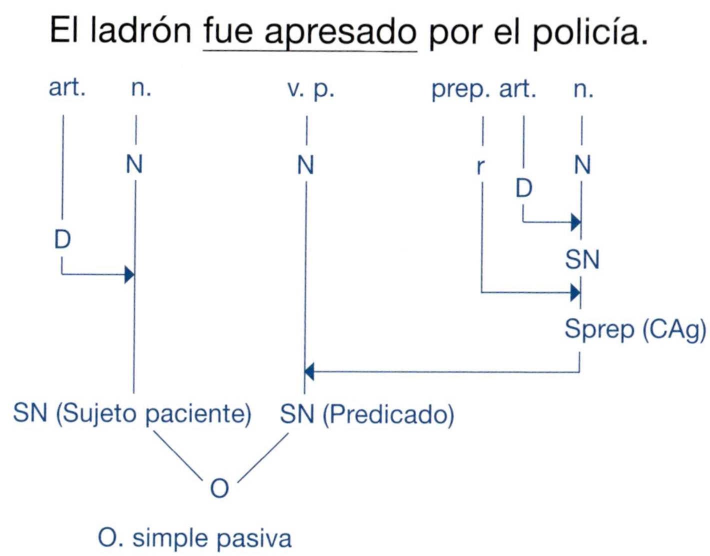

Hoy Lucía está contenta con nosotros.

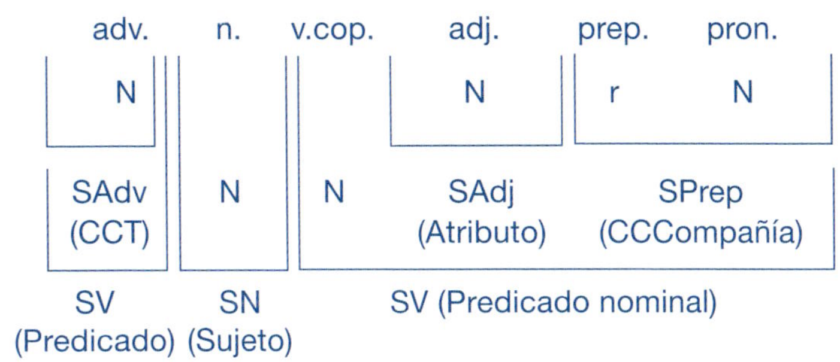

O. simple atributiva o copulativa

Hoy Lucía está contenta con nosotros.

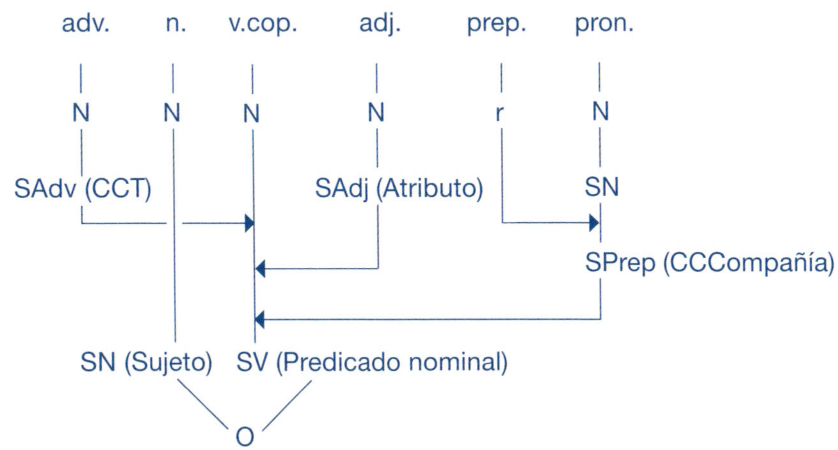

O. simple atributiva o copulativa

Modelos de análisis morfosintácticos

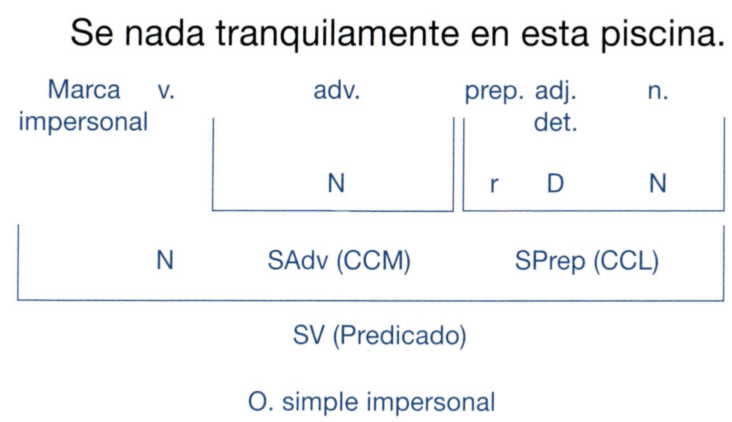

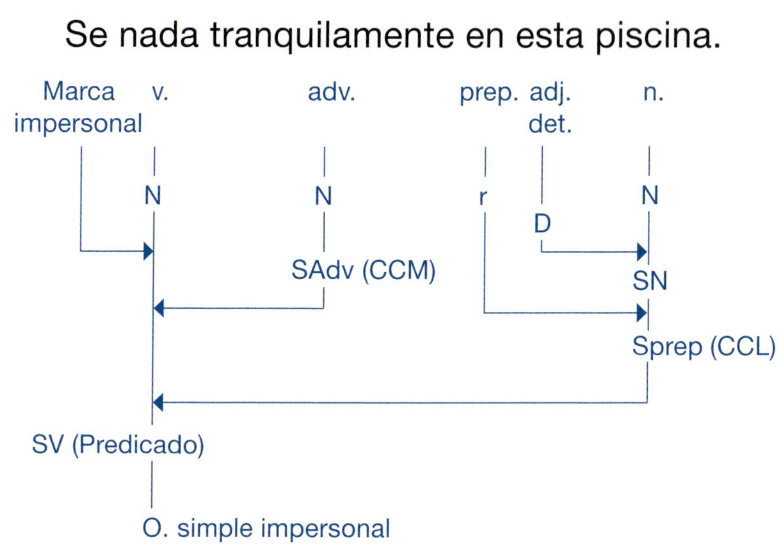

Ellos hablan mucho de ti.

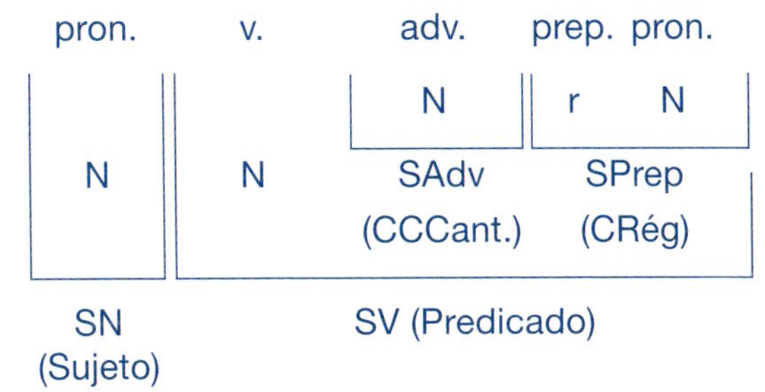

O. simple predicativa intransitiva

Ellos hablan mucho de ti.

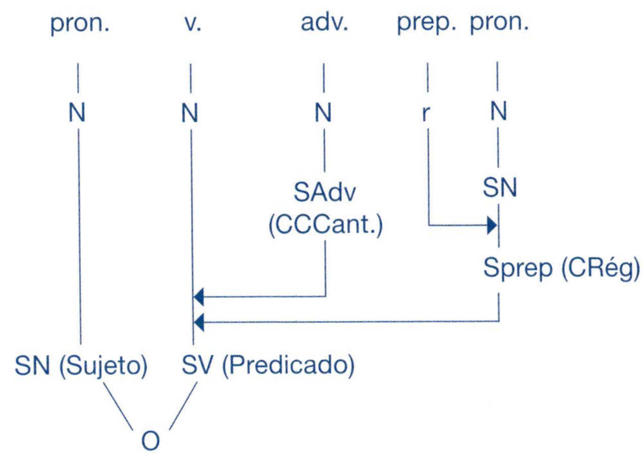

O. simple predicativa intransitiva

Modelos de análisis morfosintácticos

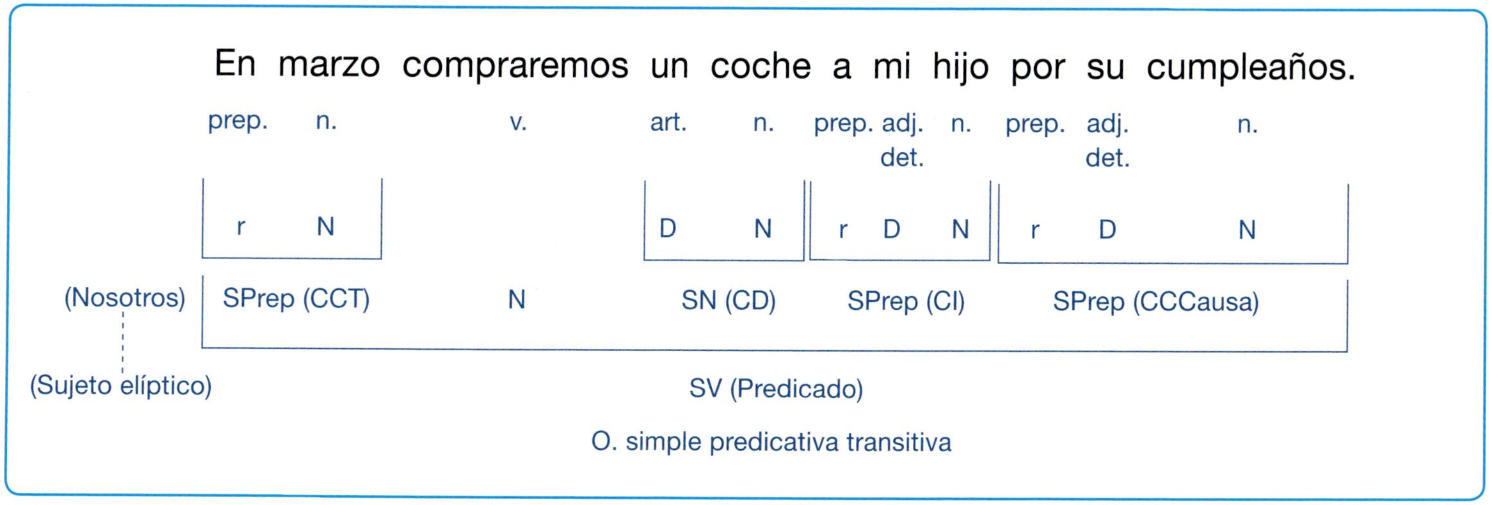

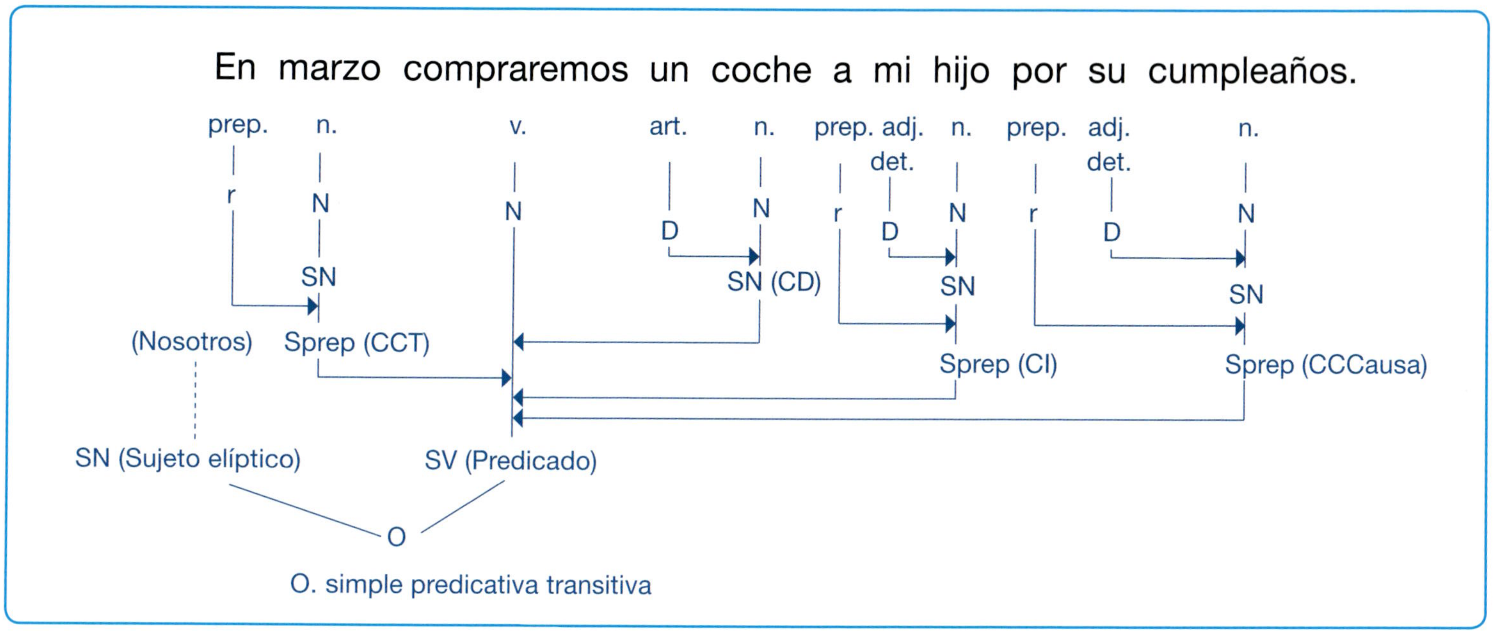

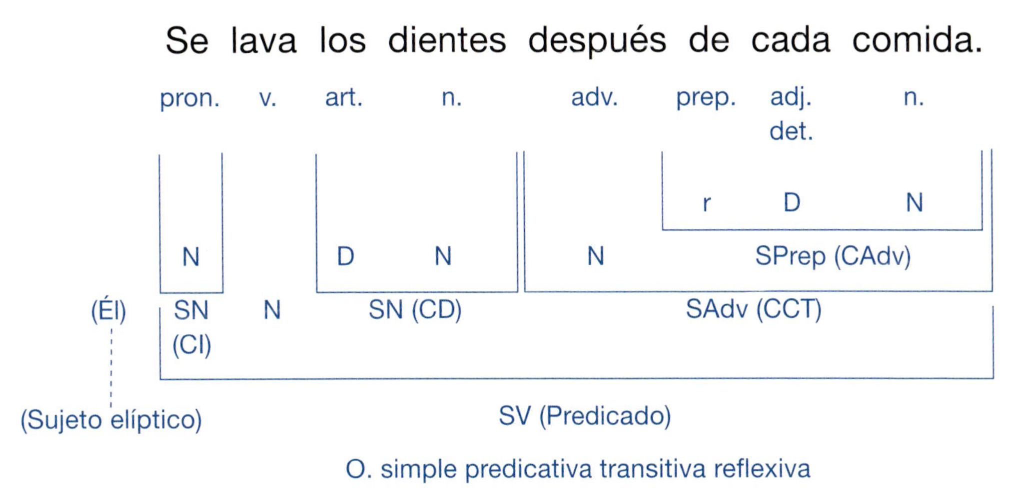
Se lava los dientes después de cada comida.
pron. v. art. n. adv. prep. adj. det. n.
N D N N r D N
SPrep (CAdv)
(Él) SN (CI) N SN (CD) SAdv (CCT)
(Sujeto elíptico)
SV (Predicado)
O. simple predicativa transitiva reflexiva

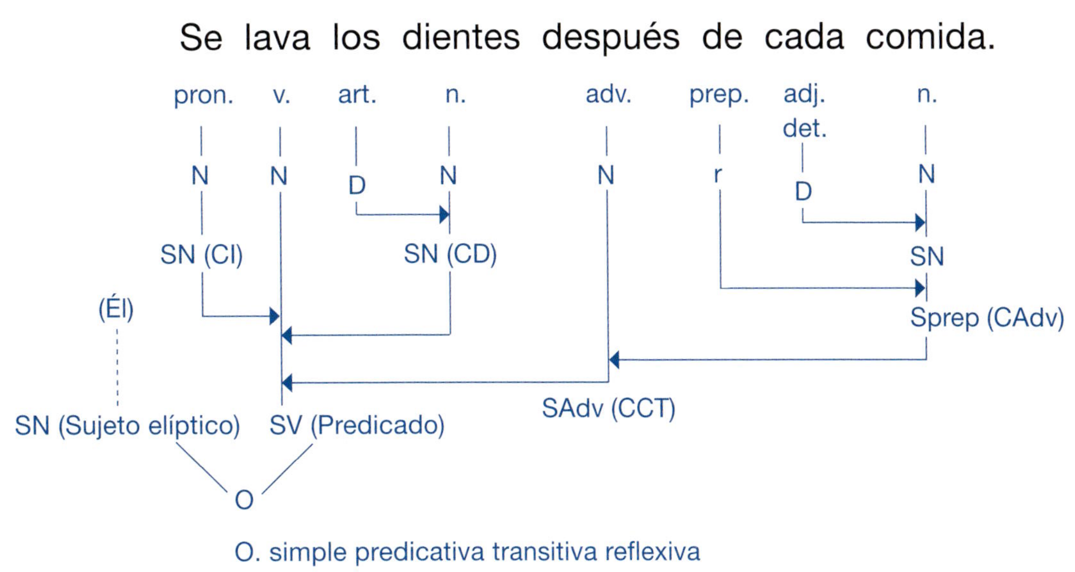
Se lava los dientes después de cada comida.
pron. v. art. n. adv. prep. adj. det. n.
N N D N N r D N
SN (CI) SN (CD) SN
Sprep (CAdv)
(Él)
SN (Sujeto elíptico) SV (Predicado) SAdv (CCT)
O
O. simple predicativa transitiva reflexiva

Modelos de análisis morfosintácticos

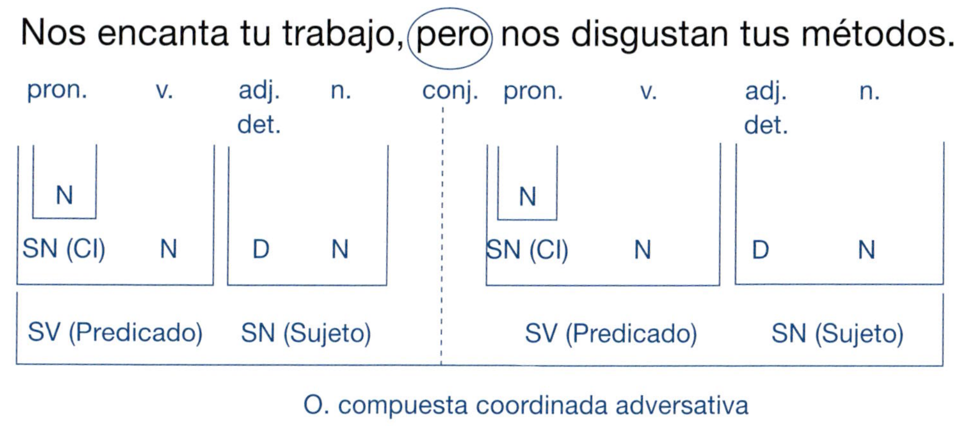

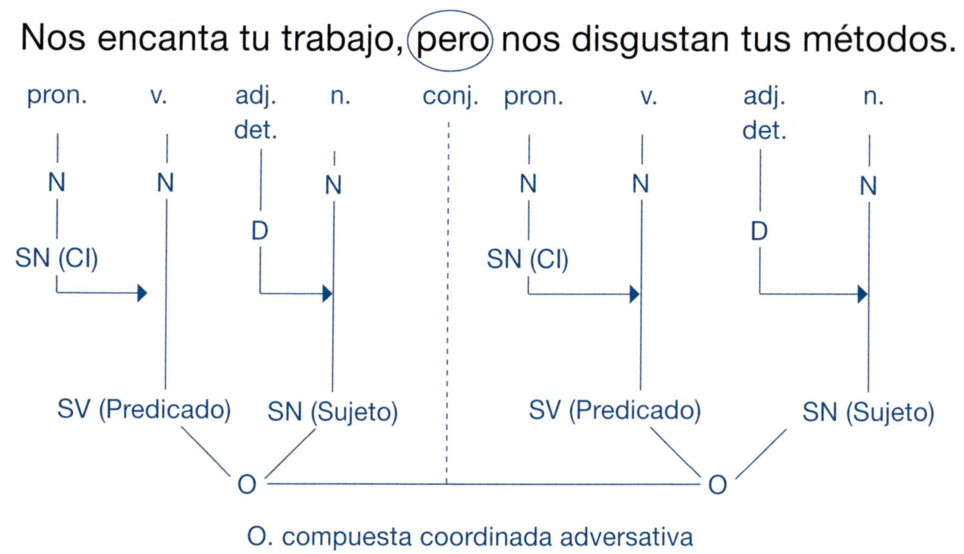

Aprende con entusiasmo las lenguas y gana todos los premios literarios.

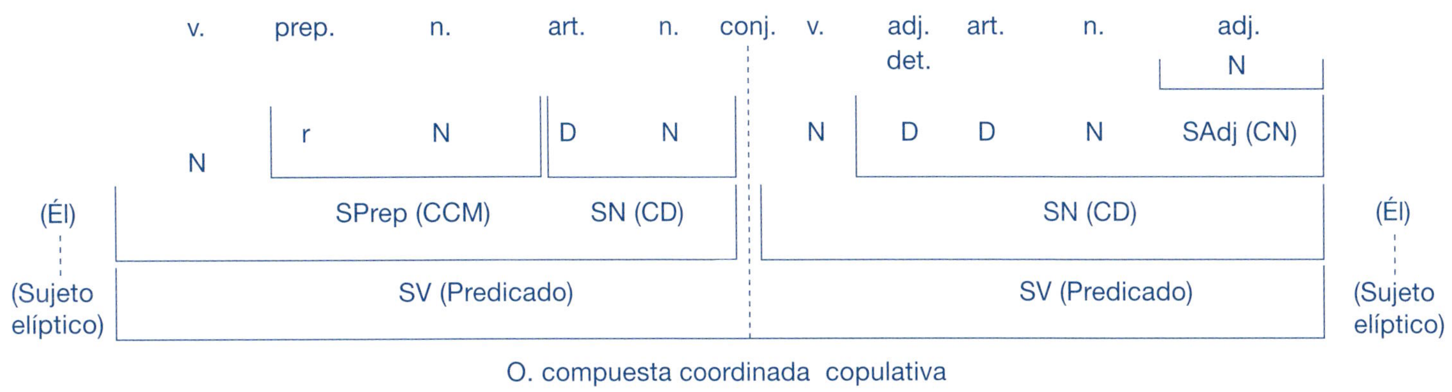

Aprende con entusiasmo las lenguas y gana todos los premios literarios.

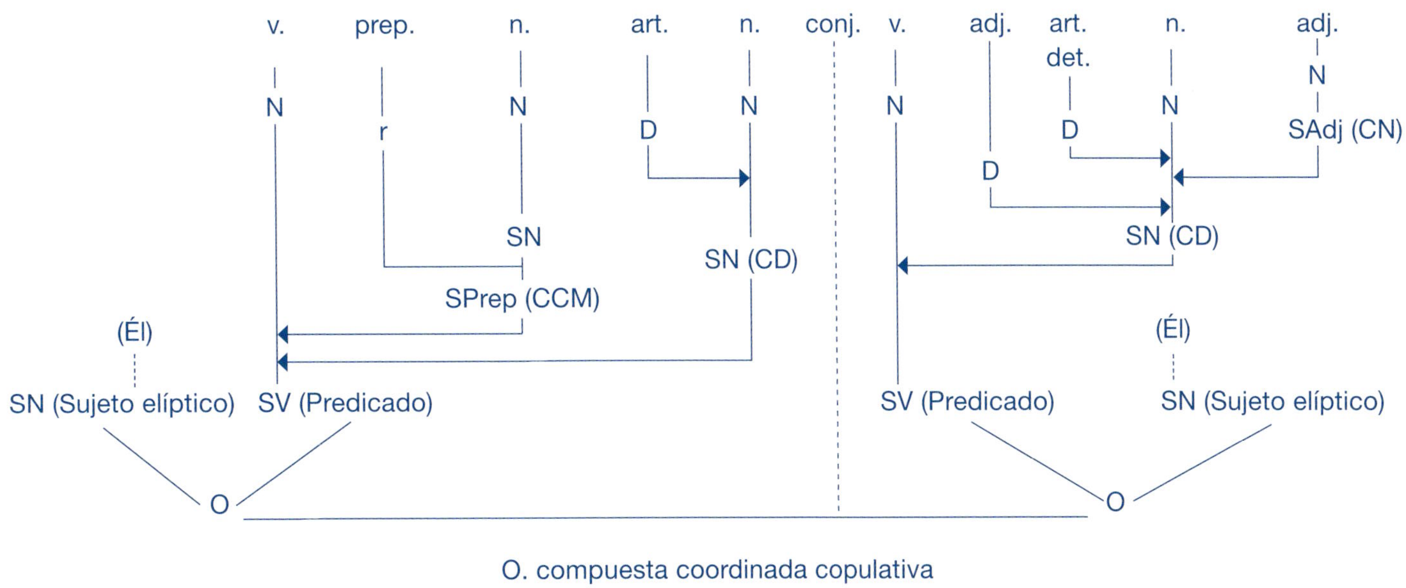

Modelos de análisis morfosintácticos

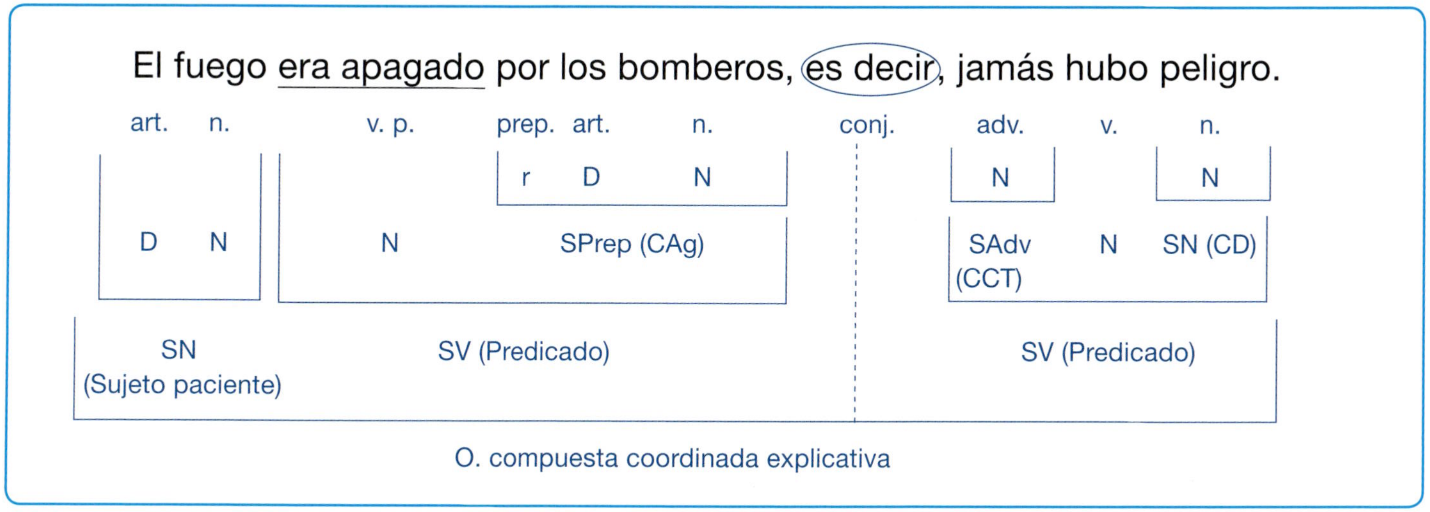

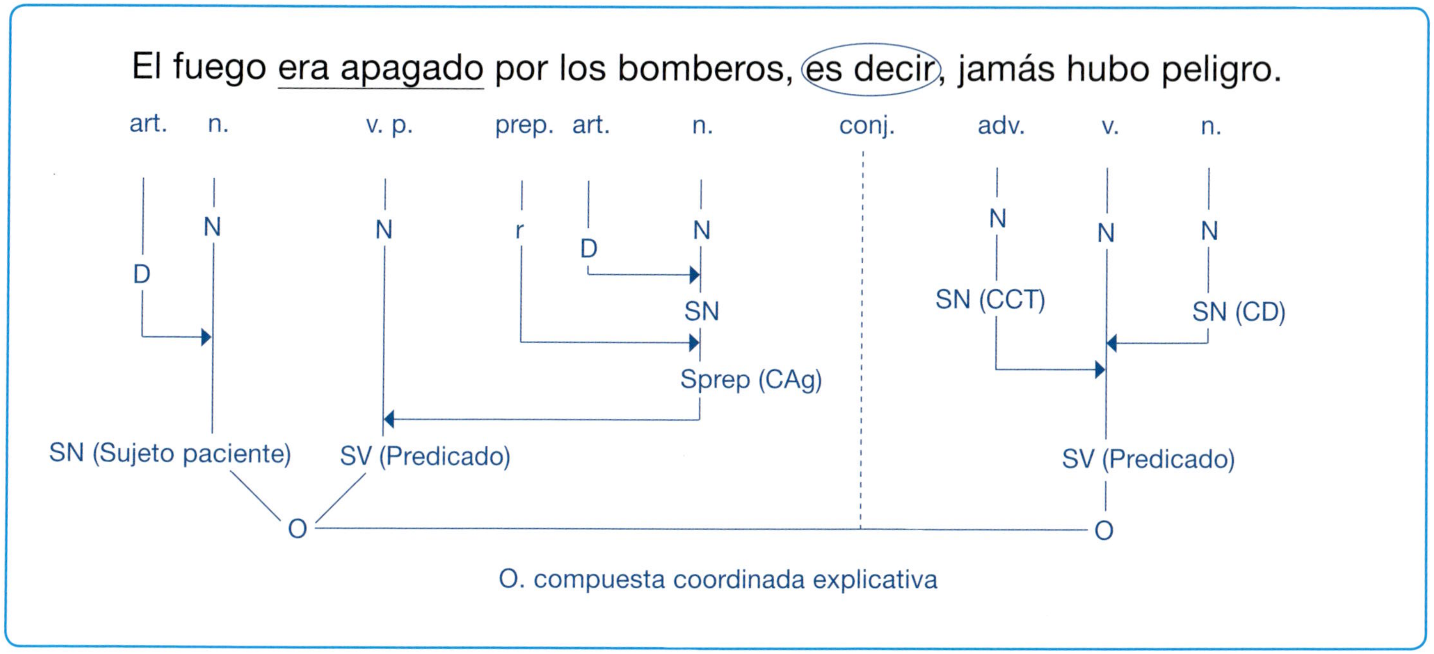

Glosario de términos literarios

alejandrino: verso de catorce sílabas.

anáfora: figura retórica basada en la repetición de una o varias palabras al principio de verso o de una oración. Ejemplo: *Dadme unas armas a mí, / pues sois piedras, / pues sois bronces, / pues sois jaspes…* (Lope de Vega).

antihéroe: personaje que, a pesar de realizar la función propia de un héroe, carece de los valores y las cualidades que se esperan de un héroe.

antítesis: figura retórica consistente en contraponer palabras de significado contrario. Ejemplo: *creer que un cielo en un infierno cabe* (Lope de Vega).

auto sacramental: pieza teatral en un acto, de carácter religioso, muy representada durante los siglos XVII y XVIII.

autobiografía: texto que narra la vida de una persona escrita por ella misma.

cantar de gesta: narración épica en verso protagonizada por un héroe y difundida oralmente por los juglares.

cantiga de amigo: composición poética medieval escrita en gallego en la que una mujer lamenta la ausencia de su enamorado.

cesura: pausa marcada en medio de un verso.

comedia: obra teatral protagonizada por personajes corrientes que se enfrentan a problemas cotidianos. Suele tener un final favorable.

comparación: figura retórica consistente en expresar de manera explícita la relación de semejanza entre dos objetos. Ejemplo: *Unos cuerpos son como flores, / otros como puñales* (Luis Cernuda).

copla de pie quebrado: estrofa empleada por Jorge Manrique en sus *Coplas a la muerte de su padre* y que sigue esta estructura: 8a, 8b, 4c, 8a, 8b, 4c, 8d, 8e, 4f, 8d, 8e, 4f.

cuento: narración breve de ficción.

cuaderna vía: estrofa de cuatro versos alejandrinos con rima consonante en todos ellos. Es la forma métrica utilizada por los autores del mester de clerecía en los siglos XIII y XIV.

décima: estrofa de diez versos octosílabos con rima consonante y que sigue el esquema: a, b, b, a, a, c, c, d, d, c.

didactismo: intención de enseñar.

drama: obra teatral protagonizada por personajes corrientes enfrentados a graves problemas y que suele tener un final desfavorable.

égloga: composición poética que suele narrar historias amorosas protagonizadas por pastores en medio de una naturaleza idealizada.

endecasílabo: verso de once sílabas.

entremés: pieza teatral corta que se representaba en los entreactos de las obras más largas en el siglo XVII.

épica: género literario que narra y ensalza las hazañas de un héroe.

epíteto épico: expresión más o menos fija que se repite para designar a los distintos personajes en un cantar de gesta o en el romancero.

estrofa: conjunto de versos agrupados de una determinada forma en un poema.

fábula: narración en prosa o verso con intención didáctica. Suele estar protagonizada por animales.

género literario: cada uno de los distintos grupos o categorías en que suelen clasificarse las obras literarias: lírica, narrativa y teatro.

gracioso: personaje cómico, generalmente un criado dotado de un agudo ingenio, que aparece frecuentemente en el teatro del siglo XVII.

hemistiquio: cada una de las dos partes de un verso separadas por una pausa o cesura.

heptasílabo: verso de siete sílabas.

hipérbaton: figura retórica que consiste en la alteración del orden lógico de una oración. Ejemplo: *Del salón en el ángulo oscuro* (Gustavo Adolfo Bécquer).

hipérbole: figura retórica basada en el uso de la exageración con una finalidad expresiva. Ejemplo: *Tanto dolor se agrupa en mi costado, / que por doler me duele hasta el aliento* (Miguel Hernández).

humanismo: movimiento renacentista que propugna el retorno a la cultura grecolatina como medio de restaurar los valores humanos.

jarcha: breve canción de amor escrita en mozárabe durante los siglos XI-XIV en la que una mujer se lamenta por la ausencia de su enamorado.

juglar: persona que recorría pueblos, castillos y caminos recitando poemas, cantando canciones, haciendo malabares…

letrilla: poema que desarrolla un tema satírico o burlesco en diferentes estrofas de arte menor, entre las cuales se irá repitiendo un estribillo.

lira: estrofa que combina versos endecasílabos y heptasílabos con rima consonante, siguiendo este esquema: 7a, 11B, 7a, 7b, 11B.

lírica: género literario en que el autor expresa sus sentimientos, generalmente a través de la poesía.

lírica tradicional: canciones anónimas transmitidas oralmente durante la Edad Media.

llamada al auditorio: expresión que se empleaba en los géneros de transmisión oral para captar la atención de los oyentes.

mester de clerecía: conjunto de obras literarias compuestas por escritores cultos durante los siglos XIII y XIV caracterizadas por su intención didáctica y por el uso de la cuaderna vía.

mester de juglaría: conjunto de obras literarias que los juglares difundían oralmente por los pueblos y cortes para entretenimiento de sus oyentes.

metáfora: figura retórica consistente en sustituir una palabra por otra con la que guarda una relación de semejanza. Ejemplo: *las perlas del rocío* (perlas = gotas de agua).

moaxaja: composición poética escrita en árabe culto y que incluía jarchas mozárabes.

narración: texto que pretende contar el desarrollo de unos hechos.

novela: obra literaria escrita en prosa que narra una acción real o fingida.

novela bizantina: novela de aventuras en que una pareja de enamorados sufre todo tipo de obstáculos (secuestros, naufragios, separaciones...) y que suele tener un desenlace feliz.

novela de caballerías: novela protagonizada por un caballero que se enfrenta a gigantes, monstruos y otros peligros, y que dedica sus hazañas a una dama.

novela idealista: novela que recrea un mundo mágico o heroico muy alejado de la realidad. Dentro de este grupo se incluyen las novelas de caballerías, bizantinas o pastoriles.

novela pastoril: novela que narra los amores de pastores en el marco de una naturaleza idealizada.

novela picaresca: novela protagonizada por un personaje de origen muy humilde que deberá recurrir a su ingenio para sobrevivir en un medio hostil.

novela realista: novela que retrata fielmente la realidad, en especial, los problemas de los seres más desfavorecidos de la sociedad. Dentro de este grupo se incluyen las novelas picarescas.

octava real: estrofa compuesta por ocho versos endecasílabos con rima consonante y que sigue el esquema: A, B, A, B, A, B, C, C.

octosílabo: verso de ocho sílabas.

oda: composición poética escrita para alabar algo o a alguien.

paradoja: figura retórica consistente en expresar un pensamiento aparentemente contradictorio o ilógico. Ejemplo: *tan alta vida espero / que muero porque no muero* (Santa Teresa de Jesús).

paralelismo: figura retórica basada en la repetición de una misma estructura sintáctica a lo largo de varios versos u oraciones. Ejemplo: *Esto como rey os mando, / esto como padre os pido, / esto como sabio os ruego, / esto como anciano os digo.* (Calderón de la Barca).

perífrasis: figura retórica fundamentada en expresar mediante un rodeo de palabras algo que podría haberse dicho de forma más breve, pero menos bella. Ejemplo: *aquel ave que dulce muere y en las aguas mora* –el cisne– (Luis de Góngora).

personificación: figura retórica que consiste en atribuir a seres inanimados cualidades propias de las personas. Ejemplo: *La muerte me está mirando* (Federico García Lorca).

polimetría: combinación de versos de distinta medida en una misma obra.

poesía cancioneril: tipo de poesía culta del siglo xv llamada así porque se recogía en cancioneros.

poesía mística: poesía que trata de expresar la experiencia del alma al abandonar el cuerpo y entrar en contacto con la divinidad.

prólogo: escrito que aparece en un libro antes de la obra propiamente dicha.

rima: repetición de sonidos al final de un verso a partir de la última sílaba tónica.

rima asonante: rima que se produce cuando, a partir de la última sílaba tónica, se repiten únicamente las vocales.

rima consonante: rima que se produce cuando, a partir de la última sílaba tónica, se repiten vocales y consonantes.

romance: composición poética formada por un conjunto indeterminado de versos octosílabos con rima asonante en los versos pares.

romancero: conjunto de romances.

sinestesia: figura retórica que consiste en relacionar dos imágenes o sensaciones que se perciben por sentidos distintos. Ejemplo: *escucho con los ojos a los muertos* (Francisco de Quevedo).

soneto: composición poética formada por catorce versos endecasílabos agrupados en dos cuartetos y dos tercetos con rima consonante.

tragedia: obra teatral protagonizada por personajes de elevada condición social que se enfrentan a conflictos graves y que suele terminar con la muerte de los protagonistas.

unidad de acción: una de las tres reglas que debían seguir los dramaturgos clásicos, según la cual una obra solo podía plantear una única problemática o acción.

unidad de espacio: una de las tres reglas que debían seguir los dramaturgos clásicos, según la cual la obra solo podía desarrollarse en un único espacio escénico.

unidad de tiempo: una de las tres reglas que debían seguir los dramaturgos clásicos, según la cual la obra debía desarrollarse en el tiempo máximo de un día.

villancico: canción tradicional castellana con un breve estribillo inicial que puede repetirse al final.

Solución de jeroglíficos

Unidad 1

Página 13:
¿Qué día es hoy?
Martes.

Página 17:
¿Cómo han de ser los pendientes que quieres de regalo?
De plata, no.

Página 22:
¿Qué lleváis a la manifestación?
Pancartas.

Página 28:
¿Qué hace hoy tu hijo?
Deporte.

Página 30:
¿Qué hago con este banco roto?
Lo arreglas.

Unidad 2

Página 40:
¿A dónde iréis este verano?
A Guatemala.

Página 43:
¿Suspenden muchas personas?
Una de cada diez.

Página 46:
¿Quién va al aeropuerto de vosotras?
Va Rita.

Página 48:
¿Quiénes son los protagonistas del film?
Dos esclavos.

Página 56:
¿Cómo llamáis a esta ráfaga de viento?
Ventolera.

Unidad 3

Página 67:
¿Dónde os conocisteis?
En un café.

Página 70:
¿Qué le daba a las vacas tu abuela?
Alfalfa.

Página 74:
¿Qué es lo que más tiene tu padre?
Aguante.

Página 78:
¿Qué es esto, algo importante?
Por menor.

Página 80:
¿Qué ha hecho con la propina?
La ha dado.

Unidad 4

Página 91:
¿Qué cargo tienen en la junta de la asociación?
Son vocales.

Página 94:
¿Qué venden, de rebajas, en esta tienda?
Saldos.

Página 98:
¿A qué queréis jugar?
A dominó.

Página 100:
¿De qué trabaja tu primo?
De jardinero.

Página 102:
¿Comprarás algún mueble?
Un armario.

Unidad 5

Página 114:
¿Qué haces con ese cuadro?
Lo coloco.

Página 119:
¿Qué es esto que hacéis, afición?
Es cultura.

Página 122:
¿Cómo se llama esta prenda de tu abuelo?
Casaca.

Página 126:
¿Cómo iban los bañistas?
Desnudos.

Página 129:
¿Cómo has conseguido todo esto?
Con trabajo.

Unidad 6

Página 139:
¿Qué vais a hacer con las cartas?
Una partida.

Página 146:
¿Qué verifica este aparato del observatorio?
Seísmos.

Página 148:
¿Cómo se encuentra tu tía?
Decaída.

Página 151:
¿Hay algo que te cueste del taller de música?
La solfa.

Página 155:
¿Cómo se zampó la manzana Juan?
A mordiscos.

Unidad 7

Página 163:
Se cayó de la bici y se dio un buen...
Batacazo.

Página 165:
¿Qué os dieron de primer plato?
Unos entremeses.

Página 171:
¿A dónde vas de vacaciones?
A Roma.

Página 176:
¿Qué habéis comido de primer plato?
Cuscús.

Página 183:
¿Qué negocio piensas montar aquí?
Una granja.

Unidad 8

Página 191:
¿Qué estás escribiendo?
Un diario.

Página 197:
¿Cómo se llama tu hermano?
Federico.

Página 200:
¿Son importantes estos datos económicos?
Son capitales.

Página 206:
Ventana abierta sobre el tejado.
Buhardilla.

Página 211:
¿Cómo cobraron este dineral?
Fue bajo mano.

Unidad 9

Página 221:
¿Cómo se llama tu hermana?
Alicia.

Página 223:
¿Está listo el encargo que te hice?
A medias.

Página 228:
¿Qué tienes ante esa cuestión, duda, sospecha...?
Certeza.

Página 230:
¿A quién corresponde este asunto?
Depende de mí.

Página 238:
¿Cómo van los soldados dentro del cuartel?
Descubiertos.

Referencias bibliográficas

Unidad 1

Cantar de Mío Cid. Texto modernizado por Timoteo Riaño y M.ª Carmen Gutiérrez. Biblioteca Virtual Miguel de Cervantes, 2007. <www.cervantesvirtual.com>.

Ferris, José Luis. *El diario de Miguel*. Madrid: Oxford University Press España, 2010.

Hernández, Felisberto. *Primeras invenciones*. Montevideo: Arca, 1969.

Hughes, Ted. *El hombre de hierro*. Traducción de Julio-César Santoyo. Barcelona: Vicens Vives (Cucaña), 2011.

Lírica española de tipo popular. Edición de Margit Frenk. Madrid: Cátedra (Letras hispánicas, 60), 1984.

Martínez de Pisón, Ignacio. *El tesoro de los hermanos Bravo*. Barcelona: Alba Editorial, 1996.

Monterroso, Augusto. «El dinosaurio». En: *Cuentacuentos*. Barcelona, Editorial Teide (Biblioteca Teide, 79), 2014.

Phillpotts, Beatrice. *El mundo de las hadas*. Traducción de José Antonio Soriano. Barcelona: Grijalbo Mondadori, 1999.

Rowling, J. K. *Harry Potter y el prisionero de Azkaban*. Barcelona: Salamandra, 2000.

Samsó, Raimón. *El maestro de las cometas*. Barcelona: Obelisco, 2003.

Tristán, Flora. *Peregrinaciones de una paria*. Traducción de E. Romero del Valle. Madrid: Istmo, 1986.

Unidad 2

Asimov, Isaac. «El mejor amigo de un muchacho». En: *El robot*. Traducción de M. García, T. Parcero y P. Ramírez. Madrid: Alamut ediciones, 2008.

Benedetti, Mario. «Réquiem con tostadas». Ciudad Seva. <http://www.ciudadseva.com>.

Berceo, Gonzalo de. *Milagros de Nuestra Señora*. Versión de Daniel Devoto. Madrid: Castalia (Odres Nuevos), 1985.

Conan Doyle, Arthur. *Estudio escarlata*. Ciudad Seva. <http://www.ciudadseva.com>.

Dickens, Charles. *Cuento de Navidad*. Ciudad Seva. <http://www.ciudadseva.com>.

Don Juan Manuel. *El conde Lucanor*. Versión de Enrique Moreno. Madrid, Castalia (Odres Nuevos), 1993.

Eco, Umberto. *El nombre de la rosa*. Barcelona: Lumen, 1987.

Felipe, León. «Como tú». En: *Tiempo de poesía*. Teide (Biblioteca Teide, 37), Barcelona, 2012.

García Márquez, Gabriel. «Un día de estos». En: *Los funerales de mamá grande.* Barcelona: Random House, 1999.

Highsmith, Patricia. «La tortuga». Ciudad Seva. <http://www.ciudadseva.com>.

Laforet, Carmen. *Nada*. Barcelona: Destino, 1973.

Mansfield, Katherine. «Felicidad». Ciudad Seva. <http://www.ciudadseva.com>.

Nöstlinger, Christine. *Konrad o el niño que salió de una lata de conservas*. Traducción de M.ª Jesús Ampudia. Madrid: Alfaguara, 2007.

Olivares Merino, Julio Ángel. *Un colmillo de arco iris*. Barcelona: FAPA Ediciones (Terror), 2000.

Páez, Enrique. *Escribir. Manual de técnicas narrativas*. Madrid: SM, 2003.

Poe, Edgar Alan. «El gato negro». En: *Narraciones extraordinarias*. Traducción de R. Summers. Barcelona: Teide (Biblioteca Teide, 6), 2005.

Ruiz, (Arcipreste de Hita), Juan. *Libro de buen amor*. Versión de María Brey. Madrid: Castalia (Odres Nuevos), 1982.

Unidad 3

«Abenámar, Abenámar». En: *Tiempo de poesía*. Teide (Biblioteca Teide, 37), Barcelona, 2012.

Alonso de Santos, J. L. *Cuadros de amor y humor, al fresco*. Madrid: Cátedra, 2006.

Jacobs, W. W. «La pata de mono». En: *Antología del cuento literario*. Madrid: Alhambra Longman (Alhambra Literatura), 1995.

Landa, Mariasun. *Cuando los gatos se sienten solos*. Madrid: Anaya, 2001

Manrique, Jorge. «Coplas a la muerte de su padre». En: *Jorge Manrique y la poesía medieval*. Madrid: El País (Clásicos Españoles, 4), 2005.

Maupassant, Guy de. «Bola de sebo». En: *Bola de sebo y otros relatos*. Traducción de Esther Benítez. Barcelona: Vicens Vives (Aula de Literatura), 1994.

Mistral, Gabriela. «El espino». Poemas del Alma. <http://www.poemas-del-alma.com>.

Rojas, Fernando de. *La Celestina*. Madrid: El País (Clásicos Españoles, 5), 2005.

Ruiz (Arcipreste de Hita), Juan. *Libro de buen amor*. Versión de María Brey. Madrid: Castalia (Odres Nuevos), 1982.

Shakespeare, William. *Romeo y Julieta / Julio César*. Barcelona: Planeta (Clásicos Universales, 26), 1981.

Unidad 4

Andersen, H. C. «La sirenita». En: *Cuentos de hadas para niños*, 1. Valladolid: Fuente Dorada (Trébol), 1979.

Atxaga, Bernardo. *El hijo del acordeonista*. Traducción de Asun Garikano y Bernardo Atxaga. Madrid: Ed. Alfaguara, 2004.

Borges, Jorge Luis. *La cifra*. Madrid: Alianza Editorial, 1981.

Chéjov, A. P. *Sobre el daño que hace el tabaco*. Biblioteca Virtual Miguel de Cervantes. <http://www.cervantesvirtual.com>.

Cruz, San Juan de. «Noche oscura del alma». En: *Tiempo de poesía*. Barcelona: Teide (Biblioteca Teide, 37), 2012.

Fernán Gómez, Fernando. *Las bicicletas son para el verano*. Barcelona: Teide (Biblioteca Teide, 11), 2011.

Galcerán, Jordi. *El método Grönholm*. Madrid: Fundación SGAE, 2006.

Kruz Igerabide, Juan. *Hasta que lo sepas todo*. Madrid: Oxford (El Árbol de la Lectura), 2010.

León, Fray Luis de. *Poesías*. Barcelona: Planeta (Clásicos Universales, 14), 1980.

Narraciones de mitos clásicos. Adaptación de *Las Metamorfosis* de Ovidio a cargo de Margalida Capellà. Barcelona: Teide, 2007.

Petrarca, Francesco. *Cancionero*. Traducción de Ángel Crespo. Barcelona: Bruguera, 1983.

Rothfuss, Patrick. *El nombre del viento*. Traducción de Gemma Rovira. Barcelona: Plaza Janés, 2011.

Ruiz Zafón, Carlos. *El príncipe de la niebla*. Barcelona: Edebé, 1993.

Sopeña, Andrés. *El florido pensil*. Biblioteca Virtual Miguel de Cervantes. <http://www.cervantesvirtual.com>.

Vega, Garcilaso de la. «Soneto XIII». En: *Tiempo de poesía*. Barcelona: Teide (Biblioteca Teide, 37), 2012.

Zurro, Alfonso. *Farsas maravillosas*. León: Editorial Everest, 2000.

Unidad 5

Bucay, Jorge. *Déjame que te cuente… Los cuentos que me enseñaron a vivir*. Barcelona: Círculo de Lectores, 2002.

Cervantes, Miguel de. *La Galatea*. Madrid: RAE, 1985.

— *Los trabajos de Persiles y Segismunda. Viaje del Parnaso.* Madrid: RAE 1990.

Don Juan Manuel. *El conde Lucanor.* Biblioteca Virtual Miguel de Cervantes. <www.cervantesvirtual.com>.

Esopo. «La zorra y el cuervo gritón». Ciudad Seva. <http://www.ciudadseva.com>.

Irish, William. *Aprendiz de detective*. Barcelona: Vicens Vives, 1998.

Lazarillo de Tormes. Adaptación de F. Serra Balaguer. Barcelona: Teide (Biblioteca Teide, 9), 2012.

Quevedo, Francisco de. *La vida del buscón llamado don Pablos*. Madrid: Salvat (Biblioteca básica RTV, 14), 1969.

Rodríguez de Montalvo, Garci. *Amadís de Gaula,* vol. II. Madrid: Cátedra (Letras Hispánicas, 256), 1988.

Samaniego, Félix María de. *Fábulas en verso castellano para uso del Real Seminario Vascongado.* Alicante: Biblioteca Virtual Miguel de Cervantes, 2003. <www.cervantesvirtual.com>.

Samaniego, Félix María. «La zorra y las uvas». En: *La poesía española. Antología comentada (II)*. Barcelona, Círculo de Lectores, 1991.

Shelley, Mary. *Frankenstein*. Traducción de L. Brasó Fàbregas. Barcelona: Teide, 2007.

Tabucchi, Antonio. *Sostiene Pereira*. Traducción de C. Gumpert y X. González Rovira. Barcelona: Anagrama, 1995.

Trías de Bes, Fernando; Rovira Celma, Álex. *La buena suerte*. Barcelona: Empresa activa, 2004.

Unidad 6

2 150 chistes, curiosidades, anécdotas y frases célebres. Madrid: Susaeta, 1998.

Cervantes, Miguel de. *Don Quijote de la Mancha (I)*. Barcelona: Orbis (Biblioteca de clásicos universales, 13), 1988.

— *Novelas ejemplares (II)*. Madrid: Cátedra (Letras Hispánicas, 106), 2005.

García Márquez, Gabriel. *Noticia de un secuestro*. Barcelona: Mondadori, 1996.

Millás, Juan José. «Trastornos de carácter». En: *Cuentos españoles contemporáneos (1975-1992)*. Madrid: Bruño (Anaquel) 1995.

Sierra i Fabra, Jordi. *El asesinato de la profesora de ciencias*. Madrid: Anaya (El Duende Verde), 2014.

Stevenson, Robert Louis. *La isla del tesoro*. Traducción de J. C. Santoyo y J. Torroba. Barcelona: Vicens Vives, 1992.

Unidad 7

Alberti, Rafael. «Amor de miramelindo». En: *Marinero en tierra*. Madrid: Castalia, 1990.

Alonso, Dámaso. *Góngora y el «Polifemo» (III)*. Madrid: Gredos (Antología Hispánica, 17), 1985.

Bécquer, Gustavo Adolfo. *Rimas y leyendas*. Barcelona: La Galera, 2004.

Benedetti, Mario. «Alguien». Poemas del Alma. <http://www.poemas-del-alma.com>.

Entrambasaguas, Joaquín de. *Lope de Vega y su tiempo*. Barcelona: Teide, 1961.

Galimi, Gisela. «La poesía». Los poetas. com. <http://www.los-poetas.com>.

García Lorca, Federico. «El diamante». Biblioteca Virtual Miguel de Cervantes. <http://www.cervantesvirtual.com>.

— *Impresiones y paisajes*. Madrid: Cátedra, 2010.

García Márquez, Gabriel. *Cien años de soledad*. Barcelona: Debolsillo, 2014.

Gil de Biedma, Jaime. «No volveré a ser joven». Enfocarte.com. <http://www.enfocarte.com>.

Góngora, Luis de. «La más bella niña». En: *Botella al mar. Antología poética*. Barcelona: Teide (Biblioteca Teide, 36), 2009.

— «Fábula de Polifemo y Galatea». En: *Tiempo de poesía*. Barcelona: Teide (Biblioteca Teide, 37), 2012.

Hernández, Miguel. «Sigo en la sombra, lleno de luz; ¿existe el día?». Miguel Hernández. <http://mhernandez.narod.ru>

Huidobro, Vicente. «Fresco nipón». *Poesía. Revista ilustrada de información poética*, n.º 30. Madrid: Ministerio de Cultura, 1989.

Iglesias, Amalia. «Desde nunca te quiero y para siempre...». A media voz. <http://amediavoz.com>.

Iriarte, Tomás de. «La primavera». Poemas del Alma. <http://www.poemas-del-alma.com>.

Jiménez, Juan Ramón. «Iba tocando mi flauta». Los poetas.com. <http://www.los-poetas.com >.

Lindo, Elvira. *Manolito Gafotas*. Madrid: Alfaguara, 1994.

Machado, Antonio. «Caminos». Poemas del Alma. <http://www.poemas-del-alma.com>.

— «La tierra de Alvargonzález». En: *Poesías completas*. Madrid: Espasa-Calpe, 1980.

Martí, José. «A los espacios». Poemas del Alma. <http://www.poemas-del-alma.com>.

Mistral, Gabriela. «Besos». Poemas del Alma. <http://www.poemas-del-alma.com>.

— «Los cabellos de los niños». Biblioteca Virtual Miguel de Cervantes. <http://www.cervantesvirtual.com>.

Paz, Octavio. «Niña». Poemas del Alma. <http://www.poemas-del-alma.com>.

Quevedo, Francisco de. *Poemas escogidos*. Madrid: Castalia (Clásicos Castalia, 60), 1981.

Unamuno, Miguel de. «Al amor de una lumbre». Poemas del Alma. <http://www.poemas-del-alma.com>.

Unidad 8

Alemán, Mateo. *Guzmán de Alfarache*, I. Madrid: Cátedra (Letras Hispánicas, 86), 1981.

Calderón de la Barca, Pedro. *La vida es sueño*. Madrid: Cátedra (Letras Hispánicas, 57), 1997.

Casanova, Giacomo. *Historia de mi vida*. Traducción de M. Armiño. Girona: Atalanta, 2009.

Churchill, Winston. *La segunda guerra mundial*. <http://www.hvfasgcm.org >.

García Márquez, Gabriel. *El coronel no tiene quien le escriba*. Barcelona: Bruguera, 1980.

Huidobro, Vicente. «La capilla aldeana». *Poesía. Revista ilustrada de información poética*, n.º 32. Madrid: Ministerio de Cultura, 1989.

London, Jack. *Colmillo Blanco*. Barcelona, Teide (Dual, 1), 2014.

Lope de Vega, Félix. *Fuente Ovejuna*. Madrid: Cátedra (Clásicos Hispánicos, 137), 1981.

Rulfo, Juan. *Pedro Páramo*. Madrid: Cátedra (Letras Hispánicas, 189), 1993.

Sand, George. *Historia de mi vida*. Santiago de Chile: Pehuén Editores, 2001.

Semprún, Jorge. *La escritura o la vida*. Traducción de Thomas Kauf. Barcelona: Ed. Tusquets, 1995.

Shakespeare, William. «Obras completas (I)». *Revista de Occidente* (Ediciones de la Universidad de Puerto Rico, San Juan de Puerto Rico), 1955.

— *Hamlet / Otelo*. Barcelona: Bruguera, 1983.

Sierra, Javier. *El ángel perdido*. Barcelona: Planeta, 2012.

Unidad 9

Feijoo, Benito. *Teatro crítico. Cartas eruditas*. Madrid: Alianza, 1984.

Fernández de Moratín, Leandro. *El sí de las niñas*. Barcelona, Teide (Biblioteca Teide, 60), 2011.

Grijelmo, Álex. *El genio del idioma*. Madrid: Taurus, 2004.

Iriarte, Tomás de. «El burro flautista». En: Rico, Francisco. *La poesía española. Antología comentada (II)*. Barcelona: Círculo de Lectores, 1991.

Montesquieu, Barón de. *Cartas persas*. Barcelona: Planeta (Clásicos Universales, 167), 1989.

Puértolas, Soledad. «La orilla del Danubio». En: *Cuentos españoles contemporáneos (1975-1992)*. Madrid: Bruño (Anaquel), 1995.

Swift, Jonathan. *Viajes de Gulliver*. Madrid: Aguilar, 1976.